금강경 직지설법 1

금강경 직지설법 1

무심선원장 김태완 설법

침묵의 향기

| 머리말 |

햇볕 밝은 봄날 바람이 불어오니
따뜻하고 상쾌하고 시원하구나.

이 한마디에 모든 진실이 남김없이 드러나 있다.
그런데 또 무엇 하려고 금강을 말하고 반야를 말하고
바라밀을 말할까?

원래 드러나 있는 진실이지만
깨닫지 못하면 드러나지 않기 때문이다.
그러므로 수보리는 그 마음을 어떻게 항복시킬 것이며
그 마음을 어떻게 머물 것인지를 세존께 물었던 것이다.

헛된 생각에 잠긴 중생의 마음을 어떻게 항복시킬까?
항복시키지 못하면 지옥에 떨어질 것이다.
항복시켜도 지옥에 떨어질 것이다.

그 마음을 어떻게 머물 것인가?
마음이 어디에 머물면 중생을 벗어나지 못한다.
마음이 어디에도 머물지 않아도 중생을 벗어나지 못한다.

이해하고 아는 것은 전부 헛된 생각이어서 중생의 마음이다.
이해하지 못하고 알지 못하는 것은 전부 죽은 사람의 죽은 마음이다.

중생의 헛된 마음에서 벗어나 살아 있는 ㅁ음은 어디에 있을까?

봄바람에 연둣빛 나뭇잎은 수줍게 흔들리고
붉은 철쭉꽃은 새빨간 물감을 뿌려 놓은 듯하네.

2025년 봄에
김태완 씀

| 차례 |

머리말 _4

금강경(金剛經)이란? _11

1. 법회인유분 법회를 이룬 연유 _21
2. 선현기청분 수보리가 설법을 청하다 _35
3. 대승정종분 대승의 바른 근본 _57
4. 묘행무주분 묘한 행위는 머무는 데가 없다 _81
5. 여리실견분 도리 그대로 진실하게 본다 _117
6. 정신희유분 바른 믿음은 드물다 _150
7. 무득무설분 얻을 것도 없고 말할 것도 없다 _206
8. 의법출생분 법에 의지해서 나타난다 _218
9. 일상무상분 하나의 모습뿐 다른 모습은 없다 _241
10. 장엄정토분 깨끗한 땅을 잘 꾸민다 _286
11. 무위복승분 무위의 복덕은 뛰어나다 _331
12. 존중정교분 바른 가르침을 존중해야 한다 _354

직지설법 2권

13. 여법수지분 법에 알맞게 받아서 지닌다
14. 이상적멸분 모양을 떠나 고요히 사라진다
15. 지경공덕분 경을 지니면 공덕이 있다
16. 능정업장분 업장을 잘 소멸시킨다
17. 구경무아분 마침내 나는 없다

직지설법 3권

18. 일체동관분 모든 것을 같게 본다
19. 법계통화분 온 우주를 다 교화한다
20. 이색이상분 육체의 모습에서 벗어난다
21. 비설소설분 말할 만한 것을 말하는 것이 아니다
22. 무법가득분 얻을 수 있는 법은 없다
23. 정심행선분 마음을 깨끗이 하여 착한 행동을 한다
24. 복지무비분 복덕과 지혜가 헤아릴 수 없다

25. 화무소화분 교화했으나 교화된 것은 없다

26. 법신비상분 법의 몸은 모양이 아니다

27. 무단무멸분 끊어짐도 없고 소멸함도 없다

28. 불수불탐분 받지도 않고 탐하지도 않는다

29. 위의적정분 움직이면서도 곧 고요하다

30. 일합이상분 하나로 합해진 도의 모습

31. 지견불생분 지견(知見)이 생기지 않는다

32. 응화비진분 응화신(應化身)은 진실이 아니다

*이 법문 녹취는 김규리 보살님이 수고해 주셨고, 교정은 침묵의 향기 김윤 사장님께서 수고해 주셨습니다. 감사합니다.

금강경

금강경(金剛經)이란?

오늘부터는 《금강경》을 하겠습니다. 《금강경》은 원래 인도의 산스크리트 경전인데 한역으로 된 것이 7가지 정도 있습니다. 그중에 우리가 제일 흔하게 보는 것은 구마라집이 한자로 번역한 《금강반야바라밀경》입니다. 그걸 가지고 하겠습니다. 제목이 원래는 《금강경》이 아니라 《금강반야바라밀경》이에요. '금강'이라는 말은 다이아몬드라는 뜻입니다. 반야바라밀에서 '반야'는 지혜라는 뜻이고, '바라밀'은 도피안이라는 뜻입니다.

금강이든 반야바라밀이든, 또는 금강이든 반야든 바라밀이든 '이것'을 가리키기 위한 방편의 말이에요. '이것'을 가리키려고 그런 방편의 이름을 만든 겁니다. '이것'을 우리 선(禪)에서는 보통 도(道), 법(法), 마음이라 하고, 불교에서는 불법(佛法), 진여자성(眞如自性), 불이중도(不二中道) 등 여러 가지 이름을 붙여요. 그런데 이름은 상관없습니다. 이름은 어차피 우리가 만들어 붙인 거니까 상관없어요.

금강반야바라밀인데 실제는 뭐냐 하면 "금강" 이러면 벌써 "금!" 하는 게 (손바닥을 세우며) 이것이고 "강!" 하는 게 이것입니다. 뜻은 버리세요.

뜻은 생각이기 때문에 그걸 따라가면 안 되고, "금!" 하는 게 바로 이것이고, "강!" 하는 게 이것이고, "반야" 그러면 "반!" 하는 게 이것, "야!" 하는 게 바로 이것이란 말이에요.

이 법이 분명해야지, 이름을 따라가면 안 됩니다. 이름을 따라가면 그냥 생각인데, 생각은 아무것도 아니고, 이 법이 분명해야 해요. 법은 바로 이 법입니다. 이 법 하나뿐입니다. 다른 법은 없어요. 아무리 여러 가지 이름이 있더라도 진실은 이것 하나뿐입니다. 다른 건 없습니다.

이것은 항상 이렇게 있습니다. 항상 있는 거고, 누구에게나 늘 이렇게 갖추어져 있고 드러나 있습니다. 바로 지금 이것입니다. 바로 이것이란 말이에요. 선(禪)에서는 보통 이걸 마음이라고 하죠. 마음 또는 부처라고 하지만, 마음이라는 말도 선이라는 말도 이것을 가리키는 말입니다. 우리는 선이라 하면 앉아서 하는 것이라는 고정관념을 잘못 가지고 있습니다. 그건 고정관념이고, 선도 이것이고 참선도 바로 이것입니다.

선정도 이것이고, 삼매도 이것이고, 전부가 이것을 가리키는 이름이에요. 이름을 따르면 좌선을 하고 선정에 들어가고 삼매에 빠지고… 그리되면 전부 경계가 되는 겁니다. 그 이름의 뜻을 따라가면 다 경계예요. 경계는 깨달음이 아니에요. 분별이고 망상입니다. 경계가 아닌 것이 바로 이것입니다.

이것은 어떤 경계가 아닙니다. 경계가 아니니까 분별될 수 있는 게 아니지만, 이게 분명하게 있는 거죠. 경계라는 말이 원래 분별된다는 뜻이에요. 경계라는 게 경계선이 딱 그어져 있다는 말이니까 분별된다는 거거든요. 그런데 이것은 그 어떤 경계선이 없습니다. 이만큼이니까 마음이다, 그런 건 없어요. 그래서 항상 이걸 얘기할 때는 무변(無邊), 끝이 없다고 합니다. 법신(法身)은 무변신(無邊身)이라고 하거든요 이걸 법신이라고도 합니다. 법신은 무변신(無邊身), 끝이 없는 몸이라고 합니다. 이것을 몸에 비유해서 법의 몸이다, 육체의 몸이 아니라 법신이다, 그렇게 말하기도 해요. 방편으로 그렇게 이름을 붙인 거죠.

이것입니다. 이것! (손을 세우며) 누구에게나 있는 일이고, 항상 있고, 다른 것은 다 이렇게 왔다 갔다 하지만, 이것은 그냥 항상 그대로입니다. 이것은 왔다 갔다 하지 않아요. 우리가 하루를 살면 계속 바뀌죠. 하루 24시간 시시각각 바뀌는데, 이것은 안 바뀝니다. 이것은 100년이 가도 그대로입니다. 이것은 바뀌질 않아요. 안 바뀌니까 이걸 금강이라고 하는 거예요. 다이아몬드는 영원하다고 말하잖아요. 다이아몬드는 안 바뀌잖아요. 썩는 것도 아니고. 그래서 이걸 금강이라고 이름 붙이는 겁니다. 안 바뀌고 변하지 않으니까. 바로 지금 이겁니다. (손짓을 하며) 바로 이거예요.

이것! (법상을 톡톡 두드리며) 누구에게나 이렇게 딱! 있는 일이에요. 이거, 딱! (법상을 두드리며) 있는 일이에요. 딱! 딱! (법상을 두드리며) 바로 이것! 바로 이것입니다. 변하지 않는 것이 항상 우리 모두에게 이렇게 있습니다. 바로 이것이에요. (법상을 톡톡 두드리며) 이것이거든요.

이것이 한 번, (법상을 두드리며) 이 소식이 한 번 탁 와 버리면, 항상 있는 거죠. 생각할 필요도 없고 찾을 것도 없습니다. 왜? 늘 갖추어져 있으니까 뭘 찾을 게 없습니다. 이 일 하나입니다. 이 일 하나. 바로 지금 이겁니다. 변하지 않고 바뀌지 않으니까 이걸 금강이라고 합니다. 방편으로 그렇게 이름을 붙인 거죠.

이걸 또 반야라고 하는데 지혜라는 말입니다. 지혜라는 말은 지식이라는 말과 상대적으로 쓰는 말이에요. 지식과 지혜는 다릅니다. 세속에서는 지식이 쌓이면 지혜가 생긴다고 얘기하거든요. 그건 세속이고, 출세간의 지혜인 반야는 지식과는 아무 상관이 없습니다. 지식을 아무리 쌓아도 지혜는 안 나옵니다. 이 소식이 한 번 와서 자기가 체험을 하고 깨달아서 이것이 딱 나와야, 이런 일이 있구나 하고 실감이 되죠.

그런데 이걸 왜 지혜라고 하냐면, 머리를 굴려서 알 수 있는 게 아니고, 이것이 드러나게 되면 세간의 여러 가지 번뇌에서 벗어나는 일이 벌어지니까 지혜라고 합니다. 그냥 지혜가 아니고 무슨 지혜입니까? 도피안(到彼岸)의 지혜라고 한단 말이에요. 반야는 반야바라밀의 줄인 말입니다. 바라밀의 지혜라는 뜻이거든요. 바라밀은 도피안, 세간에서 벗어나서 출세간으로 간다는 뜻입니다. 《반야심경》의 표현을 빌리면, '원리전도몽상'이라는 말이 있죠. 원리(遠離)는 멀리 벗어났다는 뜻이에요. 전도몽상(顚倒夢想) 즉 꿈같은 망상에서 멀리 벗어났다… 이게 도피안입니다. 피안으로 건너간다는 말이에요.

이것은 반야바라밀, 피안으로 건너가는 지혜… 세간의 번뇌 망상을 벗어나서 번뇌 망상에 시달리지 않는 대자유의 지혜다… 그래서 반야바라밀이라고 하는 거예요. 그런데 이것은 전부 다 방편의 말뜻을 풀이한 겁니다. 실제로 어쨌든 이 소식이 와야 해요. 말뜻은 아무리 잘 풀이하고 알아도 소용이 없어요. 이 소식이 와서 이것이 이렇게 명백해지면, 결국에는 반야바라밀이라는 말도 쓸데없는 소리입니다. 모든 이름과 말은 다 쓸데없어요. 이 진실 앞에서는 다 쓸데없는 거예요.

음식을 만들 때 여러 가지 이름을 가진 재료를 써서 요리를 만드는 조리법을 레시피라고 하잖아요. 재료에는 다 이름이 붙어 있는데, 이름을 먹고 배가 부릅니까? 그 음식을 먹고 배가 불러야 하는데, 이름은 아무리 먹어도 배가 안 불러요. 소용이 없다는 말입니다. 이름은 다 가짜라는 말이에요. 실제가, 진실이, 소식이 딱 와서 이것이 드러나야, 음식을 먹어서 배가 부르듯이 번뇌에서 벗어나 안락해지는 효과를 보는 겁니다. 공부는 효과를 봐야죠. 불법이라는 것은 약과 같다고 했잖아요. 약을 먹으면 효과를 봐야 하는 거예요. 불교는 뭘 아는 게 아닙니다. 효과를 봐야 합니다. 부처님 말씀이 약과 같다는 얘기를 항상 하죠. 먹으면 효과를 보고 효험이 있어야 하는 겁니다. 아는 건 효과가 없어요.

약을 사서 봉투를 뜯어 보면, 안에 설명서가 있어요. 약 성분부터 시작해서 온갖 설명이 다 있습니다. 그거 읽어 보면 낫습니까? 아무 쓸데가 없어요 그런 것처럼 이게 효과를 봐야 하는 겁니다. 말은 다 쓸데없는 겁니다. 말과 생각은 쓸데없는 것이고, 실제 효과를 봐서 번뇌 망상에서 벗어나 마음이 달라져야 하는 겁니다. 마음이 달라져서 아무 일이 없이 이렇게 돼야 하는 거예요.

이 불법 공부는 오로지 실제 효과를 보는 것입니다. 뭘 배워서 알고 하는 게 아닙니다. 실제 효과를 보려면 이 소식이 한 번 와야 하는 거죠. 이 소식이 와야 하는 거예요. 다른 소식이 아닌 이 소식이에요. 이 소식, 바로 이것. 이게 소식이 오는 거죠. 이 소식이 와 버리면 효과가 나오는 겁니다. 경전은 다 문자로 되어 있습니다. 말이거든요. 아무리 읽어 봐도 말만 가지고는 절대 깨달을 수가 없습니다. 실제 효과를 봐야 합니다.

평생 경전만 읽은 사람들을 보면 팔만대장경을 몇 번씩 읽었다는 사람도 있어요. 그런데 그 사람의 말을 들어 보면, 아는 것은 많은데 깨달음이 없어요 그러니까 쓸데없는 짓을 하고 있는 거예요. 이 소식이 오면 사실 경전은 필요 없습니다. 병이 나으면 약이 필요 없다고 하듯이 이 소식이 오면 여기서 다 드러났고, 모든 문제가 해결됐고, 더이상 약이 필요 없거든요. 경전도 필요 없어요. 필요는 없지만, 재미로 읽어 볼 수는 있겠죠. 무슨 말을 어떻게 하고 있는지, 무슨 방편을 어떻게 쓰고 있는지 보면, 이제 자기 안목만큼 보여요. 이게 소식이 와도 금방 안목이 밝아지는 건 아니고, 시간이 많이 필요하니까 자기 안목만큼 보입니다. 시간이 지날수록 더 확실하게 볼 수가 있고, 그건 시간이 필요한 것이고, 어쨌든 이 소식이 와야 그런 것도 가능한 겁니다. 그래서 진실은 바로 이것입니다. 팔만대장경이 다 필요 없어요.

딱 이것 하나입니다. 이것 하나. (손가락을 들며) 임제 선사가 그런 말을 했거든요. '팔만대장경은 화장실 변소에 있는 똥 닦는 종이다.' 이런 말을 했거든요. 다 필요 없다는 겁니다. 왜? 진실은 이것, (손을 세우며) 우리 마음이라고 하는, 법이라고 하는 이게 진실이지, 문자 속에 무슨 진실이 있는 건 아니기 때문입니다. 이것, (손을 세우며) 이 일 하나가 있어요. 이 일 하나가 분명하면 일이 없는 것이고, 이게 아니면 읽어 봐야 아무 소용이 없습니다.

이것이 분명하고 확실해야, 이 경전 한마디 한마디, 한 구절 한 구절이 어떤 방편으로 이걸 이렇게 말하고 있는지가 드러납니다. 수수께끼가 풀리듯이 드러나요. 수수께끼를 풀기 전에는 무슨 말인지 몰라도, 풀리고 나면 재미있거든요.

그래서 《금강반야바라밀경》이라고 합니다. 경(經)이라는 것은 부처님 말씀이라는 말이에요. 경 대신에 교(教)라는 말도 씁니다. 부처님 말씀을 경 또는 교라고 해요. 원래 경이라는 말은 인도 말 '수트라'를 번역한 건데, 중국에서 원래 쓰였던 말이에요. 성인의 말씀을 적어 놓은 걸 경이라고 해요. 어쨌든 경이라는 말은 '수트라'를 번역한 거고 '말씀'이라는 말이에요.

그러니까 방편은 말로 할 수밖에 없어요. 이 법도 자체는 말이 아닙니다. 말이 될 수 없습니다. 그러나 우리가 공부를 하려면, 사람은 말로 소통하는데, 말을 안 하고 어떻게 공부를 할 수 있겠습니까? 어쩔 수 없이 말을 하는 거예요. 말할 수 없는 것을 얘기하는 겁니다. 경이라는 것은 말할 수 없는 것을 말한 겁니다. 정확하게 딱 맞는 말은 아니에요. 말할 수 없는 것인데 억지로 말한 거니까, 그 말이 정확하게 딱 맞다고 하면 안 됩니다. 방편의 말이 되는 겁니다. 말할 수 없는 것을 억지로 말했기 때문에 방편의 말이죠. 말할 수 있는 거라면 정확한 말인지 잘못된 말인지 판단할 수가 있는데, 말할 수 없는 것을 말할 때는 그렇게 판단할 수가 없어요. 왜? 어차피 말할 수 없는 것이기 때문에 어떤 방편이라고 판단이 되는 겁니다.

예를 들어, 조주가 "개에게는 불성이 없다"고 했는데, 다른 데서는 조주가 그 말을 두 번 했어요. 한 번은 "개에게는 불성이 있다"고 얘기했고, 한 번은 "개에게는 불성이 없다"고 했습니다. 말만 따라가면, 저 사람이 말이 왔다 갔다 하고, 전혀 다른 말을 하는 것처럼 보이지만, 그 내용을 보면 똑같은 얘기를 하고 있는 겁니다. 개에게는 불성이 있다, 개에게는 불성이 없다…

사실은 똑같은 취지를 가지고 하는 말인데, 말은 정반대로 한 겁니다. 부처님도 진여자성(眞如自性)이라는 게 있다고 말하기도 하고, 아무것도 한 물건도 없고 텅 빈 공이다, 이렇게 말하기도 하잖아요. 마음이 있다고 말하기도 하고, 마음이 없다고 말하기도 한단 말이에요. 그런데 둘 다 맞는 말이에요. 맞는 말이라는 게 뭐냐면, 마음이라는 것은 원래 말할 수가 없는데, 방편으로 하는 말이라서 경우에 따라 이렇게도 말하고 저렇게도 말하는 겁니다.

이게 잘 이해가 안 될 텐데, 비유하자면 이런 겁니다. 우리가 약을 쓰잖아요. 열이 오르면 열을 내리는 약을 써야죠. 그런데 체온이 떨어지면 열을 올리는 약을 써야 하는 거예요. 똑같은 약이지만 어떤 약은 열을 내리는 약이고, 어떤 약은 열을 올리는 약인 거죠. 그건 병에 따라 약을 쓰는 거라서 똑같습니다. 마음이 있다고 말하기도 하고, 마음이 없다고 말하기도 하고, 왜 이런 얘기를 하느냐? 경전에 있는 말을 절대적인 진리로 오해하지 말라는 겁니다. 방편이라는 말이에요. 경전만 열심히 읽는다고 되는 게 아니고, 이 소식이 와서 자기가 진실에 눈을 뜨고 나면 이게 어떤 방편이라는 걸 이제 볼 수가 있어요. 하여튼 진실은 이것입니다.

이 소식이 탁 오면 이것은 아무 문제가 없습니다. 아무 문제가 없는데, 공부로 치면 두 가지 병이 있어요. 하나는 생각이 너무 많은 병, 하나는 생각이 너무 없는 병, 이 두 가지 병이 있거든요. 그것을 선(禪)에서는 도거와 혼침이라고 합니다. 도거는 생각이 너무 많아 시끄럽다는 뜻입니다. 혼침은 아무 생각 없이 멍청하게 있다는 건데, 둘 다 병입니다.

깨달음을 얻어서 계합이 되면, 모든 것이 지나치지도 않고 부족하지도 않고 항상 알맞아서 아무 문제가 없습니다.

그러니까 이거란 말이에요. (손을 흔들며) 이것 하나예요. 여기 한 번, 이 소식이 한 번 와야 해요. 그런데 소식이 왔는데도 자꾸 혼침 속에 빠진다? 예를 들어, 혼침을 삼매로 오해하기도 하는데, 계속 고요하기만 하고 텅 비기만 하고 아무 생각 없이 멍청하게 있기만 한다면, 이거 뭔가 잘못된 겁니다. 소식이 제대로 온 게 아니에요. 또 소식이 왔는데 계속 머리가 팽팽 잘 돌아가서 뭐든지 이해가 되고 해석이 되고 말이 많아진다면, 이것도 뭐가 잘못된 겁니다. 도거에 빠진 거거든요 그게 병이에요. 말하자면, 열이 올라갔다가 내렸다 하고 비슷한 겁니다.

이 소식이 오면 아무 생각 없이 지내지만 꼭 필요한 생각은 하고, 아무 말 없이 지내지만 꼭 필요한 말은 하고, 그래서 항상 알맞게 됩니다. 저절로 모든 것이 알맞게 됩니다. 하여튼 이 소식입니다. 바로 지금 이것입니다. 이게 본래면목(本來面目)이라고 하는 것이고 마음이라고 하는 건데, 한 번 이 소식이 와야 합니다.

1. 법회인유분
법회를 이룬 연유

이와 같이 나는 들었다.

한때 부처님께서 사위국의 기수급고독원에 1,250명의 비구들과 함께 계셨다. 그때 세존께서는 식사 때가 되어 옷을 입고 발우를 들고 사위성 안으로 들어가 밥을 비셨다. 그 성 안에서 차례로 밥을 다 빌고는 다시 본래 계셨던 자리로 돌아오셨다. 밥을 다 잡수시고 옷과 발우를 거두시고 발을 씻고는 자리를 펴고 앉으셨다.

如是我聞. 一時佛在舍衛國祇樹給孤獨園 與大比丘衆千二百五十人俱. 爾時世尊食時著衣持鉢入舍衛大城乞食. 於其城中次第乞已, 還至本處. 飯食訖 收衣鉢 洗足已 敷座而坐.

이《금강반야바라밀경》은 이렇게 분(分)을 나누어 놓았어요. 분이라고 해서 제목을 붙여 놓았습니다. 누가 붙였느냐 하면 중국의 양무제라는 사람이 있어요. 중국 황제 중에서 제일 불교를 좋아했던 임금입니다. 당나라, 수나라 전 남북조 시대에 양나라라는 나라가 있었거든요. 무제라는 임금이 있었는데 불교를 아주아주 좋아했어요. 임금인데도 불교 공부를 열심히 했습니다. 그 아들이 소명태자인데, 아들이 《금강경》을 열심히 공부해서 제목을 붙였어요. 32개 부분으로 나누어 제목을 붙여 놓았습니다.

맨 먼저 1번을 법회인유분(法會因由分)이라고 붙였는데, 인유(因由)라는 것은 《금강경》 법회가 일어난 인연이 되는 원인이랄까, 언제 어떻게 일어났느냐, 그걸 얘기하고 있는 겁니다. 언제 어떻게 이 법회가 있었느냐 하는 내용이 들어 있다는 뜻으로 법회인유분이라는 제목을 붙였어요. 원래 《금강경》은 서른둘로 나뉘어 있는 것도 아니고 제목도 없습니다.

이와 같이 나는 들었다.

모든 불교 경전은 맨 앞에 이 구절이 있습니다. 여시아문(如是我聞), 이와 같이 나는 들었다… 역사적으로는 경전을 만들 때 아난이 이런 말을 했다고 이해할 수 있는 거죠. 석가모니가 살아 있을 때는 경전이 없었습니다. 경전이라는 것은 석가모니가 돌아가시고 나서 몇 개월 뒤부터 만들어진 거예요. 왜 만들어졌느냐? 석가모니가 살아 있을 때는 경전이 필요 없었어요. 왜? 가서 물어보면 되잖아요. 가서 법문 들으면 되니까 굳이 경전이 필요 없습니다. 가서 법문 들으면 되고, 궁금한 게 있으면 가서 물어보면 되니까 경전이라는 게 없었어요. 없다가 돌아가셨는데, 석가모니가 돌아가실 때 후계자를 정하지 않았습니다. 나 다음 부처는 이 사람이다, 이렇게 정했으면 경전은 여전히 없었을 거예요. 왜냐하면 그 사람한테 가서 물어보고 그 사람 설법 들으면 되니까. 그런데 후계자를 정하지 않았어요. 그냥 각자 다 자기 마음을 깨달아서 해탈하면 된다, 열심히 공부해라, 하고 돌아가서 버렸거든요.

법등명(法燈明) 자등명(自燈明)이라고 하잖아요. 법의 등불을 밝히고 자기 등불을 밝혀라, 하는 게 '자기 법의 등불을 밝혀라' 이 말인데, 돌아가시고 나니까 제자들이 '그러면 우리가 누구한테 의지해서 공부해야 하지?' 하는 게 문제가 되잖아요. 그런데 그때 나이가 제일 많은 고참이 누구냐 하면 마하가섭이거든요. 선(禪)에서는 마하가섭이 인가를 받았다고 되어 있습니다. 염화미소에서 인가를 받아 1대 조사가 됩니다. 그런데 사실은 그런 게 아니고, 마하가섭은 그냥 제자 중에서 맏형이에요 제일 나이가 많고 고참이죠. 석가모니가 '나 대신 네가 앞으로 지도해라' 이런 말을 안 했거든요. 그러니까 어떻게 할 수가 없는 거죠. '그럼, 우리가 모여서 부처님이 생전에 하신 말씀을 기억하자. 그 말씀을 모아서 말씀대로 공부하자.' 이렇게 해서 경전을 만들게 된 겁니다.

그때 제자들이 모였는데, 그중에 아난이라는 제자가 부처님의 시자를 오랫동안 했단 말이죠. 그리고 깨닫지는 못했는데 굉장히 기억력이 좋았어요. 제자들이 둘러앉아서 '아난, 네가 기억하는 대로 말해 봐라. 네가 기억하지 못하거나 잘못 기억하는 건 우리가 고쳐서 말해 줄 테니' 하니까, 먼저 아난이 '나는 이렇게 들었습니다' 하고 시작한 게 경전입니다. 그래서 맨 앞에 이 말이 나오는 겁니다. '이와 같이 나는 들었습니다'는 원래 그런 뜻이에요.

이렇게 된 건데, 그건 경을 강의할 때 하는 말이고, 선(禪)을 가지고 이 경을 보면 그렇게만 하면 선은 아니죠. 선에서 반야바라밀을 가지고 이 경을 말하게 되면, "이와 같이 나는 들었다"라고 하면 "이와 같이"라는 게 아난이 한 말이 아니고 (손가락을 세우며) 바로 이 법을 가리키는 거다 이 말이에요. (손가락을 세우며) '이와 같이!' (손을 흔들며) 바로 이 법! 법을 가리키는 말이 되는 거예요. '여법(如法)하게' 이 말입니다. (손을 흔들며) 이 법과 같이, 이와 같이.

이와 같이, 법과 같이, (손을 흔들며) 바로 이렇게. 이 법이 이렇게 확 하고 와닿아야 "이와 같이"라는 말이 이제 와닿죠. 아, 이것! 이 법이 와닿아야 살아 있는 《금강경》이 되는 겁니다. 금강반야바라밀이 되는 거죠. 왜? 이와 같이, 바로 이 경이니까, 바로 이 법이니까. 이래야 이게 살아 있는 반야바라밀이 되는 거지, '아난이 기억하는 게 이렇구나' 이래 버리면 생각으로 가 버리니까 그건 말일 뿐이고 아무것도 아니에요. "이와 같이" 이러면 벌써 이것이 이렇게 탁 나타나야 해요. "이!" 하는 데서 벌써 이렇게 탁 나타나 있어야 하는 거예요. '이와 같이' 하는데 "이!" 하는 데서 벌써 딱 나타나야 해요. 왜? 이게 아니면 이런 말이 나올 수가 없으니까요. (손을 들어 보이며) "이!" 하는 게 바로 이것입니다.

"이!" 하는 거나 "똥막대기" 하는 거나 "잣나무" 하는 거나 "개한테는 불성이 없다" 하는 거나 똑같은 거라는 말입니다. 왜? 바로 이것이니까요. 그러니까 '이와 같이' 하고 길게 얘기할 것도 없어요. "이!" 하는 여기서 딱 소식이 와 버리면 이것밖에 없는 거거든요. 그냥 이것뿐이에요. 아무 생각할 것도 없고 이해할 것도 없어요. 두 번째 말로 갈 필요가 없다는 말입니다. "이!" 하는 게 바로 지금 이거니까. 《금강경》이라는 것이

"이!" 하는 데서 딱 끝이 나 버려야 합니다.

역대 《금강경》 법문 중에서 제일 유명한 법문이 뭡니까? 부 대사의 《금강경》 법문 아닙니까? 중국 양무제 때 부 대사하고 지공 화상이 살았고, 달마도 그때 왔어요. 그 당시에 유명한 사람이 많습니다. 부 대사라는 사람은 스님이 아닙니다. 거사예요. 지공 화상이나 달마는 출가 스님이고. 그래서 양무제가 지공 화상한테 《금강경》을 법문해 달라고 청하니까 지공 화상이 '저보다는 저분이 더 낫습니다' 하면서 부 대사를 추천했어요.

부 대사가 왕궁에 있는 절의 법상에 올라가서 가만히 있다가 주장자를 가지고 (주장자를 올리며) 법상을 한 번 딱! (주장자로 탁자를 치며) 치고는 그냥 내려갔어요. 앞에 황제가 앉아 있고 옆에 지공 화상이 앉아 있는데, 내려갔어요. 황제가 멍하게 있으니까 지공 화상이 "폐하, 금강경 법문이 끝났습니다" 이랬거든요. 그게 역대 제일 유명한 《금강경》 법문입니다. 왜? (손을 흔들며) 바로 이것이 금강이고, 이것을 한 번 이렇게 딱! (주장자로 탁자를 치며) 보여 준 걸로 더이상 말이 필요 없는 거 아닙니까?

이것이 금강이고 이것이 반야바라밀이거든요. 이걸 보여 준 걸로 더이상 말이 필요 없는 거예요. 그러니까 이것이 제일 유명한 법문인 겁니다. 그러니까 이 소식, 이거예요. 이것만 소식이 오면 더 볼 필요 없어요. 이 소식만 오면 《금강경》이 왜 필요합니까? 《금강경》은 이것을 알려 주기 위한 방편의 말에 불과한 겁니다. 손가락에 불과한 거란 말이에요. 달을 보면 손가락은 더이상 볼 필요가 없어요. 이 소식이 안 오니까, 오라고 자꾸 이런저런 말을 하는 거죠. 이 소식이 이렇게 탁 밝아져서 이게 분명해지면 더이상《금강경》을 볼 필요가 없어요. 다 이거 얘기하려고 하는 건데,《금강경》이 다른 거 말하는 게 아니거든요. 다 이 소식을 알려 주려고 하는 말이죠.

이것 하나. 이것 하나만 분명하면 돼요. 그래서 '이와 같이' 그러면 "이" 하든 "와" 하든 "같" 하든 "이" 하든 (손가락을 흔들며) 그냥 이겁니다. 다른 게 없고 그냥 이거다 이 말입니다. 한마디 한마디가 전부 이것을 나타내고 있는 겁니다.《금강경》전체 글자가 몇백 자, 몇천 자가 되겠지만, 그 한 글자 한 글자가 전부 화두예요. 문자 화두와 똑같아요. 그냥 이걸 가리키고 있는 거니까요. (손가락을 세우며) 이 일 하나, 바로 이걸 가리키고 있는 거거든요. 이걸 나타내는 것이고, 그래서 첫마디에서 깨달으면 그걸로 끝이고, 둘째 마디에서 깨달아도 끝이고, 셋째 마디에서 깨달아도 그걸로 끝이에요. 왜? 깨닫고 나면 그냥 이것뿐이니까요. 다른 게 다 필요 없는 거예요.

천 마디, 만 마디를 다 듣고 하나하나 이해해야 하는 게 아닙니다. 약도 그렇잖아요. 약 한 알 먹고 병이 나았으면 끝이죠. 병원에 가서 약을 삼 일 치 처방해 주더라도 하루 먹고 나았으면 이틀, 사흘 계속 먹을 필요 없습니다. 그럼 약을 버려야죠. 그런 것처럼 여기서 소식이 오면, (손가락을 들며) 바로 이 소식이거든요. 여기서 소식이 오면《금강경》은 끝나는 겁니다. 더이상 할 게 없어요. 이 소식을 알려 주려고 계속 이런저런 말을 하는 거죠. 바로 이 소식 하나입니다. 이 소식 하나. 다른 여러 가지 소식이 없습니다.

이와 같이 나는 들었다. 한때 부처님께서 사위국 기수급고독원에

경전에서 처음에는 항상 '언제 어디서 누구와 함께' 이런 말을 하죠. 그냥 그런 얘기인데 이것도 보면 별 얘기는 아니죠. 언제 어디서 어떤 사람하고 어떻게 하다가 법문을 하는구나… 별거 아니죠. 그런데 그렇게 하면 경전이 별 가치가 없고, "한때" 하면, 벌써 "한" 하면 그게 말이 아니고 뜻이 아니고 이 자기 소식, 자기 본래면목, 자기 살림살이가 여기에 이렇게 딱 드러나 있다는 사실이 밝혀져야 하는 거죠. "한때" 하면 벌써 이 소식이 탁 밝혀져야 한다는 말입니다.

"한때"가 바로 "잣나무" 하는 거랑 똑같은 거예요. 이 소식이 밝혀져야 해요. "한때" 하는 거나 "잣나무" 하는 거나 "똥막대기" 하는 거나 "삼 서 근" 하는 거나 똑같은 겁니다. 이게 바로 지금 이 소식을 보여 주고 있는 겁니다.

우리는 자꾸 말을 따라가고 싶어 합니다. 그렇게 습관화되어 있어서, 글을 읽으면 자꾸 그 글을 따라가서 생각을 하고 싶어 해요. 습관이 되어 있기 때문에 그런 거예요. 그 습관을 이겨 내고 이 소식이 와야 해요.

선(禪)에서 그런 말 하잖아요. 강아지는 흙덩이를 쫓아가고 사자는 사람을 문다… 흙덩이를 계속 쫓아가면 피곤하니까 사람을 물어 버리면 다 끝난다고 얘기하죠. 사람이 흙덩이를 종이에 싸서 계속 던지니까 강아지는 흙덩이 안에 고깃덩어리가 있는 줄 알고 흙덩이를 따라가서 물어 보지만, 고깃덩어리가 아니고 흙덩이에요. 흙덩이를 종이에 싸서 던진 거거든요. 그런데도 던지면 또 따라가고 또 따라가고 하니까, 어리석은 강아지는 말만 따라가는 사람과 같다는 겁니다. 지혜로운 사자는 돌

아서서, 흙덩이 던지는 사람을 물어 버려요. 그러면 더이상 못 던지니까 피곤하게 따라다닐 일이 없어집니다.

중생은 뭘 자꾸 따라다녀요. 말을 따라다니고, 생각을 따라다니고, 눈에 보이는 걸 따라다니고, 기분이나 감정을 따라다니고, 맨날 따라다니니까 강아지하고 똑같다 이거죠. 확 돌아서서 사자처럼 사람을 물어 버려야 한다는 것은, 자기 본래면목의 소식이 탁 와 버리면 더이상 따라갈 일이 없어요. 이 소식이 와서 좋은 게 뭐냐면, 이제는 바깥으로 경계를 따라다니지 않게 된다는 겁니다. 자기 집 안에 가만히 앉아 있는 것처럼 안정된다는 말이에요. 마음이 안정되어 버려요. 안 따라가게 된다는 거예요. 그래서 이게 좋은 거거든요. 이 소식이 없으면 항상 마음은 뭔가를 찾아서 헤매게 됩니다. 뭘 찾아서 헤매고, 뭘 따라다니면서 헤매고… 그걸 미혹하다고 하는 겁니다.

미아가 되어 헤맨다는 말이거든요. 이 소식이 오면 이제 헤매지 않아요. 왜? 항상 늘 본래 자리에 앉아 있는 것 같으니까. 이게 진정한 의미의 좌선이고 선정이고 삼매인 겁니다. 이 소식이 오면 변함없는 자기 본래면목의 자리에 늘 벗어나지 않고 있으니까 이게 바로 진정한 의미의 좌선이고 선정이고 삼매인 겁니다.

그래서 《육조단경》에서 육조 대사가 그랬잖아요. 안으로 마음에 헐떡임이 없고 바깥으로 경계를 따라가지 않는 것이 선정이고 좌선이라고…. 이것 하나입니다. 이 소식이 오면 됩니다. 이 소식이에요. 이 소식. 《금강경》은 단지 이것을, 이 소식을 오게 하려는 여러 가지 방편의 잡다한 애기입니다. 이 소식만 와 버리면 이런 말 다 필요 없어요. 이 소식 하나. 바로 이거 하나입니다.

한때 부처님께서 사위국의 기수급고독원에

사위국이라는 그 당시 인도 나라, 기수급고독원은 절입니다. 최초의 절, 기수, 기원정사라고 합니다. '기원'은 기타 태자의 동산이라는 말이고, '정사'는 절이라는 말이거든요. 기원정사라고 하는 게 기수급고독원입니다. 급고독 장자라고 하는 부자가 있었는데, 그 부자가 땅을 사서 석가모니에게 절을 지어 드렸죠. 불교로 치면 최초의 절입니다.

1,250명의 비구들과 함께 계셨다.

1,250이라는 것은 딱 1,250이라는 뜻이 아니라 습관적으로 쓰는 숫자입니다. 그건 신경 쓸 필요가 없습니다. 천 명이 들어갈 절을 그 당시에 지을 수 있겠습니까? 실제로는 그런 게 아닙니다. 지금도 천 명이 들어갈 만한 집 같으면 얼마나 커야 합니까? 그런 건 습관적으로 쓰는 숫자예요.

그때 세존께서는 식사 때가 되어 옷을 입고 발우를 들고 사위성 안으로 들어가 밥을 비셨다.

석가모니 시대에는 그 이후에도 한동안 스님들이 항상 이렇게 걸식했어요. '걸(乞)'이라는 게 빈다는 뜻이니까 '걸식'은 빌어먹는다는 뜻이에요. 거지를 걸인이라고 하잖아요. 빌어먹는 사람이라는 뜻이거든요. 스님들이 밥그릇을 들고 가서 한 숟가락씩 집집마다 빌어서 먹었죠. 직접 농사 같은 걸 짓지 않았습니다.

  옷은 분소의라고, 쓰레기 더미에 버려진 옷 조각을 주워서 기워 입었어요. 본인이 돈을 버는 사람이 아니기 때문에 남이 버린 거나 남이 주는 걸 받아서 먹을 수밖에 없었어요. 이 당시 수행자들은 직접 돈 버는 활동을 안 했기 때문에 돈은 받을 수 없었습니다. 나중에 부처님 돌아가시고 100년인가 뒤에 교단이 갈라지는데, 갈라지는 이유가 돈을 받을 수 있느냐 없느냐로 파가 나뉘어서 교단이 갈라져요. 돈을 받을 수 있다는 사람들하고, 안 된다, 부처님은 돈을 받지 말라고 하셨다는 사람들이 갈라지게 되거든요. 그게 최초의 교단 분열이에요. 그런데 이 당시에 부처님은 돈 받지 말라고 했어요. 돈이 왜 필요해, 받지 마. 그 대신에 밥은 빌어먹고 옷은 주워 입어라 했어요. 기수급고독원이라는 집을 짓기 전에는 집도 없어서 맨날 동굴 속이나 나무 밑에서 지냈는데, 인도는 따뜻한 지방이니까 그런 데서도 살 수 있었겠죠. 그렇게 살았거든요. 본인이 돈 버는 일을 안 했기 때문에 양심적으로 했는데, 그 뒤에 불교가 국교가 되고 아소카 왕 때 절을 엄청 짓고 국가에서 돈을 대 주었죠. 지금의 절은 상당히 부자죠. 돈도 많이 들어오고 농토 같은 것도 있고, 옛날에 왕들이 하사한 농토도 있고 하니까요. 어쨌든 석가모니 시대에는 이랬습니다. 이때는 국교도 아니에요. 그냥 몇몇 사람이 하던 공부죠.

  그 성 안에서 차례로 밥을 다 빌고는

  이 말은 뭐냐면, 한 집에서 한 그릇을 다 받지 않고 한 숟가락씩만 받았어요. 한 집에 한 그릇 다 받으면 부담되잖아요. 그래서 그 성 안에서 차례로 밥을 다 빌고는 다시 본래 계셨던 자리로 돌아오셨다. 밥을 다 잡수시고 옷과 발우를 거두시고 발을 씻고는

맨발로 다녔거든요. 외출하고 오면 발을 씻어야죠.

자리를 펴고 앉으셨다.

여기 법문이 이루어지는 어떤 배경 장소와 시간을…《법화경》같은 경우는 기수급고독원이 아니고 영치산 꼭대기죠. 그걸 영산회상이라고 하죠. 법문을 한 자리가 여러 군데 있습니다. 여기는 기수급고독원이라고 이런 장면을 이렇게 쭉 묘사해 놓았는데, 사실 이것은 필요 없는 내용입니다. 법문 내용이 아니니까 필요 없는 내용이죠. 그다음에 수보리가 묻고 부처님이 답변하는 게 법문 내용이거든요. 필요 없는 건데 왜 앞에다 놓았느냐면… 학자들이라면 부처님 겁문이 언제 어디서 어떻게 행해졌느냐 하는 그런 정보를 알려 주는 내용이라고 하겠지만, 사실상 그런 정보는 필요 없습니다. 왜냐하면 그거는 아무런 방편이 아니니까요. 방편은 질문하고 답하고 하면서 이 법에 관해 얘기해야 방편이 되는데, 이건 법에 관한 얘기가 없잖아요.

그러니까 그렇게 보면 안 되고, 여기에는 부처님 말씀이 한마디도 없이 단지 언제 어디서 밥 먹고 발 씻고 발우와 옷을 정리하고 자리에 앉았다… 말하자면, 이 당시 스님들의 일상생활을 그대로 보여 주고 있는 건데, 방편의 입장에서 보면 이게 바로 말 없는 법문입니다. 말을 해야 꼭 법문이 되는 건 아니에요. 일상생활에서 지금 매 순간순간 우리가 보

고 듣고 행동하고 이렇게 하는 것 자체가 전부 이 법이거든요. 여기서 하는 거지 딴 데서 하는 게 아니에요.

처음에는 이렇게 생활하는 것처럼 보이지만, 일상생활의 법을 있는 그대로 보여 주고… 불법이라 하면 일상생활과 다르게 뭔가 특별한 뭐가 있지 않을까, 이런 헛된 기대를 하는 경우도 많이 있거든요. 그런데 그런 게 아닙니다. 그냥 밥 먹고 발 씻고 옷 입고 하는 이게 바로 법이다(탁자를 톡톡 두드리며)라는 걸 그대로 보여 주고 있는 거예요.

말없이 있는 그대로의 법을 그대로 보여 주고, 그걸로 부족하니까 또 입을 열어서 말을 하는 거죠. 있는 그대로의 법을, 일상생활에서 밥 먹고 물 마시고 발 씻고 앉았다 섰다 하는 이게 전부 이 법인데, 이 법을 있는 그대로 이렇게 드러내서 보여 주고, 사실 여기서 법을 충분히 다 보여 주었거든요. 그래도 부족할까 봐 그다음부터는 말로 하는 거예요. 이런 내용이 부처님 법문은 한마디도 없이 왜 앞에 붙어 있느냐면, 바로 이런 방편이라는 말입니다. 그냥 붙여 놓은 게 아니라는 말이죠. 경전이라는 게 아무 이유도 없이 그냥 쓸데없는 소리를 붙일 리가 없죠.

《금강경》이라고 하면 '범소유상 개시허망 약견제상비상' 이런 말이나 알지, 그건 중요한 말이고 이건 몰라도 되는 거라고 보통 그렇게 말하거든요. 그런 게 아니고 여기서 법문을 이미 다 했다는 말입니다. 여기서 보여 줄 법을 다 보여 줬어요. 보여 주고, 이것으로 부족할까 봐 그때 말을 하기 시작하는 거죠. 말로 하는 본문은 그다음부터 나옵니다. 그러니까 이게 다 법문입니다. 어디에서 뭘 어떻게 했다, 밥을 먹고 발을 씻고 자리에 앉고 옷을 정리하고… 이게 법문이에요. 왜? 이게 바로 법입니다. 법이 따로 있는 게 아니고, 나중에 이 법을 확실하게 우리가 깨닫고 나서 보면, 일상생활의 매 순간순간 (손가락을 흔들며) 모든 게 다 법이에요. 그래서 이 세상을 뭐라 합니까? 이 세계를 법계, 법의 세계라고 말하는 겁니다. 법계라고 하거든요. 모든 게 다 법 아닌 게 없습니다. 전부가 다 법이거든요. 그래서 이 세상 삼라만상을 만법이라고 말합니다. 법을 그대로 보여 주고 있는 거예요. 이게 법입니다. 달리 법이 있는 게 아니고, 발 씻고 밥 먹고 앉고 서고 설거지하고, 이게 법이란 말이에요. 조주도 그랬잖아요. 누가 조주한테 와서 "부처가 뭡니까" 하고 물으니까 조주가 "밥 먹었냐?" "예." 그러니까 "설거지해라." 그 사람, 설거지하다가 깨달았다고 해요

이 법입니다. 따로 있는 법이 아니고. 여기서 어쨌든 소식이 한 번 와야 해요. 생각은 안 됩니다. 생각으로는 안 되고, 소식이 와야 해요. 소식이 탁 와서 이게 밝아져야 비로소 매 순간순간 모든 게 다 법 아닌 게 없다는 사실을 본인이 실감하게 되는 겁니다. 따로 법이라는 게 있으면 안 됩니다. 따로 '이게 법이구나' 이러면 안 돼요. 그런 건 법이 아닙니다. 그건 경계라고 해요.

부처님이 뒤에 가면 뭐라고 합니까? 법이라는 게 얻을 게 없다고 계속 얘기하거든요. 따로 얻을 게 없다 하고. 왜? 모든 게 법이니까. 따로 얻을 것도 없고 버릴 것도 없어요. 따로 얻을 법이라는 게 없어요. 뒤에 가 보면 그 얘기를 자꾸 하거든요. 따로 얻을 법이라는 게 없다고 자꾸자꾸 얘기한다고요. 왜? (손을 펼쳐 보이며) 이게 전부 법이거든요. 법이라는 것도 이름을 방편으로 붙인 건데, 이걸 깨달아서 분명하게 밝아지면 모든 게 다 이거예요. 따로따로 있는 게 아니에요. 모든 일이 다 이 한

개 일이고, 삼라만상, 온 세상 모든 게 진여자성이고 자기 본래면목인 겁니다. 자기 살림살이인 거고, 이 한 개 진실입니다. 이 하나의 일입니다.

이게 와닿아야 해요. 와닿고 실감이 되고 이 소식이 와야, 그러고 나서도 많은 시간이 흘러서 안목이 좀 밝아져야 이런 말들도 알 수가 있어요. 모든 경전을 보면 '나는 이와 같이 들었다' 하고 '언제 어디서 뭘 어떻게 하다가 법문한다' 이렇게 나오는데, 이게 다 법문입니다. 아무 이유 없이 쓸데없는 소리를 붙여 놓은 게 아닙니다.

법에 통하고 자기가 이 법이 분명하면 '아 이게 전부가 법문이 아닌 게 없구나' 하고 납득할 때가 옵니다. 이 일 하나입니다. 이 일 하나.

2. 선현기청분
수보리가 설법을 청하다

그때 장로 수보리가 대중 속에 있다가 곧 자리에서 일어나 오른쪽 어깨를 드러내고 오른쪽 무릎을 구부려 땅에 대고는 합장하고 공경하며 부처님께 아뢰었다.

"희유하십니다, 세존이시여. 여래께서는 모든 보살을 잘 보살피시고 모든 보살에게 잘 부탁하십니다. 세존이시여, 착한 남자들과 착한 여인들이 위없이 바르고 평등한 깨달음의 마음을 내면 마땅히 어떻게 그 마음을 머물고 어떻게 그 마음을 항복시켜야 합니까?"

부처님께서 말씀하셨다.

"좋고 좋구나, 수보리야. 그대가 말한 바와 같이 여래께서는 모든 보살을 잘 보살피시고 모든 보살에게 잘 부탁하신다. 그대는 이제 잘 들어라. 그대에게 말해 주겠노라. 착한 남자들과 착한 여인들이 위없이 바르고 평등한 깨달음의 마음을 내면 마땅히 그 마음을 이와 같이 머물고 이와 같이 항복시켜야 한다."

수보리가 말했다.

"예, 세존이시여. 기꺼이 듣기를 바랍니다."

時長老須菩提在大衆中, 卽從座起偏袒右肩右膝著地, 合掌恭敬而白佛言: "希有世尊. 如來善護念諸菩薩, 善付囑諸菩薩. 世尊, 善男子善女人, 發阿耨多羅三藐三菩提心, 應云何住云何降伏其心?"

佛言: "善哉善哉, 須菩提. 如汝所說, 如來善護念諸菩薩, 善付囑諸菩薩. 汝今諦聽. 當爲汝說. 善男子善女人, 發阿耨多羅三藐三菩提心, 應如是住如是降伏其心."

"唯然世尊. 願樂欲聞."

《금강경》 제2 선현기청분(善現起請分)입니다.

이 수보리라는 제자는 이름이 인도 말로는 수부티라 하고, 의미를 옮기면 선현이 됩니다. 잘 나타난다는 말이에요. 기청분에서 기청이라는 말의 뜻은 법문을 청한다는 말입니다. 선현이 일어나서 법문을 청하는 부분이다… 제목은 그런 뜻이에요. 수보리가 자리에서 일어나서 법문을 청하는 부분이다…

그런데 사실은 "수보리가 자리에서 일어나서", 벌써 여기서 법은 이미 다 드러나 있습니다. "수보리가"라고 말을 하는 데서 이렇게 법이 드러나 있고, "자리에서 일어나서"라고 말하는 데서, 또는 자리에서 일어나는 행동을 하는 데서 이 법이 이렇게 드러나 있고, "법문을 청한다"라고 말하는 데서 이 법이 다 드러나 있어요. 이렇게. 왜? (손을 들며) 바로 지금! 바로 이 법이기 때문에 그렇습니다. 말을 따라가지 말고… 법은 언제든지 이렇게 드러나 있습니다. 바로 이것이거든요. 바로 이것.

법은 언제나 이렇게 드러나 있고, 항상 (손을 들며) 바로 이 법이기 때문에 생각과 말을 따라가면 안 되고, 생각할 필요가 없고 말할 필요가 없습니다. 법은 항상 이렇게 드러나 있기 때문에 바로 이 법이거든요. 바로 이 법.

법에 관해 생각하고 말하는 것은 마치 물속에서 물에 관해 생각하고 말하는 것과 똑같습니다. 물속에 있으면서, 당장 온 천지에 물이 있는데 '물이 어떻고 저떻고' 이렇게 생각하고 말하면 그게 뭐가 안 맞죠. 당장 이것이 (손을 들며) 마음이란 말이에요. 이것이 마음이고, 이것이 법이고… 법이라고 하면 마음법이지 다른 법은 없습니다. 불교에서 법이라고 하면 심법(心法)이에요. 마음법이지 다른 법을 얘기하는 건 아니거든요.

마음법이 뭐냐면, 바로 이겁니다. (손을 들며) 이것 하나. 이게 마음법이지, 다른 법이 있는 건 아니거든요. 이 법이 이렇게 다 드러나 있어서, 명백하게 명확하게 드러나 있어서 분명한데, 하여튼 이 법입니다. 이 법 하나. 바로 지금 이겁니다. 이것이 하나 명백하고 분명하게 드러나 있어요. 이것에 통해서 분명해져야지, 다른 뭐가 있으면 맞지 않습니다.

여기서 한 번만 탁! (법상을 톡톡 두드리며) 확인되고, 이것만 드러나서 있으면 아무 뭐라고 할 게 없고, 더이상 볼 것도 없고, 들을 것도 없고, 생각할 것도 없어요. 그냥 바로 이것이니까요. 바로 이 자리고 언제나 이 일이니까 더이상 필요한 건 없습니다. 이것 하나가, 이 법 하나가 (법상을 톡톡 두드리며) 이렇게 명백하고 분명해져야 하는 거지, 다른 건 없어요.

그때 장로 수보리가 대중 속에 있다가 곧 자리에서 일어나 오른쪽 어깨를 드러내고

그때 장로 수보리가… 이런 말을 읽으면 머릿속에 무슨 그림이 나오죠? '어떻게 행동하는구나' 하는데, 그런 게 망상이에요. 법은 언제든지 이 법이거든요. 여기는 수보리도 없고, 부처도 없고, 여래도 없고, '언제 어느 때 어디에서'라는 것도 없어요. 이 법은 그냥 (손을 들며) 이 법일 뿐이에요. 언제든지 이 법 하나일 뿐이지, '누가 어디에서 언제 무엇을' 이런 게 있는 게 아니거든요. 이 법은 언제든지 (손을 들며) 이 법입니다. 바로 지금 이 법이거든요. 이 법 하나가 있을 뿐이에요. 이 법이 분명한 것이지, (법상을 톡톡 두드리며) 헤아리고 분별하면 법에 어두워지는 겁니다. 이 법 하나가 (손가락을 세우며) 분명해야 합니다.

그때 장로 수보리가 대중 속에 있다가

"그때" 하는 게 바로 이것, "장로 수보리가" 하는 게 바로 이것이거든요. 무슨 말이 있든지 그 말은 상관이 없어요. 무슨 생각이 있든지 그 생각도 상관이 없고, 무슨 행동을 하든지 그 행동도 상관이 없는 것이고, 이 법 하나가 이렇게 아주 분명하고 명확해서 헤매지 않게 돼야 합니다. 이것이 밝아야 한단 말이죠. 법이 밝아야 하는 거거든요. 이 법 하나가 분명하고 명확하면 헤매지 않게 됩니다. 헤매지 않고 언제나 법이 밝아서, 이른바 깨어 있어야 한다고 말하듯이 이 법 하나입니다. 이 법 하나. 경전의 말들이 방편으로 하는 얘기들이니까 이런저런 얘기가 있지만,

실제 법이라고 하는 것은 이런저런 법이 있는 게 아니고, 바로 지금 이것 하나뿐입니다. (손가락을 세우며) 이런 법이 있고 저런 법이 있는 게 아니고, 실제로는 이것 하나뿐이에요.

이것은 무엇이냐? 아무것도 아닙니다. 어떤 무엇이 아닙니다. 실제로는 그냥 이것뿐이고, 이것은 단지 이렇게 활짝 깨어 있어서, 속지 않고 헤매지 않고 일이 없는 거죠. 이 법 하나가 있을 뿐입니다. 그래서 이것에만 통하면 됩니다. 《금강경》에 무슨 말이 있느냐, 그건 별로 중요한 게 아니에요.

그때 장로 수보리가 대중 속에 있다가 곧 자리에서 일어나 오른쪽 어깨를 드러내고

인도 스님들 옷을 보면 긴 천을 둘둘 말아서 걸치고 있죠. 인도에서는 오른쪽 어깨를 드러내는 게 하나의 예법이에요. 오른쪽 어깨를 드러내고 오른쪽 무릎을 구부려서 땅에 대고 꿇어앉는데, 반으로 꿇어앉는 거 있잖아요. 오른쪽 무릎만 땅에 대고 왼쪽 무릎은 세우고 반만 꿇어앉는 그 자세로 합장하고 말한 겁니다. 그 당시 인도식 예법인가 봐요.

그런데 이런 행동들, 꿇어앉는 게 뭐냐? (손가락을 세우며) 이거죠. 합장하는 게 뭐냐? (손가락을 세우며) 이거죠. 옷을 제치는 게 뭐냐? (손가락을 세우며) 이겁니다. 전부 이 일 하나가 있을 뿐인데, 이 마음 하나가 항상 밝게 드러나 있는데, 이것은 깨닫지 못하고 자꾸 어떤 생각, 기분, 보고 듣고 느끼고 이런 걸 따라다니니까 그게 문제란 말이에요.

실제는 이것 하나가 있을 뿐인데, 이것이 밝지 못하니까 눈으로 보고,

귀로 듣고, 몸으로 느끼고, 머리로 생각하는 걸 따라다니는 게 문제란 말이죠. 법이 밝아야 한다고 얘기하는 건데, 이 법이 밝아지고 명백해져야 하는데, 이것이 분명하지 않으면… 마음이 편한 게 좋지만 그게 다가 아니에요. 그건 그냥 편안한 것이고, 깨달음이라는 것은 이 법이 밝아야 합니다. 이것이 밝아야 지혜가 있고, 어디에도 머무는 것도 없고, 항상 깨어 있어서 미혹되지 않습니다.

미혹이라는 것은 어떤 기분을 따라가거나, 생각을 따라가거나, 눈으로 보이는 걸 따라가거나, 귀에 들리는 걸 따라가는 게 미혹입니다. 혹해서 헤맨다는 말이거든요. 깨달음을 잃어버리고 무언가에 혹해서 그걸 따라가니까 헤매는 거죠. 깨달아 있다는 것은 깨어 있다는 말과 비슷한 뜻이죠. 이것이 항상 분명하다, 분명해서 따라다니거나 헤매지 않는다, 어떤 생각이나 기분이나 이런 것에 빠져 있지 않다, 이 법이 언제든지 명백하고 분명해서 어떤 무언가에 의지하거나 머물거나 기대거나 하는 일이 없다는 말입니다.

바로 이것 하나입니다. (법상을 톡톡 두드리며) 이것 하나가 이렇게 명백하고 분명해져야지, 어떤 생각이나 말을 따라다니면 안 돼요. 어떤 기분이나 감정에 빠져 있으면 안 됩니다.

희유하십니다, 세존이시여.

희유하다… 희유라는 말은 우리말로 드물다, 귀하다는 말이에요. 그렇죠. 깨달은 사람은 드물죠. 제대로 깨달은 사람은 드뭅니다. 대다수는 망상 속에 사니까 희유하다, 당신은 드문 사람이다, 이 말입니다.

당신 같은 사람은 잘 없다, 이런 뜻이에요. 왜냐하면 우리가 다 망상 속에서 살지, 망상에서 깨어나 이 법이 분명하고 명확하게 사는 사람은 아주 드물죠. 사실은 잘 없습니다.

여래께서는 모든 보살을 잘 보살피시고 모든 보살에게 잘 부탁하십니다.

여래께서는 모든 보살을 잘 보살피고 모든 보살에게 잘 부탁한다… '부촉한다'는 말은 쉬운 말로 바꾸면 '부탁한다'는 말입니다. 이 이야기를 가지고 분별하면, 여래가 있고 수보리가 있고 다 차별이 되는 것처럼 되어 있는데, 진짜 여래는 뭐냐면 '이것'이 여래거든요. 우리 마음에 갖추어져 있는 이 깨달음이 여래입니다. 이것이 우리 마음에 갖추어져 있는 본각(本覺)이에요. 본래 완전히 깨달아 있다는 이 마음. 우리 마음속에 이런 게 있거든요.

보살이라는 건 깨달은 중생입니다. 아직은 완전히 깨닫지 못했고, 깨닫기는 했는데 공부가 남아 있는 사람, 깨닫긴 했지만 공부가 아주 원만하게 되지는 못한 사람을 보살이라고 하는 거죠. 보살을 잘 보살핀다… 이 말은 뭡니까? 우리 마음속의 여래장, 마음속에 저장되어 있는 이 여래가 공부를 완성해 가는 근본 동력이다, 힘이다, 이 말이에요. 우리 마음속에는 이런 깨달음의 타고난 근본적인 성질이 있어요. 자성(自性)이라고 해요. 진여자성(眞如自性)이라고 이것이 다 있거든요. 이것이 한 번 드러났지만, 이것은 아직 낯설고 망상하는 게 낯익으니까, 비록 깨달아서 보살이라 하더라도 아직 깨달음이 원만하다고 할 수는 없으니까 이제 여기에 익숙해져야 하거든요. 성숙시킨다고 합니다. 중생을 부처로 성숙시킨다… 처음에 체험했을 때는 어린애가 태어나는 것과 같은데, 이것이 성숙해서 어른이 돼야 하는 거거든요. 그래서 중생을 성숙시킨다는 말이죠. 여래께서는 모든 보살을 잘 보살펴서 성숙하게 한다… 그게 어디 있느냐? 우리 마음에 갖춰져 있는 타고난 깨달음의 성질, 진여자성이라고 하는 이것을, 자꾸 공부해서 제대로 발휘되게 한다는 말이죠.

모든 보살에게 잘 부탁하신다… 부탁이라는 것은 그렇게 하라고 부탁하는 거죠. 보살핀다는 말이나 마찬가지죠. 깨달음을 잘 완성시켜라 하는…. 우리 마음속에 타고난 여래가 그렇게 잘하고 있다…

경전이라는 게 기본적으로 소설처럼 쓰여 있거든요. 등장인물들이 있고 이렇게 되어 있지만, 그것은 방편의 얘기고, 본질적인 내용은 항상 마음공부 자체를 얘기하고 있는 겁니다. 마음공부를 하면서 아직 못 깨달았을 때, 꽉 막혀 있거나 깨달은 뒤에 서투르거나 그럴 때 어떻게 공부해야 한다는 얘기들을 하고 있어요. 등장인물을 등장시켜서 하나의 방편으로 문학적인 얘기를 하는 거죠. 옛 소설을 보면 가공의 인물들을 등장시켜서 여러 가지 얘기를 하는데, 읽어 보면 결국 우리가 삶에서 어떤 지혜를 가져야 하느냐, 이런 걸 얘기하고 있는 거잖아요. 실제 그런 사람이 있어서 그렇게 하는 건 아니거든요. 경전도 마찬가지입니다.

세존이시여, 착한 남자들과 착한 여인들이 위없이 바르고 평등한

위없는 바르고 평등한 깨달음… 깨달음이라는 것은 더이상 위가 없고 바르고 평등하다, 이런 수식어가 붙어 있어요. 깨달음에는 더이상 위가 없다, 무상(無上). 더 위가 없다, 더이상은 없다는 말이고, 그다음에 바르다, 평등하다… 그래서 무상정등각(無上正等覺)이라고 하거든요. 위가 없고 바르고 평등한 깨달음… 방편으로 수식어를 그렇게 붙여 놓았어요. 위가 없다는 건 이 이상은 없다는 겁니다. 이 이상 다른 거는 없다. 그래서 위가 없다, 더이상 없다, 더이상의 다른 진실은 없다. 이런 뜻에서 무상, 더이상은 없다… 번역하면 위가 없다, 이런 말이 되죠. 아래도 없고 위도 없죠. 사실은 더이상은 없다.

 이것을 제대로 깨달아서 명확하게 드러나면, 이것이 근본이고 근원이고, 뭐가 아니거든요. 공(空)이라고 하듯이 어떤 무엇이 아니에요. 아무것도 아닌 게 근본 바탕입니다. 아무 무엇이 아니지만, 이렇게 살아 있고 밝게 깨어 있어서 뭐든지 할 수 있는 이것이 근본 바탕이고, 이 바탕 위에서 우리가 보기도 하고, 듣기도 하고, 느끼기도 하고, 생각도 하고, 말도 하고, 행동도 하고, 온 세상에 모든 일이 나타납니다.

 이것 이상 더는 없는 거예요. 만약 마음이 공이 아니고 어떤 무엇이라면, 그 무엇을 만들어 내는 또 다른 무엇이 있을 거란 말이죠. 어떤 물건처럼 어떤 무엇이라 하면, 그 무엇을 만들어 내는 또 다른 게 있을 거예요. 그런데 공이라 하는 것은 더이상은 없다 · 말하자면 끝이 없으니까, 허공은 끝이 없잖아요. 어떤 무엇이 아니거든요. 이것은 어떤 무엇이 아니에요.

 끝도 없고, 어떤 모양도 없고, 어떤 무엇이 아닌데, 항상 모든 곳에 이것이 있어서 모든 게 다 나오니까. 이것이 있거든요. 이것이 변함없이 생기지도 않고 없어지지도 않고, 오지도 않고 가지도 않고, (법상을 톡톡 두드리며) 변함없이 있는 것은 딱 이것 하나거든요. 이것이 한 번 (법상을 톡 두드리며) 와닿아 버리면, 처음에는 잘 몰라도 시간이 어느 정도 지나면 '아, 이 이상은 없구나' 하는 걸 알 수가 있습니다.

이것이 이렇게 있는 거죠. 이것이 한 번 와닿아야 합니다. 이것이 분명하지 않으면, 경계 체험이라는 게 있거든요. 경계 체험에는 반드시 뭐가 있어요. 보이는 게 있든지 들리는 게 있든지, 아니면 어떤 기분이나 느낌이 있든지, 어떤 생각이 있든지, 뭐가 있어요. 그러니까 그건 아니에요. 그건 여기서 만들어진 거죠. 그리고 그런 것들은 그 순간일 뿐이고, 지나가면 없어져 버리니까 자꾸 바뀌고 그런 걸 경계 체험이라고 하죠. 그건 깨달음이라고 하지 않는단 말이죠. 깨달음은 뭐라고 할 게 아무것도 없어요. 아무 뭐라고 할 것도 없지만, 없기만 한 게 아니고 아주 확실하게 살아 있는 거죠. 무조건 없기만 한 것은 아니고, 이렇게 명확하게 살아 있는 거란 말이죠.

이것은 뭐가 아니니까 왔다 갔다 하는 것도 아니고, 이 법은 항상 변함이 없는데, 자꾸 망상하면서 뭘 따라다니는 겁니다. 거울 비유를 하잖아요. 거울은 항상 변함없이 텅 비어서 그 자리에 있는데, 거울 속에 뭐가 나타나면 따라가는 것도 있고 안 따라가는 것도 있겠죠. 나타나는 것이 평범하면 안 따라가지만, 뭔가 못 보던 게 나타나고 특별한 게 나타나면 그걸 쑥 따라가 버리거든요. 그런데 사실은 오지도 않고 가지도 않는 텅 빈 거울이 그 본질인데, 뭔가 나타나는 그놈을 따라가니까 거기에 문제가 있는 겁니다.

거울에는 모든 색깔과 온갖 모습이 뭐든지 다 나타날 수 있어요. 전혀 보지 못했던 색깔이나 모습도 나타날 수 있지만, 단지 거울이 있기 때문에 그런 일이 벌어지는 겁니다. 그런 것처럼 이것이 있으니까 보고 듣고 느끼고 생각하는 온갖 일이 벌어지는 겁니다. 이것이 있으니까, 항상 변함없이 이놈이 있으니까. 여기 한 번 통해서 이것이 딱 드러나서 분명해져야, 언제 무슨 일이 있더라도 안 따라가게 되는 거죠. 그런 것에 속지 않게 됩니다. 이게 있어요. 이것이 분명해요.

깨달음이라는 것은 여기에 마음의 초점이 꽉 들어맞아 있어야 망상에 속지 않을 수 있습니다. 망상에 초점을 안 맞추고 여기에 초점이 딱 맞춰져 있어야 망상이 비록 왔다 갔다 하더라도 거기에 안 따라가고, 텅 빈 거울이 분명해야 거울에 무슨 모습이 생겼다 사라지더라도 거기에 안 따라가는 거죠. 그런 것과 마찬가지입니다.

위없이 바르고 평등한 깨달음… 분별을 따라가면 삿된 것이고, 분별이 없는 것이 바른 것입니다. 평등하다는 것은, 분별하면 차별이 생기죠, 분별 없는 것이 평등한 겁니다. 그래서 분별 없는, 분별할 수 없는 이것을 바르고 평등하다고 얘기하죠. 더이상 없고 바르고 평등한 깨달음을 수식하는 말이 이런 이유로 붙어 있는 거예요.

이 일 하나입니다. 이것 하나죠. 다른 것은 없고, (법상을 톡톡 두드리며) 이것이 분명하면 항상 이것이 있는 거고, 이것이 분명하지 못하면 이런 게 있고 저런 게 있고, 따라가게 되는 거죠.

위없이 바르고 평등한 깨달음의 마음을 내면… '깨닫고자 하는 마음을 내면'이라는 말입니다. 착한 남자들과 착한 여인… 공부하는 사람은 다 착합니다.

착한 남자들과 착한 여인들이 위없는 바르고 평등한 깨달음을 얻겠다는 마음을 내면, 마땅히 어떻게 그 마음을 머물고 어떻게 그 마음을 항복시켜야 합니까?

이 두 가지 주제를 질문한 거죠. 지금 수보리의 질문이, 위없는 바르고 평등한 깨달음을 얻으려고 마음을 낸 사람이라면 두 가지 문제를 해결해야 한다… 하나는 그 마음을 어떻게 머물 것이냐 하는 거고, 하나는 어떻게 그 마음을 항복시킬 것이냐 하는 이 두 가지 문제가 있다… 이게 《금강경》 전체의 주제입니다. 《금강경》 전체에서는 이 두 가지 문제를 부처님이 설법하고 있거든요. 위없는 바르고 평등한 깨달음이라는 것은 이 마음을 항복시키는 것하고, 어떻게 머물 것이냐 하는 것하고, 이 두 가지 문제로 바로 위없는 깨달음을 얻는 것이다, 이 말이에요. 이 두 가지가 《금강경》 전체이고, 부처님이 이런 주제로 법문을 하신 거예요.

뒤에 보면 여러 가지 얘기가 나오죠. 왜 마음을 항복시킨다고 하느냐? 말 안 해도 어느 정도 이해되실 겁니다. 왜냐? 중생의 망상하는 마음은 한 번 항복시켜야 하거든요. 항복시켜서 망상의 꿈에서 벗어나야 하는 거죠. 항복을 안 시켜 놓으니까 이놈이 계속 날뛰어서 끊임없이 망상을 부리고 있으니 한 번은 항복을 시켜야 하는 거죠. 그러니까 체험을 한다는 것은 마음을 항복시키는 체험이에요. 그건 자기 마음을 항복시킨다고 얘기할 수 있는데, 다른 말로 하면 자기 마음에서 벗어난다고도 말할 수 있죠. 그래서 이전의 자기 마음이 아닌 새로운 마음이 되는 그런 경험이거든요.

이 체험을 해 보면, 자기 마음이 달라진다는 걸 알 수가 있어요. 이전에 내 마음이라고 하는 어떤 틀에 갇혀 있다가 거기서 빠져나온 것 같은, 이전 그 마음이 아닌 것 같은 그런 경험을 하는 거죠. 그게 마음을 항복시키는 거예요. 왜 항복시킨다는 표현을 하냐면, 망상은 습관이에요. 습관적으로 계속 그렇게 하는 것을 딱 극복하는 거니까 그건 항복시키는 거죠. 그런 면에서 이게 쉬운 건 아니에요. 남을 만 명 이기는 것보다 자기 한 사람을 이기는 게 더 어렵다는 속담이 있죠. 이게 쉽지는 않다는 말이죠. 자기 마음을 항복시키는 게 그렇게 쉬운 건 아닙니다.

그러나 불가능한 건 아니고, 뜻이 있는 곳에 길이 있다고, 꾸준히 관심을 가지고 계속 이렇게 뜻을 가지고 하다 보면… 억지로 할 수는 없습니다만, 하다 보면 저절로 항복하는 때가 있어요. 마음이라는 것이 모양이 있어서 어떤 식으로 딱 구부러져 있다는 게 보이면, 억지로 잡아당겨서 구부러진 걸 바로잡을 수 있겠죠. 그런데 마음이라는 건 모양이 없어요. 뭐가 어떻게 되어 있는지를 알 수가 없습니다. 저 같은 경우는 아직 체험하기 전에는 항상 내 마음이라는 하나의 틀, 굴레, 한계랄까 그걸 벗어나지 못하고 계속 그 속에만 갇혀 있다는 게 제일 갑갑했거든요. 갇혀 있다 보니까 맨날 똑같은 걸 반복하는 거죠. 그 마음이 그 마음이고 맨날 똑같은, 뭔가 변화가 없단 말이죠. 내 마음이라고 하는 이미 습관화되어 있는 틀 속에 갇혀 있다 보니까, 이걸 벗어나서 뭔가 대자유가 있을 것 같은데 갇혀 있으니까, 깨달음이라는 것은 '내 마음이다' '나다' 하는 틀을 벗어나는 게 아닐까, 그런 생각을 했었죠.

그런데 어떻게 하는지 모르니까 갑갑한 채로 법문만 들었는데, 이 체험을 하고 나서 느낀 게 뭐냐면, 마치 틀 속에서 빠져나온 느낌이었죠. 나라고 하는 고집, 나라고 하는 이놈이 아주 고집스럽게 계속 '이리 해야 한다' '저리 해야 한다' 하고 계속 고집을 부리잖아요. 처음에는 그놈에게서 확 빠져나온 느낌이었거든요. 나라고 하는 놈이 계속 '이리 해라, 저리 해라' 하고, 그 소나기를 못 벗어나고 있었는데, 그걸 쑥 벗어나서 '나'라고 하는 그 소나기를 싹 빠져나온 느낌이 들죠.

그러니까 살 것 같더라니까요. 살 것 같고, 정말 숨 막혀 있던 사람이 숨을 쉴 수 있는 것처럼 그런 느낌이 들고, 이제 다시는 이전에 '나'라고 하는 그놈의 소나기 속으로 잡혀 들어가면 안 되겠다 하는 의지도 생기고, 이 법 속으로 더 확실하게 들어가서, 법이 이미 허공과 같고 끝도 없다는 걸 느꼈으니까 계속 여기에 익숙해져서 다시는 이전처럼 내가 뭘 어떻게 한다는 망상에 사로잡히지 말아야겠다, 그런 의지가 생기죠. 그렇게 빠져나오고 쭉 지나다 보면, 그게 다가 아니고 계속 공부하는 게 있습니다.

마땅히 어떻게 그 마음을 머물고 어떻게 그 마음을 항복시켜야 합니까?

그런데 마음을 제대로 항복시키면, 마음이라는 게 없어요. 사실 '나다' 하는 이걸 내 마음이라고 여기고 있잖아요. '나다' 하는 게 곧 내 마음이죠. 우리는 '나다' 하는 것을 내 마음이라고 여기고 있고, 내 육체를 내가 가지고 있다고 여기거든요. '나다' 하는 이 마음이 바로 나고, 그다음에 내 마음이 또는 나라는 놈이 내 육체를 가지고 있다… 대개 그렇게 느끼거든요. 그런데 육체의 문제는 아니니까 육체는 상관없는 거고, '나다, 내 마음이다' 하는 거기서 빠져나와 벗어나 버리고 망상에서 벗어나 버리니까 '나다' 할 게 없고 '내 마음이다' 할 게 없어요. 그런 게 없어요.

육체는 눈에 보이니까 있지만, 사실은 이전처럼 그렇게 집착은 안 되죠. 장애는 안 된단 말이죠.

왜? '나다' '내 마음이다' 하는 이 허상이, 이 망상이 이제는 희미해졌으니까요. 그럼 뭐가 있느냐? 법이 있어요. 이것은 아무것도 아니에요. 어떤 무엇이 아닙니다. 자꾸 제가 '법, 법' 하는 법이 있는데, 이것은 어떤 무엇이 아니에요. 이것은 '나다' 할 수도 없고, 사실은 마음이라 할 수도 없고, 뭐라고 할 수가 없어요. 이것은 어떤 무엇이 아니에요. (법상을 톡톡 두드리며) 어떤 물건도 아니고, 어떤 사물도 아니에요. 이 법이라고 하는 게 있는데, 법이라는 이름은 방편으로 붙인 이름이고, 이것은 마음도 아니고 몸도 아닙니다. '나다' 하는 것도 아니고, 어떤 무엇이 아니에요.

'누가 생각을 하느냐?'고 물으면 중생들은 '내가 생각을 한다'고 대답하고, 다시 '내가 뭔데?'라고 물으면 '내 마음이 나'라고 대답할 거예요. 내 마음이 생각을 한다… 그게 망상이거든요. 그런데 법에 통해서 법이 명백해지면, 여기는 나라고 할 게 없고 내 마음이라고 할 게 없습니다. 뭐라고 할 게 아무것도 없어요. 이것은 어떤 무엇이 아니거든요. (법상을 톡톡 두드리며) 나라고 할 게 없고, 내 마음이라고 할 게 없고, 이렇게 깨어 있고 살아 있기만 하고, 뭐라고 할 게 없어요. 무엇이라고 할 건 아무것도 없습니다.

이렇게 살아 있어서 모든 걸 하지만, 뭐라고 할 건 아무것도 없죠. 이것이 한 번 분명해지고 명확해져서 아무것도, 한 물건도 없어져야 어느 정도 자유로워집니다. 마음이라고 할 게 없는데, 머물기는 뭐가 어디에 머물겠어요? '머묾 없이 그 마음을 내라.' 이 말은 마음이 끊임없이 활동하고 있는데 머무는 건 없다는 말이에요. 마음이라고 하는 물건이 없다는 말이죠. 법을 마음이라 하기도 하니까, 끊임없이 활동하고 있는데, '마음이다' 이럴 건 없다는 말입니다. 그러니까 '이게 마음이다' 이런 게 있으면 거기에 머무르겠죠. '이게 마음이다' 그렇게 이름 붙일 건 없어요.

바로 이것. 이렇게 끊임없이 살아 있고 활동하고 뭐든지 다 하는데, '이것이 마음이다, 이것이 도(道)다, 이것이 깨달음이다' 그렇게 할 건 없습니다. '이것이 부처다' 그렇게 할 건 없어요. (법상을 톡톡 두드리며) 그렇게 분별하고 이름 붙이고… 만약 부처가 있으면 부처한테 의지하고 깨달음이 있으면 깨달음의 자리에 머물러 있어야겠지만, 그런 게 없습니다. 그런 게 없어요. 그냥 이렇게 명백하고 분명하게 살아 있기만 하고, 깨달음이 뭔지, 부처가 뭔지, 마음이 뭔지, 그런 물건들은 없습니다. 그런 건 전혀 없어요. 뭐가 있으면 거기에 머물게 되기 때문에… 머문다는 것은 장애가 생겼다, 가로막혔다는 말이거든요. 그러니까 '머묾 없이 그 마음을 낸다'는 말은 마음이 살아 있다는 말입니다. 마음이 항상 이렇게 살아 있어서 나타나는데, '이게 마음이다' 할 건 없다는 말입니다. 머묾 없이 그 마음을 낸다는 말과 같은 말이거든요.

(법상을 톡톡 두드리며) 바로 지금 이겁니다. (손을 들며) 바로 이것이고, 이것에 통해서 한 번 쓱 와닿기만 하면, 그 마음을 어떻게 항복시키느냐, 어떻게 머무느냐, 하는 이 두 가지 문제가 한꺼번에 싹 해결이 됩니다. 이게 따로따로 해결될 문제는 아니에요. 한꺼번에 싹 해결이 되는데, 물론 그 뒤에 공부를 하다 보면 자기가 또 극복해야 할 문제가 있고, 이 공부라는 게 한 번 만에 모든 게 완성되는 건 아닙니다. 꾸준히 해야 합니

다. 그 마음을 항복시킨다는 것은… '나다' '내 마음이다' 하는 이놈을 벗어나 버리면, 이놈이 힘을 잃어버리거든요. 망상이거든요.

하나의 비유를 들면, 우리가 어떤 이야기를 듣고 심한 공포를 느낄 수 있어요. 두려움을 느낄 수 있어요. 두려워했는데, 나중에 다른 사람 얘기를 들어 보니까 그런 사실이 없어요. 그러면 이제 그 두려움이 사라지는 겁니다. 두려움이라는 것은 단순히 그 얘기를 듣고, 내가 들은 것에 불과한 건데 그런 공포, 두려움이 생겨서 계속 거기에 짓눌리죠. 그런데 다른 얘기를 들어 보니까 그런 게 없어서 그 두려움이 사라진단 말이죠. 이 두려움이라는 게 실체가 있는 게 아니고, 그런 망상에 말려 들어가 있었던 거예요. 두려움이라는 실체가 있어서 나를 짓누르고 있다가 사라진 게 아니잖아요.

어떤 얘기를 들었는데, 예를 들어 우리 집이 곧 무너질 것이다, 지금 굉장히 위험하다… 이런 얘기를 들으면 두렵죠. 살고 있는 집이나 아파트가 곧 무너진다더라 하면, 곧 나가야 하지만 그렇게 쉽게 이사하지 못하니까 이사할 때까지는 두려움 속에 살겠죠. 그런데 어느 기관에서 나와 검사해 보니 안전하다는 결과가 나왔다고 하면, 두려움이 없어지는 거 아닙니까?

그런 식으로 결국에는 말 한마디가 사람을 고통스럽게 하고 말 한마디가 사람을 편안하게 하듯이, 모든 고통이나 이런 게 전부 망상이에요. 실체가 없어요. 그런데 나라고 하는 것도 사실은 똑같은 겁니다. 이게 망상이거든요. '나다' '내 마음이다', 이게 다 망상이고 실체가 없는데, 이상하게 거기에 짓눌려 있고 사로잡혀 있어요.

'나다' '내 마음이다' 하는 이 망상은 어릴 때부터 생겨서 너무 오래된 거예요. 이게 그렇게 쉽게 안 없어져요. 말 한마디 들어서 쉽게 없어질 문제가 아니거든요. '마음이라는 게 없다', '나라고 하는 게 다 망상이고 그런 게 없다', 이런 말을 누가 해 주어 들었다 해도 쉽게 거기서 벗어나느냐? 그게 잘 안 됩니다.

실제 체험을 해 봐야, 한 번 체험을 해서 그런 망상에서 벗어나 봐야, 마음이랄 것도 없고, 나랄 것도 없고, 아무 뭐가 없고, 똑같이 살아 있고 똑같이 살아가는데, 겉으로는 똑같은 사람이고 여전히 똑같은 삶을 살고 있는데, 속은 달라져 있는 겁니다. 어떤 번뇌 망상, 시달림, 이런 게 없고 아무 일이 없는 거죠. 그리고 일이 없기만 해서는 안 되고, 법이 밝게 드러나 있어서 헤매지 않을 수 있어야 해요.

일이 없다, 편안하다, 하는 것에만 사로잡혀 있어서도 안 되거든요. (법상을 톡 두드리며) 이 법이 밝아야 기분, 느낌, 이런 데 안 빠져들어 갑니다. 편안하다 하는 것도 하나의 기분이고 느낌이거든요. 일이 없다 하는 것도 하나의 기분이고 느낌이고, 그런 것에 안 빠져들어 가려면, (법상을 톡 두드리며) 한 번 불이중도(不二中道)라는 게 딱 밝아져 있어야 해요. 불이중도는 어디에도 머물지 않고, 어떤 것에도 의지하지 않고, 아무 뭐라고 할 것 없는 밝은 깨달음입니다.

이 불이중도가 바로 반야예요. 《반야심경》에서 모든 부처는 전부 반야바라밀에서 나온다고 얘기했는데, 깨달으면 이 반야가 밝아지는 거예요. 이것이 밝아져서 아무 뭐가 없어야 해요. 무엇에도 걸림이 없이 자유로워야 합니다. 이것이 밝아지지 않으면 무슨 느낌이나 이런 데 빠져들어 가는 겁니다.

부처님께서 말씀하셨다.
좋고 좋구나.

훌륭하다는 말입니다.

수보리야, 그대가 말한 바와 같이 여래께서는 모든 보살을 잘 보살피고 모든 보살에게 잘 부탁하신다.

우리 마음에는 그런 여래가 있다는 말입니다.

그대는 이제 잘 들으라. 그대에게 말해 주겠노라.

이제 법문을 한다, 어떻게 그 마음을 항복시키고 어떻게 그 마음을 머물 것이냐에 관한 법문을 하겠다.

착한 남자들과 착한 여인들이 위없이 바르고 평등한 깨달음을 얻고자 하는 그런 마음을 내면 마땅히 그 마음을 이와 같이 머물고 이와 같이 항복시켜야 한다.

"이와 같이" 하는 것은 다음에 나오는 말을 가리키는 말이기도 하지만, 선(禪)에서 얘기하자면 바로 "이와 같이" (법상을 톡톡 두드리며) 하는 건 이것입니다. (손가락을 세우며) 이것. 여기서 딱! (법상을 톡 치며) 망상이 사라지고 아무것도 없이 이것이 밝게 드러나 버리면, 바로 끝장이에요. 바로, 즉각 끝이 나 버리는 겁니다.

육조 대사가 돈오돈수라고 했잖아요. 바로 끝장나 버린다는 말이거든요. 이겁니다. 이것 하나. 이것이 한 번! 이것이 딱 밝아지면 바로 끝장이 나 버립니다. 뭘 취하고 버리고 헤아리고 따지고 할 거 없습니다. 아무 그런 게 없어요. "이와 같이" 하는 게 바로 여기! (법상을 톡톡 두드리며) 이러면 뒤에 말이 필요가 없어요. 여기서 바로 딱 끝장이 나 버리고, 바로 법이 탁 드러나 버리기 때문에 더이상 말이 필요 없는 거예요. 이게 드러나지 않으니까 또 얘기하는 겁니다. 여러 가지 잡다한 얘기를 자꾸 하는 거죠.

바로 이겁니다. (법상을 톡톡 두드리며) 여기서 한 번 탁 통해서 즉시 아무것도 없어지면, 마치 텅 빈 허공과 같아요. 이 우주라는 것이… 여전히 눈앞에는 그대로 있는데도 텅 빈 허공처럼 아무것도 없거든요. 그렇지만 이렇게 밝게 살아서 볼 거 다 보고, 들을 거 다 듣고, 말할 거 다 하고, 이렇게 하는 겁니다. 이 일 하나! (법상을 톡톡 두드리며) 이것이 한 번. "이와 같이" 하는 이 한마디에서 딱 끝이 나 버릴 수가 있습니다.

마땅히 그 마음을 이와 같이 머물고 이와 같이 항복시켜야 한다.

어떻게 머물러야 합니까, 어떻게 항복시켜야 합니까, 이런 말도 필요 없어요. 이게 다 방편으로 하는 말이거든요. 머물 마음 자체가 없는데, 뭘 머물고 항복시킬 마음 자체가 없거든요. 이렇게 통해서 이 법이 이렇게 분명하면 항복시킬 마음이 없어요. 뭐가 있어야 뭘 어떻게 하죠. 누구도 없고 무엇도 없단 말이죠. 내가 내 마음을… 이런 게 아니고, 나도 없고 내 마음도 없어요. 이 일 하나가 있을 뿐입니다. (법상을 톡톡 두드리며) 뭐라고 할 것은 아무것도 없어요. 이것일 뿐입니다. (법상을 톡톡 두드리며) 그냥 이것일 뿐이죠. 이것이 진실이죠. 이것을 법이라고 하는 겁니다. 무엇이 아니에요. 원래 한 물건도 없다는 게 바로 이것이에요. 어떤 무엇이 아니다… 그런데 (법상을 톡 두드리며) 이렇게 하잖아요. 어떤 무엇이 아니고 이거란 말이죠. 생각을 자꾸 하는 게, 뭐가 있느냐, 어떤 거냐, 자꾸 이렇게 하거든요. 그건 아니에요. 그렇게 되면 그건 망상이에요. 뭐냐, 어떤 거냐, 뭐 어떻게 되냐 하고… 그건 망상이에요.

바로 이겁니다. (법상을 톡 치며) 바로 이것. 어떤 무엇이 아니에요. 이것입니다. (법상을 톡톡 두드리며) 이것이 딱 밝아지면 모든 게 정말 아무것도 없고, 아무 일도 없이 밝기만 하고, 마음이 활짝 깨어 있고 살아 있기만 하고, 아무 일이 없습니다. 아무것도 없어요. 그러면 머물고 항복시키고, 이런 말이 필요가 없습니다.

수보리가 말했다.
예, 세존이시여. 기꺼이 듣기를 바랍니다.

말로만 보면, 세존이 수보리의 질문에 답해서 법문을 하는구나 하는데, 그건 말 따라서 그러는 것이고, 그렇게 법문을 하는 이유가 여기에 통달하라고, (법상을 톡 두드리며) 이걸 깨달으라고 그런 법문을 하는 거니까, 이 자리에서 여기에 탁 통달해 버리면, 이걸 깨달아 버리면, 법문이 필요 없어요. 병이 나으면 약이 필요 없어요. 아무 법문도 필요 없고, 그냥 이게 있을 뿐이죠.

법문 같은 게 필요한 게 아니고, 아무것도 필요 없어요. 그냥 이게 있을 뿐이에요. 이것 하나가. 아무 법문, 말이 필요 없어요. 그냥 이 일 하나가 있을 뿐이죠. (법상을 톡톡 두드리며) 다른 말이 필요 없어요.

　이것 하나입니다. (손을 세우며) 이것 하나. 바로 여기에 통하면, 그러면 바로 이 자리예요. 이 일 하나. 이것만! (법상을 톡 두드리며) 딱 이것뿐이거든요. 그냥 이것뿐이에요. 통한다는 말도 군소리가 돼요. 군소리, 쓸데없는 소리. 그냥 바로 이것뿐입니다. 깨닫는다, 통한다… 군소리, 쓸데없는 소리. 그냥 이것뿐입니다. (손을 세우며) 그냥 이것뿐이란 말이죠. (법상을 톡톡 두드리며) 이것뿐.

3. 대승정종분
대승의 바른 근본

부처님께서 수보리에게 말씀하셨다.

"모든 보살은 마땅히 이렇게 그 마음을 항복시켜야 한다. 존재하는 모든 중생, 난생이든 태생이든 습생이든 화생이든 유색이든 무색이든 유상이든 무상이든 비유상이든 비무상이든, 모든 중생을 나는 모두 남김 없는 열반에 들어가게 하여 해탈시킨다. 이렇게 헤아릴 수 없고 끝이 없는 중생들을 남김없이 해탈시켰지만, 사실은 해탈한 중생이 없다. 무슨 까닭이냐? 수보리야, 만약 보살이 나라는 생각, 사람이라는 생각, 중생이라는 생각, 목숨이라는 생각이 있다면 보살이 아니기 때문이니라."

佛告須菩提: "諸菩薩摩訶薩, 應如是降伏其心. 所有一切衆生之類 - 若卵生若胎生若濕生若化生, 若有色若無色, 若有想若無想, 若非有想非無想 - 我皆令入無餘涅槃而滅度之. 如是滅度無量無數無邊衆生, 實無衆生得滅度者. 何以故? 須菩提. 若菩薩有我相人相衆生相壽者相, 即非菩薩."

《금강경》 제3 대승정종분(大乘正宗分)입니다.

대승정종분이란 대승의 바른 종지를 나타내는 부분이라는 뜻이에요. 불법을 말할 때 소승, 대승, 이런 구분을 하죠. 중국이나 우리나라에 있는 불교는 본래 역사적으로 대승 불교입니다. 소승 불교가 아니고 대승 불교예요.

역사적으로 보면, 소승 불교는 남쪽의 스리랑카나 미얀마, 태국, 이쪽이 소승 불교이고, 중국, 우리나라, 몽골, 베트남, 일본, 이쪽은 대승 불교입니다. 우리는 대승을 공부하고 대승 불법을 배우는데, 소승에 문제가 있고 소승 불교의 한계점을 극복한 대승이 등장해서 바른 법을 펼쳤다는 것을, 공부해 보면 대충 알 수 있어요.

그런데 소승 하는 사람 입장에서는 대승 공부를 안 해요. 소승이 석가모니 부처님의 법문이라고만 자꾸 주장하고 있어요. 대승, 소승의 차이를 여러 가지로 얘기할 수 있겠지만, 본질적으로는 대승, 소승에 어떤 차이점이 있냐면, 소승 불교는 점교(漸敎)라고 할 수 있어요. 점차적인 수행을 통해서 단계별로 깨달아가는 것을 소승 불교라고 한다면, 대승 불교는 돈교(頓敎)입니다. 즉각 깨닫는 것이지 수행을 통해서 차츰차츰 점차 깨달음을 이루어 가는 게 아닙니다.

소승을 간단히 그렇게 얘기할 수 있는데, 수행을 통해서 오랫동안 하나씩 한 발 한 발 밟아서 올라가는 것이 어렵습니다. 사실은 굉장히 어렵고 쉬운 일이 아니고, 그렇게 한다고 해서 제대로 된 깨달음을 이루리라는 보장도 없어요. 수행을 하니까 당연히 어느 정도 성과는 보겠죠. 어떤 일이든지 성실하게 하면 그 일에 대한 성과는 나타납니다.

그런데 어떤 성과를 보느냐가 문제가 아니고, 깨달음이라는 문제가 있습니다. 해탈, 열반, 깨달음이라고 하는 불법의 문제가 있는 건데, 대승 불교는 불교 경전이 많이 있잖아요. 경전의 90% 이상이 대승 경전입니다. 소승 경전은 전체 경전의 10%도 안 될 거예요. 얼마 안 됩니다. 불교 팔만대장경의 90% 이상이 대승 경전이에요. 그만큼 대승 불교가 바른 가르침으로서 널리 퍼졌다고 볼 수 있는데, 대승 불교의 핵심은 여기에 지금 나와 있는 겁니다.

대승정종분이라는 것은 대승 불교의 바른 종지라는 말이고, 종지라는 것은 근본적인 뜻, 근본이라는 말입니다. 대승 불교의 바른 근본을 나타내는 거다… 여기 제3 대승정종분에 나타나 있는 건데, 대승 불교는 돈교입니다.

문득 깨닫는 것이고, 깨달음이라는 것은 분별망상 속에 있다가 단박에, 갑자기, 문득 분별망상을 극복하고 분별망상을 벗어나게 되는 경험이에요. 이것이 깨달음입니다. 이것을 불이중도라고 표현합니다. 소승 불교에는 제가 알기로는 불이중도라는 말이 없어요. 삼법인, 사성제, 팔정도, 이런 말을 하죠. 한마디로, 깨달음이 뭐냐? 불이중도, 공, 이런 말을 안 한다고요. 연기라는 말뜻도 소승에서 쓰는 연기라는 말뜻과 대승에서 쓰는 말뜻이 다릅니다. 그러니까 대승 입장에서 보면, 소승 불교가 제대로 된 게 아니에요.

소승은 전부 이치적으로 탐구해 가고, 하나하나 단계적으로 확인해 가는 과정이거든요. 그런데 우리가 볼 때는 전부 분별이고 망상입니다. 왜냐하면 다 분별이잖아요. 뭘 아는 거니까. 물론 소승에서도 아라한은 멸진정(滅盡定)에 들어야 한다고 얘기합니다. 멸진정이라는 것은 모든 알음알이가 다 사라져서 더이상 배울 것도 없고, 할 일도 없다고 얘기해요. 그런데 그쪽에서는 수많은 수행 단계를 거쳐서 최종적으로 그렇게 된다고 얘기한단 말이죠.

대승에서는 멸진정이 어떻게 이루어지느냐? 금방 즉각 바로 이루어지는 겁니다. 수많은 수행 단계를 밟아 올라가서 마지막에 되는 게 아니고, 즉각 바로 멸진정으로 들어가 버리는 거예요. 멸진정이라는 게 열반을 가리키는 말이거든요. 열반이 적멸(寂滅)이잖아요. 멸진과 뜻이 같거든요. 멸진은 남김없이 다 사라졌다는 말이고, 적멸도 다 사라져서 고요하다, 아무것도 없다, 이 말이거든요.

우리가 대승 불교를 만난 건 굉장히 행운이에요. 소승은 해야 할 수행이 많고, 복잡하고, 보기만 해도 벌써 겁을 먹을 정도입니다. 알아야 할 것도 한두 가지가 아니고, 관찰하고 이래라저래라 그런 수행을 상세하게 설명해 놓은 안내서가 있습니다. 《청정도론》이라는 책이 있어요. 이만큼 두껍습니다. 보면 부담스러워서 못 합니다.

그런데 대승 불교는 그런 거 알 필요 없어요. 그냥 깨닫고 싶으면 돼요. 아무것도 알 필요가 없습니다. 그냥 깨닫고 싶으면 됩니다. 그러면 선지식을 믿고 법문을 잘 들으면 깨달아집니다. 이것이 대승과 소승의 차이입니다. 대승은 지름길, 소승은 둘러 가는 길, 이렇게 말할 수 있습니다. 그런데 그런 것을 잘 모르고 자꾸 소승을 찾아가는 사람들이 있는데, 쉬운 길을 놓아두고 왜 어려운 길을 찾아가는지 참 그게 납득이 안 돼요. 모르니까 그러겠죠.

대승 불교가 중국에 와서 여러 가지 종파가 만들어졌죠. 화엄종, 삼론종, 천태종, 여러 가지 종파가 만들어졌지만, 정토종과 선종만 남고 다 사라졌습니다. 다른 종파는 왜 사라졌느냐? 다 이론적인 겁니다. 전부 경전과 경전을 해석한 이론으로 공부를 하니까 대중화가 안 되는 겁니다.

그런데 정토종과 선종은 이론이 없어요. 정토종은 무조건 '관세음보살'만 계속 외우면, 염불만 열심히 하면 깨닫는다니까 무슨 이론이 필요 없거든요. 선종은 직지인심(直指人心) 견성성불(見性成佛)이요, 불립문자(不立文字)라고 문자 알 필요 없다는 거예요. 뜻이 있는 사람이 마음을 가리키는 걸 듣다 보면 바로 깨닫는 거예요. 문자 배울 필요가 없거든요. 이 두 가지 정토종과 선종이 중국에서 마지막까지, 지금까지도 살아남아 있는 불교인데, 선(禪)도 나중에 문자화되고 하면서 시들시들해져 버렸고, 선이 정토종에 흡수되어 염불선으로 변질됩니다. 결국에는 지금 보면 염불하는 정토종밖에 없어요. 중국에 가 보면 염불만 하고 있어요.

그런데 염불을 해서 과연 깨달을 수 있느냐 하는 문제는, 선(禪)을 하는 사람 입장에서 보면 믿어지지가 않아요. 중국 염불선을 대표하는 사람이 명나라 때 감산덕청 선사라는 사람인데, 그 사람 책의 염불하는 걸 보면 무념무상의 삼매에 들어가는 것까지는 인정하지만, 과연 그게 깨달음이라고 할 수 있느냐는 겁니다. 일심으로 계속 염불을 해서 자나 깨나 하다 보면 결국 무념무상 삼매에 들어서 깨닫게 된다, 이런 식으로 얘기하는데, 모르겠어요. 안 해 봤으니까 장담은 못하지만, 그것도 어려운 길이 아닌가 싶어요.

선이 제일 쉽습니다. 제일 쉬운데 사람들이 잘 믿기가 어려워요. 쉬운 길인데 잘 안 믿어요. 너무 쉬우니까 잘 안 믿는 것 같아요.

선을 얘기할 때 불립문자, 교외별전, 이심전심, 직지인심, 견성성불, 딱 5가지 특징을 얘기하죠. 고등학교 때 배웠잖아요. 고등학교 윤리 시간에 나오는 얘기거든요. 이 특징이 맞습니다. 불립문자라는 건 뭐냐? 문자를 세워서 뭘 주장하지 않는다는 겁니다. 문자를 세워서 이런 게 불법이다, 사성제, 삼법인… 이런 얘기 안 한다는 거예요. 문자를 세워서 주장하는 게 없습니다. 그다음에 교외별전(教外別傳), 경전 밖에서 따로 전한다. 경전은 다 문자니까, 선은 경전 가지고 공부하는 게 아니라는 거예요.

그럼 어떻게 따로 전하느냐? 이심전심(以心傳心), 마음을 가지고 바로 마음을 전하는 겁니다. 문자화시키지 않고, 글자로 말로 설명하는 게 아니라, 마음을 가지고서 마음을 바로 전하는 것입니다.

그것을 다시 설명하기를, 직지인심 견성성불이라… 마음을 바로 딱 가리키면 여기서 견성이 된다는 겁니다. 견성성불이라는 것은 견성이 바로 성불이라는 말입니다. 부처 되는 거라는 말이에요. 그런데 견성(見性)이라는 말이 나와요. 이 '성(性)'이라는 글자는 중국에서 옛날부터 쓰이던 말입니다. 불교에서도 많이 쓰죠. 진여자성(眞如自性), 불성(佛性)이라 하죠. 견성이라는 것은 불성, 진여자성을 본다, 말하자면 깨닫는다는 말입니다.

그럼 '성(性)'은 뭐냐 '성'의 반대말이 '상(相)'입니다. 항상 이렇게 상대적으로 말을 써요. 모양 '상' 자는 분별할 수 있는 것이라는 뜻이에요. 그런데 '성'은 분별할 수 없다는 말입니다. 분별할 수 없기 때문에 '성'을 불이법(不二法)이라고 하거든요.

(손을 세우며) 이것을 일러 '성'이라고 한단 말이죠. 《반야심경》을 빌려 얘기하면, 색수상행식(色受想行識)은 분별이 되니까 '상(相)'입니다. 그럼 '성(性)'은 뭐겠습니까? 공(空)입니다. 그러니까 색수상행식은 '상'이에요. 왜냐하면 색은 물질이고, 수상행식은 느낌, 생각, 감정, 의식, 이런 것들이니까 그건 알 수 있는 거거든요. 그건 '상'입니다. 모습이 있습니다.

그러면 '성'이라는 건 공입니다. 모습이 없어요. 알 수 없어요. 견성이라는 것은 바로 공을 깨치는 것이고, 공을 깨달으면 그게 바로 성불입니다. 그래서 방 거사의 게송에도 그런 말이 있잖아요. 법회라는 것은 선불장(選佛場)이다… 선불장이란 부처를 선발하는 곳이라는 뜻이에요. 과거 시험을 보는 시험장인 과거장에 비유했습니다.

모두들 선불장에서 시험을 보고 있는데 공(空)을 깨달은 사람이 급제한다고 얘기합니다. 공을 깨닫는 것이 견성이거든요. 공을 깨달은 사람이 급제한다는 게 뭡니까? 급제란 과거 시험에 합격한다는 말이니까, 말하자면 깨달음이라는 말입니다. 견성, 즉 '성'을 보는 게 깨달음이다… '성'이라는 건 뭐예요? 분별할 수 없는 것, (손을 세우며) 이것, 알 수 없는 것, 불가사의한 것. 이게 '성'이고, '상'은 모습을 가지고 있는 것입니다.

왜 이걸 '성'이라고 하냐면, '성(性)'이라는 글자를 보면 마음 '심' 자에 날 '생' 자거든요. 말 그대로 살아 있는 마음이라는 뜻이에요. 살아 있는 마음은 어떤 모습이 없어요. '본성, 자성' 하는 것은 본래부터 살아 있는 마음 그대로입니다. 변함없이 살아 있는 마음, 이것을 깨달으면 그게 바로 성불입니다.

'성'의 반대말인 '상(相)'은 다 분별되는 모습입니다. 분별되는 모습으로만 분별하는 세계가 바로 중생의 세계입니다. 중생은 전부 분별해서 이름을 다 붙여요. 모습으로 분별할 때는 그 이름까지 붙입니다. 그래서 '명상(名相)', 즉 이름과 모습이 중생의 세계죠.

중생들은 모습만 분별하고, 생각하고, 알고, 여기에 매여 사는 사람입니다. 그렇게 습관화되어 있는 마음을 한 번 탁 항복시켜서 그걸 극복하고 그 마음을 이겨 내서, 모습으로 분별할 수 없는 '성'을 보게 되는, '성'에 통하는, '성'을 깨닫게 되는, '성'을 체험하게 되는 게 깨달음이거든요. 이것이 대승 불교입니다. 대승 불교의 핵심이라는 말이에요. 왜? 깨달음이 핵심이니까 바로 여기서 그 얘기를 하고 있습니다. 제3 대승정종분은 비유적으로 얘기하니까 조금 어렵게 얘기하는데, 알고 보면 어려운 얘기는 아니에요. 이 부분이 대승의 바른 근본을 가리키는 부분이라는 얘기를 하는 겁니다.

부처님께서 수보리에게 말씀하셨다.

부처님의 가르침이에요.

모든 보살은 마땅히 이렇게 그 마음을 항복시켜야 한다.

분별망상하는 마음을 항복시켜서 망상에서 벗어나야 한다는 말입니다.

존재하는 모든 중생, 난생이든 태생이든 습생이든 화생이든 유색이든 무색이든 유상이든 무상이든 비유상이든 비무상이든, 모든 중생을 나

는 모두 남김 없는 열반에 들어가게 하여 해탈시킨다. 이렇게 헤아릴 수 없고 끝이 없는 중생들을 남김없이 해탈시켰지만, 사실은 해탈한 중생이 없다.

이렇게 얘기하고 있어요. 언뜻 보면 무슨 말인지 잘 이해가 안 됩니다. 그리고 나서 부처님이 한마디 더 해요.

무슨 까닭이냐? 수보리야. 만약 보살이 나라는 생각, 사람이라는 생각, 중생이라는 생각, 목숨이라는 생각이 있다면 보살이 아니기 때문이니라.

이렇게 딱 얘기하고 있거든요.

모든 보살은 마땅히 이렇게 그 마음을 항복시켜야 한다.

마음을 어쨌든 항복시키는 게 깨달음입니다. 무슨 마음? 분별망상하는 마음을 항복시키는 게 깨달음이에요. 어떤 마음이 분별망상하는 마음입니까? 아직 깨닫지 못한 마음은 다 분별망상하는 마음입니다. 아직 견성하지 못한 마음은 전부 분별망상하는 마음이에요.

왜냐하면 전부 알음알이밖에 없으니까. 전부 뭘 보거나 듣거나 느끼거나 생각하거나 이래서 뭐가 어떻구나 하고 있으니까요. 이 깨달음을 얻지 못한, 공을 깨닫지 못한, 자성을 깨닫지 못한, 견성하지 못한 이 마음은 전부 분별망상하는 마음입니다. 분별망상하는 마음속에는 온 세상의 모든 것이 다 분별되기 때문에 분별밖에 없죠. 분별해서 이거구나 하고 아는 것이 전부 '상'이란 말이에요.

'상'을 다른 말로 하면 생각이죠. 분별해서 하늘이다, 땅이다, 나무다, 바위다, 산이다, 부터 시작해서 춥다, 덥다, 즐겁다, 괴롭다, 기쁘다, 슬프다, 행복하다, 불행하다, 1 더하기 1은 2다, 3 곱하기 3은 9다… 전부 다 분별이거든요. 밥을 먹었다, 배가 부르다, 목이 마르다… 전부 분별이고 알음알이란 말이에요.

분별이라는 건 기본적으로 '뭐가 어떻다' 하고 아는 거예요. 전부 '상'이에요. 끝없는 '상'이 있는 세상이죠. 우리가 분별하는 중생의 세계라는 것은 헤아릴 수 없이 많은 '상'이 있는 세상이죠. 헤아릴 수 없이 많은 게 전부 분별되기 때문에, 알음알이를 가지고 뭐가 어떻다 하고 알고만 있으니까 그게 바로 여기서 말하는 헤아릴 수 없는 중생이란 말입니다. 이는 중생이라고 하는 하나의 사례를 들었지만, 헤아릴 수 없다는 말은 결국 뭡니까? 모든 '상'을 가리키는 거예요. 왜 이게 '상'을 가리키느냐 하면, 바로 밑에 '무슨 까닭이냐?'에 그 얘기가 나오거든요.

'아상(我相), 인상(人相), 중생상(衆生相), 수자상(壽者相)이 있으면 안 된다' 하고 거기 딱 이유가 나와 있으니까, 헤아릴 수 없는 중생이라는 것은 전부 헤아릴 수 없는 '상'이다, 이 말입니다. '왜 그러냐?' 하고 분명히 얘기했거든요. '상'이 있으면 보살이 될 수 없기 때문에 헤아릴 수 없는 중생을 전부 없애라… 무여열반이라는 것은 남김없이 다 없앤다는 거거든요. 열반이라는 것은 없앤다는 말, 사라진다는 뜻이에요.

헤아릴 수 없는 모든 중생이라는 것은 중생들이 가지고 있는 헤아릴 수 없는 상, 알음알이, 분별을 가리키는 겁니다. 잘 모르고 읽을 때는 '내가 불법을 깨닫고 나서 70억 인구를 전부 다 깨닫게 만들고 나서야 비로소 내가 다시 완전하게 깨닫는 건가?'라고 생각할 수 있는데, 이건 말이 안 되거든요. 그러면 이 세상에 누가 깨달을 수 있겠습니까? 아무도 없습니다. 그렇게 얘기를 이해하면 말이 안 되잖아요. 70억도 아니에요. 헤아릴 수 없이 많다고 그랬잖아요. 중생이 70억이라면 70억이고, 이 당시는 70억이 아니죠. 지구 인구가 이때 당시는 아마 몇 억밖에 안 됐을 거예요. 몇 억인지도 몰랐겠죠 그때는 세상이 소통을 못 하고 살았으니까.

그런데 왜 헤아릴 수 없는 중생이라고 했느냐? 밖에 있는 모습을 갖춘 중생을 가리키는 게 아니고, 우리 마음의 생각인 '상'입니다. 이 상이라는 글자는 우리가 보통 읽는《금강경》에는 모양 '상(相)' 자로 되어 있지만, 중국《금강경》은 원래 인도에서 만들어진《대반야경》의 일부인데, 중국어로 번역된 게 7가지나 됩니다. 그중에서 우리가 보고 있는《금강경》은 구마라집이라는 스님의 번역인데, 여기서만 모양 '상' 자를 썼고, 똑같은 단어를 다른 데서는 전부 생각 '상(想)' 자로 번역했어요. 사실, 이 모양이라는 것은 생각이라는 뜻입니다.

모양 '상(相)' 자 밑에 마음 '심' 자가 붙으면 생각 '상(想)' 자가 되거든요. 그 글자로 다 번역했습니다. 인도의 산스크리트 어를 찾아보면 분명히 생각이라는 뜻으로 되어 있어요. 생각, 개념, 그게 '상'입니다. 우리 마음속에 들어 있는 모양들. 눈에 보이는 모양을 얘기하는 게 아니에요. 마음속에 들어 있는 온갖 모습, 그게 전부 마음속에는 생각으로, 개념으로, 모습으로 기억되어 있고 들어 있잖아요. 밖으로 보이는 모습을 없애라는 게 아닙니다. 보이는 모습을 어떻게 없앱니까? 그건 없앨 수가 없죠. 마음속에 들어 있는 모습을 없애라… 그래서 모양 '상' 자 밑에 마음 '심' 자를 넣어서 생각 '상' 자가 된 거예요. 그게 본래 인도 산스크리트어로 쓰인 글자의 뜻입니다. 제가 대학원 다닐 때 산스크리트《금강경》과 한자《금강경》7가지를 모두 대조해서 다 읽어 봤습니다. 교수님과 같이 한 학기 동안 쭉 다 읽어 봤어요. 여기 다 나와 있습니다.

그러니까 마음속의 모습이 문제지, 밖에 있는 모습이 나한테 번뇌가 되지는 않습니다. 밖에 뭐가 있든지 그게 왜 번뇌가 됩니까? 내 마음속에서 뭔가가 자리를 잡을 때 번뇌가 되거든요. 그게 장애가 되고 번뇌가 되고 거기에 매여서 시달리게 되는 겁니다. 예를 들어, 집 앞에 어떤 나무가 있는데 지금까지 거기 있었지만 몰랐을 땐 신경도 안 썼죠. 그런데 어느 날 보니까 그 나무가 너무 보기 싫은 거예요. 그때부터는 집 앞을 지날 때마다 그 나무가 보기 싫어요. 그러니까 그 나무의 문제가 아니고 뭡니까? 마음의 문제란 말이에요. 번뇌라는 것은 마음의 문제예요.

마음속에 있는 모든 모습을 전부 없애는 것이 바로 마음을 항복시키는 것이다… 그럼 그걸 어떻게 없애느냐? 컴퓨터 하드디스크는 포맷으로 싹 지울 수 있잖아요. 그런데 마음이라는 것은 그런 물건이 아니거든요. 내 마음대로 지울 수가 없어요. 못 지웁니다. 그럼 어떻게 해야 하느냐? 불가사의한 체험이 있는 겁니다. 깨달음이라고 하는 체험이 있어요. 견성이라고 하는 체험이 있습니다. 이 체험을 하면 겉으로는 모양 그대로 다 있는데, 마음속에는 아무것도 없어요. 한순간에 저절로 그렇게 됩니다. 이게 불가사의죠. 이것은 절차를 따라서 행할 수 있는 게 아닙니다.

어떻게 그렇게 될 수 있느냐? 마음을 어디에 비유합니까? 거울에 비유하죠. 그런데 거울을 보면 뭐가 보입니까? 거울 안에 항상 모습이 있어요. 텅 비고 깨끗한 거울 본 적이 있습니까? 없습니다. 볼 수가 없어요. 그런데 사실 분명히 거울은 텅 비어 있습니다. 모습이 항상 나타나 있지만, 텅 비어 있어요. 그걸 우리는 알거든요. 거울은 사물이니까 텅 비어 있다는 것을 알죠. 텅 비어 있으니까 항상 새로운 모습, 무슨 모습이든지 나타날 수 있죠. 그런 것처럼 본래 우리 마음은 그렇게 텅 비어 있는 게 정상이라는 말입니다. 원래 그런 거라는 말이에요. 그런데 나타나는 모습에 속아서 그것을 쳐다보는 바람에 자기 마음이라고 착각하고 사는 거예요. 그게 중생인 겁니다.

그런데 텅 빈 거울을 눈으로 볼 수 없듯이 텅 빈 마음을 의식으로는 알 수 없어요. 텅 빈 거울을 눈으로 못 보잖아요. 안 보입니다. 그런데 분명히 텅 비어 있다는 걸 알거든요. 그런 것처럼 마음도 텅 비어 있는데, 의식을 가지고 '텅 비어 있구나' 이렇게 알 수 있느냐? 없어요. 그러나 거울이 텅 비어 있는 것을 아는 것이 하나의 지혜일 수 있죠. 눈으로는 텅 빈 게 안 보이지만 비어 있다는 걸 아는 건 지혜입니다. 그건 세속적인 지혜죠.

그런데 깨달음의 지혜라는 것은 세속적인 지혜와 달리 생각을 해서 판단하는 게 아닙니다. 세속적인 지혜는 생각하여 판단해서 아는 거지만, 깨달음의 지혜는 불가사의입니다. 불가사의하게 자기도 모르게 한 순간에 그런 체험이 탁 일어나는데, 그러면 아무것도 없어요. 공의 체험입니다. 마음이 텅 빈 공과 같이 본래 아무것도 없다고 하는 그런 체험이에요. 그래서 아상, 인상, 중생상, 수자상이 마음속에 있으면 보살이 못 된다고 한 거예요. 이 말이 이제 이해될 겁니다.

모든 보살은 마땅히 이렇게 그 마음을 항복시켜야 한다.

마음을 항복시킨다고 해요. 항복시킨다는 것은 극복하고 이겨 낸다는 겁니다. 그런 경험을 해 봐야 한다는 건데, 마음을 이해하는 게 아닙니다. 항복시킨다는 겁니다. 항복을 시켜야 이 마음이 더이상 해코지를 못 하잖아요. 마음을 항복시키지 못해서 계속 마음에 시달리며 사니까 번뇌 속에 사는 거예요. 마음이 강아지, 소처럼 무엇이 있으면 때려잡고 항복시키면 되는데, 마음은 그런 게 아니죠. 마음은 어떤 대상이 아니거든요.

마음은 우리 자신입니다. 우리 스스로입니다. 대상이 될 수가 없어요. 내 마음을 내가 때려잡을 수가 없습니다. 항복시킬 수가 없어요. 왜냐? 내 마음이 바로 난데, 내가 나를 어떻게 때려잡습니까? 그렇게 할 수가 없어요.

그러니까 이것은 불가사의한 체험밖에는 없어요. 그래서 묘한 거예요. 묘한 그런 체험이 일어나는 겁니다. 그렇게 해서 마음이 항복하게 됩니다. 마음이 조복된다고요. 이게 바로 깨달음입니다.

마음을 항복시키지 못하면 마음이라는 놈이 계속 날뛰어서 시달립니다. 우리가 이 공부를 하는 이유는 마음에 시달려서 편하지 못하니까, 공부하고 마음을 항복시켜서 내 마음을 편안하게 쓰면서 살 수 있게 하려고 이 공부를 하는 거거든요. 그래서 마음을 항복시킨다는 말을 하는 거예요. 이제 그다음의 말이 납득됩니다. 보세요.

존재하는 모든 중생, 난생이든 태생이든 습생이든 화생이든 유색이든 무색이든 유상이든 무상이든 비유상이든 비무상이든, 모든 중생을 나는 모두 남김 없는 열반에 들어가게 하여 해탈시킨다. 이렇게 헤아릴 수 없고 끝이 없는 중생들을 남김없이 해탈시켰지만, 사실은 해탈한 중생이 없다.

불교 교리에서 중생은 육도중생이거든요. 삼계육도의 중생이란 말이죠. 육도는 뭐예요? 하늘나라, 인간, 동물 축생, 아수라, 아귀, 지옥, 여섯 가지거든요. 육도에 태어날 때는 난생, 태생, 습생, 화생 등 네 가지 종류로 태어난다고 해요.

난생이라는 것은 알입니다. 새나 물고기, 파충류는 알로 태어나잖아요. 태생은 포유류나 사람이죠. 태생이라는 것은 새끼를 낳는다는 뜻이거든요. 습생이라는 것은 모기 같은 벌레입니다. 습한 데서 생긴다 해서 습생이라 합니다. 사람이나 동물, 육체를 가지고 있는 것들은 난생이나 태생, 습생이죠. 그다음 화생이 있어요. 화생이라는 건 육체 없이 정신만 있는 존재들. 육도 중에서는 천당이 화생입니다. 육체가 없어요.

그다음에 아귀, 아수라, 지옥, 전부 육체가 없습니다. 육체가 없기 때문에 지옥에 들어가면 영원히 괴로움을 받을 수 있습니다. 육체가 있으면 죽어 버리잖아요. 화탕 지옥에 들어가서 솥에 삶아지면 육체가 있으면 죽어 버리잖아요. 그런데 육체가 없으니 계속 삶기죠. 그래서 화생이라고 해요. 참 말도 잘 만들었어요. 그런 식으로 육도중생 4가지로 얘기하고 있습니다.

그다음 유색은 육체가 있는 것, 무색은 육체가 없는 것이고, 유상은

71

생각이 있는 것, 무상은 생각이 없는 것입니다. 유색, 무색, 유상, 무상, 비유상, 비무상은 삼계를 가리킵니다. 중생 세계를 얘기할 때 욕계, 색계, 무색계의 삼계라고 하거든요.

욕계는 육체와 의식을 가지고 있으면서 욕망에 지배당하는 중생의 세계입니다. 우리가 사는 세계를 욕계라고 하는데, 육체도 있고 심신 마음도 있어요. 여기서 마음이라는 건 의식입니다. 뭘 아는 알음알이, 의식하는 거죠. 육체도 있고 의식도 있는데, 욕망이 있어서 욕망에 부림당하는 세상을 욕계라고 해요.

욕계 위에 색계가 있습니다. 색계가 뭐냐면, 선정 수행을 해서 욕망은 극복이 됐어요. 육체와 의식은 아직 극복되지 않았다고 해서 주로 육체를 극복 대상으로 삼기 때문에 색계라고 해요. 육체에 매인 세계입니다.

그다음 육체에 대한 집착을 극복한 세계를 무색계라고 해요. 무색계라는 것은 색이 없는 세계이고, 의식 세계입니다.

유색은 욕계나 색계를 가리키고, 무색은 육체가 없는 세계인데, 무색계는 또 4가지로 나눠요. 공무변, 식무변, 무소유, 그다음에 비상 비비상, 네 가지로 나누는데 전부 수행의 단계별로 나타나는 세계를 가리키는 겁니다.

선정 수행을 하다 보면 그런 경험을 할 수 있다는 거예요. 맨 위에 있는 게 비유상 비무상입니다. 비상 비비상이라 해서 소승에서는 깨닫기 직전이라고 해요. 거기서 한 단계 더 공부가 나아가면 멸진정이라 해서 아라한이라고 하거든요. 아라한이 되기 전에는 다 중생이니까요.

이런 식으로 중생세계를 구분했지만, 사실은 우리가 살면서 알고 분별하고 의식하는 모든 세계를 가리킵니다.

존재하는 모든 중생을 나는 모두 무여열반에 들어가게 하여 해탈시킨다.

무여열반에 든다… 남김없이 다 사라지게 한다는 말입니다. 다 없앤다. 육도삼계, 육도사생의 모든 중생과 삼계 속에 있는 모든 중생, 그건 뭐냐면 모든 분별이라는 말입니다. 우리가 알고 있는 모든 분별 세계를 싹 남김없이 사라지게 해서… 무여(無餘)라는 것은 남김 없다는 뜻이에요. 열반은 사라지게 한다는 뜻이고. 사라지게 해서 해탈시킨다고 했는데, 해탈이라고 번역했지만, 한자는 멸도(滅度)라고 되어 있어요.

멸도라는 것은 말 그대로 열반과 같은 뜻입니다. 없애 버린다는 말이에요. 멸(滅)은 없앤다, 도(度)는 도피안, 말하자면 제도해서 중생을 전부 부처로 만든다는 뜻이니까, 멸도시킨다는 것은 중생을 다 없애 버린다는 말입니다.

그래서 모든 있는 중생은… 여기서 중생이라고 얘기해요. 생각하는 모든 생각, 의식, 알음알이, 이런 것을 모조리 다 없애 버린다… 거기서 끝나면 안 됩니다. 그러면 바른 법이 될 수가 없어요. 없앴는데, 헤아릴 수 없고 끝이 없는 중생들을 다 멸도시켰는데, 사실은 없앤 중생이 없다… 이 말이 있어야 바른 법이 되는 겁니다.

왜 그렇겠습니까? 다시 거울을 보세요. 아주 어린 아이일 때는 거울이 텅 비어 있는 줄 몰라요. 거울 속에 뭐가 있는 줄 압니다. 동물들 보세요. 예전에 '동물의 세계'라는 방송 프로그램에서 밀림에 큰 거울을 갖다 놓으니까 그 앞에서 동물이 자기하고 똑같이 생긴 무엇이 있는 줄 알고 행동하거든요. 거울이 텅 비어 있는 줄 모른다는 거예요.

그게 우리 중생과 같다는 겁니다. 거울 속에 뭐가 있는 줄 아는 거예요. 그런데 아이가 나이가 들어 가면 나중에 결국 알게 되죠. '거울엔 그 모습만 나타나고 원래 아무것도 없구나.' 그래서 거울이 텅 비어 있다는 걸 알았어요. 알았지만, 그 모습이 없어졌습니까? 그대로 있잖아요. 없어진 게 아닙니다. 없어진 게 아니고, 그대로 있지만 텅 비어 있는 건 줄 알잖아요.

마음도 마찬가지라는 거예요. 깨달아서 마음속에 있는 온갖 상들, 생각들, 분별들, 모습들을 다 항복시켜서 거기서 벗어났다고 해서, 눈으로 보는 걸 못 봅니까? 귀로 듣는 걸 못 듣습니까? 몸으로 느끼는 걸 못 느낍니까? 머리로 생각하는 걸 못 합니까? 기억을 못 합니까? 다 합니다. 거울의 모습이 그대로 나타나 있듯이 우리 마음속에도 모든 것이 항상 나타나요. 그런데 텅 비어 있는 겁니다. 바로 이런 얘기를 하는 거예요. 중생을 싹 없앴는데, 없어진 게 없어요. 그대로 있다는 말이에요.

《반야심경》도 보세요. 수상행식이 공인 줄을 비추어 보면, 모든 번뇌를 넘어서는 깨달음이라고 했잖아요. 그러면 색이 공인 줄을 깨달았는데, 색이 없어졌습니까? '색즉시공 공즉시색(色卽是空 空卽是色)'이라 했잖아요. 색이 바로 공, 공이 바로 색이다. 이 말은 뭐냐? 색도 있고 공도 있다는 말이죠. 공을 깨달았다고 색수상행식이 없어지는 게 아닙니다.

색즉시공 공즉시색. 색이 바로 공이고 공이 바로 색이다. 색도 있고 공도 그대로 있어요. 그런데 공을 깨달았기 때문에 그다음에 어떻게 돼 있습니까? 불생불멸(不生不滅), 불구부정(不垢不淨), 부증불감(不增不減). 그러면 아무 일이 없다, 이렇게 되는 거예요. 공을 깨달았기 때문에 아무 일이 없다…

옛날 시골에서 그런 경우 있었잖아요. 전축이 처음 들어왔을 때 전파사 앞에 스피커를 틀어 놓으면, 시골에서 할머니가 와서 '저 안에 아가씨가 들어 있어서 노래를 부르나?' 처음 보고 모르면 그렇게 생각할 수 있죠. 스피커가 뭔지 모르면, 통 안에서 노랫소리가 나오는데 '저 안에 사람이 들어 있나?' 이렇게 생각할 거 아닙니까? 그런 식으로 티브이도 그러잖아요. 처음에 티브이나 영화관에서 생판 모르는 사람이 영상을 봤을 때는 저 안에 사람이 들어 있다고 생각할 거 아니에요. 나중에 알고 보니, 모양만 나타나고 그 안에 아무것도 없다면, 어떤 모습이 나타나든지 간에 마음에 상관이 없어지는 겁니다. 만약 그 안에 진짜 사람이 들어가 있다고 생각하면, 옛날 시골 할머니가 '아이고, 저 좁은 통 속에 들어가서 참 갑갑하겠다.' 이런 얘기를 했다고요. 진짜로 그 안에 뭐가 있다고 여기면 그게 번뇌가 되는 겁니다.

그런 것처럼 마음속에 여러 가지 온갖 것이 있다고 여기며 살았을 때는 번뇌 속에서 살았다는 겁니다. 왜? 계속 시달려요. 생각이나 감정이나 느낌이나 이런 게 불쑥불쑥 올라와서···. 그 생각 중에 제일 먼저 나타나는 생각이 '나'라는 생각이거든요. 그래서 여기서 아상(我相)이라는 걸 맨 앞에 내놓는 겁니다. '나'라는 생각부터 시작해서 내 옆에 있는 모든 것··· 그렇게 생각이 퍼져 나가죠. 그런 것들이 마음속에 자리 잡고 있으면 거기에 매여 살면서 시달립니다. '나'라는 생각 다음에 내 가족, 내 주위, 내가 사는 나라, 세상··· 거기에 매여 시달리죠.

그런데 마음이 뭐냐? (법상을 톡 두드리며) 이거다. 도(道)가 뭐냐? (법상을 톡 두드리며) 이거다. 부처가 뭐냐? (법상을 톡톡 두드리며) 이거다. 이런 말 한마디 듣고 갑자기 툭 하고 체험되면, 이상하게 마음이 아무것도 없어요. 마음이라는 것조차 찾을 수가 없어요. 아무것도 없으면 마음이라는 물건조차 있는지 없는지도 모르죠. 그런 게 슬슬 사라집니다.

불가사의한 겁니다. 어떻게 할 방법이 없어요. 수행이라는 것은 뭘 어떻게 하면 된다고 하는데, 어떻게 할 수 있는 게 아니에요. 왜냐하면 거울 위에 나타나 있는 모습이 지울 수 있는 거라면 깨끗하고 텅 빈 거울이 나타나겠지만, 지울 수 있습니까? 지울 수 없어요. 마음속에 있는 상들이, 모습들이 지울 수 있으면 지우면 돼요. 못 지워요. 항상 나타나 있어요. 지울 수가 없단 말이죠. 그러니까 깨달음의 지혜가 생겨야 하는 겁니다.

그래서 지혜, 반야라고 하는 거예요. 반야는 지혜라는 말이거든요. 거울을 보면서 거울이 텅 비었다는 것을 아는 것은 지혜입니다. 물론, 그 거울은 생각을 해서 판단하는 지혜지만, 그건 사물이니까요. 그런데 마음은 사물이 아니기 때문에 직접 깨달아서 반야의 지혜가 생기는 거예요. 이게 바로 그 얘기입니다. 헤아릴 수 없이 많은 중생을 싹 다 없앴는데, 없어진 중생이 없더라… 그렇게만 하면 이해가 잘 안 되니까 뒤에 한 번 더 부가 설명을 하고 있습니다.

무슨 까닭이냐? 수보리야. 만약 보살이 나라는 생각, 사람이라는 생각, 중생이라는 생각, 목숨이라는 생각이 있다면 보살이 아니기 때문이다.

왜냐하면 이런 생각, 분별의 마음에 매여 있고 장애를 받는다는 것은 거기에 걸려 있다는 거죠. 그러면 보살이란 깨달은 사람인데, 원래 보살이라는 뜻이 깨달은 중생이라는 말입니다. 보디사트바라는 말은 깨달은 중생이라는 뜻인데, 여전히 마음속에 뭔가가 있어서 거기에 매여 있다면 그건 깨달은 사람이 아니기 때문이다…

여기에서 불교가 하고자 하는 얘기는 다 한 겁니다. 말하자면《반야심경》에서 얘기하는 걸 다 한 거예요. 말하는 방식이 다를 뿐이죠. 이것이 대승 불교예요. 그러면 어떻게 마음속 상을 다 항복시켜서 극복하느냐? 방법은 없습니다. 왜냐하면 마음은 대상화될 수 없어요. 대상이 된다면 내가 손을 대서 어떻게 해 보겠지만, 마음은 대상이 될 수가 없습니다. 마음을 갈고닦는다는 게 말이 안 돼요. 마음이 대상이 되어 따로따로 있으면 내가 내 마음을 갈고닦을 수 있죠. 그런데 내가 바로 내 마음이에요. 따로 없어요. 내 마음을 떠나서 나라는 게 어디 있습니까?

내가 바로 내 마음이기 때문에 어떻게 할 수가 없어요. 내가 따로 있고 내 마음이 따로 있지 않기 때문에 마음을 갈고닦을 수 없습니다. 단지 깨달을 수는 있어요. (법상을 톡톡 두드리며) 불가사의한 깨달음이 있습니다. 이것이 바로 직지인심 견성성불입니다.

사실, 선종은 불립문자 교외별전이기 때문에 소의경전이라는 게 있을 수 없는데, 육조 대사가《금강경》을 읽고서 깨달았기 때문에 그렇게 했지만, 선종에서는 소의경전이라는 게 있을 수 없어요. 소의경전이라는 게 뭐냐면, 그 경전에 의지해서 가르침을 펼친다는 뜻이거든요. 그런데 선은 불립문자, 교외별전이기 때문에 원래 소의경전이라는 게 있을 수 없습니다.

조계종에서는《금강경》을 소의경전으로 한다고 했는데, 그것은 육조 혜능이《금강경》법문을 듣고서 깨달았기 때문에 그렇게 한 것이고,《금강경》의 이 부분 대승정종분은 불법이라는 게 이런 거라는 걸 딱 그대로 얘기하고 있는 겁니다. 어떻게 할 수가 없는 거예요. 한번 보세요. 헤아릴 수 없이 많은 육도사생, 삼계중생을 어떻게 남김없이 싹 다 멸도를 시킵니까? 그 말을 그대로 따라갈 수는 없고, 그렇다면 마음속에 있는 생각을 다 항복시킨다… 어떻게 항복시키겠습니까? 내가 내 마음속에 있는 생각을 항복시켜야겠다고 하는 이것도 생각이거든요. 항복시킬 수가 없어요. 내 마음속에 있는 생각을 전부 항복시켜야겠다고 하는 이것도 생각인데, 어떻게 항복이 됩니까? 그러니까 방법이 없고, 길이 없고, 수행을 할 수 있는 게 아닙니다.

그냥 (법상을 톡 두드리며) 뜻이 있는 곳에 길이 있어요. 깨닫고자 하는 뜻이 있으면 한순간에 불가사의하게 탁! 그래서 《유마경》에서 이 깨달음을 불가사의 해탈 법문이라고 하는 겁니다. 불가사의한 이런 체험이 있습니다. 희한하게 한순간에 갑자기 아무것도 없어요. 이런 경험이, 이런 체험이 되는 겁니다. 바로 그렇게 되는 거예요. 해탈로 가는 법문은 언제나 불가사의 해탈 법문이에요. 알 수가 없기 때문에 어떻게 할 수가 없어요. 방법이 없습니다. 길이 없어요.

법문을 듣고 관심을 계속 가지다 보면 시절 인연이 도래한다고 나왔다시피 때가 되면 저절로 돼요. 그러니까 끈기 있게 포기하지 않고 계속 법문을 들으시는 게 중요합니다. 왜냐하면 매일매일 법회 참석하고 법문 듣는 것은 깨달음에 도전하는 거예요. 일부러 그렇게 생각할 필요는 없지만, 기회잖아요. 틈날 때마다 법문을 듣고 법회에 참석하는 것은 깨달음에 관한 기회를 얻는 것이고, 그러다 보면 어느 순간 자기도 모르게 툭 이렇게 체험이 되는 거거든요.

매번 법회에 참석하거나 법문을 듣는 것은 깨닫고자 하는 그런 기회를 얻는 겁니다. 기회라는 건 일부러 어떻게 할 수는 없어요. 하다 보면 저절로 그런 때가 오는 겁니다. 이것이 바로 시절 인연이 도래한다고 하는 거예요. 이것이 대승법이고 이렇게 공부하는 겁니다. 이것이 선이에요. 그러니까 대승법은 바로 선과 전혀 다를 게 없어요. 이것이 선이고 이것이 대승법입니다.

깨닫고자 하는 발심을 하고, 관심을 가지고 법문을 듣는 거 외에는 할 수 있는 일이 없습니다. 저도 대승정종분 이 부분을 예전에는 몰랐죠. 무슨 뜻인지 잘 몰랐고 주목하지도 않았습니다. 대개 《금강경》하면 '범소유상 개시허망' 이런 말이나 '응무소주 이생기심' 이런 유명한 구절들이나 알지, 이 얘기는 별로 언급을 안 해요. 그런데 사실은 여기에 본질적인 가르침이 다 들어 있거든요. 그래서 제목이 대승정종분이란 말이죠. 대승의 바른 근본이 여기 다 들어 있다…

법문을 듣고 공부하는 이 선 공부가 바로 대승 불법의 바른 공부법이고 지름길입니다. 선이 어쨌든 가장 효과적이고, 법문만 잘 들어 보시면 특별하게 어려울 것도 없고, 힘들 것도 없고, 할 것도 없어요. 마음이 뭐냐? (법상을 톡 두드리며) 마음만 깨달으면 되니까요. 마음이라는 게 바로 자성, 불성을 가리키는 말이니까요. 마음이 뭐냐? (법상을 톡톡 두드리며) 이거다. 도가 뭐냐? 이거다. (손가락을 세우며) 이 일 하나. (법상을 톡톡 두드리며) 이 일 하나. (손을 세우며) 이겁니다. 뭘 어떻게 하려고 하면 안 돼요. 알 수 없습니다. 불가사의한 겁니다.

그러나 분명하게 이렇게 원래부터… 색즉시공이라는 것은 색이 본래부터 공이라는 겁니다. 색을 닦아 없애서 공을 만드는 게 아니에요. 거울은 본래 텅 비어 있는 겁니다. 마음은 본래 공이에요. 원래부터 이런 거라고요. 뭘 할 것이 없고 깨달으면 돼요. 체험하면 된다고요. 아무 할 게 없어요. 고칠 게 없어요. 취사간택할 게 없다는 말입니다. 〈신심명〉에서 그러잖아요. 지도무난이니 유혐간택이라… 도는 어려울 게 하나도 없다, 오직 취사간택만 하지 않으면 된다고 했거든요. 취사간택이라는 게 뭘 갈고닦고, 그게 취사간택입니다. 그렇게 안 해야 깨달을 수 있다는 말입니다. 그게 〈신심명〉의 맨 첫 구절에 나온 말이잖아요. 취사간택을 하지 말아야 한다, 갈고닦지 말아야 한다…

원래 (법상을 톡톡 두드리며) 아무 문제가 없습니다. 마음은 원래 공이에요. 마음이 뭐냐? (법상을 톡톡 두드리며) 이거다. 도가 뭐냐? (법상을 톡톡 두드리며) 이거다. 법이 뭐냐? (법상을 톡톡 두드리며) 이거다. 원래 이런 거예요. 이것이 한 번 와닿는 거예요. 이해하고 생각할 건 없고, 이게 마음입니다. (법상을 톡톡 두드리며) 마음이, 이것이 실감이 돼야 해요. 실감이 되고 체험이 돼야 해요. 이해는 '그렇구나' 하고 넘어가면 그만이고, 문제는 이게 마음이고 (법상을 톡톡 두드리며) 이게 도(道)란 말이에요.

한 번 체험이 돼야 해요. (법상을 톡톡 두드리며) 이 마음이, 이것이 도다… (손을 세우며) 이것이 부처란 말이에요. 이것이 한 번 체험이 돼야 해요. (법상을 톡톡 두드리며) 이것. (손을 세우며) 불가사의하지만 이것이 와닿습니다.

4. 묘행무주분
묘한 행위는 머무는 데가 없다

"또 수보리야, 보살은 마땅히 법에 머물지 않고 보시를 해야 한다. 말하자면, 색깔에 머물지 않고 보시하고, 소리와 냄새와 맛과 촉감과 개념에 머물지 않고 보시해야 한다. 수보리야, 보살은 마땅히 이렇게 보시하여 생각에 머물지 않아야 하니, 무슨 까닭인가? 만약 보살이 생각에 머물지 않고 보시하면 그 복덕을 헤아릴 수 없기 때문이다. 수보리야, 어떻게 생각하느냐? 동쪽의 허공을 헤아릴 수 있느냐?"

"헤아릴 수 없습니다, 세존이시여."

"수보리야, 남쪽과 서쪽과 북쪽과 사위와 아래와 위의 허공을 헤아릴 수 있느냐?"

"헤아릴 수 없습니다, 세존이시여."

"수보리야, 보살이 모습에 머물지 않고 보시하는 복덕도 이와 같이 헤아릴 수 없다. 수보리야, 보살은 다만 배운 대로 머물러야 한다."

"復次須菩提, 菩薩於法應無所住行於布施. 所謂不住色布施, 不住聲香味觸法布施. 須菩提, 菩薩應如是布施不住於相, 何以故? 若菩薩不住相布施, 其福德不可思量. 須菩提, 於意云何? 東方虛空可思量不?"

"不也. 世尊."

"須菩提, 南西北方四維上下虛空可思量不?"

"不也. 世尊."

"須菩提, 菩薩無住相布施福德, 亦復如是不可思量. 須菩提, 菩薩但應如所教住."

《금강경》 제4 묘행무주분(妙行無住分)입니다.

묘한 행위는 '무주(無住)', 머무는 곳이 없다는 뜻입니다. 제목을 참 잘 붙였습니다.

'묘행(妙行)'이라는 것은 이 자리에 계합하게 되면, 처음부터 그렇게 되지는 않겠지만, 시간이 지나 아주 정확하게 들어맞으면, 여법하게 살 수 있다는 겁니다.

'행'이라는 것은 그냥 살아가는 겁니다. 우리가 가만히 있는 게 아니고 늘 활동하기 때문에 모든 행위를 하는데, 그게 묘행이다. 바로 이 법에 들어맞아 있다. 말을 하자면, 그렇게 얘기할 수 있어요. 하여튼 자기가 직접 겪어 봐야 하는 문제입니다.

실제 공부를 하다가 이런 소식이 오면… 그전에는 뭔가가 있어요. 항상 마음속에 뭐가 복잡하게 있죠. 항상 끄달립니다. 생각이나 기분이나 감정이나 보고 듣는 것에 끄달려요. 뭐가 있으니까 맨날 끄달리다가, 이 소식이 처음 왔을 때는 갑자기 탁 다 사라지고 아무것도 없는 것 같거든요. '아, 아무것도 없는 이게 법이구나.' 처음에는 그렇게 여기죠. 그래서 자꾸 생각이 나거나 뭐가 끄달릴 일이 있으면, 그게 싫고 아무것도 없는 이것만 좋아하게 됩니다. 그럴 수밖에 없는 게, 편하거든요. 그전에 마음속에 온갖 잡다한 게 있을 때는 항상 끄달리니까 그게 싫단 말이죠. 그런데 아무것도 없으니까 세상 편하고 좋아요.

그래서 이걸 좋아하게 되고 여기에 익숙해지려고 합니다. 예전에 끄달렸던 기억들이 난다든지, 자기도 모르게 약간이라도 쓱 끄달려 가면, 기분이 몹시 나쁘고 그렇습니다. 그러니까 항상 이 자리에 있으려고 애를 쓰죠. 심우도(尋牛圖)식으로 얘기하면, 소를 찾았으니까 소를 안 잊어버리려고 딱 고삐를 붙잡고 있는 그런 식의 공부가 되는 겁니다.

그런데 몇 년을 그러다 보면 꽤 익숙해지죠. 그래도 아무것도 없는 이 법의 자리가 있고, 또 끄달리는 세간이 있고, 차별이 있어요. 그래서 내가 세간에 끄달리지 않고 늘 법에 있어야겠다는 의지를 가지고 공부하게 되는데, 마지막까지 잘 극복이 안 되는 게 기분이에요. 생각은 중간에 어느 정도 지나면 극복이 됩니다. 생각은 이겨 낼 때가 와요. 모든 생각이 다 헛것이고 원래 생각으로 판단하는 게 의미가 없다는 걸 실감하게 되니까 극복이 되는데, 기분이라는 것은 자기도 모르게 습관적으로 그냥 빠져들어 가 버리는 거니까 참 극복이 안 돼요. 그런데 어느 때가 되면 그런 것도 좀 극복이 되죠.

그래서 '항상 이 자리' '나는 여법해' 이런 식으로 법이라는 걸 붙잡고 살게 되는데, 많이 편안하고 자유로워지고 걸림 없는 것 같아도 뭔지 모르지만 2%가 부족한 느낌이 여전히 남아 있어요. 여전히 법이 있고 뭔가 끄달리는 세상이 있고. 그러다 보면 한순간에 뭐가 먼저 사라지느냐? 이 법이라는 놈이 사라져 버려요. 이게 법이고 이게 내 마음이다, 이런 줄 알았는데, 법이라는 놈이 사라지고 나면 이전처럼 그냥 분별만 하게 되죠. 분별은 여전히 있으니까 '이거 공부가 잘못되는 거 아닌가?' 하고 처음에는 한순간 약간의 염려도 생기는데, 좀 시간이 지나면 분별밖에 없는데 아무것도 없어요. 법이 사라진 게 아니고 분별 자체가 법이 된 겁니다.

비로소 이제 불이(不二)가 되는 거예요. 왜냐하면 분별 없음이 있고 분별하는 게 있고… 이건 아직 이법(二法)이지 불이법(不二法)이 아니거든요. 사실은 이때까지만 해도 묘하다고 할 수가 없어요. 왜냐하면 '텅 비어서 아무것도 없구나' 하는 게 있고, 복잡한 분별이 있고, 아직 둘로 나뉘어 있으니 묘행이라 할 수 없는데, 법이라는 게 없어지고 마음이라는 게 없어지고 나면 분별하는 것밖에 없어요. 그런데 분별하는 것 하나하나가 전부 그대로가 이제 아무것도 없는 거예요. 이게 법이 된단 말이죠. 그리되면 법이라는 게 없고 분별하는 것만 있는데, 이 분별이 전부 그대로가 공이란 말이죠. 항상 아무 일이 없어요. 이게 묘하다고 하는 겁니다.

왜냐하면 이것은 있음과 없음이라는 게 둘이 아니거든요. 분별 있음과 분별 없음이 둘이 아니게 되는 게 묘행이에요. 이런 정도 공부가 돼야 묘행이라는 말을 알 수가 있습니다. 왜 묘행이라 하는지를.

무주(無住)는 머물지 않죠. 법이 있을 때는 법에 머물렀지만, 중생들은 경계에 머물고 소승은 법에 머무는데, 대승 보살은 머무는 데가 없다, 이렇게 말하죠. 중생은 색에 머물러 있고, 소승 수행자는 공에 머물러 있어서 '무조건 없다, 멸진정이다' 하는데, 대승 보살은 있음과 없음이 둘이 아니에요. 말하자면 이렇게 얘기할 수 있어요. 이게 바로 묘법이라고 하는 겁니다. 있음과 없음, 공과 색이 둘이 아닌 거예요.

이렇게 돼야 비로소 자유로움을 느껴요. 2% 부족한 것이 싹 해소되고, 법이랄 게 따로 없으니까 그냥 자유롭게 사는 거예요. 뭘 해도 관계없어요. 뭘 어떻게 하더라도 그 자체가 여여하고 아무 일이 없는 건데, 이것을 묘행이라 하는 겁니다. 법에 머물지 않는다… 당연히 경계에도 머물지 않고 법에도 머물지 않을 때, 더이상 머물 데가 없으니 무주라고 얘기할 수 있어요.

체험을 해도 처음부터 그렇게 되는 건 아닙니다. 심우도 식으로 얘기하면, 소를 찾아서 소를 잘 키우죠. 도망 못 가게 고삐를 붙잡고 잘 키우다 보면 나중에 소도 사람도 다 없어져 버린다, 말하자면 나라는 것도 없고 법이라는 것도 없다, 이 말이죠.

소는 법을 가리키고 사람은 나를 가리키는데, '아공(我空) 법공(法空)' 하듯이 나라 할 것도 없고 법이라 할 것도 없고, 그래서 일원상(一圓相)으로 돌아간다고 하잖아요. 일원상으로 돌아가게 되면 결국 입전수수(入廛垂手)라고, 다시 예전처럼 살게 된다는 말입니다.

그걸 묘행무주분이라고 이름 붙이는 겁니다. 방편의 말이에요. 자신이 이런 입장이 못 되면 이해할 수가 없습니다. 직접 공부를 해 봐야 합니다. 어쨌든 공부는 고비가 있는데, 첫 번째 고비가 분별을 하다가 분별에서 벗어남으로써 공 체험을 하는 거죠. 공이라는 건 분별할 게 아무것도 없다는 뜻입니다. 공을 체험해서 공에 익숙해지다 보면 나중에 공이 없어져요. 왜? 공과 분별이 없으면 하나가 돼 버리니까 공이라는 게 따로 없게 돼 버리죠.

그게 두 번째 고비예요. 말하자면 소를 찾는 게 첫 번째고, 소와 사람이 다 사라져서 일원상으로 돌아가는 게 두 번째라는 말이죠. 그 정도 돼야 묘행무주라는 말을 알 수가 있습니다. 그런 얘기를 하고 있는 거예요. 무상정등각을 얻으려면 그 두 가지 질문을 하잖아요. 마음을 어떻게 항복시켜야 하고, 어떻게 머물러야 합니까? 어떻게 항복시키느냐는 대승정종분에서 나왔고, 오늘 나오는 것은 '어떻게 머물러야 합니까?'에 대한 답변을 부처님이 하는 겁니다.

그 마음을 항복시킨다는 것은 뭐예요? 공의 체험입니다. 분별에서 딱 벗어나면 아무것도 없어요. 묘행무주, 일원상으로 돌아가서 나도 없고 법도 없다… 내가 있고 법이 있으면 내가 법에 머물러져요. 그런데 나도 없고 법도 없다… 이게 바로 묘법이고 묘행무주란 말이죠.

사실은 여기서 수보리 질문에 대한 답을 다 한 겁니다. 그럼 뒤에 나오는 얘기들은 뭐냐면 자꾸 반복해서 다양하게 설명하는 거죠. 두 가지 질문에 대한 답은 이제 다 나온 거예요. 수보리가 그 두 가지 질문을 했잖아요. 무상정등각, 최고의 깨달음을 얻으려면 어떻게 그 마음을 항복시켜야 하고, 어떻게 그 마음을 머물러야 합니까? 이 두 가지가 우리 공부의 핵심입니다.

그래서 첫 번째는 하나의 상(相)이라도 있으면 보살이 못 된다고 했거든요. 상이라는 게 분별입니다. 분별에 매여 있으면 보살이 못 된다는 게 첫 번째 답이고, 두 번째는 무주, 머무는 데가 없다는 거죠. 첫 번째는 소를 찾았다는 거고, 두 번째는 소와 사람이 없어졌다는 거예요. 오늘 그 얘기를 하고 있는 겁니다. 공부라는 게 단계가 있는 건 아니지만,

이런 식으로 실제 경험을 해 보면 좀더 공부가 깊어진다는 것을 알 수 있어요. 그래서 묘행무주라는 게 두 번째 질문에 대한 답변입니다.

또 수보리야, 보살은 마땅히 법에 머물지 않고 보시를 해야 한다. 말하자면 색깔에 머물지 않고 보시하고, 소리와 냄새와 맛과 촉감과 개념에 머물지 않고 보시해야 한다. 수보리야, 보살은 마땅히 이렇게 보시하여 생각에 머물지 않아야 하니, 무슨 까닭인가? 만약 보살이 생각에 머물지 않고 보시하면 그 복덕을 헤아릴 수 없기 때문이다.

답변이 "수보리야, 보살은 마땅히 법에 머물지 않고 보시를 해야 한다." 여러 가지 행위 중에 보시라는 걸 하나의 사례로 들어서 얘기하는 거죠. 베푸는 행동에 여러 가지 종류가 있을 수 있겠죠. 그걸 하나의 사례로 들어서 얘기하는 것이고, 실제 묘행이라는 것은 모든 행위입니다. 그냥 보시만 얘기하는 게 아니에요.

우리가 경험하는 모든 행위에서 나라고 할 것도 없고 법이라고 할 것도 없어서 어디에도 머물거나 이런 게 없는 거죠. 그러니까 순간순간 보고 듣고 느끼고 생각하고 말하고 행동하고 하는데, 어디에도 매여 있거나 머물러 있거나 붙잡고 있거나 이런 게 없다, 어디에도 그런 게 없다, 이 말이에요. 없을 수밖에요. 뭐가 있어야 어디 머물거나 하죠. 그러니까 깨달음 또는 법이라고 하면 '뭐가 있으니까 법이라고 하는구나, 깨달음이라고 하는구나' 처음에는 그렇게 생각할 수밖에 없죠. 왜냐하면 우리는 분별만 하면서 살고 있으니까요. 그런데 실제 체험을 해 보면 그런 게 없어요.

분별이 없으니까, 뭘 법이라고 할지 뭘 깨달음이라고 할지, 그런 생각 자체가 사라져 버립니다. 이제 어떤 생각에도 매이지 않고 '아무 일이 없구나' '허공처럼 뭐라고 할 게 아무것도 없구나' 그런 느낌은 있지만, 그런 생각을 하는 건 아니고, "이게 법이다" "이게 도(道)다" 하는 것은 방편으로 이렇게 하는 겁니다. "부처가 뭐냐?" "이거다." "똥막대기다." "잣나무다." 이런 것은 이것을 일러 주기 위해서 방편으로 하나의 경계를 대는 거고, 잣나무가 바로 도(道)고 똥막대기가 부처다, 그런 뜻으로 말하는 건 아니라는 말이에요. 그런 경계를 통해서 이것을 깨닫게 하려고 하는 거죠.

그러니까 가리킬 때는 직지인심, 그냥 이걸 가리켜요. '이게 법이다.' 법이 뭐냐? 이제 (손가락을 들며) 손가락을 세우거나 (법상을 톡톡 두드리며) 법상을 치거나 이렇게 합니다. 동산이 물 위로 간다고 하든지, 하여튼 뭐라고 한단 말이죠. 법이라는 것은 이렇게 항상 드러나 있는 거니까요.

우리 마음이 살아 있습니다. 다 살아 있는 사람이잖아요. 살아 있는 마음속에 법 역시 살아 있습니다. 정해진 법이 있는 건 아니지만, '이제 살아 있는 마음을 한번 깨달아 보세요.' 선에서는 항상 그렇게 얘기하죠. 마음이 바로 부처니까 마음만 깨달으면 됩니다. 아주 좋은 방편이죠.

우리는 마음이 정확하게 뭔지는 모릅니다. 모르지만 분명히 마음이 있다는 사실은 감지하고 있거든요. 우리 마음이 있잖아요. 그런데 마음이 뭔지는 몰라요. 생각이 마음이냐? 아닙니다. 생각은 끊임없이 변해 가는데, 마음이라는 건 그런 게 아니에요. 생각이나 느낌이나 감정이나 기분이나 이런 게 아니에요.

마음이라고 하는 건, 여여(如如), 진여(眞如)라고 하잖아요. 진여자성이라고 하듯이 안 변하는 거거든요. 다 변해도 변하지 않는 게 하나가 있어요. 분별해서 알 수 있는 건 아니라는 말입니다. 보통 사람들은 자기 마음을 안다고 착각해요. 그런데 가만히 물어보면 자기 생각이나 기분이나 이런 걸 마음으로 알고 있어요. 그건 착각입니다. 그건 마음이 아니에요. 마음의 본질이 아니에요. 마음이라는 것은 텅 빈 허공과 같고 텅 빈 거울과 같다고 하잖아요. 허공 속에도 온갖 모습이 나타나듯이 거울 속에도 온갖 모습이 나타나는데, 모습이 거울은 아니죠. 모습이 거울을 벗어나서 따로 있는 건 아니지만, 모습이 거울은 아닙니다. 모습을 비출 수 있는 텅 빈 거울이 있죠.

그런 것처럼 모습을 헤아리고 분별하는 걸 벗어나는 체험이 있어야 '이런 게 있구나' 하고 실감하게 되니까 그런 체험을 해 보라고 하는 겁니다. 이것은 알 수도 없고 분별할 수도 없고 어떤 모습이 아니고, 그러나 분명히 이런 일이 있습니다, 하고 자꾸 이걸 가리키죠. 이것을 한번 체험해 봐야 하는 겁니다.

이것을 부처, 마음, 도라 하고, 중간중간에 제가 방편의 말로도 여러 가지 얘기도 하고 설명도 하지만, 그건 중요한 게 아니에요. 사실은 중요한 게 아니고, 본인이 직접 이것을 겪어 봐야 하는 거예요. 안 겪어 보면 그냥 제 말에 불과한 겁니다. 직접 겪어 보지 않으면 남의 말에 불과한 것이지, 자기한테는 아무 상관도 없는 거예요.

반드시 이걸 (법상을 톡톡 두드리며) 겪어 봐야 합니다. 마음은 관념적인 게 아니에요. 관념적인 게 아니고, 이렇게 (손을 흔들며) 명백하게 살아 있습니다. 몸이 살아 있는 게 사람인 것은 아니죠. 몸만 살아 있으면 사람이라 하지 않고 식물인간이라고 해요. 그건 사람이 아니라는 말입니다. 마음이 살아서 볼 거 다 보고, 들을 거 다 듣고, 말할 거 생각할 거 다 하고, 인간 노릇을 해야 그게 인간이죠. 이게 살아 있다는 말이죠. 이것이 이렇게 명백하게 살아 있고 깨어 있거든요.

이것이 한 번 (손을 세우며) 딱 와닿아야 하는데, 이것은 정해진 분별되는 게 아니기 때문에 절대로 분별로는 알 수가 없어요. "부처가 뭐냐?" "똥막대기다." "도가 뭐냐?" "잣나무다." 이런 말을 들었을 때 선사들이 거짓말했을 리는 없고 믿음은 가지만 무슨 말인지 알 수는 없다는 게 정상이죠. 그런 반응이 나오는 게 정상입니다. 이 법을 가리킬 때는 당연히 그렇게 반응이 오는 거죠. 분명히 뭔가 있으니까 저렇게 하는데, 그런데 그게 뭔지를 모르겠다… 이게 정상적인 반응이에요. 뭔지를 몰라야 나중에 깨달을 수 있습니다. 알면 절대 깨달을 수 없어요. 아는 것에 매이니까 분별을 벗어난 이런 깨달음을 얻을 수 없습니다.

공부하는 사람은 아는 걸 극히 조심해야 합니다. '무슨 말인지 알겠다' 이러면 그때부터는 공부 끝장입니다. 알음알이로 가서 지해종도(知解宗徒)로 떨어져 버리죠. 못 깨닫습니다. 뭘 아는 것을 가장 조심해야 해요. 아는 게 아니고 실감이 되는 겁니다. 이것이 실감이 되고 체험이 되는 거예요.

나타나거든요. 이놈이 턱 이렇게 실감이 된단 말이죠. 옛날 사람들이 뭐라고 했습니까? '밥을 먹고 배가 부른지 안 부른지는 밥을 먹은 사람 자신이 아는 것이다.' 체험을 해 보면 자기 스스로 저절로 이것이 명백해진단 말이죠. 물을 마셔서 따뜻한 물인지 찬물인지 안다는 것도 하나의 체험을 말하는 거지만, 밥을 먹은 사람이 배가 불렀는지 아닌지 자기가 스스로 명백히 잘 안다는 게, 체험을 해 브면 안단 말이죠. 머리로 아는 건 아니에요. 이것이 드러나니까 체험이 되고 이것이 탁 실감되면 어떤 느낌이 오느냐 하면, 그동안 찾아 헤맸던 것이 비로소 해소되는, 해결되는 그런 느낌이 들거든요. 무거운 짐을 지고 있다가 내려놓은 것 같이 마음이 가벼워져요. 자기도 모르게 가벼워지고 만족하게 되고, 목마른 게 해결이 된 것 같고, 그런 느낌이 딱 오거든요. 이것이 체험입니다.

진짜 소를 찾아야 하지, 소에 관한 이야기만 알고 있으면 안 돼요. 반드시 이것이 실제 체험이 돼야 합니다. 체험이 돼서 (법상을 톡톡 두드리며) 나타나면, 자기가 그토록 원했던 것이 달성되어 그동안 불만족스러웠던 것이 만족되고, 뭔가 숨을 쉴 수 있을 것 같고, 죽어가던 사람이 살아난 것 같은 느낌이 들거든요. 꽉 막힌 감옥 같은 데 갇혀 있다가 문을 열고 바깥으로 나와서 신선한 공기를 숨 쉬는 그런 느낌이 든단 말이죠. 허깨비같이 살다가 사라지는 거 아닌가 하는 걱정거리가 비로소 사라지고, 이제 뭔가 진짜배기가 나타났다는 느낌이 든단 말이죠.

이것이 본래면목이라고 하는 게 관념적인 게 아닙니다. 현실이고 실재입니다. 이것을 진여라고 하는 게 '진(眞)'이라는 말이 붙는 거예요. 또는 이것에 실재라는 이름도 붙이거든요. 이 소식이 한 번 딱 와서 이렇게 드러나면 정말 기쁨도 있습니다. 왜? 그렇게 찾아 헤매던 게 품속에 들어왔으니까 기쁨도 있죠.

그런데 아직은 이것이 정확하지 않아요. 왜냐하면 처음이니까 낯이 설죠. 어쨌든 그러면서 차차 익숙해질 수 있습니다. 그러나 우리가 분별망상하면서 살아온 세월이 너무 길거든요. 이게 오랜 시간이 걸립니다.

여법해진다는 게 쉬운 게 아니에요. 망상하는 습관이라는 건 참 무서운 거거든요. 자동으로 자꾸 발동되니까. 이것을 찾았으면 이것을 더 확실하게 하려 하고 자기도 모르게 애를 쓰게 되고 비로소 공부하는 맛도 나고 정말 재미도 있고 그렇습니다. 그래도 욕심만큼 공부가 쑥쑥 나아가지는 않습니다. 제자리걸음을 하는 것 같기도 하고 아주 느릿느릿하게 나아가기 때문에 그냥 꾸준히 계속하는 거예요.

이 공부는 끈기를 가지고 꾸준히 하는 게 제일 좋은 덕입니다. 믿음을 가지고 계속 꾸준히 하면 이런 체험을 하는데, 이 체험을 해 보면 놀랄 만한 체험이죠. 이런 일이 있으니까 그렇게 깨달음이니 불이법이니 공이니 했구나 하고, 자기가 와닿는 게 있으니 놀랄 만한 체험이죠.

이제 사람이 바뀌기 시작해요. 마음이 바뀌니까 겉모습이 바뀌는 게 아니라 속이 달라지기 시작하는 거죠. 별일도 없고 걱정거리도 없고, 말 그대로 마음이 평온해집니다. 그런데도 문득문득 습관적으로 망상하는 분별망상이 일어나거나 끄달려 가면 아주 불쾌하고 그렇죠. 그러나 여기에 대한 감각이 생겼기 때문에 자꾸 이렇게 공부를 하게 되는 거예요.

법에 머물지 않고… 보시뿐만 아니라 무슨 행동을 하더라도 어디에도 머물지 않는다는 말입니다. 이 법이라는 것은 공을 얘기하는 게 아니라, 모든 삼라만상, 모든 분별, 만법을 가리켜요.

어디에도 머물지 않고… 보시라는 것은 꼭 베풀기만 하는 게 아니라 모든 행동, 뭐든지 다 한다 이 말입니다. 처음부터 그렇게 되는 건 아니고, 처음에는 공에 머물려고 하는 욕구가 생길 수밖에 없어요. 이게 너무 좋거든요. 이 자리가 탁 나오면 너무 편하고 좋으니까, 과거는 기억하기도 싫고 과거에 어떻게 살았는지 기억도 안 나요. 끔찍하니까 기억하기 싫은 거예요. 그런데 새롭게 드러난 이 자리가 너무 편하고 좋거든요. 그러니까 이것을 잘 유지하려고, 여기 익숙해지려고 저절로 그렇게 됩니다.

체험한 것부터 공부의 시작이라고, 공부를 어떻게 하는지 이제 조금 감도 오고, 그전에는 공부가 뭔지 사실은 모르죠. 그냥 꽉 막혀서 앞이 어딘지 뒤가 어딘지도 모르는 상황이죠. 그런데 이게 한 번 실감이 오면 '아, 이런 길이 있구나' 하는 게 감이 오니까 그게 공부 시작이에요. 왜냐하면 여전히 계속 습관적으로 망상들이 발동하고, 그걸 다 극복하려면 시간이 오래 걸리거든요. 그래서 깨달음이라고 하는 말을, 묘행무주까지 돼서 정말 대자유를 어느 정도 성취한 걸 깨달음이라 할 수도 있고, 분별망상에서 벗어나서 '아무것도 없네, 원래 아무것도 없구나' 하는 체험을 하는 걸 깨달음이라 할 수도 있고, 굳이 그걸 구분할 필요는 없습니다.

그런데 나중에 가 보면, 결국은 처음에 체험한 것이 제대로 완성되는 거예요. 처음에 체험한 것이 제대로 완성되는 게 불이중도에 안착된다고 할 수 있어요. 처음에 체험한 것도 불이중도의 체험이지만 왜 공에 치우치게 되느냐면, 이전에 너무 상에, 색에 시달리면서 살았기 때문에 반동적으로 색에 다시 끌려갈까 봐 공에 집착하려고 하는 겁니다. 이게 심리적으로 그렇게 되는 거거든요. 그런데 나중에 가다 보면 결국 불이중도로 귀결됩니다. 인간의 심리가 그렇게 되어 있어요.

말하자면 색깔에 머물지 않고 보시하고 소리와 냄새와 맛과 촉감과 이것은 육경이라고 하는 거죠. 색성향미촉법(色聲香味觸法)이라고. 법은 이때는 분별이니까, 분별이라 해도 좋고 개념이라 해도 좋고.

개념에 머물지 않고 보시해야 한다.

육식 경계는 6가지 경계가 있잖아요. 안이비설신의(眼耳鼻舌身意)를 통해서 경험하는 경계가 색성향미촉법이라 해서…. 어디에도 머물지 말아야 하는 게 아니고 저절로 그렇게 머물지 않게 됩니다.

공부는 저절로 됩니다. 저절로 되는 거예요. 절대로 우리가 만들어 가는 게 아닙니다. 수행하는 사람들은 불이중도라는 걸 열심히 애를 써서 만들어 가는 것으로 오해하지만, 만드는 것은 반드시 다시 원위치로 돌아가니까 그렇게 해서는 안 됩니다. 저절로 됩니다. 분별을 벗어나는 체험도 저절로 되고, 그다음 공이라는 것에서 벗어나 완전히 불이법이 성취되는 것도 저절로 돼요. 제 경험상 그렇고, 실제로 무위법(無爲法)이라고 하잖아요. 억지로 할 건 없다, 일부러 해서는 안 된다는 얘기를 계속하거든요. 모든 선지식이 계속 얘기합니다. 일부러 해서는 안 된다, 유위(有爲)로 해서는 안 된다, 이거예요. 공부는 저절로 되는 겁니다. 저절로 돼야 이놈이 되돌아가지를 않아요. 그래서 저절로 돼야 하는 겁니다.

경전에서 말하니까 그렇게 해야 하는가 보다, 이렇게 오해할 수 있는데, 사실은 그런 게 아니고 저절로 되는 겁니다. 언제나 무위법입니다. 무위라는 게 원래 번역된 말이죠.《노자(老子)》에 나오는 말이에요.《노자》에서는 뭐라고 했어요? 무위이무불이(無爲而無不爲)라… 원래 그게 무위의 뜻이거든요. 아무것도 안 하는데 안 되는 일이 없다, 뭐든지 다 된다, 이 말입니다. 그게 무위의 뜻이거든요. 일부러 하는 게 없는데 모든 게 저절로 된다는 말입니다.

무위라는 것은 아무것도 안 하니까 아무것도 안 되는 게 아니에요. 아무것도 안 하지만 모든 것이 저절로 다 된다… 이것이 무위법이고, 공부는 이렇게 진행되는 겁니다. 그러니까 힘들 건 없습니다. 힘들 건 없고, 사실 본인이 의식이라는 입장에서 보면, 처음부터 끝까지 어떻게 되는지 이해가 안 됩니다. 알 수가 없어요. 안다면 그것은 유위법이 되겠죠. 알 수는 없고, 저절로 그런 변화들이 마음에서 일어나니까, 의식은 뒤늦게 이렇게 되는구나 하고 알죠. 미리 알 수는 없어요.

경험이 되면 '이런 거구나' 하지만, 여전히 머릿속에 그림은 없어요. 왜냐하면 이 법이라는 것은, 진여자성이라는 것은 어떤 고정된 상이 될 수가 없거든요. 살아 있는 겁니다. 살아 있는 것이기 때문에 마치 흐르는 물과 같고 타고 있는 불꽃과 같아서, 순간순간 살아 있는 활동을 하고 있는 것이기 때문에 어떤 고정된 모습으로 머릿속에 기억될 수는 없습니다. 그렇게 될 수는 없어요. 그러니까 법이 뭔지 안다, 반야가 뭔지 안다, 이런 말은 있을 수가 없습니다. 그냥 살아 있는 것으로서 순간순간 성취되어 있는 것이지, 기억되고 이렇게 되는 건 아니에요. 그래서 묘행이라고 합니다. 행이라는 것은 항상 행하고 있는 것이지 가만히 있는 게 아니거든요.

'응무소주 이생기심' 할 때도 응무소주(應無所住), 머물지 말아야 한다고 말했지만, 뭡니까? 이생기심(而生其心), 마음은 항상 '생' 계속 활동하고 있는 거예요. 기억 속에서 '이거구나' 이렇게 할 수는 없어요. 그것은 머물러 버리고, 그림을 고정하고, 사진을 찍듯이 하기 때문에 그건 가짜입니다. 그러니까 항상 여기에 통하고 이게 살아 있어서 늘 말 그대로 묘행이 되는 겁니다.

결국 상(相)으로서 남는 것은 없습니다. 그러니까 깨달음도 없고 깨닫는 부처도 없다는 말을 경전에서도 하거든요. 왜? 그런 게 있다면 그건 상이 되어 버리기 때문에 그렇습니다. (법상을 톡톡 두드리며) 하여튼 살아 있는 이게 한 번 실감이 되고 이렇게 살 수 있는… 그런데 습관적으로 머리는 상을 만들려고 합니다. '그래 뭔데? 어떻게 되냐?' 하고. 제가 겪어 본 바로는 한 십몇 년간 그렇게 합니다. 체험을 하고 나서도 이 의식이라는 놈이 자꾸 물어요.

그런데 어느 때가 되면 더이상 묻지 않게 됩니다. 이게 충분히 밝아져서 언제나 여기에 딱 드러나 있으니까, 더는 머리가 그런 걸 묻지 않게 돼요. 항상 이놈이 살아 있기 때문에 '이게 뭔데? 어떻게 되는데?' 이런 생각이 더이상 나지 않습니다. 그전까지는 '반야가 뭔데? 불이중도가 뭔데?' 자꾸 이렇게 생각이 일어난단 말이죠. 속으면 바로 망상에 떨어지는 겁니다. 망상하는 버릇이 그렇게 습관화되어 있어요.

이것은 절대 고정된 상이 될 수가 없습니다. 어떤 알음알이가 될 수 없고 기억될 수 없습니다. 앞뒤가 없습니다. 과거, 현재, 미래가 없어요. 《금강경》에도 과거 마음 얻을 수 없고, 현재 마음 얻을 수 없고, 미래 마음 얻을 수 없다… 과거의 마음이 이런 거고, 현재의 마음이 이런 거고, 미래의 마음이 이런 거라는 상을 만들 수 없다는 말입니다. 이것은 그냥 이거예요. 여기에 통하면 상이 생길 수가 없어요. 이렇게 살아 있는 거니까, 어떤 상이 생길 수가 없어요. 그러니까 도(道)에는 말이 없다는 거고, 말이 없다는 건 뭐예요? 생각할 수 없다, 고정된 상이 없다, 말이 없지만 말을 안 하면 공부를 할 수 없으니 어쩔 수 없이 말한다, 그러니까 말은 전부 방편이다… 이런 말이에요. 여기에 정확하게 맞는 말은 없어요. 말은 다 방편이에요. 이것은 살아 있는데, 말은 이미 머릿속에 고정되어 있어서 죽은 겁니다.

선(禪)에서 '사구(死句)', 활구(活句)', '죽은 말, 살아 있는 말' 하는 방편을 쓰는 것도 이유가 거기 있는 겁니다. 알음알이로 그 의미를 아는 말은 다 죽은 말이에요. 그럼 살아 있는 말은 뭐냐면, 말이 안 되는 말, 이게 살아 있는 겁니다. 말이 안 되는 말을 하는 말이죠.

한 번 이 소식이, (손을 흔들며) 한 번 이렇게 계합이 됩니다. 들어맞아서 이게 실감이 돼요. 이것이 드러나요. 이것이 자기 살림살이거든요. 이게 드러나면 결국 저절로 상을 만들지 않게 되고 머무름이 없게 됩니다. 그러니까 이것이 마음을 항복시키고 마음을 머무르지 않게 합니다. 일부러 그렇게 하는 게 아니고, 여기에서 일어나는 체험으로… 불가사의한 체험입니다. 돈오라는 것은 '돈'은 '갑자기'라는 말이거든요. 어느 순간 자기도 모르게 갑자기 툭 이런 체험이 일어나면, 그때부터 저절로 이런 게 다 이루어져요.

선정과 지혜를 말하는 사람도 있습니다. 선에서는 정혜쌍수(定慧雙修)라는 말을 합니다. 선정과 지혜를 쌍으로 함께 닦아야 한다는 말인데, 그 말을 잘못 들으면 선정도 열심히 닦고 지혜도 열심히 배워야 하는구나 하고 오해하는데, 그렇지 않습니다. 여기에 통해서 이런 체험을 하면 선정과 지혜는 자동으로 완성됩니다. 자동으로 모든 게 저절로 돼요.

저는 앉아서 수행한 적이 없습니다. 앉아서 수행하고 선정에 들고, 이런 거 해 본 적이 없어요. 그리고 지혜라는 것은, 《육조단경》에서 정혜에 관해 얘기하잖아요. '정(定)'은 속으로 헐떡거림이 없는 것이고, 지혜 '혜(慧)'라는 것은 바깥으로 경계를 분별하되 거기에 미혹되지 않는 것이라고 말합니다. 거기에 속아서 끌려가지 않는다는 말이거든요. 그것도 역시 한 번 이 체험을 해서 이 자리에 익숙해지고 나중에 이것이 좀더 정밀해지면 저절로 그렇게 돼요. 법계라는 게 이런 거고 공부라는 게 이런 거구나, 하는 지혜가 저절로 나옵니다.

왜? 경험을 하고 있기 때문에 그렇습니다. 지혜라는 것은 말을 듣고 배우는 게 아니고 경험을 통해서 생기는 안목이거든요. 그러니까 반야라고 하는 것도 이렇게 자리를 잡아서 성취되는 거고, 반야가 바로 지혜라는 말이거든요. 불이중도의 지혜를 반야라고 해요. 어쨌든 여기서 한 번 분별망상을 벗어나는 체험이 있습니다. 그다음은 습을 이겨 내는, 불이중도에 들어맞아야 하는 그런 일이 남은 겁니다.

수보리야, 보살은 마땅히 이렇게 보시하여 생각에 머물지 않아야 하니

생각 분별에 머물지 않아야 하니

무슨 까닭인가? 만약 보살이 생각에 머물지 않고 보시하면

분별에 머물지 않고 하면
그 복덕을 헤아릴 수 없기 때문이다.

이 말은 뭐냐? 대자유를 얻는다는 말입니다. 해탈이라는 말을 하죠. 해탈은 풀고 벗어난다는 뜻이거든요. 그러면 해탈의 반대는 뭡니까? 묶여서 벗어나지 못한다는 말입니다. 무언가에 묶여서 벗어나지 못하고 있는 게 해탈의 반대거든요. 해탈은 묶여 있는 걸 풀고 거기서 벗어났다는 뜻입니다. 풀 '해(解)' 벗어날 '탈(脫)' 자거든요. 그러니까 해탈하지 못했다는 것은 뭔지 모르지만 무언가에 묶여 있다는 겁니다.

보통 범부 중생들은 전부 보이는 것에 묶여 있거나, 들리는 것에 묶여 있거나, 생각에 묶여 있거나, 느낌에 묶여 있거나, 물질, 말하자면 색성향미촉법에 묶여 있거나, 보고 듣고 느끼고 아는 견문각지(見聞覺知)에 묶여 있거나, 색수상행식에 묶여 있거나, 좌우지간 뭔가에 묶여 있거든요. 묶여서 벗어나지 못하니까 맨날 시달리죠. 자유가 없어요. 그게 장애가 있다고 하는 겁니다.

《반야심경》식으로 얘기하면 마음에 장애가 없는 심무가애(心無罣碍)가 아니라 마음에 장애가 있는 심유가애(心有罣碍)죠. 마음에 장애가 있는 겁니다. 거기에 걸리니까. 그런데 이렇게 툭 체험을 하면 그 묶인 것에서 싹 풀려서 벗어나게 됩니다. 그러니까 아무것도 없다는 얘기가 나오는 거예요. 마음속에 묶인 것에서 풀려났으니 장애 될 게 없고, 묶여 있는 게 없고, 아무것도 없다는 말이죠.

그러니까 눈에 보이는 게 없는 게 아니고, 귀에 들리는 게 없는 게 아닙니다. 육진 경계나 오온이 없는 게 아니에요. 색성향미촉법도 있고 색수상행식도 있고 다 있는데, 그것에 묶여 있지 않으니까, 다 풀려나 있으니까 아무리 나타나고 사라져도 아무 상관이 없어요.

《법화경》에서 불난 집 비유를 하잖아요. 집에 지금 불이 났는데, 집

안에 있으면 큰 문제죠. 빠져나가지 못해 집 안에 있으면 뜨겁기도 하고 좀 있으면 타 죽을 거니까 엄청 두렵기도 하죠. 그런데 어떻게 하다가 집 밖으로 쑥 나왔어요. 집 밖으로 나와서 불난 집을 볼 때는 그냥 불구경이에요. 강 건너 불구경입니다. 안심하게 돼요. 상관이 없단 말이죠. 비유를 하자면 그런 식으로, 저절로 세상일이 아무 상관이 없게 됩니다. 그래서 꿈과 같다는 얘기를 하는 거예요. 이러든 저러든 상관이 없고, 마음이 변해 버립니다. 해탈이거든요. 묶여 있다는 말은 어딘가에 머물러 있다는 말이죠. 다른 말로 하면 해탈하지 못했다는 뜻이고, 머무르지 않는다는 것은 묶여 있는 데서 벗어났다, 해탈했다는 말입니다.

그러니까 이제는 자유죠. 걸림 없는 자유. 어디에도 마음에 장애가 없고 걸림 없는 것을 신통이라고 합니다. 그게 바로 부처님의 신통력이에요. 어디 벽을 통과하고 무슨 점을 치고 이게 신통력이 아니고, 마음에 장애가 없어서 걸림이 없어지니까 통하지 않는 게 없어서 신통이라고 하는 거죠. 마음은 항상 허공처럼 텅텅 비어서 걸려 있는 게 없습니다. 이것이 부처님 신통입니다.

그러니까 신통이니 뭐니 하는 것도 전부 외도가 하는 것을 오해해서 그러는 겁니다. 외도는 전부 분별되는 가운데서 어떤 식으로 분별되는지를 자꾸 얘기합니다. 예를 들어 천안통 같으면, 보통 사람들은 못 보는 저 멀리 있는 것을 외도는 봐요. 그러니까 그것은 보통 사람과는 다른 분별을 하는 거죠. 분별을 벗어난 게 아니고. 그런데 보통 사람들은 그것을 대단하게 여기는 거죠. 중생이라서 그런 거예요.

그런데 마음에 걸림이 없이 다 해탈했어요. 이제 나는 걸리는 게 아무것도 없어요. 이게 신통이라고 말하면 무슨 말인지 모릅니다. 경험해 보지 못했으니까요. 그런데 천안통 같은 경우는, 내가 지금 보는 건 이만큼밖에 못 보는데 저 사람은 내가 못 보는 걸 보는구나… 이거는 뭐냐면 내가 경험한 그 이상을 얘기하는 거니까 무슨 말인지 이해되죠. 그러니까 맨날 그쪽으로만 자꾸 관심이 가는 거죠. 한마디로 말하면 중생이죠. 신통이라는 건 그런 게 아닙니다. 부처님의 신통은 그런 게 아니에요. 어디에도 걸림 없는 대자유입니다.

복덕을 헤아릴 수 없다… 이 말은 뭡니까? 복이든 덕이든 좋은 걸 얘기하는 것이니, 더이상 좋은 게 없다는 말입니다. 만약 보살이 생각에 머물지 않고 보시를 할 수 있다면… 말하자면 생각은 상(想)입니다. 어떤 상에도 분별에도 머물지 않고 행동할 수 있다면, 살아갈 수 있다면, 대자유를 누리는 거니까 이 이상 더 좋은 게 없다는 말이죠.

그러니까 깨달음이라는 건 항상 대자유죠. 어디에도 걸림이 없고 아무 문제 될 게 없는 거죠. 그래서 부처님을 대자유인이라고 하잖아요. 여기에 한 번 통하면 저절로 이렇게 됩니다. 지금 이 법이 있는데, (손을 흔들며) 제가 법이 있다고 하니까 자꾸 뭔가 고정되어 있는 법이 있는 줄 아는데 그런 건 아니고, 하여튼 이런 게 있어요. 이런 대자유를 누릴 수 있는 체험이 있다고요. 불이중도의 경험이랄까, 분별심에서 벗어나는 이런 경험이 있단 말이에요. 이걸 견성이라고 하고 우리 본성을 본다는 뜻인데, 이런 대자유를 누리는 게 정상적인 본성입니다. 온갖 것에 얽매여서 고통받는 게 본성이 아니에요.

모든 번뇌에서 벗어나서 아무 일 없이 편하게 사는 게 타고난 본성이고, 이 본성을 보는 것을 견성이라고 말합니다. 본성은 '성(性)'이라는 글자를 왜 쓰느냐 하면, 성의 반대는 '상(相)'이거든요. '상'은 분별하는 세계고 '성'은 분별할 수 없는 거다… 그런 방편의 말로 '성'이라고 하는 겁니다. 이법(二法)은 분별이 되니까, 분(分)과 별(別)은 둘로 나눴다는 뜻이거든요. 이건 이것이고 저건 저것입니다. 그런데 불이중도라는 말은, 불이(不二)라는 것은 둘로 나누지 않는다는 거니까 분별을 벗어났다는 뜻이에요. 불이니까 이것도 아니고 저것도 아니고, 그러니까 중도(中道)라고 합니다. 같은 뜻이죠.

하여튼 이것이 있습니다. 이 경험, 이것을 불이중도라고 해도 좋고, 부처라고 해도 좋고, 마음이라 해도 좋고, 깨달음이라 해도 좋은데, 어쨌든 이런 일이 있고 한 번 불가사의하게… 절대 이해할 수 없습니다. 생각할 수 없습니다. 어떻게 노력해서 애를 써서 붙잡을 수 있는 게 아니고, 조절할 수 없고 손댈 수가 없어요. 그런데 이런 (법상을 톡톡 두드리며) 본래면목이 있어요. 이게 우리한테 이미 갖추어져 있는 능력이에요. 이미 있어요. 그러니까 이걸 본성이라고 하죠.

《화엄경》〈여래출현품〉에는 부처님이 처음에 깨닫고 나서 말한 게 나오죠. '내가 깨닫고 나서 보니까 모든 중생이 전부 여래의 덕성을 다 갖추고 있구나. 깨달을 능력이 다 있구나.' 그리고 한마디 더 합니다. '그런데 전부 보니까 분별망상에 끄달리고 있구나. 속아서 분별망상에 뒤덮여 지금 헤매고 있구나.'

(손을 흔들며) 이것이 우리한테 다 있습니다. 이것이 이렇게 있어요. (법상을 톡 두드리며) 이것 하나입니다. 우리한테 다 있습니다. 누구한테나 남녀노소 상관없이, 못 배우고 많이 배우고 관계없어요. 이것은 사람이라

면 누구한테나 똑같이 다 있습니다. 이것이 갖추어져 있어요. 바로 지금 이거거든요. 바로 이것. 그런데 알 수는 없습니다. 알려고 하면 안 되고 깨달아야 합니다.

이런 체험이 있습니다. 아는 건 아니고 이런 체험이 있어요. 이 일 하나. (법상을 톡톡 두드리며) 바로 이겁니다. (손가락을 세우며) 이것이 있거든요. 이것을 마음이라 하고, 이것을 부처라 하고, 이것을 도라 하고, 이것을 (법상을 톡톡 두드리며) 법이라고 하거든요. 이게 있어요. 나중에 이것이 아주 명확해지면, 사실상 이것만이 변하지 않는 진실이고 진리고, 나머지는 다 그냥 순간순간 흘러가는 것이기 때문에 덧없는 겁니다. 제행무상(諸行無常)이라고 하잖아요. 온갖 행동을 분별해 보면 그게 다 흘러가 버리는 거예요.

그런데 이것은 항상 이것이거든요. 이거는 변하지 않아요. 어떤 고정되어 있는 건 아닌데, 이거는 변하지 않아요. 제가 예전에 이것이 딱 와 닿았을 때, '시간이 멈췄구나' 이런 생각이 들었어요. 나이라는 건 없고 원래 그대로의 모습을 찾았구나, 이런 생각이 들었어요. 왜? 그다음부터는 항상 이거니까, 늘 똑같으니까, 뭐 다른 일이 있는 게 아니고 이게 우리 본질이거든요. 겉모습은 계속 변하지만 그건 아무것도 아닌 거고, 이것이 변하지 않고 항상 이렇게 있는 거죠. 그래서 이것을 진여(眞如)라고 해요. 여여(如如)하다 해서 진여라고 하거든요.

이것 하나입니다. 바로 이겁니다. 명백하게 모든 사람에게 이렇게 살아 있는 사실이, 이것이 있단 말이죠. 바로 지금 이거거든요. 알 수는 없습니다. 부처가 뭐냐? (법상을 톡톡 두드리며) 이거다. 도가 뭐냐? 이거다. 마음이 뭐냐? 이거다. 이것이 한 번 이렇게 와닿는 겁니다. 와닿는다는 말도 사실은 방편의 말이고, 결국 이 하나의 일이 있을 뿐입니다. (손을 세우며) 이 하나의 일. (법상을 톡 두드리며) 이 일이 있을 뿐이에요.

수보리야, 어떻게 생각하느냐? 동쪽의 허공을 헤아릴 수 있느냐?
헤아릴 수 없습니다, 세존이시여.
수보리야, 남쪽과 서쪽과 북쪽과 사위와 아래와 위의 허공을 헤아릴 수 있느냐?
헤아릴 수 없습니다, 세존이시여.
수보리야, 보살이 모습에 머물지 않고 보시하는 복덕도 이와 같이 헤아릴 수 없다. 수보리야, 보살은 다만 배운 대로 머물러야 한다.

동서남북 상하, 온 우주에 있는 허공을 헤아릴 수 있느냐? 헤아릴 수 없습니다. 허공이야 당연히 모습이 없고 뭐가 없으니까 이름만 허공이지 헤아릴 수가 없죠. 그런 것처럼 헤아릴 수 없지만 허공이 없는 데가 없잖아요. 허공을 보고 듣고 만질 수는 없어요. 느낄 수도 없고, 생각 속에서 이름만 허공이라고 하는 거죠.

그런데 생각이나 이름은 우리가 만들어 낸 거니까 가짜고, 허공이라는 게 어디를 가든지 다 있죠. 허공이라는 게 없는 데가 없어요. 마찬가지로 이 마음이라고 하는, 법이라고 하는 것도 보고 듣고 만지고 느낄 수는 없어요. 생각으로는 법이니 마음이니 이름을 억지로 붙였지만 그건 가짜고, 실제 언제든지 어디서든지 모든 곳에 항상 있습니다. 왜? 바로 이것, (손을 올리며) 이거거든요. 이것이 항상 있는 겁니다.

이것은 생각하면 안 되고, '이겁니다' 하는 데서 실감이 나면 돼요. 생각은 가짜예요. 허공도 생각 속에서 '텅 빈 허공'이라고 하지만, 그건 가짜잖아요. 실제는 아니죠. 마찬가지로, 마음이라고 하지만 생각이기 때문에 그건 가짜고, 실제는 (법상을 톡톡 두드리며) 이렇게 항상 있거든요. 바로 지금 이것이니까 뭐라고 할 수가 없어요. 할 필요도 없고, '어떤 것이 마음이다' 이럴 필요가 없어요. 왜? 그냥 이렇게 살아 있는데 이것을 '어떤 것이다'라고 말하면 안 맞죠. 이렇게 살아 있단 말이죠.

온 천지 없는 데가 없이 명백하게 다 나타나 있고 드러나 있는데, '어떤 것이다' 이러면 생각이 돼서 안 맞습니다. 생각은 다 허망하고 망상입니다. 전도몽상(顚倒夢想)이라고 하는 허망한 망상이에요. 생각이 아니고 실제거든요. 항상 어디든 언제든지 실제예요. 이게 왜 잘 안 되느냐 하면 이것이 없어서 안 되는 게 아니고, '마음이다' '허공이다' '도다' 이렇게 말하면, 세속의 습관이 뭡니까? '아, 이게 마음이구나, 이게 도구나' 이렇게 하는 게 너무 습관이 되어 자기도 모르게 생각을 하고 분별을 하려고 하는 거예요. 그 습관 때문에 이것이 잘 안 돼요.

이 소식이 올 때는 생각이 뚝 끊어진다고 보통 얘기하거든요. 왜? 이것은 생각할 필요가 없는 거니까 그래요. 다른 건 얼마든지 생각할 수 있어요. 그런데 이것에 관해서는 생각할 수 없다는 거예요. 생각이 끊어진다고 해서 아무것도 생각하지 못하는 건 아니고, 다른 것은 전부 생각할 수 있죠. 하늘, 땅, 기둥, 방바닥, 다 생각할 수 있어요. 분별되는 건 생각할 수 있는데, 유일하게 이것은 분별이 안 되기 때문에 생각할 수 없습니다. 이것은 실감이 되고 깨달아야 합니다. 와닿아야 한단 말이죠. 법은 생각할 수 없습니다. 다른 것은 상을 만들 수 있어요. 그런데 법은 상이 있을 수가 없습니다. 상이라는 게 생각 '상(想)' 자예요.

바로 지금 이겁니다. 누구에게나 다 있어요. (손가락을 흔들며) 다 있습니다. 이것을 마음이라고, 도라고, 부처라고 하는 거죠. 다른 뭔가 느낄 게 있고, 볼 게 있고, 들을 게 있고, 이런 게 아닙니다. 이해할 게 있는 게 아니란 말이에요. 그냥 바로 이것이에요. (손가락을 세우며) 바로 이것. 바로 이것이라고요. 이렇게 있는 바로 지금. 이렇게 항상 있어요. (손가락을 흔들며) 항상 생기지도 않고 없어지지도 않습니다. 언제든지 어디서든지 이것이 항상 이렇게 있죠. 이것 하나가.

세상이 있으면 바로 법이 있는 거고 마음이 있는 거예요. 법이라 하기도 하고, 마음이라 하기도 하고, 부처라 하기도 하니까요. 세상이 있다는 건 온갖 경험을 하고 있다는 말입니다. 깊은 잠에 빠져서 세상 모르고 잘 때는 모르지만, 깨어 있는 동안에는 뭘 보고 있든지, 듣고 있든지, 뭘 느끼고 있든지, 생각을 하고 있든지, 무슨 행동을 하고 뭔가가 있단 말이에요.

뭔가가 있다는 건 (손을 세우며) 바로 이것이 있는 거예요. 이것이 있는 거라고요. 이것이 한 번 와닿으면, 당연히 항상 이것이 있죠. 이것이 진짜고 진실입니다. 이것은 왔다 갔다 하는 게 아니고 항상 그대로니까 세상과 이것은 똑같습니다. 이것을 공이라고 표현합니다. 공이라 할 때도 있고 마음이라 할 때도 있죠. 마음이라는 것은 두 번째가 없고 하나지만 이 우주 전체와 똑같은 거예요.

이것은 (법상을 톡톡 두드리며) 알 수 있는 게 아니고 실감이에요. (법상을 톡톡 두드리며) 옛날 사람들은 향기와 같다고 했는데, 향기라는 것은 눈에 안 보이죠. 손으로 잡을 수도 없어요. 그런데 코에서는 분명히 냄새가 납니다. 눈으로 볼 수도 없고 어떻게 할 수도 없지만, 그런 것처럼 비유입니다. 이것도 볼 수 없고, 들을 수 없고, 잡을 수 없고, 느낄 수도 없고, 어떻게 할 수 없지만, 마치 여기 향수를 뿌려 놓으면 눈에 보이지 않아도 분명하게 냄새가 나는 것처럼 이것이 있어요. 항상 어디든지 이것이 있죠. 항상 살아 있습니다. 이것이 살아 있고, 공부를 하다 보면 이것이 가장 확실한 것이고, 가장 진실한 것이고, 이것이 첫 번째입니다. 나머지 일들은, 왔다 갔다 하는 것은 두 번째예요. 이것은 왔다 갔다 하질 않으니까 오지도 않고 가지도 않아요.

공기와 같다고 할 수도 있어요. 공기를 느끼기도 하죠. 확 하면 바람이니까. 그런데 보이는 건 아니에요. 보고 듣고 느낄 수 없는 겁니다. 그러나 이렇게 분명하게 항상 드러나 있고 나타나 있습니다. 숨겨져 있는 게 아니에요. 바로 지금 이것이니까. 그런데 왜 이것을 알 수가 없느냐면 이것은 객관화될 수가 없어요. 대상이 될 수가 없어요. 내가 있고 법이 있고, 이렇게 안 된다고요. 내가 있고 법이 있으면 내가 저 법을 알잖아요. '이런 게 법이구나.' 그런데 나와 법이라는 게 완전히 하나입니다.

그래서 알 수가 없어요. 알 수가 없고, 그냥 이것이 툭 드러나는 거죠. 이름을 붙일 수가 없어요. 안팎으로 나뉘어 있지 않으니까 나라고 할 수도 없고, 법이라고 할 수도 없고, 대상이 되지 않아요. 한 번 와닿으면, 잠자던 사람이 깨어난 것 같고, 죽은 사람이 살아난 것처럼 이것이 생생해집니다. 잠자던 사람이 눈을 뜨고 깬 것과 같고, 죽었던 사람이 벌떡 일어나는 것과 같다는 말입니다. 이것이 생생하게 딱 드러나니까. 이 일 하나가 있을 뿐이죠. 이거 하나가. 이것이 한 번 (법상을 톡톡 두드리며) 와닿으면 돼요.

그런데 모습이 없으니 분별을 하면 안 되고, 여기에 통할 때는 분별을 안 하게 되는 겁니다. 그래서 부처님의 말씀이 '보살이 모습에 머물지 않고 보시하는 복덕도 이와 같이 헤아릴 수 없다.' 모습에 머물지 않고 행동하고 산다… 보시라는 건 꼭 베푸는 게 아니라 살아가는 겁니다. 여러 가지 살아가는 것 가운데 베푸는 걸 하나의 대표 사례로 들었을 뿐이에요. 매 순간의 삶인데, 모습에 머물지 않고 산다는 말은 뭡니까? 분별에 매여서 살지 않는다는 말이죠. 그러려면 이 법이 분명해야 해요. 이 법에 통해야 합니다. 법은 모양이 없고 분별되는 게 아니기 때문에 법에 통해서 사는 삶을 이렇게 표현하고 있습니다. 모습에 머물지 않고 보시한다는 것은 분별을 벗어나서 이 법에 통하는 삶을 가리키는 거죠. 보살이 모습에 머물지 않고 보시하는 복덕이라는 것은 분별을 벗어나 법에 통해서 걸림 없이 사는 삶을 말하는데, 이걸 신통이라 해요. 모습에 머물지 않기 때문에 걸리는 게 없죠. 신통이란 신령스럽게 다 통해서 걸리지 않는다는 겁니다.

공안 중에 그런 공안이 있어요. 어떤 바라문교 수행자가 석가모니 부처님을 찾아와서 이렇게 물어요. "나한테는 천안통, 천이통, 타심통, 신족통, 숙명통이라는 5가지 신통이 있습니다. 부처님 당신은 6번째 신통이 있다고 하는데, 나는 그게 뭔지를 모르겠습니다. 그게 뭡니까?" 이렇게 물어요. 그 바라문교 수행자는 5가지 신통이 있다고 해서 이름을 오통 선인이라 불렀어요. 오통 선인이 부처님께 '나는 다섯 가지 신통이 있어서 남이 못 보는 것도 보고, 못 듣는 것도 듣습니다. 당신은 육신통이 있다는데 그 여섯 번째 신통이 뭡니까?' 이렇게 묻거든요. 부처님이 뭐라고 하느냐면 "오통 선인!" 이렇게 이름을 불러요. "예!" 하니까 "당신이 이 여섯 번째 신통을 물은 거요?"라고 물었어요. 이것이 바로 부처님의 신통입니다. 그러니까 오통 선인이 뭔 말인지 몰라서 쩔쩔맸어요. "오통 선인!" "예!" 묻고 답하고, 이것이 여섯 번째 신통이라고 보여 준 겁니다. 부처님 신통은 외도들의 신통과 전혀 다른 겁니다.

묻고 답하는 데 걸리는 게 아무것도 없어요. 아무 상이 없다는 말이에요. 그래서 물었지만 묻는 게 없고, 답했지만 답하는 게 없어요. 이것이 부처님의 신통이라는 말입니다. 이것이 부처의 신통이고 이것이 육신통이에요. 그래서 육신통을 다른 말로 뭐라 합니까? 누진통(漏盡通)이라고 하거든요. 누진이라 해요. '누(漏)'라는 것은 '누설' '새다'는 뜻입니다. 샌다는 것은 분별로 새나갔다, 마음이 분별 따라갔다는 뜻이에요. 누진이라는 것은 새는 게 '진(盡)', 끝났다는 말이거든요. 다할 '진' 자 아닙니까? 분별을 따라가지 않는다는 말이에요. 그것이 누진통, 부처의 신통이에요. 육신통이죠. 나머지 다섯 가지 신통은 외도의 신통입니다. 부처는 5가지 그런 신통이 있는 게 아니에요. 육신통, 누진통이 있는 게 부처라는 말이에요. 그게 바로 이겁니다. 모습에 머물지 않고 살아간다는 말입니다. 이게 누진통이에요. 그래서, 복덕이 헤아릴 수 없이 많다… 이 말은 이 이상 더 좋은 게 없다는 말입니다. 이것이 최고 좋은 거다…

안목이 없으면 외도법인지 불법인지도 헷갈려요. 자꾸 분별을 따라가서 헤아리기 때문에 불법인지 외도법인지 헷갈립니다. 입으로는 불법 공부를 한다고 하면서 실제로는 완전히 외도들이 하는 짓을 하는 경우도 아주 많습니다. 복을 짓는다는 말도 하죠. 세속에서 화와 복이라고 할 때, 화는 나쁜 것, 복은 좋은 것을 말합니다. 복이냐 화냐 하는 것은 좋고 나쁨이거든요. 그것은 분별 세계의 일이고 중생 세계의 일입니다. 불법이 아닙니다. 복을 짓는다는 것, 기복 신앙은 불교가 아니에요. 그건 세속이고 외도입니다. 세속적인 좋은 걸 추구하는데, 그건 불교가 아니죠.

불법은 우리 존재의 실상, 법계의 실상, 우리 마음의 실상, 인간이라는 존재의 진실을 깨달아서 온갖 망상과 번뇌에서 벗어나는 겁니다. 좋고 나쁨이 없어지는 거예요. 이것이 불법이고 불도입니다. 기도를 하면 좋아지고 뭘 하면 좋아지고, 그런 것은 이름만 불법일 뿐 외도입니다. 부처님 법이 아닙니다. 병이 낫고 건강해지고 가족이 화목하기를 바라며 기도하고 나라를 위해 기도해요. 그건 세속적인 거죠. 본래 불법과는 아무 상관이 없습니다. 불교를 세속적으로 이용하고 있는 거죠.

보살이 모습에 머물지 않고

이 말은 뭡니까? 모든 분별을 벗어났다, 좋고 나쁜 게 없다, 뭐라고 할 게 아무것도 없다, 이 말입니다. 이것이 부처님의 누진통입니다. 걸림이 없다… 뭐가 있으면 그게 걸려요. 불법이라고 하는 물건이 있으면 거기에 걸리는 겁니다.

그런데 사람들은 욕심이 많아서 '나는 불법도 깨닫고 세속적으로도 좋아지고, 두 마리 토끼를 잡으면 얼마나 좋아' 그렇게 하는데, 세속적으로 좋아지는 건 그냥 중생의 분별망상이고, 불법에는 그런 게 없습니다. 불법을 공부하는 사람은 불법을 제대로 공부해서 이 법계의 진실에 통해야 하는 것이고, 세속적으로 좋은 걸 추구하면 그렇게 통할 수가 없습니다. 계속 분별 속에 있기 때문에 그것을 혼동하면 안 돼요. 그것을 혼동하고 오해하면, 절반은 중생 절반은 부처, 이런 식으로 됩니다. 말이 안 되는 소리입니다.

이게 다 생각이 남아 있어서 그런 거예요. 세속적으로 뭐가 좋다 나쁘다는 분별이 남아 있어서 그런 엉터리 짓을 하는 거죠. 불법을 공부하는 이유는 모든 번뇌망상을 벗어나서, 인간이 가지고 있는 근본적인 모든 문제를 해결하고자 하는 것이지, 중생으로 살아가는 데 좋은 일이 있고자 하는 건 아니에요. 그런 식으로 이해하면 안 됩니다. 중생심을 벗어나야 해요. 중생심은 언제나 상(想)을 가지고 있습니다. 항상 분별하고, 좋고 싫은 게 있고, 늘 취하고 버려지는 게 있습니다. 그게 중생심이에요. 그러나 진실에 통하게 되면 그런 게 없어져 버립니다. 좋고 나쁨이 없고, 좋아하고 싫음이 없고, 취하고 버림이 없어요. 그럴 이유가 없습니다. 모든 것에서 완전히 손을 떼 버리게 되거든요. 할 일이 없어요. 그냥 언제나 진실이 드러나 있기 때문에 헤매지 않고… 그걸 반야의 지혜라고 하거든요. 진실이 언제나 드러나 있어서 헤매지 않습니다.

그러니 혼동하면 안 됩니다. 불법 공부를 하면 세속적으로도 뭔가 좋은 일이 많이 일어나겠지… 이것은 중생심이 일으킨 헛된 망상입니다. 그런 게 아니고 몰랐던 진실을 깨닫는 거예요. 진실을 깨닫고 보면 이제 사람이 달라지는 겁니다. 이전의 사고방식을 가지고 있지 않게 되고, 반야의 지혜를 가지게 되죠. 중생의 사고방식은 항상 뭡니까? '좋다 나쁘다'를 따져서 좋은 걸 취하고 나쁜 걸 버리는 이것이 중생의 가치관이고 사고방식이죠. 모든 사람이 똑같습니다. 좋고 나쁨을 분별해서 좋은 걸 취하고 나쁜 걸 버리는… 자기한테 좋은 것은 사람마다 기준이 같지는 않죠. 그게 중생심이거든요. 거기서 벗어나서 새로운 시각을 가지게 됩니다. 그게 반야의 지혜이고, 중생심에 매여서 살지 않게 되는 겁니다. 그러니까 겉으로는 같은 사람이지만, 속은 다른 사람이 되어 버려요. 예전의 그 사람이 아닙니다. 그렇게 달라지는 거고, 이제 지혜가 나오는 거죠.

보살이 모습에 머물지 않고 보시하는

이 말은 분별에서 벗어나서 걸림 없이 산다는 말입니다. 걸림 없이 사는데, 지혜가 있어서 마음속에 어떤 한 물건도 걸려 있는 게 없다면 그게 제일 좋은 겁니다. 나쁜 게 있으면 물론 좋을 게 없고, 마음속에 기쁨이 있어도 좋을 게 없어요. 왜냐하면 기뻐할 일이 있으면 흥분을 하지만, 조금 있으면 그게 또 없어져요. 그러면 집착하게 되니 그게 좋은 게 아닌 거예요. 뭔가가 있으면 그걸 싫어하거나 좋아해서, 싫어해도 집착이고 좋아해도 집착이에요.

마음이 텅 비어서 허공처럼 텅 비는 걸 깨달음이라고 하는 이유가 거기에 있는 거거든요. 그게 신통이에요. 좋을 것도 없고 나쁠 것도 없고, 아무 뭐가 없어요. 마음속에 아무것도 없으면 마음이라고 할 것도 없죠. 겉으로 살아가는 건 똑같아요. 다 할 수 있죠. 보고 듣고 느끼고 생각하고, 다 할 수 있습니다. 좋은 게 있고 싫은 게 있고 걸리는 게 있으면, 그게 바로 번뇌입니다. 마음속에 뭐가 있는 걸 상(想)이라고 하는데, 상이 바로 번뇌예요. 전도몽상이라고 하거든요. 그게 생각일 수도 있고, 느낌일 수도 있고, 감정이나 기분일 수도 있고, 욕망일 수도 있고, 하여튼 뭐가 있으면 그게 번뇌가 되는 겁니다.

그래서 '마음이 텅 빈 사람이 부처다' 이런 말도 하고, '모든 있는 것을 다 없애기만 하고, 없는 걸 있다고 착각하지 않으면 공부가 되는 것이다' 이런 말도 있잖아요. 그게 마음속에 있는 걸 가리키지, 바깥에 있는 걸 가리키는 게 아닙니다. 바깥에 있는 건 우리가 손을 못 댑니다. 어떻게 손을 대요? 그런데 자기 마음은 텅 빌 수가 있어요. 세상은 텅 비게 할 수가 없습니다. 손도 못 대요. 내 것도 아닌데 내가 어떻게 함부로 손을 댑니까? 마음은 자기 마음이니까 텅 빌 수가 있어요. 그 경험이 바로 체험한다고 하는 거거든요. 그래서 마음이 텅 빈 걸 체험해 놓고 보면 이게 본래의 모습이에요.

이것을 체험해 보면 아주 안정되고 아주 편안합니다. 이게 만약 본래 모습이 아니면, 뭔가 어색하고 불편한 게 있을 거 아니에요. 그런 게 아니고, 이걸 체험하면 아주 편하고 아주 딱 맞아요. 그동안 내가 살아온 게 뭔가 불편하고 이게 아닌데 하고 살았다면, 여기에 탁 체험을 해서 이 속에 들어오면, '아, 바로 이거구나' 이렇게 된단 말이죠. 그동안은 '이게 아닌데' 하면서, 보통 사람들이 그렇게 많이 살죠. '사는 게 이게 아닌데' 하는 게 출세를 못해서 그런 게 아니라 다음이 뭔가 편하지 않다는 겁니다.

마음이 뭔가 편하지 않다가 여기 툭 체험이 되면, 그 불편함이 싹 없어지거든요. 편해져 버려요. 그러니까 이게 진짜 내 본래 모습이구나, 하고 그때 생각하게 되죠. 이것이 진짜고, 지금까지 불편하게 살았던 그게 아니구나. 그런데 불편하게 살았지만, 수십 년을 그렇게 사는 데 너무 익숙해져 있어서 그 점이 또 문제가 됩니다. 그걸 극복하려면 비로소 깨달은 자기의 본래 모습, 여기에 자꾸 익숙해져야 해요. 이렇게 걸림 없이 살고 익숙해져야, 망상하는 습관에서 벗어날 수가 있죠. 그건 시간이 많이 걸립니다.

보살이 모습에 머물지 않고 보시하는 복덕도 이와 같아서 헤아릴 수 없다.

복덕이라는 건 뭔가 좋은 거잖아요. 그러니까 이것보다 더 좋은 게 없다는 말입니다. 헤아릴 수 없이 좋다는 말이죠. 모습에 머물지 않고 보시해야 한다는 말은 이 체험을 하는 겁니다. 체험을 하면 뭐가 아무것도 없어요. 분별할 게 아무것도 없습니다. 눈앞에 무엇이 안 보이거나 귀에 안 들리거나 몸이 못 느끼거나 이런 게 아니고, 속에 아무것도 없다는 말입니다. '속이다 밖이다' 할 것도 없어요. 어쨌든 뭐가 없어요. 바깥에 있는 건 그대로 있기 때문에 '속이 없다' 이렇게 말할 수밖에 없지만, 마음속이라는 게 어디에 한계가 있습니까? 어디까지가 마음속인지 우리는 몰라요. 마음이라는 게 끝이 없거든요. 결국 이 우주 속에 아무것도, 한 물건도 없구나, 이렇게 말할 수 있게 되죠. 아무것도 걸리는 게 없고, 붙잡고 있는 게 없고, 머물러 있는 데가 없고, 이렇게 가로막고 있는 게 아무것도 없으니까요.

보살이 모습에 머물지 않고 살아간다… 이게 바로 누진통이에요. 부처의 육신통입니다.

수보리야, 보살은 다만 배운 대로 머물러야 한다.

이 말은 뭡니까? 머묾 없이 머묾 없음에 머물러야 한다는 말이에요. 배운 대로 머물러야 한다는 건 머물지 말라, 머묾 없음에 머물러야 한다는 거죠. 마음이 아무것에도 머문 바가 없으면 마음조차도 없어요. 뭐라고 할 게 아무것도 없죠. 보통 이렇게 공부하지 않는 사람들을 보면, 살아가면서 항상 마음속에 뭔가 들어 있어서 쥐고 있습니다. 어딘가에 마음이 머물러 있고 늘 근심 걱정 속에 있어요. 항상 걱정되거든요. 가족 일, 자기 건강, 심지어 나랏일까지, 우리나라 앞으로 어떻게 되지 하고 맨날 뭔가를 쥐고 거기에 머물러서 걱정하거든요. 그게 번뇌 망상입니다.

여기 툭 통하면 그런 게 없고, 당장 눈앞에 보이는 일만 하게 돼요. 내일이 없어요. 어제도 없고, 당장 눈앞에 보이는 일만 하게 됩니다. 물론 내일을 생각하지 못하는 건 아니니까 꼭 필요한 건 하겠지만, 미리 걱정하고 이런 건 안 해요. 당장 눈앞에 나타나 있는 게 진실이고, 여기서 필요한 일을 자동으로 하게 되죠. 저절로 그렇게 되니까 근심 걱정 속에서 살지 않게 됩니다. 근심이나 걱정, 두려움, 이런 게 없어져 버려요.

이렇게 살아 있기 때문에 당장 눈앞의 해야 할 일은 못할 거 없이 다 합니다. 일을 뭐든지 다 하는데, 걱정 안 하고 고민 안 하고 일을 하기 때문에 일을 해도 어떤 면에서는 좀더 효율적으로 하게 돼요. 왜냐하면 꼭 필요한 것만 생각하고 필요한 일만 하지, 잡생각을 안 하니까, 쓸데없는 망상은 안 하니까, 저절로 삶이 아주 단순해지고 아주 효과적으로 됩니다. 효율적으로. 쓸데없는 짓을 안 하거든요. 보통 사람들은 한 가지 일을 하는 데 열 가지 생각을 하거든요. 괜히 스트레스 받고, 힘을 낭비하고, 피곤해지고, 망상 속에서 힘들게 살죠. 하여튼 한 번 경험해 보면 이 이상 더 좋은 게 없어요.

수보리야, 보살은 다만 배운 대로 머물러야 한다… 이 말은 부처님 말씀대로 머무는 곳 없이 머물러야 한다는 말이에요.

5. 여리실견분
도리 그대로 진실하게 본다

"수보리야, 어떻게 생각하느냐? 몸의 모습을 가지고 여래를 볼 수 있느냐?"

"볼 수 없습니다, 세존이시여. 몸의 모습을 가지고는 여래를 볼 수 없습니다. 왜 그럴까요? 여래께서 말씀하시기를 몸의 모습은 곧 몸의 모습이 아니라고 말씀하셨기 때문입니다."

부처님께서 수보리에게 말씀하셨다.

"무릇 모습은 전부 허망하다. 만약 모든 모습이 모습이 아님을 보게 되면 곧 여래를 보는 것이다."

"須菩提, 於意云何? 可以身相見如來不?"
"不也. 世尊. 不可以身相得見如來. 何以故? 如來所說身相卽非身相."
佛告須菩提: "凡所有相皆是虛妄. 若見諸相非相則見如來."

《금강경》제5 여리실견분(如理實見分)입니다.

'여리(如理)'는 도리와 똑같이, '실견(實見)'은 진실하게 본다는 말입니다. '여리', '여법'이 같은 뜻이에요. '여(如)'는 똑같이, 그대로, 어긋남이 없이, 이런 뜻이거든요. '여'는 같다는 뜻이니까 '여리'라는 말은 도리와 똑같이, '여법(如法)'이면 법과 똑같이, 망상 안 하고 진실 있는 그대로, 이 말이에요. 말뜻을 그렇게 만들어 놓은 겁니다. 그러니까 여리실견이란 진실 그대로를 본다는 말이죠. 제목이 그렇게 되어 있어요.

결국 여기에 통해서 망상에 시달리지 않고 망상이 없으면, 이 세상의 실상을 있는 그대로 보게 됩니다. 저절로 그런 안목이 생기죠. 물론 체험했다고 금방 그렇게 되는 건 아니고 많은 시간이 흘러야 합니다. 많은 시간이 흐르면 차차 법계의 실상들이 밝아지기 때문에 자꾸 안목이 밝아진다, 눈이 밝아진다고 할 수 있어요. 법계의 실상을 밝게 보게 됩니다. 그다음 경전이라든지 부처님 말씀, 조사의 말씀을 보면, 한결같이 이 법계의 실상을 다 얘기하고 있습니다. 다른 거 얘기하는 게 아니에요. 한결같이 법계의 실상을 말하고 있거든요. 그게 다 소화되죠. 저게 어떤 뜻으로 법의 실상을 말하고 있는지가 보이죠. 그래서 여리실견이라는 것은 그런 지혜, 안목을 나타내는 부분이라고 되어 있습니다.

수보리야, 어떻게 생각하느냐? 몸의 모습을 가지고 여래를 볼 수 있느냐?
볼 수 없습니다, 세존이시여. 몸의 모습을 가지고는 여래를 볼 수 없습니다. 왜 그럴까요? 여래께서 말씀하시기를 몸의 모습은 곧 몸의 모습이 아니라고 말씀하셨기 때문입니다.
부처님께서 수보리에게 말씀하셨다.

무릇 모습은 전부 허망하다. 만약 모든 모습이 모습이 아님을 보게 되면 곧 여래를 보는 것이다.

보통 《금강경》이라고 하면 다 이 구절을 생각하죠.

수보리야, 어떻게 생각하느냐? 몸의 모습을 가지고

몸의 모습은 분별이죠. 우리가 저 사람 저렇게 생겼다고 눈으로 보고 분별하니까, 모습은 그냥 분별이니까 당연히 그것은 망상이지 실상은 아닙니다. 그런데 모습을 분별할 때 이 실상이 있어요. 없는 건 아닌데, 실상을 보지 않고 그 모습을 따라가 버리는 겁니다. 언제나 망상이 있는 곳에 실상이 있습니다. 실상과 망상은 떨어질 수가 없어요.

망상하는 곳에 항상 진실이 있기 때문에 우리가 깨달을 수 있는 겁니다. 망상만 있고 실상이 없다면 어떻게 깨닫겠습니까? 못 깨닫죠. 그런데 망상하는 곳에 바로 실상이 있습니다. 왜? 망상은 뭐가 합니까? 마음이 하는 거예요. 마음이라는 실상이 있으니까 망상을 하는 거죠. 마음이 없이 어떻게 망상을 합니까? 안 되는 거죠. 그러니까 이 한 개 마음, 이 것은 모습이 없어요.

우리가 보고 듣고 느끼고 생각하고 온갖 망상을 하는데, 전부 한 개 마음이 하는 거거든요. 망상하는 곳에 바로 이 실상이 있는 거예요. 그러니까 "부처가 뭡니까?" 하고 물었을 때 "똥막대기다" 한 거죠. '똥막대기' 자체는 망상이지만, "똥막대기다" 하는 거기에 실상이 있거든요. 그러니까 그렇게 답을 한 거예요.

"도가 뭡니까?" "뜰 앞의 잣나무다." 뜰 앞에 서 있는 잣나무라는 모습은 망상이지만, "뜰 앞의 잣나무다" 하는 여기에 바로 도가 있어요. 도가 바로 마음이니까 여기에 마음이 있거든요. 그러니까 그렇게 보여 준 거죠. '그러면 똥막대기니 잣나무니 하는 그런 망상은 싹 내버려두고 마음만 보여 주면 되는데, 왜 그렇게 하느냐?' 그렇게 생각할 수 있죠. 그러나 이 마음은 안 보여요. 모양이 없어요. 망상을 떠나서 따로 실상인 마음은 없습니다. 반드시 망상이 같이 있어요. 그리고 망상은 나타나지만, 실상은 나타나질 않아요.

《대승기신론》은 거울의 비유를 하죠. 거울의 비유가 딱 맞습니다. 거울 보세요. 거울을 보면 반드시 모습이 나타나지만, 사실은 거기에 뭐가 있습니까? 텅 빈 거울이 있어요. 텅 빈 거울이 있으면 반드시 모습이 있습니다. 모습을 싹 지우고 텅 빈 거울만 볼 수가 있습니까? 없어요. 마음이 그와 똑같습니다. 분별을 망상이라고 하지만, 분별하고 망상하는 바로 여기에 분별 아닌, 망상 아닌 진실한 마음이 항상 이렇게 갖추어져 있어요. 그러니까 망상 속에 살다가도 진실을 깨달을 수가 있는 겁니다.

직지인심(直指人心)이라는 게 (손가락을 세우며) 이렇게 하든지, (법상을 톡 두드리며) 이렇게 하든지, "똥막대기" 하든지 다 직지인심인데, 마음을 바로 가리키는데, 다만 모습을 가리키는 게 아니고 분별할 수 없는 이 진실, 이것을 가리키는 거거든요. 거울은 유리라는 물건이 있지만, 마음은 그런 물건이 없어요. 허공과 같아요. 그런 물건이 없어요. 모든 분별망상이 있는 곳에 바로 진실한 마음이 있습니다. 망상과 실상은 절대 분리될 수 없어요. 거울과 거기에 나타나는 모습이 절대 분리될 수 없듯이. 거울을 아무리 닦아도 모습이 사라집니까? 오히려 모습이 더 선명하게 나타나요. 그래서 마음을 갈고닦는다고 진실이 나타나지는 않습니다. 망상만 더 치성하게 일어납니다.

그러니까 한 번 이렇게 체험을 하고 실감을 해서 깨달아야 해요. 그래야 진실이 이렇게 드러납니다. 《반야심경》에도 '색즉시공 공즉시색'이라 했잖아요. 색이 있으니까 공이 있는 겁니다. 색이 없으면 공도 없어요. 그래서 색즉시공 공즉시색이라고 한 겁니다. 색은 망상이지만 '색이 바로 공이다' 하는 것은 색이 있으니까 공이 있는 거죠. 색이 없이 텅 빈 허공… 망상이 그렇게 될 수는 없어요. 색이 없으면 공도 없습니다. 색이 있으니까 공이 있는 거고, 망상이 없으면 실상도 없어요. 분별되는 온갖 세상일이 있으니까 분별할 수 없는 이게 있는 거죠. 항상 하나입니다. 같이 있습니다.

이것은 단지 깨달을 수만 있고, 갈고닦을 수는 없어요. 거울 비유가 적절한데, 거울을 열심히 닦는다고 텅 빈 거울이 되지 않습니다. 오히려 모습이 더 선명하게 나타나죠. 수행해서 마음을 갈고닦으면 망상만 더 나타나지 진실이 나타나지는 않아요. 수행한다고 되는 게 아닌 겁니다. 마음을 깨끗하게 해야겠다 하고 마음을 텅텅 비우면, 거울을 깨끗하게 텅텅 비우면 거울 안에 뭐가 있습니까? 여전히 그 모습 그대로 있습니다. 안 비워져요. 거울은 모습이 나타나 있지만, 본래 비어 있는 겁니다. 우리 마음이 똑같습니다. 그래서 '내 마음을 텅텅 비워야겠다' 그건 별로 도움이 되지 않습니다. 이치에 맞지 않아요. 물론 마음속에 뭘 집착해서 '집착하지 말아야지' '잊어버려야겠다'라고 하면, 일시적으로 그런 효과는 있을 수 있겠죠. 그렇지만 그건 일시적인 것이고, 진실을 깨달아야 보고 듣고 느끼고 생각하는 온갖 일이 항상 그대로 있지만, 아무것도 없거든요. 텅 비어 있단 말이죠. 이런 진실을 깨닫게 되는 겁니다. 이게 그 얘기를 하고 있는 겁니다.

'몸의 모습을 가지고 여래를 볼 수 있느냐?' 하니까, 모습을 보면서 모습이 아닌 걸 봐야 그게 여래를 보는 것인데, 모습만 보면 안 되죠. 그래서 이런 얘기를 하는 겁니다.

볼 수 없습니다, 세존이시여. 몸의 모습을 가지고는 여래를 볼 수 없습니다.

모습만 봐서는 안 된다는 말이죠.

왜 그럴까요? 여래께서 말씀하시기를 몸의 모습은 곧 몸의 모습이 아니라고

그러니까 몸의 모습이 곧 몸의 모습이 아닌 걸 봐야 그게 여래의 말씀이 되는 거죠. 몸의 모습만 보면 그건 중생의 분별망상이고, 몸의 모습이 곧 몸의 모습이 아니라 이 진실, 실상, 마음, 이것이기도 하다는 것이 깨달음인 거고 여래의 말씀이 되는 거죠.

그래서 《금강경》에서 계속 이런 얘기를 해요. 모습은 모습이 아니다, 크다는 것은 크다는 게 아니다, 복은 복이 아니다, 부처는 부처가 아니다, 깨달음은 깨달음이 아니다, 분별은 곧 분별이 아니다… 이런 식의 얘기를 자꾸 하는 이유가 이것이 바로 여래의 말씀이거든요. 왜? 이것이 깨달음이거든요. 이것이 바로 '색이 공이다' 하는 말입니다. 색은 모

습이고 공은 모습이 없는 거니까 이것이 여래의 말씀이라는 말이죠.

말로 표현하면 이렇게 되지만, 실제로 체험을 해 봐야 해요. 체험이 오면 아무것도 없어요. 이것이 체험되면, 세상은 그대로 있고 지금까지 살던 그대로 똑같이 살아요. 그런데 뭐가 아무것도 없단 말이죠. 이상하네. 이유를 모르겠어요. 그런데 저절로 그렇게 돼 버려요. 왜? 이게 진실이거든요. 이것이 우리가 타고난 진실이거든요. 이것이 바로 문득 깨닫는 돈오(頓悟)의 경험인데, 분별망상에 사로잡혀 있다가 거기서 한 번 탁 벗어나는 체험을 해 봐야, '아, 이런 일이 있구나' 합니다. 그래도 여전히 생각이 발동하니까 처음부터 확실한 건 아니고, 자꾸 공부해 가다 보면 발전이 있습니다. 생각에서 더 벗어나게 되고, 생각하는 습관에서 더 자유로워지고, 그럴수록 진실이, 법계의 실상이 좀더 실감되고, 좀더 밝아지고, 좀더 정확해지죠.

이것이 (법상을 톡톡 두드리며) 마음입니다. 우리가 보고 듣고 느끼고 아는 게 다가 아니에요. 알 수는 없지만 항상 살아 있는 마음이 있단 말이에요. 볼 수도 없고, 들을 수도 없고, 느낄 수도 없고, 알 수도 없지만, 마음이 항상 살아 있어서 생활하는 어디서든지 매 순간순간 항상 이게 이렇게 있죠. 이것이 한 번 실감이 돼야 해요. 탁 체험이 돼야 합니다. (손을 세우며) 이것이지, (법상을 톡톡 두드리며) 다른 깨달음은 없어요. 이 깨달음 하나입니다. 색즉시공, 분별할 수 없는 공을 한 번 깨닫는 것, 이것 외에 다른 깨달음은 없습니다.

이것 하나. (법상을 톡톡 두드리며) 이 체험이 와야 해요. 이것은 불가사의하게 체험되는 거고, 스스로 어떻게 할 방법은 없어요. 이런 말을 들어도 자기가 이것을 체험해 보지 못하면 어떤 건지를 모르거든요. 어떻게 해 볼 수가 없습니다. 설사 체험했다 해도 어떻게 할 수가 없어요. 이것은 항상 저절로 본래부터 있는 그대로지, 손을 댈 수 있는 게 아니거든요. 어떻게 해 볼 수 있는 게 아니에요. 허공에 어떻게 손댑니까? 손댈 수가 없어요. 뭐가 있어야 손을 대죠.

그러니까 이대로 다 있잖아요. 다 있습니다. 항상 누구에게나 이 일 하나가 있어요. 이것만 한 번 체험되면 바로 공의 체험이고, 바로 '몸의 모습은 곧 몸의 모습이 아니다' 하는 이 체험이 되는 겁니다. '세상이 있는데 세상이 없다' 이런 체험이 된단 말이죠. '온갖 일이 있는데 아무것도 없다' 이런 체험이 되는 겁니다.

(손을 들며) 이겁니다. 이런 말은 그냥 방편이고, (법상을 톡 두드리며) 진실은 어쨌든 이거란 말이죠. 여기서 한 번 체험이 돼야 해요. 이 체험을 (법상을 톡톡 두드리며) 한 번 하는 거죠. 진실은 바로 지금 누구에게나 이거예요. 알면 안 됩니다. 알면 분별이고, 그것은 모습이기 때문에 아니에요. 아는 게 아니고 체험이 된다고요. 알겠다고 하면 그건 분별이고 모습이죠. 모습이라는 게 딴 게 아니고, 분별하면 '그렇구나, 알겠다' 그게 모습이죠. 그러니까 알 수는 없지만 우리에게 항상 갖추어져 있는 진실이 있고, 이걸 깨닫는 거예요. 이것이 한 번 실감이 되고 체험이 되는 겁니다. 체험은 되었지만 여전히 알 수는 없어요. 이것을 체험해서 이것이 실감되고는 있지만 알 수는 없습니다. 알면 그게 상이 되어 버리기 때문에 그건 망상이 되죠.

단지 체험만 되고 실감이 돼서, 의심할 바 없는 진실이지만 '어떤 것이다' 그렇게 생각할 수는 없어요. 그러니까 바로 지금 이것이 있습니다. 모든 사람에게 이것은 태어나자마자 본래부터 이렇게 완벽하게 갖춰져 있기 때문에 수련, 수행 그렇게 할 필요가 없습니다. 갈고닦을 게 없어요. 본래부터 색즉시공이지, 갈고닦아서 색이 공이 되는 게 아닙니다. 본래 색이 공인 거예요. 그래서 수행이 아니고, 갈고닦는 건 아니고, 다만 깨달음이 없는데 깨닫기만 하면 됩니다. 깨달음이 체험이죠. 체험만 하면 됩니다. 본래 색즉시공인 겁니다. 그러니까 체험만 하면 돼요. 한 번 체험해서 실감하고 좀더 확실해지면 되는 거죠. (법상을 톡톡 두드리며) 이 일 하나. 열심히 갈고닦고 그렇게 할 건 없습니다. 다만 깨달음 하나가 있을 뿐이에요.

불교는 수행교가 아니에요. 그런데 외도들은 수련회, 수행회, 이런 게 있어서 뭘 하잖아요. 그건 불교가 아닙니다. 그것은 깨달음이 아니고 그냥 외도입니다. 불법은 어디까지나 깨달을 '불(佛)' 자거든요. 깨달음이 있을 뿐이에요. 수행을 해야 깨닫는 게 아니고, 그냥 발심을 하면 깨달을 수 있습니다. 발심하고 이제 법문을 들어야 해요. 본인이 선지식(善知識)을 못 만나면, 깨달음에 대해 발심을 해서 갈증을 가지고 있다 보면 저절로 깨닫기도 해요. 스승 없이 깨닫는다는 분들이 있죠. 가끔 드물게 있기는 하지만, 그러기는 굉장히 어렵습니다. 그렇게 스승 없이 깨달았다 하더라도 그 뒤의 공부는 2,500년의 역사에서 수많은 스승의 말씀들이 남아 있기 때문에 그것을 참고해 공부하는 게 큰 도움이 되죠.

그러지 않고 자기 혼자서 막 발버둥 치다가 체험을 했어요. 그러면 자기가 아는 만큼밖에 몰라요. 우물 속 개구리가 되는 겁니다. 발전이 없어요. 그러니까 옛날부터 견성, 한 소식 하면 반드시 선지식을 찾아가서 더 깊이 공부해야 한다고 항상 얘기하는 게 바로 그 때문입니다. 체험을 해도 자기가 경험한 것 이상은 알 도리가 없으니, 공부에 발전이 없죠.

여기 오시는 분 중에 그런 분들이 가끔 있거든요. 수년 전, 10년 전, 20년 전에 체험을 했는데, 스승을 못 만나서 계속 공부가 그 수준을 못 벗어나 답보 상태에 있다가, 계속 갈증이 있으니까 찾겠죠. 그러다가 우연히 우리 법문을 듣고 찾아오시는 분들이 가끔 있습니다. 제가 스승을 통해서 체험했지만, 스승에게서 가르침 받은 게 있고 과거에 경전이나 조사들의 말씀 속에서 많은 가르침이 있었기 때문에 그게 큰 도움이 됐죠. 그리고 제가 그렇게 얻은 걸 여기서 이렇게 풀어드리는 거고요.

그러니까 법문을 듣는 것이, 체험을 했든 못했든, 공부하는 데 훨씬 더 쉽고 진전이 잘 됩니다. 혼자서 자기 아는 것만 붙잡고 있으면 발전이 없어요. 좋은 법문을 듣고 견문을 갖춰야 합니다. 이미 좋은 약이 많이 갖춰져 있는데, 그걸 무시하고 혼자서 고생할 이유가 어디 있습니까? 그게 어리석음이죠. 좋은 약을 다 먹고 도움을 받는 게 좋은 거죠.

왜 그럴까요? 여래께서 말씀하시기를 몸의 모습은 곧 몸의 모습이 아니라고 말씀하셨기 때문입니다.

보고 듣고 느끼고 생각하고 아는 것이 다가 아니고 알 수 없는 게 있다, 이 한 개 진실이 항상 있다, 그것을 깨달아야 비로소 우리가 사는 세계의 참된 모습을 제대로 볼 수 있다… 이것이 다 드러나는 거니까 그래서 여리실견이라고 한 겁니다. 분별만 보면 그것은 진실하게 보는 게 아니라는 말입니다. 분별할 수 없는 진실이 같이 있는데, 이것까지 봐야 진실을 있는 그대로 다 보는 것이고, 그래서 제목을 여리실견분이라고 붙인 거예요.

(법상을 톡톡 두드리며) 이 일 하나. 알 수 없지만 항상 이렇게 있습니다. 갖추어져 있고, 활동하고 있고, 살아 있고, 드러나 있습니다. 바로 이거 거든요. (손을 세우며) 바로 이것. 알면 안 돼요. 알면 상이 되고, 그것은 모습입니다. 아는 게 아니고 (법상을 톡톡 두드리며) 체험이 됩니다. '마음이 뭐냐?' (법상을 톡 두드리며) '이것이 마음이다.' '부처가 뭐냐?' '이것이 부처다.' '도가 뭐냐?' '이것이 도다.' '선(禪)이 뭐냐?' '이것이 선이다.' (법상을 톡톡 두드리며) 이렇게 있거든요. 바로 이거죠. 바로 이것.

부처님께서 수보리에게 말씀하셨다.
무릇 모습은 전부 허망하다. 만약 모든 모습이 모습 아님을 보면 곧 여래를 보는 것이다.

부처님께서 수보리에게 말씀하셨다… 이런 말이 나오면, 여기 지금 부처가 있거나 수보리가 있는 게 아니고, 실제로 어떤 이름을 붙일 만한 일이 있는 게 아니라, 그것보다도 더 근본적인, 더 근원적인 일이 있거든요. (손을 세우며) 이것이 있단 말이죠. 여기서 그런 이름을 말하기도 하고, 그렇게 하는 거죠. 실제로는 (손을 세우며) 이것이 있는 거죠. 여기서 부처가 어떻고, 수보리가 어떻고, 무슨 말을 했고… 이런 말들이 나오는 겁니다. 실제로는 이것이 있는 거죠. 이것이 근본이에요. 이것이 근원이고, 그래서 (법상을 톡톡 두드리며) '이걸 깨달아야 합니다' 하고 자꾸 말씀을 드리는 겁니다. 이름을 따라가 버리면 이미 분별이고 망상이에요.

이름이 아닌 게 뭐냐? (손을 흔들며) 이것이 바로 이름 아닌 겁니다. 이것이 이름 붙일 수 없는 거예요. 이것이 이름 아닌 거예요. 분별심을 가지고 세상을 보면 전부 다 분별이 돼요. 다 이름이 있고 모습이 있죠. 그런데 이 근본을 깨달으면, 원래 이름도 없고 모습도 없는 이것이 온 천지에 있는 겁니다. 이것이 있는 거고, 여기서 그런 온갖 모습과 이름을 분별하고 있는 거죠.

그러니까 실제로 이것이 있는 겁니다. 실제로는 (법상을 톡톡 두드리며) 이것이 있는 거죠. 분별의 눈으로 세상을 보면 전부 모습과 이름이고, (법상을 톡 두드리며) 이 안목을 가지고 세상을 보면 아무것도 없어요. 이름도 없고 모습도 없고, 아무것도 없어요. 그냥 이것뿐인데, 이것은 뭐냐면 이것은 어떤 무엇이 아닙니다. 온 세상에 이거 하나뿐인데, 이것은 어떤 이름도 없고 모습도 없고 어떤 무엇이 아니라는 말이에요.

그러니까 온 세상이 눈으로 보든, 귀로 듣든, 몸으로 느끼든, 머리로 생각하든, 모습이 있고 이름이 있고 분별이 되는데, 세상을 분별의 눈으로만 보면 중생이라 하고, 분별이 아닌 이걸 깨달아서 여기에 통하면 부처라 한단 말이죠. (손을 흔들며) 이것 하나가 있단 말이죠. 이 하나가. 그래서 이것이 한 번 (법상을 톡톡 두드리며) 실감이 되고 체험이 될 때는 이름과 모습으로 보는 그 눈이 아니에요. 다른 눈입니다. 이름과 모습을 보는 눈으로는 이걸 볼 수가 없어요.

이 체험은 어떤 이름이나 모습이나 이런 분별의 체험이 아니고, 분별할 수 없는 것이 드러나는 거니까 (법상을 톡톡 두드리며) 분별해서 아는 게 아니고… 실제로 이것이 와닿아야 하는 거죠. 한 번 이렇게 와닿고 체험이 돼서 실제로 딱 드러나 버려야 하는 거죠. 그러면 항상 이것이 있죠. 이것 하나가.

이것은 어떤 이름이나 어떤 색깔도 아니고, 소리도 아니고, 냄새도 아니고, 맛도 아니고, 느낌도 아니고, 생각도 아니고, 어떤 무엇이 아니거든요. 어떤 무엇이 아닌데 항상 있어요. 모든 분별하는 소리, 색깔, 냄새, 맛, 느낌, 생각이 있는 곳에 이것이 있습니다. 모든 곳에 이것 하나가 있는 거죠. 그래서 모든 이름과 모습이 곧 이름과 모습이 아닌 겁니다. 말을 하자면 그렇게 얘기할 수 있죠. 모든 이름과 모습이 곧 이름과 모습이 아니에요. (손을 세우며) 이것입니다. 이것 하나. 이것 하나가 온갖 이름과 모습이고, 온갖 이름과 모습이 바로 이것 하나입니다.

여기서는 '온갖 모습이 모습 아님을 본다'라고 말했고, 《반야심경》에서는 '오온이 전부 공이다'라고 말했어요. 공이라는 게 모습이 아닌 거죠. 《화엄경》에서는 이걸 하나라고 해요. '하나가 곧 모든 것이고, 모든 것이 곧 하나다.' 이렇게 말하거든요. 이것을 하나라고 하고, 분별되는 건 모든 것이라고 합니다. 모든 경전이 똑같은 얘기를 하고 있는 겁니다. 알고 보면 똑같은 얘기예요. 왜? 법계의 실상은 이것뿐이니까요. 이것 하나뿐이거든요. 그러니까 모든 경전이 전부 같은 이야기를 하고 있는 겁니다. 표현이 다를 뿐이지, 내용을 보면 똑같은 이야기를 하고 있는 거예요.

이것 하나입니다. (손을 들며) 이것 하나. 이 일 하나. (법상을 톡톡 두드리며) 이 하나. 이것이 한 번 와닿아야 합니다. 절대 알 수 없습니다. 생각으로 헤아릴 수가 없어요. 옛날 사람들은 생각이 뚝 끊어진다고 했는데, 뚝 끊어진다 하든 쉬어진다 하든, 생각이 아니고 이게 한 번 딱 실감이 돼야 해요. 여기에 한 번 실감이 돼야 합니다. 생각이 끊어진다 하든, 쉬어진다 하든, 어떻게 말하든지 간에 이것이 한 번 실감이 돼야 하는 거예요. 이 일이 늘 여여한, 변하지 않는 진실입니다. 모습은 자꾸 바뀌죠. 눈에 보이는 것도 자꾸 달라지고, 귀에 들리는 것도 자꾸 달라지고, 이런 분별되는 것들은 냄새도 그렇고, 맛도 그렇고, 느낌도 그렇고, 생각도 그렇고, 이게 자꾸자꾸 달라지거든요. 자꾸자꾸 바뀌어요. 그런데 이 것은 달라지질 않아요. 이건 항상 똑같아요. 모습이 달라질 수가 없죠.

애초에 모습이 없습니다. 모습이 있으면 이런 모습이었다가 저런 모습이었다가 달라지지만, 애초에 모습이 없으니까 달라질 수도 없어요. 공이 어떻게 달라지겠습니까? 색수상행식이라면 모습이 있으니까 달라지지만, 공은 달라질 수가 없는 거예요.

하여튼 이것입니다. 이것 하나. (법상을 톡 두드리며) 이것 하나를 깨닫는 것이 깨달음이고, 다른 깨달음은 없어요. 우리가 모든 모습에 대해서는 잘 알거든요. 그건 다 분별하고 있으니까요. 그런데 모습 아닌 이것 하나를 못 깨닫고 있는 겁니다. 그래서 중생이라고 한단 말이죠. 모습으로 색깔, 소리, 냄새, 맛, 느낌, 생각, 다 알고 있어요. 우리가 분별을 잘하거든요. 거기는 부족한 게 없어요.

그러면 뭐가 부족하냐? 이 공이라고 하는 것, 모습이 아니라고 하는 것, 이것 하나를 못 깨닫고 있는 거예요. 이것만 깨달으면 더이상 깨달을 게 없어요. 깨달음이 단계적으로 1단계 있고, 2단계 있고, 이런 게 아니에요. 그냥 이것 하나만 못 깨닫고 있는 거거든요. 깨달음은 여러 가지가 없고 이것 하나뿐인 겁니다. 모습이 아닌 것, 분별할 수 없는 것, 이것 하나만 못 깨닫고 있는 거거든요.

오온은 우리가 잘 압니다. 오온이라는 게 육체, 느낌, 생각, 감정, 의식, 이런 건데 잘 알거든요. 뭘 모르냐? 공을 몰라요. 공은 아무 모습이 없고, 육체도 아니고, 감정도 아니고, 느낌도 아니고, 생각도 아니니까, 이것은 깨달아야 하는 거예요. 깨달아야 하는 거고, 통해 봐야 하는 거죠. 오온은 이미 잘 알고 있는 것이니 더 알 것이 없고, 공 하나를 못 깨닫고 있는 거예요. 이걸 공이라 하든 모습이 아니라 하든 하나라고 하든 (법상을 톡톡 두드리며) 이것 하나를 못 깨닫고 있는 거예요. 법성(法性), 자성(自性)이라고도 합니다. 진여자성이라고도 해요. 이걸 깨닫는 걸 견성이라고 하는데, 진여자성을 본다고 견성이라고 하거든요.

그러니까 진여자성, 공, 또는 법성, 모습이 아닌 것, 이것 하나를 깨닫지 못하고 있을 뿐이고, 다른 깨달음은 없습니다. (법상을 톡톡 두드리며) 이것 하나를 못 깨닫고 있을 뿐이에요. 이것이 없나요? 모든 곳에 있어요. 모든 곳에 다 있습니다. 모습 있는 곳에는 곧 모습 없는 게 있습니다. 《반야심경》에 색즉시공, 색이 있으면 바로 공이 있다는 말입니다. 온갖 분별하는 곳에 분별 없는 이게 있습니다. 항상 분별하면서 사는데 사실은 분별할 수 없는 이놈이 항상 있어요. 색즉시공 공즉시색 색불이공(色不異空) 공불이색(空不異色)이라… 분별되는 것이 곧 분별되지 않는 것이고, 분별되지 않는 게 바로 분별되는 것이라서 이게 따로 없다고 얘기하잖아요.

그러니까 이것이 있어요. 깨닫지 못할 이유가 없어요. '나는 망상이 너무 심해서 못 깨닫습니다' 이렇게 말하는데 망상이 있는 곳에 바로 이 진실이 있는 겁니다. 진실이 망상을 떠나서 따로 있는 게 아니에요. 바로 그렇게 망상하고 있는 곳에 이 진실이 있는 거죠. 그러니까 색즉시공이라고 하는 거죠. 온갖 모습이 곧 모습이 아니라는 말도 같은 뜻이고,

모습이 있는 곳에 모습 아닌 것이 있거든요. 같이 하나입니다. 원래 떨어질 수가 없어요. 이게 떨어질 수가 없어요. 떨어질 수 없는 하나란 말이에요.

이것이 한번 실감되어 버리면 더이상 알 것도 없고, 이것이 불이법문(不二法門)입니다. 뭐가 불이(不二)냐? 색과 공이 둘이 아니라는 말입니다. 모습과 모습 아닌 게 둘이 아니다… 이게 불이법문이라고 하는 거거든요. 바로 이겁니다. 바로 이 일 하나. (법상을 톡톡 두드리며) 이것은 어떻게 할 수가 없어요. 어떤 수행이라는 게 있을 수 없고, 이것은 우리가 이미 분별을 잘하고 있고 망상을 잘하고 있기 때문에 바로 이 진실이 우리한테 항상 이렇게 나타나 있어요. 그래서 한 번 체험되면 되는 겁니다. 그런데 이게 체험될 때는 모습으로 보면 안 되니까 분별이 쉬어진다, 분별이 끊어진다는 말을 하는 거죠. 이건 모습이 아니니까 (법상을 톡톡 두드리며) 바로 이거거든요. 바로 이것. 이것이 모습 없는 마음이고, (법상을 톡톡 두드리며) 모습 없는 진여자성이고, 모습 없는 불성이고, 모습 없는 부처란 말이에요. 바로 지금 이거거든요. (법상을 톡톡 두드리며) 이 일 하나. 이것이 바로 모습 없는 부처입니다.

그러니까 깨달음이라는 게 아주 단순한 거예요. 여러 가지 이상하고 희한한 소리 하는 사람들, 차원이 1차원, 2차원, 3차원, 깨달음도 여러 가지가 있다는 헛소리하는 사람들 다 망상입니다. 깨달음은 이것 하나뿐이에요.

온갖 모습 속에서 모습 없는 이것 하나로 탁! 그러면 어떤 모습으로 분별하더라도 항상 모습이 없거든요. 그래서 이것 하나를 깨달아야 해요. 이 일 하나. 따로 있는 게 아닙니다. 절대 생각을 하면 안 됩니다. 생각할 수 없는 것은 그냥 생각 없이 깨달아야 하는 거예요. 체험이 돼야 하는 거예요. 생각으로 해서는 안 되고, 그래서 이걸 체험할 때는 생각이 쉬어진다, 생각이 끊어진다, 생각이 사라진다, 이런 식으로 얘기하는 거죠.

부처님께서 수보리에게 말씀하셨다.
무릇 모습은 전부 허망하다.

모습이라는 게 뭐냐면, 우리가 분별해서 아는 것, 눈에 보이는 것뿐만 아니라 귀에 들리는 것도 모습입니다. 소리에도 모습이 있잖아요. 그러니까 음악이 되죠. 도레미파솔라시도 하그 모습이 다 있잖아요. 또 새소리, 물소리, 바람 소리, 사람 소리, 자동차 소리, 모습이 다 있어요. 그런 모습들이 허망하다는 말이에요. 눈으로 보이는 모습, 귀로 들리는 모습, 코로 맡는 냄새, 다 모습이 있습니다. 분별되는 것은 전부 모습이 있어요. 맛도 여러 가지 맛이 있고, 온갖 맛이 다 다르잖아요. 온갖 음식이 다 모습이 따로따로 있죠. 느낌도 그렇고, 생각도 그렇고, 다 모습이 있어요. 그렇게 모습이 있는 것은 전부 분별되는 것이고, 분별되는 것은 전부 허망하다는 말입니다. 덧없다는 말이에요. 자꾸자꾸 바뀐다는 말입니다. 고정되어 있는 게 없어요. 자꾸 바뀝니다. 그러니까 허망하다고 하죠. 자꾸 바뀌니까. 자꾸 흘러가니까.

그래서 믿을 수가 없습니다. 중생들은 이런 모습 있는 것만 분별하면서 사는데, 거기에 진실함이 없고 전부 허당하니까 이게 뭔가 잃어버린

것 같고, 뭔가 이게 아닌 것 같고, 그런 느낌이 드는 겁니다. '이게 아닌데' 하는 느낌이 들죠. 자꾸 바뀌니까 그 속에서 진실을 찾아봤자 '이게 진실하구나' 했는데 보니까 또 달라집니다. 시간이 지나면 금방 달라져 버리거든요. 왜? 어떤 생각이나 기분이나 자꾸 바뀌고 금방 달라져 버리죠. 그러니 어떻게 믿겠습니까? '이것이 진실이구나' 할 수 있는 게 없어요. 자꾸 달라지니까 허망하다고 하는 거죠.

그럼, 이것은 어떠냐? 이것은 모습이 없어요. 항상 똑같아요. 달라질 수가 없습니다. 항상 그대로 있죠. 항상 이대로란 말이죠. 이건 어떻게 달라질 수가 없어요. '물과 물결'이라는 말을 하죠. 물은 항상 그 물이지만, 물결은 계속 바람 따라 달라집니다. 비유를 하자면 그런 것과 비슷하죠. 마음은 항상 이 마음인데, 보고 듣고 느끼고 아는 것은 마음 위에 나타나는 물결처럼 계속 달라지는 겁니다. 그것은 못 믿어요. 한결같이 변함없는 것은 이 마음 하나거든요. 마음은 그냥 이것뿐이에요. 이것뿐. (법상을 톡톡 두드리며) 이거 하나뿐이죠. 달라질 수가 없는 거죠. 이것 하나뿐인 거죠.

그런데 마음이라는 것도 방편의 말입니다. '이게 마음이구나' 하고 분별하면, 그건 아니에요. 분별되는 게 전부 허망하단 말이에요. 모든 모습이 다 허망하다 했잖아요. 이게 마음이구나, 이게 도구나, 이게 불성이구나, 이렇게 분별할 수가 없습니다. 분별이 되면 모습이거든요. 그건 허망한 거죠. 그러니까 이것은 분별이 안 되는 거예요. 분별이 안 되니까 한 번 이렇게 체험이 돼야 하는 겁니다. 실제 겪어 봐야 '아, 뭐라고 할 수 없구나. 그렇지만 항상 있는 일이다' 하는 게 어떠한 모습도 아니고 분별이 안 되기 때문에 뭐라고 할 수는 없지만, 항상 있죠.

항상 있는 일이라는 게, 처음부터 그렇게 안 돼도 시간이 많이 지나 보면 확실하게 안목이 갖춰집니다. 처음에는 자꾸 생각을 가지고 '어떻게 되는가?' 하고 자꾸 분별하려고 하니까 이것을 잘 몰라요. 분별하는 습관이 조금 쉬어져야 해요. 분별 없는 이것이 딱 드러나서, 이렇게 생생하게 드러나는 여기에 익숙해져야 합니다. 이걸 체험해도 말이죠. 시간이 최소한 10년 이상은 지나 봐야 해요. 그래야 이것이 항상 드러나 있고, 아무것도 아닌데 여기서 보고 듣고 느끼고 생각하고 분별도 다 하거든요.

깨달음이라는 게 분별을 벗어났다고 하니까 분별을 안 하고 사는 줄 알았는데, 그게 아니고 분별을 다 하고 살아요. 그런데 항상 이것이 있으니까 분별을 해도 분별하는 게 아니에요. 분별해도 분별하는 게 아니니까 바로 '모습이 모습이 아니다'라고 하는 겁니다. 모습은 분별이고, 모습 아닌 것은 분별 아닌 것이죠. 그러니까 분별을 해도 분별하는 게 아니거든요. 이제 이렇게 말할 수가 있죠. '온갖 모습이 모습이 아니다.'

하여튼 모습이라는 건 분별한다는 뜻입니다. 뭐가 뭐구나 하고 분별해서 아는 게 바로 모습이니까요. 어떤 색깔이구나, 어떤 모습이구나, 어떤 소리구나, 어떤 냄새구나, 이게 다 분별해서 아는 모습들이죠. 어떤 느낌이다, 어떤 기분이다, 어떤 생각이다… 이것도 분별해서 아는 거죠. 그런 것들은 전부 허망한 겁니다. 허망하지 않은 것이 딱 하나 있어요. 모습이 아니기 때문에…. 모습이라면 여러 개가 있을 수 있겠죠. 이런 모습, 저런 모습, 여러 개가 있겠지만, 이것은 모습이 아니기 때문에 단 둘도 없습니다. 딱 하나밖에 없는 겁니다. 딱 하나밖에 없는 거예요.

진실은 이것 하나밖에 없어요. 그래서 일승법(一乘法), 일불승(一佛乘)이라는 말도 하거든요. 진실은 하나뿐이고, 모습 아닌 이것이 진실이란 말이죠. 허망하지 않은 거죠.

이것은 왔다 갔다 하는 게 아니고 항상 있는 일인 거니까, '이게 진실이다' 하는 게 체험해 보면 저절로 알게 됩니다. 모습 아닌 이것이 항상 변함없는 진실이고, 이것이 우리의 본래면목이라는 걸 알게 됩니다. 모습이 있고 분별되는 것은 전부 바뀌고 흘러갑니다. 그것은 전혀 믿을 바가 못 됩니다. '범소유상 개시허망'이라는 게 바로 그런 말이거든요. 모습 있는 건 전부 헛되다는 말인데, 그건 다 분별이기 때문에 자꾸 바뀌어 가는 것이고 망상이라는 말입니다.

모습이 없다고 해서 없는 건 아니고, 이렇게 살아 있어요. '물과 물결' 얘기할 때, 물결은 모습이 있고 물은 모습이 없지만, 실제로는 거기 물결이 있는 게 아니고 물이 있는 거거든요. 거울 비유도 그렇잖아요. 거울 그 자체는 아무 모습을 가지고 있지 않아요. 깨끗하고 텅 비어 있잖아요. 그런데 거울을 보면 거기에 온갖 모습이 다 나타나 있어요. 거기 모습이 나타나 있지만 실제 있는 건 뭐가 있습니까? 거울이 있지, 모습이 있는 건 아니거든요. 거울에 비친 모습은 자꾸 달라지고 바뀌어 가고, 실제 변함없이 있는 건 텅 빈 거울인 거죠.

비유를 그렇게 드는데, 그건 어디까지나 비유고, 실제로 이것이 이렇게 탁 (법상을 톡 두드리며) 와닿으면 이것은 텅 빈 거울이나 그런 게 아니고, 실제로 살아 있고 진실한 거고 진짜배기거든요. 이것은 뭐가 없다고만 얘기할 수 없어요. '있다, 없다' 그렇게 얘기할 수도 없죠. 이렇게 살아 있으니까요. 마음이라는 것이 살아 있는 거거든요. 죽어 있는 게 아니에요. 사람이 살아 있다는 건 마음이 살아 있는 거지, 몸만 살아 있는 그건 사람이라 할 수 없잖아요. 마음이 살아 있어야 사람이죠. 그러니까 이것이 살아 있어야 하는 거예요.

이것은 살아 있는 겁니다. 마음이 텅 비어서 허공과 같다고 하지만, 없는 게 아니고 이렇게 생생하게 살아 있는 거란 말이죠. 그러니까 깨달을 수가 있는 거예요. 텅 비어서 그냥 아무것도 없기만 하면, 우리가 깨달을 수도 없어요. 아무것도 없는데, 뭘 뭐가 깨닫겠습니까?

그런데 이렇게 살아 있기 때문에 망상에서 깨어날 수가 있습니다. 마음이 망상도 하고, 망상에서 깨어나기도 하고 하는 겁니다. 망상이 딴 데서 오는 건 아니고, 물결이 물 밖에 따로 있을 수가 없고, 거울에 비친 모습이 거울 밖에 따로 있을 수가 없는 것처럼, 망상이 마음 밖에 따로 있을 수가 없어요. 망상도 마음에서 일어나는 겁니다. 그런데 망상에 속아서 헤매고, 툭 깨달으면 망상 속에서 진실이 탁 드러나는 거죠. 망상 속에서 진실이 이렇게 툭 드러나는 거죠. 이것이 깨달음이거든요.

이것이 바로 '약견제상비상이면 즉견여래'라 하는 거예요. 온갖 모습이 망상인데 모습이 아니라는 것, 바로 이것이라는 사실을 본다면, 우리가 깨닫는다면 즉시 여래를 본다… 여래를 본다는 게 뭡니까? 깨달았다는 말이죠. 성불(成佛)과 같은 뜻입니다. 여래를 본다는 말은 바로 깨달았다는 말이죠. 성불했다는 말이죠. 여래가 따로 있는 게 아니에요. 다 방편의 말입니다. 이것을, 이 진실을 가리키는 방편의 말이죠.

그러니까 바로 이겁니다. (손을 들며) 이것 하나입니다. 다른 일이 있는 게 아니고, (법상을 톡톡 두드리며) 바로 이것 하나가 있단 말이죠. 바로 이

거죠. 이 진실입니다. 이것은 분별될 수 없어요. 분별하면 다 망상입니다. 분별할 수 없다는 말은 알 수 없다는 거예요. 알 수는 없지만 분명하거든요. 이것이 명백하고 분명해요. 아는 것은 자꾸 바뀌니까 그게 분명하지 못한 겁니다. 아는 것이 아닌 (법상을 톡톡 두드리며) 이것이 분명한 거죠. 아는 것은 바뀌어요. 생각이 자꾸 달라지기 때문에…. 그러나 (법상을 톡톡 두드리며) 이것은 달라질 수가 없습니다. 이것은 바뀔 수가 없어요. 이것은 항상 똑같습니다. 아무리 시간이 흐르고 어떻게 하더라도, 장소가 바뀌고 어떻게 하더라도, 이것은 한결같이 똑같습니다. 이것은 다른 게 있을 수가 없어요. 이것은 항상 똑같이 이 일 하나죠. 이건 달리 될 수가 없어요.

그래서 발밑의 일이라고 합니다. 우리는 발밑에서 벗어나지 못하죠. 또 눈앞의 일이라고도 합니다. 우리가 눈앞에서 못 벗어나잖아요. 그 말은 뭐냐면, 항상 이 자리에 있다는 말입니다. 이것 자체가 우리의 본질입니다. 이것이 진짜고, 나라고 하는 것은 망상이에요. '나다' 하는 건 자기 생각이고 망상이죠. 이것이 본질이거든요.

애들이 한두 살 먹었을 때는 '나'라는 생각이 아직 없을 겁니다. 나라는 생각은 나이가 서너 살 돼야 생기고, 그전에는 그런 생각이 없죠. 그때도 이것은 있는데, 아직 망상에 오염은 안 된 상태겠죠. 법은 항상 있죠. 이것은 항상 있는데, 나라고 하는 생각이 확실하지 않을 때는 아직 그런 망상을 일으켜서 오염되어 있지 않은 상황이라고 할 수 있겠죠. 그렇다고 갓난애가 깨달았다는 건 아닙니다. 깨달음이라는 것은 망상을 하다가 망상에서 다시 깨어나야 그게 진짜 깨달음입니다. 한두 살 먹은

애가 깨달았다고 할 수는 없어요. 아직 망상이 뭔지, 실상이 뭔지도 모르는 입장이니까요. 깨달음이라는 것은 꿈을 깬다는 말인데, 잠을 자는 사람이 깨지 안 자는 사람이 깰 수는 없거든요.

우리는 생각이라는 망상 속에 사니까, 한 번 (법상을 톡 두드리며) 생각이라는 망상을 벗어나는 체험이 있을 수가 있죠. 생각이라는 망상은 잠과 같습니다. 잠과 같고 꿈과 같아요. 그래서 무명(無明)이라고 해요. 무명이라는 게 뭐냐? 눈 감고 자면 어둡잖아요. 그래서 무명이라고 하는 거예요. 꿈속에 있는 것도 결국 어두운 거죠. 깨어 있지 못하니까요. 그래서 (법상을 톡톡 두드리며) 이 소식이 한 번 턱 하고 와닿으면 이제 항상 있는 거예요. 이것 하나가, 이 일 하나가 항상 원래부터 있는 일입니다. 그래서 색즉시공… 공이라는 건 없는 걸 만들어 내라는 게 아닙니다. 원래 공인 거예요. 색이 있을 때 원래 공이 있는 것이고, 온갖 모습이 있을 때 모습이 아닌 게 있는 겁니다.

있는 모습을 다 없애서 모습 아닌 걸로 만들라는 게 아니에요. 그래서 원래 다 깨달아 있다는 말도 하는 겁니다. 《대승기신론》에 보면 '본각이다'라는 말이 있죠. 본래 다 깨달아 있다는 말입니다. 원래부터 있는 일이거든요. 그래서 이것 하나에만 통하면 돼요. 이것 외에 다른 깨달음은 없습니다. (법상을 톡톡 두드리며) 이것 하나에 통하면 돼요. 바로 지금 이겁니다. 누구에게나 이것이 있어요. 이것이 있습니다. 그러니까 자꾸 이것 하나만 가리켜 드리는 거죠. 이것은 모습이 아니고 분별할 수가 없어요. 오온이 아닙니다. 어떤 육체도 아니고, 느낌도 아니고, 생각도 아니고, 감정, 기분도 아니고, 어떤 의식이 아니에요. 그런데 이것이 한 번 와닿으면, 뭐라고 할 수는 없는데, 분명하게 항상 이렇게 있어요. 뭐라고 할 수 없는데 이것이 항상 있어요.

뭐라고 알 수는 없는데… '안다 모른다'와는 관계가 없는 거죠. 뭐라고 알 수는 없는데, 여기 항상 있습니다. 여기 항상 있죠. 그래서 이 소식이 한 번 탁 와야 한다고 하는 거거든요. 여기서는 아무것도 없어요. 그래서 마음이 텅 비어 있다는 말도 할 수 있죠. 마음속에 뭐가 있다는 것은 분별되는 게 있다는 뜻이거든요. 그런데 여기서는 아무것도 분별되는 게 없으니까 텅 비어 있는 거죠. 마음속에 육식(六識), 칠식(七識), 팔식(八識)이 있으면 분별되는 게 있는 겁니다.

눈으로 보고 아는 게 있든지, 귀로 듣고 아는 게 있든지, 코로 냄새 맡고 아는 게 있든지, 혀로 맛보고 아는 게 있든지, 몸으로 느끼고 아는 게 있든지, 의식으로 여러 가지 생각이나 느낌을 통해서 아는 게 있든지, 이게 육식인데, 그다음 칠식은 뭐냐면 '나다' 하는 생각이거든요. 그런 칠식이 있든지, 팔식은 분별이 안 되는 건데 말하자면 모든 의식을 저장하고 있는 창고와 같다고 하여 장식(藏識)이라고도 합니다. 팔식이라는 것은 모든 의식의 밑바탕이라는 뜻이니까요.

의식 속에 있는 동안에는 분별 속에 있는 겁니다. 의식이라는 것 자체가 뭘 알고 있다는 것이니까요. 그런데 여기에 탁 통해서 이것이 분명하면, 이것은 뭐라고 할 수가 없고, 안다고 할 수가 없어요. 모른다고 할 수도 없고, 알고 모르고의 문제와는 다른 쪽입니다. 의식하고 있다, 의식하지 못했다는 것은 '안다 모른다'의 문제거든요. 그런데 이것은 알고 모르고의 문제와는 조금 방향이 달라요. 이것은 자기가 체험해 봐야 알아요. 어떻게 손을 댈 수가 없고, 어떻게 할 수 없는 겁니다.

의식은 자기가 어떻게 해 볼 수가 있어요. 손을 대서 바꿔 볼 수도 있고, 기억할 수도 있고, 잊어버릴 수도 있고, 좋아할 수도 있고, 싫어할 수도 있고, 어떻게 해 볼 수가 있는데, 이것은 그게 안 돼요. 어떻게 할 수가 없습니다. 전혀 손을 댈 수가 없어요. 그러니까 이것은 정말 진실한 거죠. 어떻게 할 수가 없으니까.

이렇게도 말할 수 있습니다. 중생이 분별하는 것 때문에 자꾸 망상을 하다가 망상이 쉬어지면, 분별할 수 없는 이것은 본래부터 항상 있는 거라는 말이죠. 그래서 해인삼매(海印三昧)라는 말을 하는 건데, 해인삼매라는 건 바다에 물결이 있을 때는 아무것도 제대로 비치지 않습니다. 물결에 의해서 주위에 있는 것들이 전부 망가져 버리죠. 그런데 물결이 거울처럼 잔잔해지면 주위에 있는 모습들이 그대로 나타납니다. 그걸 해인삼매라고 하거든요. 깨달음을 나타내는 갈입니다. 그런 것처럼 끄달리는 게 쉬어지고 망상이 쉬어지면, 법이 그대로 있어서 여기서 세계 실상이 그대로 나타나는데, 그걸 해인삼매라고 하는 겁니다.

결국 공부라는 것은 망상이 쉬어지는 게 공부고 깨달음이라는 말이죠. 교리적으로는 파사현정(破邪顯正)이라고 하거든요. 삿된 망상을 부수면 바른 법이 저절로 드러난다고 말하는 거죠. 경전이라든지 논서라든지 조사들의 말씀이든지 다 이 법 하나를 말하고 있는 겁니다.

우리는 모습이 있는 건 잘 아니까 모습 없는 공(空)만, 불이법이라는 이것만 깨달으면 되는 겁니다. 이게 그 체험이에요. 딴 게 없고, 이 체험이라는 게 이 일 하나, (법상을 톡톡 두드리며) 이것이 한 번 체험되는 겁니다. (법상을 톡톡 두드리며) 이것 하나. 이 일 하나.

분별할 수 없는 게 있습니다. 분별하고 있는 여기에 있는 거지, 딴 데 있는 게 아니에요. 분별하고 있는 여기에 분별 없는 것이 있는 것이지, 분별을 다 내버리고 분별 없는 것만 따로 있느냐? 그런 게 아닙니다. 분별 없는 것만 따로 있으면, 우리가 어떻게 이걸 깨닫겠습니까? 알 수 없죠. 그러니까 바로 이거란 말이에요. 이걸 마음이라고 하고, (법상을 톡톡 두드리며) 이걸 부처라 하고, 이걸 도라 하고, 바로 지금 이겁니다. (법상을 톡톡 두드리며) 이것 하나. 이것. 이 일 하나.

"부처가 뭐냐?" "똥막대기다." '똥막대기'라는 이름을 따라가면 분별이 되죠. 똥막대기라는 뭐가 있잖아요. 그런데 부처를 물었는데 똥막대기라고 하는 사물을 보여 준 건 아니죠. 부처를 보여 준 거예요. 똥막대기라고 하는 분별되는 모습이 분별 없는 바로 이거라는 걸 보여 준 겁니다.

그래서 "부처가 뭐냐?" "똥막대기"라고 한 거예요. 그 말을 들으면, 분별 없는 "똥막대기"라는 말을 듣는 순간에 분별 없는 이게 탁 깨달아져야 깨닫는 거죠. 똥막대기라는 것은 우리나라에는 없는데, 중국에도 요즘은 없겠죠. 옛날에는 중국 화장실에 가면 대나무로 깎아 만든 납작하고 길쭉한 막대기를 통 속에다 담아 놓았어요. 그때는 휴지라는 게 없으니까 똥을 누고 나면 그걸 가지고 싹 닦는 거예요. 나중에 그걸 씻은 뒤 말려서 다시 씁니다. 친환경적이죠. 그런 게 중국에서 옛날에 있었다고 합니다. 그걸 똥막대기라고 하는 겁니다. 간시궐이라고 마른 똥막대기라는 말인데, 씻어서 바짝 말려서 써야 하기 때문에 위생적으로 쓸 수 있죠. 그런 물건이 있어요.

분명히 있지만, "부처가 뭐냐?" "똥막대기다" 할 때는 그것을 가리키는 게 아니고, "똥막대기" 하는 여기에 똥막대기라는 이름도 없고 모습도 없는 이 마음이 있다는 말이에요. 법이 있다는 말입니다. 이걸 가리키려고 하는 거죠. 똥막대기라는 것은 이름과 모습이 있지만, 그것이 아니고 부처를 물었으니까… 부처는 이름도 없고 모습도 없어요. "똥막대기" 하는 여기에 이름도 없고 모습도 없는 마음이 있거든요. 이름도 없고 모습도 없는데, '마음'이라는 건 방편으로 하는 말이에요. 그러니까 사실은 마음이라는 이름도 붙이면 안 돼요.

그러니까 "똥막대기" 하는 여기에 바로 이 법이 있다는 말입니다. (손을 흔들며) 이것이 있거든요. (법상을 톡 두드리며) 이것을 깨달으라고 그런 말을 한 겁니다. "똥막대기" 하는 말을 듣는 순간에 이름이고 모습이고 다 잊어버리고 체험이 되면 그걸 깨닫는 거죠. 바로 그 자리에서. 깨달음이라는 건 자기도 모르게 그렇게 깨닫는 거예요.

일부러 그렇게 할 수가 없어요. 일부러 하면 그게 다 분별인데, 깨달을 수가 없죠. 자기도 모르게 깨쳐야 하는 거고, 저절로 그렇게 돼야 하는 겁니다. "잣나무"도 마찬가지고, 다 마찬가지입니다. "동산이 물 위로 간다." "방하착해라." "차 한잔 마셔라." 전부 다 마찬가지예요. 분별되는 말이지만, 분별되는 말이 아니라, 분별되는 말을 가지고 분별되지 않는 이것을 보여 주고 있는 겁니다. 어떤 분별되는 말을 할 때도 분별 안 되는 이것이 있는 겁니다.

물결이 일어나면 반드시 물이 있는 것이고, 그런 것처럼 어떤 분별되는 말을 하더라도 분별되지 않는 이놈이 있거든요. 그래서 (법상을 톡톡 두드리며) 이것만 한 번 체험이 되면 돼요. 이것만 체험되고, 한 번 소식이 와서 탁… 이것은 분별되지 않는 거니까 그냥 체험밖에는 없어요. 이것은 아는 게 아니고 체험뿐입니다. 분별이 안 되는데 어떻게 알겠어요? 아는 게 아니고 그냥 체험밖에 없어요. 이것은 체험이 된단 말이에요.

당연히 분별이 안 되니까 주관/객관이 없고 안팎이 없어요. 이 법을 얘기할 때는 항상 안팎이 없다고 하는 거예요. 주관/객관이 있으면 분별을 하죠. 주관이 객관을 보고 분별합니다. 그런데 이것은 안팎이 딱 끊어져 버립니다… 주관/객관도 없고 안팎이 없어요. 그러니까 하나로 돌아간다고 하는 겁니다. 안팎이 없기 때문에 테두리가 없다고 말하기도 해요. 테두리는 안과 밖이 있죠. 테두리가 없다고 얘기하는 거예요. 바로 지금 이거라고요. 바로 지금. (법상을 톡톡 두드리며) 이것은 항상 있습니다.

항상 분별망상하면서 살고 있지만, 분별망상하는 곳에 바로 이 진실이 항상 있는 거예요. 물결이 일어나는 곳에 항상 물이 있고, 모습이 비치는 곳에 항상 거울이 있듯이, 분별망상하는 곳에 항상 이 진여자성이 있는 겁니다. 그러니까 이것을 즉각 깨달을 수가 있어요. 즉각 통할 수가 있단 말이죠. 그러니까 분별해서는 안 돼요. 어떤 방법 같은 건 없어요. 마음을 집중하면 될까요? 안 됩니다. 고요하게 하면 될까요? 안 됩니다. 그게 다 분별이에요. 집중하는 게 분별하는 것이고, 고요히 하는 게 다 분별하는 거예요. 그렇게 해서는 안 돼요. 뭘 어떻게 할 필요는 전혀 없습니다. 마음을 집중한다, 고요히 한다는 것은 말이 안 됩니다. 왜? 색이 공이라 할 때는 고요한 색이 공이라거나, 집중된 색이 공이라는 뜻이 아니에요. 원래 모든 색은 다 공이라는 말이거든요. 그 말이 딱 맞는데, 뭘 집중할 겁니까? 뭘 고요하게 할 겁니까?

원래 모든 망상은 바로 진실입니다. 거울을 보는데 뭐가 비치든지 그냥 텅 빈 거울이에요. 어떤 모양의 물결이 일어나든지 그냥 물인 겁니다. 고요하게 하고 집중하고, 그럴 이유가 없어요. 그게 잘못이에요. 망상이고 조작이죠. 조작해서는 절대 깨달을 수 없습니다. 그래서 수행은 아니라는 말이에요. 수행은 다 조작하는 겨거든요. 조작을 해서는 안 됩니다. 조작이 아니고 (법상을 톡 두드리며) 반드시 한 번 저절로… 왜? 중생들은 망상 세계 속에 살지만, 망상이 바로 실상이라는 말이에요. 원래 망상이 다 진실이거든요. 그러니까 바로 깨달을 수가 있어요. (법상을 톡톡 두드리며) 한 번 불가사의하게 딱 망상을 극복하는 체험이 깨달음의 체험이거든요. (법상을 톡톡 두드리며) 이 체험입니다.

그래서 자꾸 이것 하나만 가리킨다는 거예요. "마음이 뭐냐?" "이거다." "부처가 뭐냐?" "이거다." "도가 뭐냐?" "이거다." "선(禪)이 뭐냐?" "이거다." "깨달음이 뭐냐?" "이거다." 무조건 이걸 가리켜 드리는 거죠. 따로 찾을 게 없어요. 이미 다 있어요. 그런데 '마음'이라는 말을 자꾸 하는 이유는 제일 친근하게 와닿는 게 마음이니까 그런 겁니다. 나한테 마음이 있다는 어떤 느낌은 있잖아요. 확실하게 몰라도 마음이 없다고 할 수는 없잖아요. '있지만 잘 모르겠어. 뭔지 알 수가 없어.' 그 알 수 없는 마음을 깨달으면 되는 겁니다. 그래서 "마음이 바로 부처다." "이게 바로 마음이다." (법상을 톡톡 두드리며) 자꾸 이렇게 하는 겁니다. 여기에 알 수 없는 마음이 있거든요. (법상을 톡톡 두드리며) 알 수 없는 마음이 이렇게 있단 말이죠.

알면 망상입니다. 알 수가 없이 이것이 한 번 실감이 됩니다. 알면 망상이에요. 여기에 알 수 없는 마음이 항상 있어요. 평소 망상을 하면서 사는데, 망상하면서 사는 여기에 바로 이 진실이, 실상이, 깨어 있음이 항상 있습니다. 그래서, 이게 바로 마음이다, 이게 도다, 이게 법이다, 하고 자꾸 이렇게 가리켜 드리는 겁니다. 알 수는 없어요. 그러나 불가사의하지만 체험이 되는 거예요.

이 일 하나가 있을 뿐입니다. 이 일 하나가 있을 뿐이에요. 어떤 기분이나 느낌이나 생각, 이런 쪽으로 따라가도 안 됩니다. 그것도 다 망상이에요. 모습이 있고 분별이 되기 때문에 기분, 느낌, 생각, 이런 것도 다 망상입니다. 이것은 어떤 그런 게 아니에요. 어떤 무엇이 아니에요. 그런데 이것이 항상 있어요. 항상 누구에게나 다 있습니다.

부처님도 그런 얘기 했잖아요. 내가 깨닫고 보니까 모든 중생에게 전부 여래의 덕성이 다 갖춰져 있구나. 이 말은 뭐냐 하면, 모든 중생이 부처가 될 그런 깨달음의 능력이 다 갖추어져 있다는 말입니다. 덕성이라는 게 원래 능력이란 말이거든요. (법상을 톡톡 두드리며) 이 일 하나하나. 바로 이거거든요. 다른 게 없어요. 바로 이겁니다. (손가락을 들며) 이 일 하나만 있을 뿐이에요. 여기서 한 번, (법상을 톡톡 두드리며) 여기서 소식이 오면 저절로 의문이 사라집니다. 의문이 사라지고, 헤매지 않게 돼요. 이 일 하나. (법상을 톡톡 두드리며) 항상 이 일 하나죠.

여기서 소식이 오면 의문이 다 사라지고, 이것이 툭 나타나니까 깨어 있는 게 뭔지를 이제 맛볼 수가 있어요. 이것이 나타나야 비로소 진짜 살아 있는 겁니다. 깨어 있어야 진짜 살아 있는 것이지, 눈 감고 있으면 살아 있는 게 아니죠. 망상 속을 헤매고 있는 건데, 이것이 탁 나타나면 이것이 진짜 살아 있는 거죠. 이 일 하나. 바로 지금 (손을 들며) 이 일 하나 있을 뿐입니다. 바로 이것 하나.

범소유상 개시허망 약견제상비상 즉견여래라… 아주 유명한 구절인데 이것이 바로 법계의 실상을 나타내고 있기 때문에, 이 구절은 《반야심경》의 첫 번째 구절 '관자재보살 행심반야바라밀다시 조견오온개공 도일체고액' 하는 그 구절하고 똑같은 거거든요. 깨달음은 이것 하나뿐입니다. 다른 게 없습니다.

'기분이 굉장히 좋아.' 그건 그냥 기분이에요. '느낌이 좋아.' 그건 깨달음이 아니고 느낌이죠. 어떤 생각이 앞뒤가 딱딱 들어맞아서 논리적으로 모든 게 딱딱 들어맞아서 다 알겠다… 그건 생각이죠. 그런 건 아니거든요.

이것은 어떤 무엇도 아닙니다. 어떤 것도 아니지만, 모든 곳에 항상 이렇게 있는 겁니다. 항상 나타나 있고, (법상을 톡톡 두드리며) 항상 드러나 있고, 항상 활동하고 있고, 항상 살아 있습니다. (법상을 톡톡 두드리며) 이 일 하나. 어떤 느낌이 아니고, 기분이 아니고, 생각이 아니에요. 어떤 그런 게 아닙니다. 이것은 어떤 모양도 모습도 아니다, 또는 공이다, 그런 식으로 말하는 거죠.

이 일 하나가 있을 뿐이에요. 깨달음은 이것 하나 깨닫는 거지 다른 거 없습니다. 다른 이상한 소리 하면 그건 다 외도입니다. 불법에서는 여기 나온 '약견제상비상'과 《반야심경》의 '조견오온개공' 이라는 깨달음밖에 없습니다. 이것이 진짜 깨달음입니다. 온갖 분별되는 의식의 세계가 곧 의식이 안 되고 분별이 안 되는 이것이다, 이 깨달음밖에 없다는 말이에요. 이것 외에 다른 소리 하면 다 외도입니다. (법상을 톡톡 두드리며) 이 일 하나뿐입니다.

'약견제상비상이면 즉견여래'는 '만약 모든 모습이 모습이 아님을 깨달으면'이라는 말이죠. 체험을 하면 곧 여래를 보는 것이다, 그게 바로 깨달음이다, 이 말이죠. 불교의 깨달음은 이것뿐입니다. 딴소리하면 안 돼요. 이제 깨닫고 살아 보면 이것이 우리가 살고 있는 세계의 진실입니다. 법계(法界)의 진실이라고 하는데, 법계의 실상이라고 하죠. 법계라는 말은, 이 법은 마음이라는 말이에요. 사람은 물질로만 되어 있는 게 아니고, 사람한테는 마음이 있어요. 물질로만 이 세상을 살아가는 게 아닙니다. 밥만 먹고 살 수는 없어요. 우리는 마음이 있기 때문에, 마음이 여러 가지 문제를 일으키기 때문에 마음이 건강해져야 하죠. 마음이 건강해지려면 깨달아야 합니다. 마음의 실상을 깨달아야 하는 거죠. 그래야 어리석게 헤매지 않고 망상을 안 하게 되니까 그게 불교입니다. 물질도 없으면 안 돼요. 공만 있고 색이 없다? 이건 말이 안 돼요. 그럼 죽은 사람이에요. 공도 있고 색도 있는 거죠.

물질도 필요하지만, 물질만 가지고는 살 수가 없어요. 행복과 불행은 물질 속에 있는 게 아닙니다. 똑같은 물질 상태에서도 어떤 사람은 행복할 수도 있고 어떤 사람은 불행할 수 있어요. 왜냐? 마음이 다르기 때문에. 그러니까 마음이 있단 말이죠. 우리가 사는 세상은 단순한 물질세계가 아니고 본질적으로 마음의 세상입니다. 그래서 법계라고 합니다. 법은 심법(心法)입니다. 마음을 가리키는 거거든요. 사람이 사는 세계는 법계고, 마음의 세계입니다. 그러니까 마음의 실상을 깨달아야 헛된 망상에 속아서 헤매지 않고 지혜로운 눈으로 살 수가 있는 거죠. 그걸 반야바라밀이라고 하는 거거든요. (법상을 톡톡 두드리며) 이것이 깨달음입니다. 여기 한 번 통해야 하는 겁니다. 이게 통해야 마음의 실상이 드러나요.

우리는 분별되는 세계는 이미 잘 알고 있으니까 그건 놓아두고, 분별되지 않는 이 세계를 깨달아야, 분별되는 세계와 분별되지 않는 세계를 다 볼 줄 알아야 이 세계의 실상을 보는 겁니다. 말을 하자면 그렇게 얘기할 수 있거든요. 그 경험이 바로 이 경험이에요. 분별이 뚝 끊어지는, 분별이 쉬어지고 분별 아닌 이것이 탁 체험되면, 이 세상에 더이상 비밀은 없어요. 온갖 분별되는 게 분별되지 않는 이것이니까 다른 숨겨져 있는 그런 법 같은 건 더이상 없는 것이고, 그래서 이 세상에 더이상 비밀은 없는 겁니다.

그래서 법계의 실상을 보는 안목이 있다고 하는 거거든요. 하여튼 이겁니다. (손을 들며) 이 체험을 해야 해요. (법상을 톡톡 두드리며) 바로 이겁니다. 이것이 한 번, 분별할 수 없는, 분별 아닌, 상이 아닌, 모습이 아닌 이것이 한 번 체험돼야 합니다. (법상을 톡톡 두드리며) 이 일 하나. 이겁니다. 이것만 깨달으면 돼요. 다른 깨달음은 없어요.

이것만 체험이 되면 돼요. (법상을 톡톡 두드리며) 이것을 마음이라 하고, 부처라 하고, 도라 하고, 선이라고 하고, 불성이라 하고, 깨달음이라고 하는 거거든요. 이것만, 이 체험만 되면 돼요. 이것 하나만 있을 뿐이에요. (법상을 톡톡 두드리며) 이것 하나.

6. 정신희유분
바른 믿음은 드물다

수보리가 부처님께 아뢰었다.
"세존이시여, 중생들이 이러한 말씀을 듣고 진실로 믿겠습니까?"
부처님께서 수보리에게 말씀하셨다.
"그런 말 하지 마라. 여래가 입멸하신 뒤 2,500년이 지나도 계율을 지키고 복을 닦는 자가 이 말씀을 믿고서 진실하다고 여긴다면, 그 사람은 한두 부처님이나 서너 너덧 부처님에게 선근을 심은 것이 아니라, 헤아릴 수 없이 많은 부처님에게 온갖 선근을 이미 심었음을 마땅히 알아야 한다. 이 말씀을 듣고서 한순간 의심 없이 믿는다면, 수보리야, 이 모든 중생이 이러한 헤아릴 수 없는 복덕을 얻을 것임을 여래는 잘 안다. 무슨 까닭인가? 이 모든 중생은 다시는 나라는 생각, 사람이라는 생각, 중생이라는 생각, 목숨이라는 생각을 하지 않고, 법이라는 생각도 하지 않고, 법이 아니라는 생각도 하지 않을 것이기 때문이다. 무슨 까닭인가? 이 모든 중생이 만약 마음에서 생각을 취한다면 나, 사람, 중생, 목숨에 집착할 것이기 때문이고, 만약 법이라는 생각을 취한다면 나, 사람, 중생, 목숨에 집착할 것이기 때문이다. 왜 그러한가? 만약 법이 아니라고 생각한다면, 나라는 생각, 사람이라는 생각, 중생이라는 생각, 목숨이라는 생각에 집착할 것이기 때문이다. 이 까닭에 법이라는 생각도 하지 말아야 하고 법이 아니라는 생각도 하지 말아야 한다. 그러므로 여래는 늘 그대들 비구들에게 말하노니, 내가 법을 말하는 것은 마치 뗏목의 비유와 같음을 알아야 한다. 법도 오히려 버려야 하는데, 하물며 법 아닌 것이야 말할 필요도 없느니라."

須菩提白佛言: "世尊, 頗有衆生得聞如是言說章句生實信不?"

佛告須菩提: "莫作是說. 如來滅後後五百歲, 有持戒修福者, 於此章句 能生信心 以此爲實, 當知是人不於一佛二佛三四五佛而種善根, 已於無量千萬佛所種諸善根, 聞是章句乃至一念生淨信者, 須菩提, 如來悉知悉見是諸衆生得如是無量福德. 何以故? 是諸衆生無復我相人相衆生相壽者相, 無法相亦無非法相. 何以故? 是諸衆生, 若心取相則爲著我人衆生壽者, 若取法相卽著我人衆生壽者. 何以故? 若取非法相卽著我人衆生壽者. 是故不應取法, 不應取非法. 以是義故, 如來常說汝等比丘, 知我說法如筏喩者. 法尙應捨何況非法?"

《금강경》제6 정신희유분(正信希有分)입니다.

정신희유(正信希有), 희유한 법을 바르게 믿는다, 바른 믿음은 희유하다… 희유라는 말은 드물다는 뜻입니다. 많지 않다, 굉장히 드물다는 말이에요. 방편으로 그렇게 얘기하는 거죠. 왜냐하면 다 분별하면서 살지, 분별을 벗어난 사람은 굉장히 드물죠. 희유한 법을 바르게 믿는다… 믿음이라는 것이 불교에서는 많이 얘기되지 않지만, 다른 종교는 믿음을 굉장히 강조하죠. 그런데 사실 불교에서도 불법에 대한 믿음이 없으면 공부를 할 수가 없습니다. 적어도 '깨달음, 해탈이라고 하는 그런 일이 있고, 사람은 누구든지 그렇게 할 수 있다'는 정도의 믿음은 있어야 합니다. 그런 정도의 믿음은 있어야 공부를 할 수가 있죠.

수보리가 부처님께 아뢰었다.
세존이시여, 중생들이 이러한 말씀을 듣고 진실로 믿겠습니까?

사실 믿기가 어렵죠. 왜냐? 대다수 사람에게는 관심사 밖입니다. 깨달음이니 해탈이니 하는 게 관심 밖이죠. 왜냐하면 대다수 사람은 세속 일에 관심이 많죠. 세속의 부귀영화 같은 것에 관심이 많지, 법에 관심을 가진 사람은 드물죠. 출세간의 인간의 본질이랄까, 인간이 태어난 이유랄까, 이런 것에 관심을 가지고 공부를 하는 사람부터가 벌써 드물죠. 대다수 사람은 의식주, 먹고사는 일에 관심을 가지고 있죠. 그런데 여기에 관심이 있는 사람이라면, 이런 얘기를 들으면 귀를 기울이게 되고 솔깃하게 되겠죠. 자기의 관심 분야를 얘기하고 있으니까 자연스러운 현상이죠. 그렇지만 이런 얘기를 듣고 바로 믿음이 생겨서 '그래, 내가 그 공부를 한번 해 봐야 하겠다'라고 하는 건 또 쉽지가 않아요.

저도 이 공부를 30대 중반쯤 시작했는데, 그전 20대에 대학 다닐 때도 이쪽으로 공부하는 사람들이 접근해서 얘기를 붙이던 기억이 있거든요. 그때는 전혀 관심이 없었어요. 이상한 소리 한다 이런 정도였지, 그때는 학교 공부에만 관심이 있었죠. 학교 밖에서 공부한다고 하면 별로 관심이 없었거든요. 그게 다 때가 있는 것 같아요. 자기가 관심이 생길 때가 있는 것 같고, 나중에 대학원 공부까지 한 뒤, 학교 공부라는 게 한계가 있다는 걸 좀 알고 나니 진짜 공부는 학교에서 하는 게 아니고 밖에 있는 사람들이 하는 거 아닌가, 그런 생각이 들었죠. 왜냐하면 학문이라는 건 특히 종교 쪽에는 굉장히 한계가 있습니다. 자기가 직접 겪어 봐야 하는 문제인데, 문자로만 얘기를 하니까 분명하게 한계가 있죠.

그런데 이걸 믿으라고 얘기할 필요도 없고, 내가 믿겠다고 생각할 필요도 없고, 공부하는 사람은… 저는 그렇게 생각했어요. '석가모니라는 사람도 그냥 사람인데, 그 사람이 한 일이라면 나라고 못할 게 뭐 있나. 똑같은 사람인데.' 그런 생각을 했죠. 한번 해 보는 거죠. 복잡한 생각 할 것도 없습니다. 단순하잖아요.

석가모니가 사람이 아니고 신이라고 했다면, 아마 이 공부 안 했을 겁니다. '나는 사람인데 내가 뭘 어떻게 하겠어?' 하고 안 했을 거예요. 그런데 석가모니는 결혼도 했고 애까지 낳고 살던 사람인데, 자기가 공부하겠다 해서 해탈을 하고 인생 문제를 풀었다 하니, '그럼, 나도 똑같은 사람인데 될지 안 될지 몰라도 한번 해 보지 뭐.' 그렇게 생각할 수 있잖아요. 저는 그렇게 생각했거든요. '믿자'라는 것보다도 '한번 해 보자' 그거죠. 그러니까 믿음에 대해서 너무 지나치게 생각할 필요는 없습니다. '해 보자'고 도전해서 될 때까지 해 보는 게 중요한 거죠.

공부는 도전입니다. 깨달음에 대한 도전이죠. 매번 법문을 들을 때마다 깨달음에 대한 하나의 도전이죠. 법문을 들을 때가 기회라고 할 수 있고, 항상 새로운 도전이죠. 기억할 필요는 없습니다. 언제든지 우리는 깨달을 수 있습니다. (손가락을 세우며) 언제든지 체험을 할 수 있습니다.

그것은 아무도 몰라요. 깨달음이라는 것이 예고하고 찾아오는 게 아닙니다. 어느 날 갑자기 일어나는 일이니까 (손가락을 세우며) 언제든지 깨달을 수 있습니다. 항상 관심을 가지고 있는 것이고, 법문이라고 하는 것은 기회를 잡을 수 있는 그런 자리죠. 혼자 생활할 때는 세속 일에 파묻혀 있으니 잘 몰라도, 법문을 들을 때는 이 문제에 매달려 있으니 법문을 듣다가 깨달을 가능성이 크죠. 법문을 듣는다는 것은 깨달음에 대한 하나의 기회, 도전입니다.

그래도 마음대로 안 되죠. 이 소식이 오기 전에는 '자기 힘이 부족하구나, 내 능력이 안 되는구나' 그런 자괴감은 많이 듭니다. '그래도 한 번 맛은 봐야지' 하는 게 있다 하더라도 실제 자기 욕심대로 안 되기 때문에 '나는 부족하구나, 능력이 안 되는구나' 이런 자괴감이 많이 들어요. 저도 예전에 항상 그랬고, 나중에 어떤 정도까지 생각이 드냐면 '나는 이게 안 되는 사람이구나, 불가능한 사람이구나.' 그 생각까지 확실하게 들더라고요. '아, 이거 나한테는 분수에 맞지 않구나, 내가 할 수 있는 일이 아니구나.' 그 생각이 확실하게 들었거든요. 그러니까 법문만 듣는 거죠. 내가 아무것도 할 수 있는 게 없으니까요.

법문을 듣는다는 것도 아무런 기약이 없는 일이죠. 보장을 해 주는 게 아니거든요. 법문을 몇 시간 들으면 깨닫는다는 보장이 있으면 열심히 듣죠. 그런데 그게 없어요. 아무 기약이 없죠. 기약 없는 일을 그냥 하고 있는 거예요. 그게 제 기억에 한 1년 이상 그랬던 것 같아요. '나는 안 되는 거구나' 하는 어떤 자각이 딱 되고 나서 한 1년 이상은 그랬던 것 같아요. 그냥 왔다 갔다 하고 아무 기약 없는, 어떤 희망도 없는 일을 하고 있는, 만약 딴생각이라도 일어났으면 포기했을 수도 있겠죠. '안 될 걸 왜 하나, 그만두자' 이럴 수도 있었을 텐데. 그렇게까지는 또 안 되더라고요. 그러니까 그냥 왔다 갔다 하는 거죠. 법문 듣고 어떻게 할 수 있는 일은 없고, 한 1년 정도 왔다 갔다 했던 것 같아요.

그러다 보니 전혀 예기치 않았는데 갑자기 확 체험이 됐고, 그때는 길이 보이거든요. '아, 이런 거구나. 이제 열심히 가면 되겠구나' 하는 게 보여도 뭘 할 수는 없어요. 길이라는 게 저절로 조금씩 나타나기 때문에 그렇게 가는 거죠. 어떻게 열심히 한다고 되는 것도 아니고, 하여튼 이 공부가 참 희한한 겁니다. 사람들이 '열심히 하겠습니다' 하는데, 사실 열심히 한다고 되는 게 아니에요. 세속 일은 열심히 하면 되지만, 이것은 열심히 한다고 되는 것도 아니에요.

부처님께서 수보리에게 말씀하셨다.
그런 말 하지 마라. 여래가 입멸하신 뒤 2,500년이 지나도

'2,500년 뒤'라는 말은 불교에서는 말법 시대라고 합니다. 500년 단위로 끊어서 정법 시대, 상법 시대, 이런 식으로 말법 시대가 2,500년이에요. '법이 다 없어지고 전부 망상만 하는 중생이 사는 시대라 하더라도' 이 말입니다. 이건 방편으로 한 얘기예요.

계율을 지키고 복을 닦는 자가 이 말씀을 믿고서 진실하다고 여긴다면

아무리 말법 시대라 하더라도 공부할 사람은 있습니다. 이런 말 들으면, 석가모니 당시에는 공부를 잘해서 다 깨닫고 했느냐? 지금이나 그

때나 똑같습니다. 사람 사는 거 다 똑같아요. 그때도 엉뚱한 짓 하고, 정말 제대로 깨달은 사람이 몇이나 되겠어요. 말은 이렇게 만들어 놓긴 했지만, 지금이나 그때나 똑같습니다.

계율을 지키고 복을 닦는 자가 이 말씀을 믿고서 진실하다고 여긴다… 계율이라는 걸 얘기하는데, 오계, 팔계, 십계, 250계, 350계 등 꼭 정해 놓은 걸 지키는 것보다도 계율의 근본정신을 보면, 이 공부에 뜻이 있고 관심이 기울여지면 자연스럽게 세속에는 욕심이 없어지거든요. 아무래도 세속적으로 문제 되는 일을 안 하게 되죠. 세속의 욕심도 없고 세속적으로 문제 되는 일을 안 하려고도 합니다. 왜냐하면 세속적으로 뭔가 문제 되는 일을 만들어 놓으면 자기가 또 끄달리니까 공부에 방해가 되잖아요. 그게 자연스러운 현상이죠.

출가 스님들이야 계율이라는 게 만들어져 있어서 그걸 지켜야 한다고 하지만, 우리같이 그냥 공부하는 사람들은 그런 게 없거든요. 자연스럽게 공부에 뜻이 있고 마음이 이렇게 쏠리게 되면, 공부에 방해되는 일을 저절로 하기 싫어합니다. 그리되면 세속적으로 문제 될 일을 안 일으키는 게 자연스러운 현상이죠. 굳이 '계율을 지키자' 이렇게 하지 않아도 세속적으로 지탄받을 일, 자기 양심에 부끄러워할 일은 되도록 안 하게 됩니다.

계율을 보면 세속적으로 타인에게 지탄받을 일이거나 자기 양심상 문제 되는 일은 하지 말라는 거거든요. 그것하고 술 먹지 말라는 건 공부에 방해되니까 하지 말라는 거죠. 거짓말하지 마라, 한 입으로 두말하지 마라, 이런 것들은 양심상의 문제고, 살생이나 도둑질, 음행, 이런 건 세속적으로 다른 사람한테 지탄받을 일이니까 하지 말라는 거 아닙니까?

그런 걸 하면 공부에 방해가 되니까.

결국 계율의 본래 취지는 공부에 방해되는 일을 하지 말라는 거죠. 공부에 진짜 뜻이 있는 사람이라면 자연스럽게 그렇게 됩니다. 계율은 몰라도 방해되는 일은 안 하게 되죠. 특히 술, 약물, 그런 것은 공부에 전혀 도움이 되지 않습니다. 방해만 됩니다. 왜냐하면 술을 먹으면 심리적으로 의지하게 되고 말려들어 가 버리잖아요. 그러면 공부를 할 수가 없죠. 술 취한 사람이 공부한다는 건 거짓말입니다. 있을 수 없는 일입니다.

이 공부는 아주 정신이 멀쩡할 때 맨정신으로 도전해서 뚫어 내야 하는 겁니다. 술김에 한다는 건 말이 안 되는 겁니다. 이 공부 하는 분들은 술을 자연스럽게 멀리하게 돼 있어요. 시간 낭비거든요. 먹고 깰 때까지 시간 낭비잖아요. 그리고 마음이 항상 어떤 것에도 의지하지 않고 독립적이고 맨정신이 되어 있어야 하거든요. 이 공부를 하려면 사람에게 의지하는 것도 좋지 않습니다. 부부나 친구와 애정이 얽혀 있으면 이것도 공부에 방해가 됩니다. 출가자들은 아예 이혼해서 출가하라고 얘기하는 이유도 거기에 있는 거죠. 그게 공부에 방해가 되거든요. 감정적으로 누구하고 얽혀 있으면 신경이 쓰이잖아요. 공부에 방해가 되고 도움 될 게 아무것도 없죠.

뭔가에 기대거나 의지하는 정신 상태로는 할 수가 없습니다. 기대거나 의지하는 정신 상태로는 절대 깨달을 수 없습니다. 깨달았다 해도 제대로 갈 수가 없어요. 아주 맨정신으로 자기 혼자서 자기 힘으로 뚫어 내야 한다는 정신으로 해야 하거든요. 본인이 알아서 할 일이지만 그런 자세는 되어 있어야 합니다. 계율을 지키라고 말할 필요도 없어요. 저절로 방해되는 일을 안 하게 됩니다.

계를 지키고 복을 닦는 자가 이 말씀을 믿고 진실하게 여긴다면… 복을 닦는다는 것은 뭔가 좋은 일을 한다는 거죠. 착하게 산다는 겁니다. 착하게 사는 게 좋죠. 양심에 가책을 받지 않으니까요. 양심에 가책을 받는 것도 공부에 방해가 많이 됩니다.

'나는 좋은 일을 많이 해서 떳떳하다.' 이것도 그렇게 좋은 건 아닙니다. 제일 좋은 건 그런 생각 저런 생각이 없는 게, 공부에만 몰두할 수 있기 때문에 제일 좋은 겁니다. 그런데 남한테 뭘 잘해 준 것은 금방 잊어버리거든요. 내가 저 사람한테 뭘 잘해 줬다 하는 건 하루 이틀 지나면 금방 잊어버립니다. 그런데 남한테 뭘 내가 잘못했다고 하면, 그 사람도 물론 상처가 있겠지만 내가 더 상처를 받아요. 왜냐하면 '내가 그걸 잘못했구나' 하는 게 있어서 마음에 항상 짐이 되죠. 그것도 공부에 방해가 많이 됩니다. 마음속에 뭐가 조금이라도 있으면 그게 방해가 되는 거예요. 후회든 뭐든 그런 감정 같은 것도 있으면 방해가 되거든요. 아무것도 없는 게 제일 좋아요. 신경 쓸 일이 아무것도 없는 게 좋아요. 그러면 공부만 하는 거죠. 굳이 착하게 살려고 애쓸 것도 없고, 악한 일도 해서도 안 되고, 그게 다 방해가 되니까 신경 쓸 일을 만들지 않는 게 제일 좋습니다.

계율을 지키고 복을 닦는 자가 이 말씀을 믿고서 진실하다고 여긴다면… '그렇게 인연이 된다면'이라는 말입니다. 이건 인연이 돼야 합니다. 누가 어떻게 강요할 수도 없고 본인이 법문을 들어 보니까 뭔가 귀가 기울여지고, '뭔가 있는 것 같아' 하고 딱 와닿으면 그게 인연이 있는 거죠.

이 사람은 한두 부처님이나 서너 너덧 부처님에게 선근을 심은 것이 아니라 헤아릴 수 없이 많은 부처님에게 온갖 선근을 이미 심었음을 마땅히 알아야 한다.

선근을 심는다는 말은 발심했다는 뜻입니다. 공부를 하고자 발심했다는…. 선근(善根)이라는 건 좋은 뿌리라는 말이거든요. 공부를 위해서 좋은 뿌리를 심는다… 뿌리가 좋으면 큰 나무로 자라잖아요. 발심이란 말입니다.

'한두 부처님, 서너 너덧 부처님이 아니라 헤아릴 수 없이 많은 부처'라는 것은 본래 깨달음을 품고 있는 우리의 마음… 이게 발심이죠. 깨닫고자 하는 발심을 확실하게 한 사람이라는 말이죠. 부처님에게 선근을 심는다… '부처가 바깥에 따로 있고 내가 부처님에게 공양을 올리고' 이런 뜻으로 이해하면 안 됩니다.

부처는 바로 마음이 부처입니다. 마음이 바로 부처요, 이걸 의인화하고 있는 겁니다. 경전이라는 형식을 만들 때… 문학에 의인법이라는 게 있잖아요. 사람 아닌 것을 사람처럼 비유해 표현하는 겁니다. 수보리니 부처님이니 온갖 문수보살, 보현보살, 관세음보살, 전부 의인화입니다. 의인법을 쓰고 있는 거예요. 우리한테 있는 본래 깨달음을 담고 있는 마음, 이걸 가리키는 겁니다. 마음에 깨닫고자 하는 발심을 했다는 말입니다.

깨달음 여기는 부처라는 게 없습니다. 깨달음은 뭐라고 할 게 한 물건도 없어요. 부처라는 것을 바깥에 있는 어떤 대상처럼 여기면 맞지 않습니다. 경전의 말들은 의인법을 써서 문학 작품으로 만든 거죠. 방편을 그렇게 쓴 거예요.

경전은 전부 법을 얘기하고 있거든요. 법이 뭐냐면 이것인데, 이것은 모양이나 이름이 있는 게 아닙니다. 어떤 그런 게 아니에요. 이것을 가리키기 위해 말을 해야 하니까 등장인물이 필요한 거죠. 질문자도 필요하고 대답하는 부처도 필요하고, 의인법을 쓰고 있는 겁니다. 그러니까 문학이죠. 경전은 전부 문학의 형식으로 되어 있어요. 그렇게 가르침을 펼치고 있는 거니까 본질은 이것을 가리키고 있는 겁니다. 이것 하나를 가리키고 있는 거예요.

석가모니가 수보리라는 사람과 이런 대화를 했다… 이런 식으로 생각하면 안 돼요. 그러면 결국 세속적인 얘기에 불과한 겁니다. 그렇게 되면 다 생각입니다. 법은 과거, 현재, 미래가 없어요. 언제든지 바로 이 법입니다. 법은 과거, 현재, 미래도 없고, 육하원칙에 해당이 안 됩니다. 언제 어디서, 이런 게 해당이 안 돼요. 언제라는 것도 없고, 어디라는 것도 없고, 누구라는 것도 없고, 무엇이라는 것도 없어요.

법이라는 이름조차 방편의 이름입니다. 여기는 어떻게, 왜, 이런 게 없어요. 언제, 어디서, 누가, 무엇을, 어떻게, 왜, 이렇게 하는 건 다 세속입니다. 다 분별이거든요. 법이 아닙니다. 법은 그냥 이거예요. (손을 세우며) 이것. 뭐라고 할 수 없는 이거라고요. 이것 하나. 언제든지 당장 이거죠. 과거에 석가모니가… 그렇게 되면 그건 법이 아니고 세속적인 얘기가 되어 버려요.

《금강경》을 보면 나중에 이런 말이 나오죠. 삼천대천세계를 칠보로 장식하는 것보다 이 경전의 한 구절이 훨씬 더 좋다, 이런 말이 있잖아요. 그럼 이 경전의 한 구절이라는 말 한마디가 그렇게 좋은 겁니까? 세속적으로 보면 전혀 그렇지 않죠. 말이야 누구든지 할 수 있는 거고, 보석이야 아무나 주는 게 아닌데…. 경전의 한마디 말이라는 것은 말이 아니라 이 법을 가리키는 거란 말이에요. 이 법은 세속을 보석으로 가득 채운 것과 비교가 안 되죠. 보석으로 가득 채워 봐야 역시 번뇌망상하는 중생세계일 뿐인 거고 출세간법이 아니거든요. 비교할 수가 없는 거죠. 그래서 경전에 나오는 한마디 한마디 모든 말이 전부 이 법을 가리키고 있는 겁니다. 법을 나타내고 법을 가리키고 있기 때문에 이 한마디 말이 세속에 보석을 가득 채우는 것보다 더 낫다고 하는 겁니다.

이 법입니다. (손을 세우며) 이 법 하나. 항상 이것을 가리키는데, 방편으로 이런저런 얘기를 하다 보니까 등장인물도 내세우고 하나의 모습을 만든 거죠. 경전이라는 것은 한마디 한 글자가 단지 이 법을 가리키고 있다, 그렇게 볼 줄 알아야 합니다. 그것도 안목이 있어야 그렇게 봅니다.

기독교 성경에 '태초에 말씀이 있었다' 이런 말이 있고, '이 말씀이 바로 하느님이요. 진리다' 이런 말이 있잖아요. 똑같은 거죠. 단지 한마디 말이라면 무슨 가치가 있겠어요. 말씀이 바로 진리와 하느님이다… 바로 여기. (법상을 톡톡 두드리며) '삼천대천세계 우주를 보석으로 가득 채우는 것보다 낫다'는 경전의 한마디 말이 이 법을 가리키기 때문에 그런 거라는 말이죠. 말이 아닌 이것을 나타내 보여 주고 있고 이것을 가리키고 있다는 말입니다. 경전의 말은 세속적인 의미의 말이 아니에요. 세속적인 의미의 말로 이해하면 안 되고, 이것을 가리키고, (손을 흔들며) 이것을 보여 주고 있는 거고, 이것을 (손가락을 세우며) 가리키고 있는 거거든요. 그런 식으로 소화할 줄 알아야 하는 겁니다.

이 말씀을 듣고서 한순간 의심 없이 믿는다면

　이 말씀이라는 게 이 법, 법문이죠. 그래서 설법을 다른 말로 법문이라고 하잖아요. 왜 법문(法門)이라고 하겠습니까? 이 말이 바로 법으로 들어가는 문이고 법으로 안내하는 문이라는, 결국 법을 가리키고 있다는 말이죠. 그래서 설법을 법문이라고 하는 거거든요. 한마디 한마디 말이 말이 아니라 법으로 들어가는 문을 보여 주고 있는 겁니다. 무슨 말을 하든지 이것을 드러내고 있고 (손가락을 세우며) 이것을 가리키고 있는 겁니다.

　말을 이렇게 하니까 말 따라가고, 이 말이 법문인 줄 모르고 말만 따라다니는 폐단이 있는 거예요. 그래서 선(禪)이 나온 겁니다. 불립문자(不立文字) 하면서 나온 거예요. 경전의 한마디 한마디 말이 다 법문이고, 말이 아닌 법으로 들어가는 문인데, 문자로 되어 있으니까 말인 줄 알고 말만 따라다니는 그런 폐단이 생기는 거죠. 안목이 없으니까요. 그러니까 선에서 경전만 가지고는 부작용이 너무 심하다, 깨달음을 얻는 게 아니라 자꾸 말만 따라다닌다… 그래서 말을 세우지 말자, 말을 세우는 방편 쓰지 말자고 했어요.

　불립문자가 뭐냐면 이심전심(以心傳心)이거든요. 직지인심(直指人心) 견성성불(見性成佛)이에요. 선에서는 '부처가 뭡니까?' 물으면, 바로 한 대 때리든지 고함을 지르든지 (법상을 톡 두드리며) 이렇게 하거든요. "똥막대기" 하기도 하고. 그럼 똥막대기가 부처라는 겁니까? 그런 뜻이 아니거든요. 이것을 (손을 세우며) 그대로 직지(直指), 그대로 보여 주고 있는 겁니다. 딱 가리키고 있는 거죠. "부처가 뭐냐?" "똥막대기다." "잣나무다." "삼이 서 근이다." 이러니까 무슨 의미가 있느냐? 아무 의미 없습니다. 그냥 말을 가지고 바로 이것을 딱 (손가락을 세우며) 보여 주고 있는 겁니다. 이것은 행동으로 보일 수도 있고, 말로 보일 수도 있고, 소리로 보일 수도 있고, 색깔로 보일 수도 있습니다. 법은 얼마든지 여러 가지로, 색성향미촉법으로 다 드러내서 보여 줄 수 있으니까요.

그렇게 보여 주고 있는 겁니다. (법상을 톡톡 두드리며) 법을 보여 주는 거예요. 이 법 하나가 (법상을 톡 두드리며) 있는 겁니다. 절대로 생각을 하라는 게 아니에요. 말을 보면 생각을 하게 되어 있잖아요. 생각을 하라는 게 아니라 이 법을 보여 주고 있는 겁니다. (법상을 톡 두드리며) 이 법. (손가락을 세우며) 누구에게나 이렇게 드러나 있는 법. 항상 살아 있는 모든 사람에게는 전부 이것이 드러나 있습니다. (손가락을 흔들며) 이렇게 살아 있거든요. 법이 살아 있으니까 우리가 살아 있는 사람인 겁니다.

이 법을 때로는 말로, 때로는 행동으로 보여 주고 있는 겁니다. 경전은 말만 가지고 보여 주는데, 선에서는 말도 하지만 (손가락을 세우며) 주로 행동으로 많이 보여 주죠. 말을 하면 말 따라가는 잘못이 자꾸 일어나니까 설명 쪽의 말은 되도록 안 합니다. "부처가 뭐냐?" "똥막대기다." "잣나무다." 아무 설명이 없어요. "차 마셔라." "호떡이다." "벽돌이다." "나무토막이다." 이런 소리 하거든요. "부처가 뭐냐?"에 대한 답변을 말이죠. 그런 식으로 하거든요. 무슨 설명이 아니에요. 그냥 바로 (손가락을 세우며) 이것을 딱 이렇게 드러내는 거죠. 드러내고 지적하는 겁니다. 말로 할 수도 있고, 행동을 할 수도 있고, (손가락을 세우며) 이것을 드러내서 딱 지적하는 거거든요. (법상을 톡톡 두드리며) 이것을 드러내서 (손가락을 세우며) 이것을 지적하는 거란 말이에요.

그러니까 여기서 한 번 소식이 탁 오면 돼요. 한 번 소식이 오면 되는 거거든요. (법상을 톡톡 두드리며) 이 일 하나. (손을 흔들며) 이것 하나라고요. 이것 하나. 이것을 말로 읽으면 안 돼요. 설사 말을 해도 이런 식으로 소화가 돼야 합니다. '이 말씀을 듣고서 한순간 의심 없이 믿는다'는 것은 그냥 통하는 거죠. 설사 석가모니가 깨달았다, 해탈했다 하더라도 내가 직접 겪어 보기 전에는 100% 믿을 수는 없어요. 누군가가 무슨 말을 했을 때 내가 직접 경험하지 않으면 90%, 95% 믿을 수 있을지 모르지만 100%는 안 돼요. 그런데 직접 경험하면 의심할 수가 없잖아요. 이제 100% 믿는 거죠. 믿는다는 생각조차도 없어요. 겪어 봤으니까 당연한 일이 되는 거죠. 그게 바로 의심 없는 믿음이죠. 의심 없는 믿음이라는 것은 이것을 체험하는 걸 가리키는 겁니다.

이 말씀을 듣고서 한순간 의심 없이 믿는다면… 한순간에 체험이 된다면.

수보리야, 이 모든 중생이 이러한 헤아릴 수 없는 복덕을 얻을 것임을 여래는 잘 안다.

체험한 사람은 헤아릴 수 없는 복덕을 얻을 것이라는 것을 '여래', 우리 본래 마음이 알고 있다… 이것은 체험해 보면 알 수 있어요. 체험을 해 보면 '아, 이제 살았구나. 이제는 이쪽 길로 가면 내가 원하는 그런 삶을 살 수 있겠구나' 하는 어떤 안도감이 저절로 생기거든요. 이것이 통하기 전에는 꽉 막혀 있으니까 전혀 그런 게 없습니다. 그런데 마음의 문이 닫혀 있다가 확 열리는 식으로 통해 버리면 '이제 살았다. 이제 이 길로만 가면 정말 무한한 대우주의 모든 것을, 대자유를 누릴 수 있겠구나.' 처음에는 막연하지만, 그런 안도감, 약간의 자신감이 저절로 생겨요.

다시 예전으로 돌아갈 것이라는 의심은 생기지 않습니다. 또 돌아갈 수도 없어요. 일단 한 번 열리게 되면, 이것이 닫히고 예전으로 돌아간다? 그렇게는 안 됩니다. '나는 예전에 깨달음을 체험했는데 다시 과거로 돌아갔습니다.' 이런 말을 하는 사람이 있는데, 돌아간 게 아니고 공부를 안 하고 있다는 뜻입니다. 안 하면 그 수준에서 딱 정체가 돼요. 공부를 계속해야 하는데, 공부할 방법을 모르거나 거기서 만족했거나 하면 남은 건 여전히 세속밖에 없거든요. 출세간 문이 열렸으면 계속 출세간 길을 가야 하는데 더이상 발길을 옮기지 않으면, 문은 열려 있지만, 늘 접하는 관심이 세속 일이면 공부가 그 수준에서 제자리걸음을 하는 겁니다. 세속에 계속 오염되겠죠.

그러나 문이 닫히지는 않아요. 그런 사람들 가운데 10년, 20년 지나 공부에 뜻이 있어서 법문을 듣다가 예전 그 체험이 다시 일어나는 거죠. 그래서 찾아오는 사람들도 가끔 있어요. '제가 20대, 30대 때 경험했는데 그 뒤 공부를 제대로 하지 못하고 세속적으로 살다가 나이 들어 관심이 생기고 법문을 들었는데 다시 체험이 왔습니다.' 그런 분들이 가끔 있습니다. 그 문이 완전히 닫히지 않아요. 그런데 시간 낭비죠. 열의가 있으면 계속 그때 공부를 했어야 하는데, 그러면 진전이 있었을 텐데.

모든 중생이 이러한 헤아릴 수 없는 복덕을 얻을 것임을 여래는 잘 안다… 여래가 딴 게 아니고 마음이 다 알아서 한다는 말입니다. 여래가 하늘에 있어서 마음을 보고 있는 게 아니고, 각자의 마음이 알아서 한다는 겁니다. 머리가 아는 게 아닙니다. 머리는 몰라요. 우리 의식은 몰라요. 그런데 마음은 알고 있어요. 그런데 의식만 쳐다보고 있으니까 마음이 알아도 모르죠. 의식만 쳐다보고 있기 때문에. 그런데 마음은 알아서 이렇게 길을 갑니다.

공부를 해 보면 의식과 본래 마음이 따로 놀고 있다는 걸 알 수 있어요. 따로 놉니다. 본래 마음은 원래 아무 일도 없고 아무 문제가 없는데, 의식 속에서는 온갖 일이 다 있고 온갖 복잡한 문제가 있습니다. 따로 놀고 있어요. 체험을 해도 그렇게 따로 놀거든요.

그래서 체험한 뒤에 공부라는 것은 따로 놀지 않게 하는 거고, 그게 공부가 되는 겁니다. 자꾸 헤아리고 분별하는 의식을 조복시켜서 마음에 적응되도록 하는 겁니다. 그런데 하루이틀에 되는 게 아니고 시간이 많이 걸려요. 왜냐하면 의식을 가지고 살아온 세월이 너무 길어서 익숙해져 있거든요. 의식을 조복시켜서 마음에 적응되도록 해야 비로소 망상이 장난을 덜 치게 되죠. 망상이 장난을 덜 치면 항상 여여하고 여법할 수 있어요. 원래 본래 마음은 여법하고 여여한 겁니다. 원래 아무 일이 없어요. 그런데 자꾸 의식이라는 놈이 망상을 하고 장난을 치고 자꾸 문제를 일으키고 있는 겁니다. 결국 분별망상을 잠재우는 것이 공부인 거예요.

《반야심경》에도 그렇게 되어 있죠. '원리전도몽상 구경열반' 그렇게 되어 있잖아요. 전도몽상을 멀리 벗어나서, 마침내 아무것도 없다… 아무것도 없는 열반이 본래면목이에요. 본래 모습이라고요. 그러려면 '원리전도몽상', 생각의 장난에서 벗어나야 한다는 거예요. 그것이 생각을 조복시키는 겁니다. 본래 마음이 고요하고 아무 일이 없구나… 이것을 단순히 안다고 되는 게 아니고 체험을 해서 '이런 게 있구나' 하고 알았으면, 전도몽상, 망상하는 의식을 조복시키는 공부가 남아 있는 겁니다. 그것은 시간이 많이 걸려요.

그렇게 하려면 일단 아무것도 없는 열반, 본래 마음, 본래 살림살이, 이것을 한 번 경험해 봐야 하거든요. 그래야 여기에 의지해서 망상하는 의식을 조복시킬 수 있으니까요. 결국 공부는 그렇게 얘기할 수 있습니다. 복잡할 건 전혀 없어요. 이것이 체험되면 '원래 아무 일 없네' 하고 의식도 저절로 알죠. 그런데 의식은 계속 분별망상하는 역할이니까 원래대로 계속 돌아가고 있는 거고, '이게 진짜 내 모습이구나' 하는 게… 왜냐하면 이 자리가 훨씬 편안하고 안정되고 만족스럽거든요. 그러니까 자꾸 이 자리에 있고 싶고 이 속에서 살고 싶죠. 그런데 힘이 부족해서 그렇게 잘 안 돼요. 계속 의식이 잡아당긴단 말이죠. 분별망상이 잡아당겨요. 그 힘이 강하거든요. 일 없는 자리의 힘은 약하고 망상이 잡아당기는 힘은 강해요.

그다음 공부는 일 없는 자리 이것을 좋아해야 하고, 자연스럽게 좋아하게 됩니다. 편하고 만족스러우니까 좋죠. 이것이 편하고 만족스러우니까 좋아하게 되고, 그렇게 살다 보면 결국 좋은 쪽으로 마음의 힘이 기울어지게 돼 있거든요. 그리되면 망상하는 힘은 빠지게 되고, 여법해지는 이 힘이 자꾸자꾸 강해지게 되고 자연스러워져요.

공부의 길을 가는 것은 마음이 본래 모습을 드러내는 그 과정을 직접 겪어 가는 길입니다. 그전에는 마음이라고 해도 뭐가 마음인지 전혀 모르죠. 그런데 한 번 체험을 하면 '아, 이 자리. 항상 있는 일이고, 늘 있는 거고, 본래부터 있었던 거구나' 이런 확신이 들거든요. 자꾸 이 자리 속에서 살다 보면 법의 힘은 강해지고 망상의 힘은 약해지는데, 세월이 많이 걸립니다. 그 세월이 체험한 뒤 공부라고 하는 거예요.

심우도식으로 얘기하면 소를 키우는 거란 말이에요. 소를 찾았으면 도망 못 가게 붙잡고 키워야 합니다. 이제 소 키우는 공부가 남은 거죠. 일단 소를 찾아야 하니까 첫 번째는 여기에, 이 체험을 한 번 해야 하는 겁니다. 소는 지금 살아서 이렇게 움직이고 있습니다. 살아서 활동하고 있거든요. 살아서 할 것 다 하고 있거든요. 살아 있는 소를 제가 계속 가리켜 드리는 겁니다. 바로 이겁니다. (손가락을 세우며) 바로 이것입니다. (법상을 톡톡 두드리며) 각자의 살아 있는 소를 가리켜 드리고 있는 거예요. (법상을 톡톡 두드리며) 살아 있는 마음, 살아 있는 불성, 이것이 바로 불성이다. (법상을 톡 두드리며) 이것이 바로 마음이다, 이것이 부처다, 이것이 소다, 하고 계속 가리켜 드리고 있는 겁니다.

이 소는 모든 사람에게 있고 다 똑같습니다. 다르지 않아요. 그러니까 얼마든지 자신만만하게 가리킬 수가 있죠. 사람마다 다르다면 이렇게 할 수 없습니다. 이것은 내 소, 당신 소는 다른 소, 그리되면 가리킬 수가 없죠. 이 소는 한 마리면서 사람 숫자만큼 많아요. 부처를 얘기할 때 부처는 우주의 한 부처이면서 수없이 많은 부처다, 이렇게 얘기하잖아요. 마음이 그런 겁니다.

마음을 허공에 비유하고 《반야심경》에서 공이라 하는데, 허공이 그렇죠. 허공은 우주에 하나밖에 없는데, 삼라만상을 보면 그 속에 허공이 다 있거든요. 끝도 없이 많죠. 그런데 우주에 허공은 하나뿐인 거예요.

바르게 깨달으면 모든 사람이 똑같은 걸 깨닫는 겁니다. 너의 깨달음 다르고 나의 깨달음 다르고 그럴 수 없습니다. 바르게 깨달으면 모든 사람이 똑같은 거예요. 그래서 공이라는 한마디 얘기를 하는 거고, 중도라는 한마디 얘기를 하는 겁니다. 공을 깨닫고 불이를 깨닫고 중도를 깨닫는 거지, 다른 걸 깨닫는 게 아니거든요. 바르게 깨달으면 모든 사람은 똑같은 걸 깨닫는 겁니다.

그러니까 이것이 법문이 될 수 있는 거예요. 사람마다 깨달음이 다르다면 법문이 안 되죠. (법상을 톡톡 두드리며) 똑같은 것을 깨닫는 겁니다. 이것입니다. (손을 세우며) 이 일 하나. (법상을 톡톡 두드리며) 이것 하나. 이 일 하나가 있어요. 누구에게나 모든 사람에게 (법상을 톡톡 두드리며) 이 하나가 있습니다. (손을 흔들며) 누구든지 이것을 깨닫는 겁니다. 다른 깨달음은 없습니다. (손을 흔들며) 누구든지 이것 하나를 깨닫는 겁니다. (법상을 톡톡 두드리며) 이 일 하나가 있으니까요. 자꾸 이것만 가리켜 드리고 있는 거예요.

한순간 이 말씀을 듣고서 한순간 의심 없이 믿는다면, 수보리야, 이 모든 중생이 이러한 헤아릴 수 없는 복덕을… 한순간에 탁 깨닫게 되면, 탁 통하게 되면 모든 중생은 이러한 헤아릴 수 없는 복덕을 얻게 된다. 깨달음이 가장 가치 있는 것이다. 가장 좋은 거다 이 말이에요. 복덕이라는 건 좋은 거거든요. 깨달음이야말로 사람에게 가장 큰 가치가 있는 것이고, 가장 좋은 것이다… 그것은 겪어 보면 압니다. 이것을 체험하고 겪고 나면, 자기가 이 자리를 얻었다는 생각이 들어요. 이 세상 어떤 것을 주어도 이 자리와는 바꿀 수 없다는 생각이 듭니다. 세상에 어떤 걸 가져와도 이것은 포기할 수 없는 것이라는 생각이 들거든요. 그만큼 좋은 겁니다. 가장 큰 만족이고 이것을 무원 삼매라고 얘기하거든요. 원하는 게 더이상 없는 자리가 바로 이 자리라는 말입니다. 더이상 원할 게 없다… 가장 큰 만족이죠.

모든 중생이 이러한 헤아릴 수 없는 복덕을… 가장 좋은 거다, 더이상 원할 게 없다. 헤아릴 수 없는 복덕을 얻을 것임을 여래는 잘 안다… 우리 마음은 이미 알고 있다는 말입니다. 마음을 불교에서는 다른 말로 뭐라고 이름 붙입니까? 여래장(如來藏). 마음속에 여래가 들어 있다는 말입니다. '장'이라는 것은 저장되어 있다는 말이거든요. 마음을 여래장이라고 얘기하는 거예요. 우리 마음속에 본래 여래가 들어 있고, 그 여래가 아는 겁니다. 바깥의 여래가 아는 게 아니고. 바깥에 무슨 여래가 있어요? 마음이 바로 부처인 겁니다. (법상을 톡톡 두드리며) 마음이 바로 부처인 겁니다.

이걸 통하면 당연히 이 자리죠. 당연히 이것이고, 이것밖에 없는 거고, 여래가 안다는 것은 바로 여래장, 우리 마음속에 들어 있는 여래가 안다는 것입니다. 우리 마음이 본래 부처입니다. 체험을 해 보면 이런 걸 겪어 보면서 '이래서 저런 말을 했구나' 하고 알죠.

체험을 하고 공부를 겪어 보면서 경전의 말이라든지 조사의 말들을 알 수 있게 됩니다. 여기에 일단 통하고 이 자리가 턱 나오면 여기에 익숙해지는 겁니다. 다른 건 없어요. 여기 통하고 이 자리에 체험이 돼서 자기 살림살이가 탁 나오면, 여기에 익숙해지는 공부가 남은 거죠. 법은 (손가락을 세우며) 이것 하나뿐입니다. (법상을 톡톡 두드리며) 이것 하나뿐.

무슨 까닭인가?

경전에서는 방편의 말을 하니까 '무슨 까닭인가?' 하고 이유를 말하지만, 실제 여기에서는 (손을 올리며) 이유가 없어요. 이유도 역시 생각이거든요. 이유가 없고 원래 생각을 하든 말든 관계없이 항상 있는 일입니다. 마음이니 법이니 하는 이것은 생각을 하든 말든, 보든 안 보든, 듣든 안 듣든, 이것은 항상 있는 일이에요. 어떻게 생각하든, 눈을 뜨고 있든, 감고 있든, 어떤 상황, 어떤 일이 벌어지더라도 이것은 항상 있는 일이에요. 이것은 어떤 모습과는 관계가 없어요. 누가 뭘 보고 있느냐, 뭘 듣고 있느냐, 무슨 생각을 하고 있느냐, 그런 것과는 아무 상관이 없습니다. 이것은 항상 있어요.

바로 이것이니까요. (손을 올리며) 이것은 항상 있는 거거든요. 이것을 진여다, 여여하다, 일여하다, 무생법인이다, 여러 가지 이름을 방편으로 지었는데, 이름은 그냥 지은 거니까 놓아두고 진짜는 바로 이것이거든요. 이 일이 항상 있죠. 이 일 하나가. 우리가 깨닫지 못하는 건 딱 이것 하나뿐입니다.

보고 듣고 느끼고 생각하는 건 이미 잘 알고 있으니까 다 깨달아 있다 해도 되고, 그런데 이것 하나를 못 깨닫고 있어요. 이것은 볼 수도 없고, 들을 수도 없고, 느낄 수도 없고, 알 수도 없고, 이것은 어떻게 할 수가 없는 거거든요. 이것이 항상 이렇게 있어요. 바로 지금 이것이거든요. 바로 이것.

이것을 눈앞의 일이다, 발밑의 일이다, 그렇게 얘기하잖아요. 우리가 발밑을 벗어나질 않죠. 눈앞을 벗어나질 않죠. 그런 것처럼 바로 지금 이거니까요. 항상 이 일이 있고, 항상 이 속에 있고, 이 자리에 있습니다. 항상 이 자리에 있어요. 항상 이 속에 있고, 바로 이 일이니까 (법상을 톡톡 두드리며) 이것만 한 번 깨달으면 돼요. 이것은 절대로 알 수는 없습니다. 깨달아야 하는 거예요. 한 번 체험이 되는 거죠. 확인이 딱 되는 거예요. 증득(證得)이라고 하잖아요. 증거가 확인되는 거거든요. (법상을 톡톡 두드리며) 이것 하나.

바로 지금 (손을 세우며) 이겁니다. 증거가 확인되고 시간이 좀 지나서 확실해지면 이것은 항상 있는 일이에요. 늘 변하지 않고. 이 법에서는 새로운 건 없어요. 늘 있는 일이 항상 있을 뿐입니다. 이것은 달라질 수가 없으니까요. 어떤 모양도 없는데 어떻게 달라지겠습니까? 어떤 모양이 있으면 달라진다고 하겠지만, 이것은 모양이 없거든요. 어떤 무엇이 아니거든요. 그런데 이것이 분명하단 말이에요.

색깔도 아니고, 소리도 아니고, 냄새도 아니고, 맛도 아니고, 느낌도 아니고, 생각도 아니고, 어떤 그런 게 아니에요. 육진경계가 아니란 말이죠. 색성향미촉법이라는 육진경계는 아니에요. 이것은 육식으로 알 수는 없지만, 이것이 분명하거든요. 바로 지금 이거란 말이에요. (법상을 톡톡 두드리며) 이것이 한 번 와닿아야 해요. 경전에는 이것 하나를 말하려고 하는 겁니다.

> 이 모든 중생은 다시는 나라는 생각, 사람이라는 생각, 중생이라는 생각, 목숨이라는 생각을 하지 않고

아상, 인상, 중생상, 수자상이라 할 때 그 상이라는 말은 생각할 '상

(想)' 자예요. 생각입니다. '나는 누구다, 나는 어떤 사람이다' 이게 생각이죠. 중생이 어떻다, 사람은 어떻다, 다 생각입니다. 삶과 죽음이 어떻고, 목숨이 어떻고, 이게 생각이에요. 전부 다 생각이에요. 우리가 말할 수 있는 건 다 생각이거든요. 생각하니까 말을 하죠.

그런데 이것은 생각이 아니에요. 사실 이것은 말할 수 없으니까 마지못해 '이겁니다' 하지만, 이것은 말할 수 있는 건 아니에요. 여기서 자기가 한 번 탁 체험이 돼서 이것이 드러나고 '이런 일이 있구나' 하는 게 경험되는 거죠. 말로 설명하고 이해하고 그런 건 아닙니다.

바로 지금 이겁니다. (손을 흔들며) 바로 이거예요. 이건 누구든지 다 있어요. 이것이 분명하면 늘 이것이, 편의상 우리가 법이라고 하는 이 법이 가장 확실한 겁니다. 이걸 깨닫지 못했을 때는 법이라는 게 제일 불확실하죠. 그래서 묘하다, 불가사의하다, 이런 말을 하지만, 이것을 깨달아서 이것이 분명해지면 이것이 가장 확실해요. 이것이 첫 번째고, 보고 듣고 느끼고 생각하는 건 두 번째입니다. 왜냐하면 보는 건 내가 잘못 볼 수도 있고, 그런 경우 많잖아요. 내가 잘못 봤나 그런 경우도 있고, 듣는 것도 잘못 들을 수 있어요. 느낌도 사람을 속입니다. 생각은 당연히 여러 가지로 바뀌니까 잘못 알 수 있어요.

그런데 이것은 잘못될 수가 없어요. 이것은 색깔도 아니고, 소리도 아니고, 냄새도 아니고, 그런 게 아니니까 잘못될 가능성이 없습니다. 보고 듣고 느끼고 생각하고 말하는 건 두 번째고, 이것이 첫 번째예요. 이것이 항상 첫 번째예요. 이것이 근본이고 본바탕이고, 분별하는 건 두 번째예요. 이것은 분별은 아니에요. 바로 지금 이것인데, 분별은 아니죠. 이것이 한번 분명해지면 다 이것을 얘기하고 있는 거예요. 여기는 나다, 사람이다, 중생이다, 목숨이다, 이런 생각에 사로잡히지 않게 됩니다. 그런 생각을 못하는 건 아니에요.

비유를 하자면, 불이 났어요. 지금 내가 살고 있는 집이나 바로 옆집에 불이 나면, 그 불은 나에게 큰 번뇌입니다. 안절부절못하고 두렵죠. 그런데 길 건너 또는 강 건너, 내가 사는 곳과 관계없는 데서 불이 나면 어때요? 똑같은 불인데 불이 나면 번뇌가 아니고 이제 구경거리입니다. 불구경 재미있어요. 똑같은 불이거든요. 어디에 불이 났느냐에 따라서 마음이 전혀 다른 겁니다. 마찬가지로, 보고 듣고 느끼고 생각하는 것도 거기에 사로잡혀 있으면 번뇌예요. 그런데 사로잡혀 있지 않으면 그런 일이 전부 구경거리가 되는 겁니다. 번뇌가 안 돼요.

이 체험이라는 것은 보고 듣고 느끼고 알고 하는 거기서 벗어나는 겁니다. 그걸 못하는 건 아니란 말이에요. 여전히 눈이 있으니까 보고, 귀가 있으니까 듣고, 몸이 있으니까 느끼고, 머리가 있으니까 생각을 하죠. 그런데 이제는 마치 강 건너 불처럼 아무렇지도 않아요. 이것이 해탈인 겁니다. 저절로 마음이 그렇게 돼요. 이 체험이 있으면 저절로 마음이 그렇게 돼서 세상일이 남 일처럼, 관계없는 일처럼 여겨집니다. 그래서 모든 일에 대해 무덤덤해진다는 말이죠. 이것을 해탈, 열반이라 하는 것이고, 일이 없다, 번뇌가 없다, 이렇게 하는 겁니다. 이것은 자기가 겪어 보지 않으면 전혀 알 수가 없어요. 겪어 봐야 '이래서 번뇌가 없다는 말을 하는구나' 하고 납득할 수 있죠.

《반야심경》에 '원리전도몽상 구경열반'이라고 하잖아요. 온갖 생각으로부터 멀리 벗어나면 마지막 열반이다… 말 그대로 들으면 '생각을 전혀 안 하고 사는 게 열반인가?' 그렇게 오해할 수 있는데, 그런 말이 아니에요. 불이 나는 건 똑같은데 강 건너 불이 된다는 말입니다. 생각을 하긴 하는데, 이것은 상관이 없는 거예요. 아무렇지도 않아요. 그렇게 되어 버려요. 그것이 바로 '원리전도몽상'이라고 하는 겁니다.

깨달은 사람이 생각 안 하고 사는 건 아니죠. 어떻게 사람이 생각 안 하고 살 수가 있습니까? 똑같이 보는 거 다 보고, 듣는 거 다 듣고, 느끼는 거 다 느끼고, 생각하는 거 다 생각하는데, 아무렇지도 않아요. 마치 없는 것 같아요. 그러니까 이게 묘한 일이죠. 불가사의하고 묘한 일이에요. 본인이 겪어 보면 아는데, 겪어 보지 못하면 전혀 알 수 없는 그런 일입니다.

법이라는 생각도 하지 않고, 법이 아니라는 생각도 하지 않을 것이기 때문이다.

법이라고 하는 생각, 법이 아니라고 하는 생각, 둘 다 생각이죠. 세속의 여러 가지 생각들은 깨달은 사람이나 못 깨달은 사람이나 똑같이 합니다. 다만 못 깨달은 사람은 사로잡혀 있고, 깨달은 사람은 벗어나 있는데, 못 깨달은 사람은 법이라는 생각을 하려고 애를 쓸 겁니다. 법이 뭔지 잘 모르지만, 불법이 뭔지 알려고 애를 쓰죠. 깨달은 사람은 법이라는 생각이 저절로 사라져 버려요. '이거 법이구나' 그런 생각을 절대 안 합니다. 왜냐? 법을 깨닫고 보면 법이랄 것이 없어요. 아무 생각할 게 없거든요. '법이다, 법이 아니다' 이런 생각 자체가 일어나지 않는 거죠.

그래서 경전에서도 '깨달음도 없고 깨닫는 사람도 없다' 이런 말도 하고, 옛날 조사의 게송에도 그런 말이 나오잖아요. '법이라고 하지만, 무슨 법이 있다는 거냐?' 이런 말들이 있거든요. 방편으로 '법이다' 하지만, 법을 깨닫고 나서 보면 분별할 게 아무것도 없는데, 법이라는 이름을 어디에 붙입니까? 붙일 데가 없어요. 그러니까 '법이다, 법이 아니다' 이런 생각은 저절로 없어져 버립니다.

무슨 까닭인가? 이 모든 중생이 만약 마음에서 생각을 취한다면

생각을 취한다는 게 뭐예요? 생각을 붙잡는다는 거죠. 생각을 붙잡고 생각에 매여 있다면 나다, 사람이다, 중생이다, 목숨이다, 하는 여기에 집착한다는 말입니다. 생각이 일어나면 그 생각에 의해 집착하게 됩니다. 분별을 하게 되면 그 분별에 의해서 집착하게 되는 거죠.

예를 들어, 집에 어떤 오래된 물건이 굴러다니는데, 낡아빠졌고 오래돼서 별 신경 안 쓰고 살았어요. 그런데 골동품을 잘 아는 사람이 우연히 와서 보고 '야, 이거 500년 된 물건인데 골동품상에 가면 엄청나게 비싸게 팔 수 있다. 몇 억짜리가 될 거다' 이렇게 한마디 하면, 똑같은 물건이라도 그때부터는 태도가 영 달라지죠. 생각하고 알게 되면 집착이 일어나는 거예요. 물건은 그 자리에 원래 있었지만, 몰랐을 때는 아무 생각이 없었는데, '이게 뭐다' 하고 듣고 나서 생각이 생기면 그때부터 그걸 애지중지하고, 잃어버릴까 봐 두려워하고, 이렇게 문제가 생기는 거죠. 생각이 문제예요. 모든 문제는 생각이 일으키는 겁니다. 평소에 그런 걸 많이 겪죠.

친하게 지내던 친구가 있어요. 그런데 다른 친구가 와서 '그 친구가 뒤에서 네 험담을 하더라' 하고 말하면, 믿었던 친구니까 처음에는 안 믿겠죠. '걔가 그럴 리가 있나?' 하지만, 마음 한구석에는 '진짜 그랬다면 괘씸한데?' 하는 생각이 들고, 이제 번뇌가 생기는 거죠. 말 한마디가 결국 생각을 일으키고 생각 때문에 모든 문제가 생기는 겁니다.

생각이 극복되면 문제가 다 사라지게 되어 있어요. 모든 문제는 생각 때문에 생기거든요. 《금강경》에서 다 생각 문제를 다루고 있는 거예요.

나, 사람, 중생, 목숨에 집착할 것이기 때문이고, 만약 법이라는 생각을 취한다면 나, 사람, 중생, 목숨에 집착할 것이기 때문이다.

이 모든 중생이 만약 마음에서 생각을 취한다면, 생각을 붙잡게 되면, 나라는 생각에 집착, 사람이라는 생각에 집착, 중생이라는 생각에 집착, 목숨이라는 생각에 집착, 전부 집착이 됩니다. 똑같이 법이라는 생각을 취한다면, 법에만 집착하는 게 아니라 나라는 것에도 집착, 사람이라는 생각에도 집착, 중생이라는 것에도 집착, 목숨에도 집착할 것이기 때문에 이렇게 얘기하는 겁니다. 공부라는 것은 '내가 법에 대해 생각하지 않으면 법에 집착하지 않을 것이다' 이렇게 되는 게 아니고⋯ 임시방편으로는 그렇게 할 수 있을 겁니다. 사람들이 고민하고 후회하면, 위로하면서 늘 하는 말이 뭡니까? 잊어버리라고 하거든요. 그런데 안 잊어버려지죠. 잘 안되는데 잊어버리려고 애를 쓰면 조금은 기분이 좋아질 수도 있어요. 하지만 그것은 근본적인 해결책이 될 수가 없어요. 실제로는 안 잊어버려지거든요.

실제 깨달음은 어떻게 되는 거냐 하면, 깨닫지 못하면 항상 생각에 매여 있습니다. 그런데 한 번 해탈을 체험하게 되면, 그때부터는 모든 생각에서 싹 풀려나 있어요. 깨닫지 못한 사람은 한 생각이라도 일어나면 그게 다 생각이란 말이에요. 한 생각이 일어나서 하나의 생각에 집착하면 모든 생각에 집착하는 겁니다. 이게 그 말이거든요.

　만약 법이라는 생각을 취한다면… 법이라는 생각에 집착한다면, 법이라는 생각을 붙잡고 있다면, 법만 붙잡고 있는 게 아니고, 나, 사람, 중생, 목숨, 모든 생각을 붙잡게 된다… 이것은 의도적으로 '나는 그 생각을 하지 않겠어' 이렇게 되는 게 아니고 반드시 체험해 봐야 합니다. 생각에서 벗어나는 체험을 해 봐야 해요. 그러면 모든 생각에서 벗어나서 언제나 자유롭습니다. 어떤 생각에는 매이고 어떤 생각에서는 벗어나고, 이러지 않아요. 벗어나면 싹 벗어나는 것이고, 매이면 다 매여 있는 겁니다. 바로 이런 말입니다. 하나의 생각이라도 매이면, 사실은 그 하나의 생각에만 매이는 게 아니고 모든 생각에 다 매인다는 말이에요. 해탈하지 못하면 항상 매여 산다는 거예요. 해탈하면 모든 생각에서 다 벗어나 버립니다. 그 어떤 생각도 상관없게 되는 겁니다.

　이것은 경험을 해 봐야 압니다. 그래서 이 공부가 좋은 거예요. 한 번만 딱 해탈해 버리면 모든 생각에서 벗어날 수 있으니까요. 만약 생각마다 다 해탈해야 한다면 그건 영원히 해탈할 수 없죠. 생각이 끝없이 많은데 이 생각도 버리고 저 생각도 버리고 자꾸 그렇게 하다 보면 언제 그게 끝나겠습니까? 그렇게 되는 게 아니라는 말이에요. 한 번 (법상을 톡 두드리며) 딱 벗어나는 해탈의 체험이 일어나면, 어떤 생각에도 매여 있지 않습니다. 그러니까 이 공부가 좋은 거예요.

　그런데 벗어나지 못했다면 항상 모든 생각에 매여 있습니다. 자기가 체험해 보면 압니다. 두 개의 세계가 우리 속에 있구나, 하는 걸 알 수 있어요. 분별하면 전부 분별 세계고, 분별 없는 세계는 분별이 하나도 없는 겁니다. 그게 바로 세간과 출세간이라고 하는 겁니다. 세간은 전부 분별 세계예요. 출세간은 말하자면 분별할 게 하나도 없습니다.《반야심경》식으로 얘기하면 뭡니까? 세간은 색수상행식 전부 분별 세계이고, 출세간은 그냥 공(空)이에요. 아무것도 분별할 게 없습니다. 이런 식으로 되는 겁니다.

어중간한 건 없다는 말입니다. 그래서 항상 경전에서는 그 두 개를 얘기해요. 분별 세계를 세간, 분별 없는 세계를 출세간.《반야심경》에서 세간은 색수상행식, 출세간은 공.《금강경》에서 제상비상 이런 말 했잖아요. 제상(諸相)은 온갖 모습, 온갖 분별이고, 비상(非相)은 분별하는 게 아닌 것이니까 분별 없음이에요.

깨달아서 정신세계의 실상을 보면 이 양면이 있습니다.《대승기신론》에서도 생멸문, 진여문이라고 이문(二門)을 얘기하거든요. 일심(一心)에는 이문이 있는데, 생멸문은 전부 분별 상각의 세계이고, 진여문은 공이에요. 그냥 아무 분별할 게 없는 겁니다. 한 개 마음인데 마음에 이런 양면이 있어요. 우리 마음에 양면이 있습니다. 이것이 불교가 밝힌 진실이에요. 그래서 마음을 거울에도 비유하죠. 거울을 보면 모습이 다 나타나 있는데, 사실 거기에 뭐가 있습니까? 텅 빈 거울이 있어요. 양면이 같이 있는 겁니다. 거울을 보면 온갖 모양이 나타나 있는데, 거기에 뭐가 있습니까? 아무 모양이 없는 텅 빈 거울이 있어요. 그래서 마음은 거울과 같다고 얘기합니다. 마음이 이런 양면이 있어요.

그런데 중생들은 텅 빈 공은 모르고, 분별만 하고 있어요. 분별 속에서 뭐가 있니 없니 그렇게 하고 있는 거죠. 분별을 벗어나 버리면 '있다 없다' 분별도 없습니다. '공이다, 색이다' 분별도 없고 아무 분별이 없어요. '공이다, 색이다' 하는 것도 분별이거든요.

마음에 양면이 있는데, 우리는 분별하는 쪽은 이미 너무 잘 알고 있고, 분별 없는 이것 하나를 모르거든요. 그러니까 이것만 깨달으면 되는 거예요. 분별 없는 것은 분별이 없기 때문에 여러 가지가 없어요. 분별하는 건 헤아릴 수 없이 많잖아요. 모든 게 다 분별이 되니까 그걸 어떻게 다 깨달을 수도 없고 알 수도 없어요. 그런데 분별 없는 것은 단 둘도 없어요. 그냥 하나뿐이라 아무 분별이 없는 거니까 하나뿐인 거죠. 모든 분별이 없으니까 두 번째라는 게 있을 수 없어요. 깨달음은 한 번만 깨달으면 되는 겁니다. 돈오(頓悟). 문득 한 번만 딱 깨달아 버리면 두 번째, 세 번째 깨달음이라는 건 없어요. 공부하는 사람의 입장에서는 굉장히 다행스러운 일이죠. 깨달음이 100개가 있으면 100번을 깨달아야 하는데, 그게 보통 문제입니까? 하나밖에 없으니 얼마나 다행입니까?

그래서 '이것은 분별할 수 없습니다' 하고 분별 없는 (법상을 톡톡 두드리며) 이것을 계속 가리켜 드리는 겁니다. 문제는 이런 말들도 다 분별로 하는 말이기 때문에 이런 말이 아니고, 이건 방편입니다. 손가락이에요. (법상을 톡톡 두드리며) 실제로 와닿아야 하는 겁니다. 실제로 확인이 돼야 해요. 실제로 실감이 돼야 하는 거예요. 한 번만 실감하면 되고, 한 번만 확인되면 됩니다. (법상을 톡톡 두드리며) 이것 하나.

그런데 분별 없는 마음과 분별하는 마음은 한 개 마음이라서 절대 떨어질 수 없습니다. 따로 있지 않아요. 거울도 그렇잖아요. 텅 빈 거울과 모습이 나타나 있는 거울이 분리됩니까? 안 됩니다. 완벽하게 하나죠.

이 마음도 똑같습니다. 분별을 버리고 분별 없는 것을 취할 수가 없어요. 분별하는 가운데에서 분별 없는 것이 실감이 돼야 합니다. 그게 깨달음이에요. 《금강경》에서 뭐라고 했어요? 약견제상비상이라고 했잖아요. '만약 온갖 모습이 모습 아님을 본다면' 하는 건 뭐예요? 모습을 보는데 이게 모습이 아니라고 보게 되는 거죠. 거울을 보는데 거울이 텅 비어 있다는 사실을 알잖아요. 텅 빈 게 눈어 보이는 건 아니거든요. 그런데 거울이 텅 비어 있다는 걸 알거든요.

그게 지혜입니다. 거울은 사물이니까 거울을 경험해 보고 텅 비어 있다는 사실을 생각으로 아는 것을 지혜라고 하겠지만, 마음은 사물이 아니고 대상이 아니고 우리 자신이기 때문에 이건 깨달아야 하는 거예요. 이것을 체험해 봐야 합니다. 불교라는 것은 전혀 어려운 게 없어요. 보통 사람에게 '불교를 어떻게 생각합니까?' 물어보면, 열에 아홉은 '어려운 거죠' 이렇게 얘기하거든요. 불교가 어렵다고 해요. 전혀 어렵지 않습니다. 뭐 때문에 어렵습니까? 어렵게 느껴지도록 만들어 놓은 건 스님들이나 불교학자들의 탓이 크죠.

괜히 한문이나 온갖 산스크리트 어를 동원해서 이해도 잘 안 되는 어려운 단어를 얘기하니까 어려운가 보다 하는데, 전혀 어려운 게 아니에요. 우리 마음입니다. 각자 모든 사람의 마음일 뿐이에요. 마음인데 알 수 없는, 분별할 수 없는 이 마음을 한 번 깨치는 거거든요. 이것이 실감이 되고 확인이 되는 거란 말이에요. 아무 다른 게 없어요. 경전의 얘기가 다 그 얘긴데, 전혀 어려울 게 없습니다. (법상을 톡톡 두드리며) 분별이 안 되기 때문에 실감이 한 번 돼야 해요. 이것은 실감이 되고, 자기가 이렇게 체험해 봐야 해요. 이론적으로 설명할 수 있는 여러 가지 방편의 말들은 있지만, 이론적으로는 안 되는 것이고, (법상을 톡 두드리며) 실감해 봐야 합니다. 체험해 봐야 하는 거예요.

그러니까 불교가 정말 간단한 겁니다. 인간에게는 한 개 마음이 있죠. 자기한테 마음이 여러 개 있다고 여긴다면 망상이 좀 심한 겁니다. 그게 심해지면 약 먹어야 해요. 다중 인격, 정신 분열은 그런 문제예요. 그것은 망상이 너무 심해서 그런 겁니다. 마음은 그냥 하나뿐인 거예요. 하나뿐인데 분별하는 것만 쳐다보고 있으니까, 분별할 수 없고 분별 없는 이 하나는 전혀 모르고 있거든요. 이것 하나만 확인이 되면 다른 깨달음이라는 건 없어요. 《금강경》에서 명백하게 '약견제상비상이면 즉견여래'라고 했잖아요. 모든 모습 분별이 모습 아님을, 분별 아님을 보게 되면 깨닫는 겁니다. 그러면 즉견여래, 그게 바로 여래를 보는 거다⋯ 이 말은 바로 깨달음이라는 말이에요. 여래를 보는 게 다른 겁니까? 그게 깨달음이죠. 이게 불교입니다. 너무나 단순하고 간단한 겁니다. 난해하거나 복잡하거나 어려운 게 전혀 없습니다. 그냥 자기 마음의 실상을 깨닫기만 하면 되는 거예요.

그런데 분별하는 건 잘 아니까 색수상행식은 잘 알거든요. 색, 자기 육체, 잘 압니다. 수, 자기 느낌이 지금 어떻다 맨날 말하잖아요. 내 생각이 어떻다 잘 알거든요. 아니까 말을 하죠. 행은 어떤 욕망이나 의지, 이런 거 잘 알죠. 식은 의식이거든요. 말 그대로 식(識)이니까 알거든요. 그런데 공은 알 수가 없어요. 이것은 직접 한 번 체험해 봐야 하는 거예요. 따로 있는 게 아니에요. 거울처럼 색수상행식, 분별하는 것과 분별할 수 없는 공은 완벽하게 하나입니다. 그래서 '색즉시공 공즉시색'이라고 하는 거예요. (법상을 톡톡 두드리며) 완벽하게 하나예요. 따로 있는 게 아니에요. 분별 속에 분별 없음이, 그러니까 색이 바로 공이라고 하는 거예요. 어려울 게 하나도 없어요. (법상을 톡톡 두드리며) 이거라고요.

불교는 아주 단순하고 간단한 겁니다. 우리 본래 마음 (법상을 톡톡 두드리며) 이것만 깨달으면 돼요. 이것만 체험되면 된다고요. 지식으로 알 거 아무것도 없어요. 바로 지금 이것이거든요. (손을 세우며) 바로 이것. 여기만 통해 버리면 아무것에도 걸림 없이 확 통하는 겁니다.

《반야심경》에 뭐라고 했습니까? 심무가애, 마음에 장애 될 게 없다, 한 물건도 없다 이 말입니다. 아무것도 없어요. 이것이 탁 체험이 되면 아무것도 없어요. 눈에 안 보이고 귀에 안 들려서 없는 게 아니고 있는 그대로 보이고 들리고 다 하죠. 그런데 마음에는 아무것도 없어요. 마음이라고 할 것조차도 없어요. 아무것도 없간 말이죠. 아무것도 없는데 또 다 하거든요. 보고 듣고 느끼고 이렇게 생생하게 살아 있는 겁니다. 공이 아무것도 없는 공이 아니라 지금 살아 있는 공이에요.

결국 깨달음이라는 것은 (법상을 톡톡 드리며) 공의 체험이라고 말할 수도 있어요. 공의 체험이 뭡니까? 분별을 벗어나는 체험이죠. 말은 이렇게 하지만, 실제로 체험을 해 보면 이런 말이나 생각 자체가 일어나지 않습니다. 그냥 마음이 달라져 버리는 거예요. 마음이 그렇게 달라져서 아무것도 걸리는 것도 없고 자꾸 그렇게 되는 거죠.

한 생각이라도 일어나면 전부 망상 세계가 되고, 출세간의 실상은, 진여자성에는 단 하나의 생각도 없습니다. 진여자성이라는 생각도 없습니다. 한 생각이라도 일어나면 전부 망상 세계예요. 한 생각만 있는 게 아니고 모든 생각이 다 있게 됩니다. 그래서 분별하면 전부 분별 세계고,

분별을 벗어나면 하나의 분별도 없어요. 이것이 법계의 실상입니다.

거울을 보면 온갖 모습이 있지만, 텅 빈 거울에는 아무 모습이 없습니다. 그런 것과 같습니다. 이게 다 방편으로 하는 얘기고 본인이 실감을 해 봐야 해요. (법상을 톡톡 두드리며) 이 마음입니다. 거울은 한 개의 사물이잖아요. 딱딱하게 죽어 있는 사물이니까 생각으로 알 수 있지만, 마음은 죽어 있는 사물이 아니고 살아 있습니다. 살아 있는 거거든요. 살아 있는 우리의 본질이에요. 본래면목이고 본성이란 말이에요. 이것은 거울처럼 생각할 수 있는 것도 아니고, 객관적으로 쳐다보고 만져 볼 수 있는 게 아니에요. 거울은 비유에 불과한 겁니다. 실제로는 이것이죠. (법상을 톡톡 두드리며) 이것 하나.

그러니까 불교는 단순한 겁니다. 이것. 알 수 없는 것. 그런데 이것이 우리 본래 마음이에요. 이것 하나만 체험하면 돼요. 그러면 더이상 다른 건 없어요. 남아 있는 건 없습니다. 이것을 체험하고 어느 정도 시간이 지나서 안목이 제대로 서면 모르는 게 없어요. 더이상 비밀은 없어요. 뭐에 대해서? 우리 마음에 대해서, 우리 존재에 대해서, 인간이라는 것에 대해서, 자기 자신에 대해서 비밀이 없습니다. 아무것도 궁금한 게 없어요. 명백하거든요. 모든 게 명백하게 딱 드러나 있기 때문에 궁금한 게 없어요. 이게 지혜가 밝아진다고 하는 거거든요. 인생에 대해서 항상 나는 누구일까, 어디에서 와서 어디로 갈까, 인간이란 무엇일까, 맨날 그런 고민 하잖아요. 너무나 분명하게 진실이, 실상이 그대로 딱 드러나니까 그런 생각들이 싹 없어집니다.

인간이 사는 세계, 물질적인 진리를 아는 건 아니에요. 물질은 연구하는 사람이 따로 있잖아요. 그 사람들이 연구하는 거고, 깨달음이라는 것은 마음을 깨닫는 거니까요. 인간이라는 게 물질만 있습니까? 마음이 먼저 있죠. 마음이 중요하지 물질이 중요한 건 아니에요. 중생들은 물질에 집착하니까 물질이 풍부하면 행복할 것 같고 물질이 부족하면 불행한 것처럼 느끼는데, 어리석어서 그런 겁니다. 마음을 깨달아야 모든 문제에서 벗어납니다. 이걸 깨닫지 못하면 아무리 물질이 많고, 권력을 쥐고 있고, 아는 게 많더라도 절대 행복할 수가 없어요. 행복이라기보다는 만족이 안 돼요. 늘 불만족이죠.

그런데 이것에 탁 통해서 진실이 드러나면 원하는 게 없어져요. 원하는 게 없는 게 뭐예요? 100% 만족이다 이겁니다. 진실 하나가 딱 있으면 더이상 원하는 게 없어요. 저절로 마음에 원하는 게 다 없어져 버립니다. 그것을 무원삼매라고 이름 붙였어요. 마음에 원하는 게 아무것도 없어요. 궁금한 것도 없고, 하고 싶은 일도 없고, 아무런 그런 게 없습니다. 그냥 법 하나만 분명하면 다른 것은 아무것도 관심이 없거든요. 재밌는 게 없어요. 한마디로 얘기하면, 보고 싶은 것도 없고, 하고 싶은 일도 없고, 아무 그런 게 없습니다. 법만 분명하면 100% 만족이 되기 때문이죠.

그런데 법이 뭔가 틈이 있는 것 같고 약간 희미한 것 같으면, 굉장히 불안하고 불만족을 느끼죠. 그건 공부하는 사람만이 알 수 있어요. 공부를 해서 이런 경험을 해 본 사람만이 알 수 있거든요. 법이 뭔지 모르지만 틈이 있는 것 같아서 약간 삐걱대거나 헐겁게 느끼거나, 딱 들어맞아서 명백해야 하는데 그렇지 못하고 뭔가 희미한 것 같고 어두운 구석이 있는 것 같은 느낌이 들면 불만이 많죠.

법이 분명해져 버리면 아무 불만이 없습니다. 당연히 원하는 것도 없고, 궁금한 것도 없고, 하고 싶은 일도 없고, 이렇게 되는 거죠. 이것 하나입니다. 그래서 이것이 사람으로서 할 수 있는 최고의 일이라고 하는 거예요. 왜? 원하는 게 없는 게 제일 좋은 거죠. 아무리 돈이 많은 사람도 물어보면 원하는 게 다 있습니다. 뭔가 욕망이 없어지질 않아요. 만족이 안 된다는 말입니다. 그런데 법이 분명하면 그런 게 없어요. 하여튼 이것이 한 번 체험이 돼야 해요.

무슨 까닭인가? 이 모든 중생은 다시는 나라는 생각, 사람이라는 생각, 중생이라는 생각, 목숨이라는 생각을 하지 않고, 법이라는 생각도 하지 않고, 법이 아니라는 생각도 하지 않을 것이기 때문이다.

그러니까 모든 생각으로부터 자유로울 것이다. 모든 생각에서 벗어나서 자유롭다… 생각으로부터의 자유입니다. 결국 무엇으로부터의 자유냐? 깨달은 사람을 대자유인이라고 말하잖아요. 《금강경》식으로 얘기하면 상(想)으로부터의 자유. 상이 뭐냐 하면 생각이거든요. 분별로부터의 자유, 생각으로부터의 자유, 대자유인. 어디에도 걸림이 없고 아무 일이 없습니다. 이것이 신통입니다. 걸리는 게 없으니까 신통이죠. 우리는 항상 분별에, 생각에 걸립니다. 딴 데 걸리는 게 아니에요. 생각에 걸리고 분별에 걸리는 겁니다. 몸은 물질에 걸리지만, 마음은 생각에 걸립니다. 분별에 걸린단 말이에요. 색수상행식이 전부 분별이거든요. 육체도 분별이고, 느낌도 분별이고, 생각, 욕망, 기분, 감정, 의식, 이게 다 분별이란 말이에요. 거기에 다 걸려 버려요.

그런데 이렇게 탁 통하면 그런 게 없어요. 여기에 통해서 아무 분별할 것 없고 걸림 없이 자유로우냐, 아니면 여기에 통하지 못해서 온갖 분별에 걸려 있느냐? 항상 둘 중 하나라는 말이에요. 이것이 체험돼야 해요. 체험이 되어서 모든 생각에서 풀려나고 걸림 없는 자유인이 되는 거죠. 이 공부가 그 공부니까요.

바로 이거예요. 이것 하나. (법상을 톡톡 드드리며) 이것이 분명해져야 한단 말이죠. 이것 하나예요. 이것 하나. 갈고닦을 거 없습니다. 좌선한다고 앉아서 고요함 속에 정신을 집중해서 생각을 없앨 수는 있겠죠. 한곳에 집중하면 그럴 수는 있겠죠. 그러나 그것은 일시적인 것이고 생각 없음에 빠져 있는 겁니다.

그런데 깨달음은 뭐라고 했습니까? 생각을 하는데 생각이 없는 겁니다. 생각이 없어서 없는 게 아니에요. 좌선이나 삼매 선정 해서 생각이 뚝 끊어져서 시간 가는 줄 몰랐다⋯ 그것은 외도입니다. 불도가 아닙니다. 불도는 그런 게 아니에요. 그런 게 아니고, 한 번 여기에 딱 들어맞게 되면, 이것이 딱 체험되면 이전과 똑같이 살아요. 볼 거 다 보고, 들을 거 다 듣고, 생각할 거 다 하고, 그런데 아무것도 없어요. 아무것도 없습니다. 이게 불법이에요. 눈 감고 앉아서 삼매 속에 들어가는 게 아니에요. 부처님의 진짜 삼매라고 하는 건 여기 딱 들어맞으면 온갖 일이 다 있는데 아무것도 없습니다. 온갖 것이 무상하게 변하고 있는데 늘 여여해요. 이것이 부처님의 선정이고 삼대란 말이에요. 이게 불도입니다.

그러니까 수행해서 되는 게 아니고 한 번 이런 체험을 해 봐야 합니다. 여기 딱 들어맞는 체험이 있어요. 이것은 어떤 방법이 없어요. 분별해서 되는 게 아니라서 어떻게 할 수가 없어요. 이것은 수행을 해서 되는 게 아닙니다. 자꾸 수행을 어떻게 해라, 이런 것은 깨달음의 길이 아닙니다. 거울 비유를 다시 보면, 어린애는 거울을 볼 때 거울이 텅 비어 있다는 사실을 모르죠. 그런데 어느 정도 나이가 들어서 지혜가 생기면 거울이 텅 비어 있다는 사실을 알게 되잖아요. 무슨 수행이 필요합니까? 뭘 갈고닦아야 합니까? 거울은 원래 그런 건데, 본래 거울 자체가 그런 거라고요. 거울을 열심히 닦아야 합니까? 아무것도 할 일이 없어요. 원래 거울이 그런 거란 말이에요.

이 마음도 똑같습니다. 원래 마음이 이런 겁니다. 색이면서 공이고 공이면서 색인 거죠. 원래 마음이 이런 것이기 때문에 그냥 깨달으면 되는 거예요. 색을 갈고닦으면 공이 됩니까? 그게 아니죠. 왜 수행하라는 말을 하는지 이해가 안 돼요. 경전을 왜 안 보냐고요. 경전에 분명히 나와 있잖아요. '색즉시공 공즉시색'인데, 색을 어떻게 해야 공이 된다는 말이 어디 있습니까? 원래 색이 공인데, 색을 갈고닦으면 공이 됩니까? 원래 모든 색은 공입니다. 색즉시공 공즉시색… 수행하는 게 아닌 겁니다. 수행과는 아무 상관이 없습니다. 그냥 깨닫기만 하면 돼요. 깨닫기만 하면 되는 거예요. 자꾸 뭘 수행하라고 하는데, 어떻게 합니까? 원래 우리 마음은 거울처럼 되어 있어요. 마음 자체가 원래 그런 거예요. 그래서《대승기신론》에 '일심이문(一心二門)'이라고 되어 있는 게, 원래 그렇다는 말이에요. 한 개 마음은 본래 양면이 있다고 다 얘기해 놓고 있습니다.

원래 이런 겁니다. (법상을 톡톡 두드리며) 한 번 깨닫기만 하면 돼요. 이거라고요. (법상을 톡톡 두드리며) 이것. 어렵지 않아요. 힘들 것도 없고, 관심을 가지고 귀를 기울이며 바른 법문을 들어야 합니다. 자꾸 이래라저래라, 이런 거다 저런 거다. 엉터리 같은 법문을 들어 봐야 오히려 공부가 안 되고, 법계의 실상을, 마음의 실상을 바르게 가리키는 바른 법문을 들어야 깨달을 수 있습니다. 체험할 수 있어요.

 이것 하나. (법상을 톡톡 두드리며) 바로 이겁니다. 생각으로는 절대 알 수가 없습니다. 누구에게나 이 일 하나가 있습니다. 항상 있어요. 항상 이렇게 있습니다. 누구에게나 모든 사람에게나 항상 있는 일이에요. 바로 지금 이겁니다. 이게 딱 실감되는 순간, 여기는 분별할 게 아무것도 없고, 저절로 이렇게 탁 밝아지거든요. 이것 하나가 있을 뿐이에요. (법상을 톡톡 두드리며) 이 일 하나가. 다른 일이 있는 게 아닙니다.

 마음을 고치는 게 아닙니다. 어떤 수행 단체는 중생의 마음을 수행해서 뜯어고치고 부처의 마음으로 만들어야 한다고 하는데, 말도 안 되는 짓을 하고 있습니다. 중생의 마음과 부처의 마음은 똑같은 마음입니다. 단지 중생은 깨달음이 없고 부처는 깨달았을 뿐이에요. 중생 마음 따로 있고, 부처님 마음이 따로 있는 게 아닙니다. 똑같은 마음인데 깨달아 버리면 번뇌망상에서 벗어났으니까 일이 없고, 그렇지만 여전히 예전처럼 사는 겁니다.

 여전히 그 마음입니다. 다른 마음이 있는 건 아니에요. 부처의 마음이 따로 있느냐? 없습니다. 마음은 언제나 하나뿐이에요. 이 마음 하나밖에 없습니다. 원래 있는 이 마음인데, 우리가 모르는 진실, 알 수 없는 면, 이것을 한 번 체험하는 겁니다. 그러면 남아 있는 건 없어요. 이 마음 하나뿐이에요. 이 하나뿐.

 보통 자기 마음을 안다고 여기는데, 아는 마음은 결국 뭡니까? 기분이나 생각, 느낌, 감정, 이런 건 '아는 마음'인데, 그건 놓아두고, '모르는 마음' 이걸 깨달아야 해요. 모르는 마음이 있거든요. 이것이 모르는 마음이에요. 이걸 깨달아야 해요. 모르는 마음은 기분이나 감정과는 다릅니다. 그런 게 아니고, 이게 체험이 되면 돼요. 체험이 되면 온 천지에 다 있습니다. '이것이 마음이구나' 절대로 이렇게 아는 게 아니에요. 기분이나 느낌, 이런 건 알잖아요. 내 기분이 이렇다는 말까지 하잖아요. 내 느낌이 이렇다, 내 생각이 이렇다고 아니까요. 그런데 모르는 마음은 그렇게 할 수 없어요. 알 수 없는데 어떻게 그렇게 합니까?

그러나 이것을 탁 깨달으면, 이것이 확 드러나 버리면, 온 천지에 다 있어요. 이것이 온 모든 곳에 살아 있단 말이죠. 이게 딱 드러나 있거든요. 온 천지에 이것이 살아 있어요. 이것 하나가. 이건 생각할 수 없어요. 여기는 생각이 해당 안 되거든요. 이건 생각할 수 없어요. 여기는 생각이 해당 안 되고 생각할 수 없는 것이기 때문에 생각이 없어요. 그러나 이렇게 분명하게 살아 있단 말이죠. 분명하게 모든 곳에 드러나 있고, 살아 있고, 이 이상 다른 건 없어요.

이것이 우주와 세상을 나타내는 본바탕입니다. 이것이 없으면 어디에 하늘이 있고 땅이 있고, 어디에서 별이 빛나고 바람이 불겠습니까? 있을 수가 없어요. 바람이 불 때도 이게 있는 거고, 해가 빛날 때도 이게 있는 겁니다. 모든 우주와 삼라만상이 있는 곳에 바로 마음이 있고 깨달음이 있는 거예요. 이것이 명백하게 밝혀지는 겁니다. 온 세상에 무슨 일이 있든지 깨달음이 있고 마음이 있는 겁니다.

《반야심경》식으로 얘기하면 뭡니까? 색도 공이고, 수도 공이고, 상도 공이고, 행도 공이고, 식도 공이고, 색수상행식이 있는 곳에 전부 공이 있는 거란 말이에요. 그런 것처럼 무슨 일이 있더라도 이게 있는 거거든요. 이것 하나가 있는 겁니다. 무슨 일이 있더라도 이것 하나가 있는 거예요. 이게 다 나타나 있어요. 이것은 알 수는 없어요. 이것 하나가 있는 거예요.

(법상을 톡 두드리며) 바로 지금. 바로 이것 하나가 있는 거예요. 알 수는 없지만, 무슨 일이 있더라도 바로 이게 있는 거예요. 이것 하나가. 모든 곳에. 온 세상의 삼라만상 두두물물이 법문을 한다, 그런 말을 하기도 하고, 삼라만상 두두물물 위에 부처님의 도습을 나타낸다, 이런 말도 하잖아요. 모든 곳에 이게 다 있어요.

그러니까 부처가 따로 없고 도가 따로 없습니다. 마음이 따로 없어요. 물 마시면 물 마시는 데 있고, 말하면 말하는 데 있고, 걸어가면 걸어가는 데 있고, 하여튼 모든 곳에 다 있습니다. 이것은 분별할 수 없지만, 마음이 있고 깨달음이 있는 거예요. 분별할 수 없는 마음이 드러나는 게 깨달음이니까요.

모든 곳에 다 있습니다. 뭘 하든지 간에 이게 있죠. 이것 하나가. 이것이 명백하게 드러나면 죽었던 사람이 살아난 것 같고, 진짜로 이 우주가 살아 있습니다. 우주는 무생물이 아닙니다. 우주는 한 개 마음이에요. 살아 있는 마음입니다. 그래서 법신불이라 해요. 이 우주는 한 개 살아 있는 마음이에요. 모든 것에 부처 아닌 게 없고 다 살아 있습니다. 우주가 살아 있습니다. 그러니까 이 우주를 법신불이라고 얘기하잖아요. 삼계유심(三界唯心). 온 세상은 한 개 마음일 뿐이라는 말도 하잖아요.

이것이 있어요. 이것. 항상 이렇게 있는데 이것을 (법상을 톡톡 두드리며) 한 번 체험해 봐야 해요. 실감이 돼야 해요. 체험이 되면, 이것이 툭 드러나서 생각할 건 없어요. 그렇지만 명백하게 드러나 있단 말이에요. 모든 곳에 분명하게 이것은 항상 있는 일이지, 생각할 건 없어요. 생각하면 망상입니다. 모든 곳에 드러나 있습니다. 이게 다 살아 있거든요. 이것을 체험해 보면 모든 사람이 본래 다 깨달아 있다는 그 말을 확실하게 알 수가 있거든요. 다 깨달아 있구나… 그런데 자기가 엉뚱한 생각을 하고 있는 거예요. 모든 사람이 다 깨달아 있습니다. 살아 있는 사람은 다 깨달아 있어요. 그런데 본인이 자꾸 엉뚱한 생각에 사로잡혀서 꿈속에 있는 거죠. 그 꿈을 깨야 해요.

이 일 하나거든요. (법상을 톡톡 두드리며) 이게 분명해야 해요. 이 소식이 딱 오면 자다가 꿈을 깨는 것처럼, 죽어가던 사람이 다시 살아난 것처럼 확 생생해진단 말이에요. 그래서 깨어 있다고 하는 겁니다. 공이라 해서, 힘없이 죽어가는 사람처럼 그런 게 아닙니다. 팔팔하게 살아 있습니다. 명백하게 바로 지금 이거니까요. (손가락을 들며) 부처 아닌 게 없습니다. 이미 다 부처인데, 어쨌든 한 번 잠을 깨면 돼요.

왜 그러한가? 만약 법이 아니라고 생각한다면, 나라는 생각, 사람이라는 생각, 중생이라는 생각, 목숨이라는 생각에 집착할 것이기 때문이다. 이 까닭에 법이라는 생각도 하지 말아야 하고 법이 아니라는 생각도 하지 말아야 한다.

'법이다' 하는 것도 생각이고, '법이 아니다' 하는 것도 생각이고, 하나의 생각이라도 일으키면 전부 다 생각이에요. 법이라는 것은 보통 '법과 세간상', '세간 출세간' 그렇게 얘기하는데, 한 개의 생각이라도 일으키면 전부 세간이에요. 그럼 출세간은 뭐냐? 이것은 불가사의죠. 아무 생각할 게 없고 분별할 게 없어요. 하나의 생각을 일으키면 다 생각이에요. '하나의 생각만 일어나도 온 우주를 생각으로 오염시킨다' 그렇게 얘기하죠. 10%는 생각이고 90%는 생각이 아니고, 이런 건 없습니다. 100% 생각이거나 0% 생각이거나, 말하자면 그렇게 얘기할 수 있어요.

법에 통해 보면 어중간이라는 건 없습니다. 생각과 생각 아님이라는 게 한 개 마음인데, 《반야심경》 식으로 여기하면 색이거나 공인 거죠. '색과 공이 반반씩 섞여 있다' 그런 건 없단 말이죠. 색이거나 공인 건데, 색과 공은 한 개 마음이라는 겁니다. 하나란 말이에요. 그래서 '색즉시공 공즉시색' 하는데, 방편으로 분별하면 색이거나 공이죠. '색이 몇 프로, 공이 몇 프로' 이런 건 없습니다. 이것을 체험하고 공부를 해 나가다 보면 이런 안목들이 생겨요. 무엇보다 어떤 생각도 아닌 여기에 한 번 통해야 합니다. 이것은 어떤 생각도 아니에요.

'호리유차(毫釐有差) 천지현격(天地懸隔)'이라는 말도 있잖아요. 털끝만큼이라도 생각이 일어나면 전부 망상이라는 말입니다. 그래서 '털끝만큼이라도 차이가 있으면 하늘과 땅처럼 간격이 벌어진다'고 얘기하는 거죠.

이 일 하나가 있어요. 이런저런 말 다 필요 없고, (법상을 톡 두드리며) 《금강경》에서 하는 말이 무슨 말인지 (법상을 톡톡 두드리며) 자기가 실감을 해 보려면, 바로 여기에 통달이 돼서 여기 한 번 탁 통하고 생각에서 풀려나는 체험을 해 봐야 해요. 그러면 '전부 이걸 얘기하고 있구나' 하는 걸 알 수 있고 그전에는 알 수 없어요.

《금강경》을 글만 읽으면 '상(相)을 떠나라 말이구나. 어떤 상도 있으면

193

안 된다는 말이구나' 그런 정도밖에는 알 수가 없죠. 상을 떠나는 게 뭔지를 모른단 말이죠. 여기에 통달이 돼 봐야, 이 체험을 해 봐야 (법상을 톡톡 두드리며) '이것을 두고 상을 떠난다 하는구나' 하고 자기가 직접 겪어 보는 거죠. 겪어 봐서 이렇게 실감을 하고 실제가 되는 거죠.

분별을 벗어나야 한다… 여기까지 이해되고 말할 수 있잖아요. '그래 분별을 벗어나야지.' 그런데 실제로 벗어나 보지 않으면 분별을 벗어난다는 게 뭔지 알 수 없잖아요. '깨달음은 분별을 벗어난 것이다.' 그렇게 이해가 되지만, 실제 분별을 벗어난 체험을 해 보지 않으면 왜 저런 말을 하는지 알 수가 없는 거죠. '분별을 벗어난다'는 건 방편으로 얘기하는 거고, 분별 아닌 여기 한 번. 이 일 하나.

(법상을 톡톡 두드리며) 이것이 모든 사람에게 있는 변하지 않는 근본입니다. 본질이라 해도 좋고. 이것이 진실이거든요. 누구에게나 다 있습니다. 없는 사람이 없어요. 전부 다 이것을 갖추고 있어요. 왜냐하면 본성이라는 건 태어날 때부터 가지고 나온 거란 말이잖아요. 원래부터 있는 이것이거든요. (법상을 톡톡 두드리며) 바로 지금 이것이란 말이에요. 이것을 불성, 본성, 자성, 진여, 마음, 부처… (손가락을 세우며) 이것을 가리켜서 그런 이름들을 얘기하는 겁니다. 이것이 다 있는 거예요. 누구한테든 이것이 다 있는 거죠.

'왜 그런가?' 하는 건 생각이죠. 이것 자체는 이유가 없습니다. '왜 이렇지?' 이렇게 할 수가 없어요. 그건 생각이거든요. 여기에는 이유가 없어요. 그냥 이것이죠. 생각에서 풀려나서 여기에 통하면 원래 이런 거지, 무슨 이유 같은 건 없어요. 원래 이런 거고 항상 이렇게 있는 거지, 원인이나 이유 그런 건 없죠. 원래 이런 거죠. 본래면목이라는 게 본래 이런 거다 이 말이죠. 여기에 통달이 돼서 이것이 탁 드러나면 더이상 궁금한 게 없어요. 찾을 것도 없고, 본래 있는 게 이거니까요. 만약 이것이 어딘가에서 나온 거라면, 이것이 나온 근원이 어디인지 찾겠지만, 이것은 그런 게 아니거든요.

생각이 어디서 나오느냐? 보고 듣고 느끼고 하는 게 어디서 나오느냐? 이런 건 물어볼 수 있거든요. 그럼 '근원인 여기서 나온다.' 이렇게 말할 수 있지만, 이것은 어디서 나오느냐? 이것은 더이상 근원이 없어요. 이것이 근원이고 근본이니까 더이상 찾을 게 없어요. 이 일 하나. 이것 하나. (법상을 톡톡 두드리며) 여기 통해서 이것이 이렇게 명백해져야 하지, 다른 건 없습니다.

만약 법이 아니라고 생각한다면… 법이라고 생각하든 법이 아니라고 생각하든, 생각은 생각이라는 거예요. 그 생각만 있는 게 아니고, 나라는 생각, 사람이라는 생각, 중생이라는 생각, 목숨이라는 생각, 그러면 온갖 생각이 다 생기는 거예요.

이 까닭에 법이라는 생각도 하지 말아야 하고 법이 아니라는 생각도 하지 말아야 한다… 세속적으로는 생각을 해야 합니다. 세속으로는 생각을 하면서 사는 인생이죠. 그러나 깨달음은 생각할 수 없다는 말이에요. 세속은 당연히 생각을 하면서 살죠. 그러나 출세간의 법을 깨닫고자 한다면, 이것은 생각이 아니다 이 말이에요. 이것은 생각이 아닌 거예요.

세속적으로 생각하지 말라는 건 아니에요. 세속적으로는 다 생각해야죠. 어떤 분들은 '세속적으로도 아무 생각 하지 말고 살아라' 이렇게 오해해서 질문도 하는데, 그것은 말이 안 되는 얘기죠. 세속적으로 생각

안 하고 어떻게 삽니까? 당연히 생각하는 겁니다. 그러나 법을 깨닫고자 하면 생각은 안 된다는 거예요. 이것은 생각으로 하는 게 아닙니다. (법상을 톡톡 두드리며) 이것은 체험해 봐야 하는 거지 생각을 해서는 안 되죠.

마음을 비유할 때 거울을 비유로 들죠. 거울을 보면 모습이 보여요. 말하자면 마음에 나타난 생각 같은 겁니다. 분별이죠. 거울을 보면 모습이 보이잖아요. 자기 얼굴뿐만 아니라 옆에 있는 게 다 보이죠. 그것이 바로 우리 마음에 나타나 있는 분별입니다. 그런데 거울을 보면 모습이 보이지만, 사실은 거기에 뭐가 있습니까? 텅 빈 거울이 있어요. 거울 속에 모습이 나타나 있기는 하지만, 거울 속에 그런 물건이 있는 건 아니잖아요. 거울이 텅 비어 있다는 사실을 눈으로 볼 수는 없어요. 그러나 거울이 텅 비어 있다는 건 알죠. 물론 거울은 사물이니까 생각으로 분별하여 알지만, 마음은 생각으로 분별하여 알 수는 없어요.

비유하면 거울에 나타난 모습은 생각과 같고, 텅 빈 거울은 마음의 본질이 공이라는 것과 같습니다. 거울이 텅 비어 있음을 눈으로 볼 수 없듯이, 마음이 텅 비어 있다는 사실을 생각으로 알 수는 없습니다. 생각으로 아는 게 아니라 체험이 되는 겁니다. 거울은 사물이니까 우리가 거울을 생각할 수 있지만, 마음은 사물이 아니고 우리 자신이에요. 자기의 본래면목이고, 본성인 겁니다. 객관화시켜서 생각할 수는 없어요. 그냥 한 번 탁 체험이 되는 거죠. 그것을 깨달음이라고 하는 거죠.

이것은 생각할 수 없지만, 사실 이렇게 있는 겁니다. 거울이 텅 비어 있어서 온갖 모습이 나타나듯이, 마음이 텅 비어 있으니까 온갖 분별을 다 하죠. 그러니까 세상이 마음속에 있다고 하는 거예요. 마음이 텅 비어 있기 때문에 온 세상 모든 게 마음속에 다 들어 있습니다.

이것이 (법상을 톡톡 두드리며) 와닿아야 허요. 텅 비어 있다는 말도 방편입니다. 그렇게 생각하라는 게 아니에요. 다 방편의 말이고, (법상을 톡톡 두드리며) 실제 체험이 돼야 합니다. 거울은 유리라는 사물이지만, 마음은 사물이 아니고 우리 자신이에요. 살아 있는 거죠. 거울은 살아 있지 않아요. 그건 방편으로 비유한 것이고, 마음은 생생하게 살아 있는 겁니다. 사물이 아니에요. 객관이 아니에요. 이렇게 생생하게 살아 있는 거예요.

바로 지금 이것입니다. (법상을 톡톡 두드리며) 바로 이것. 이것이 마음이고, 마음이라 할 수도 있고, 부처라 할 수도 있고, 보리, 반야, 열반, 해탈, 뭐라고 해도 좋아요. 그게 이것입니다. '보리'라고 해도 (법상을 톡톡 두드리며) 이것이고, '반야'라고 해도 (법상을 톡 두드리며) 이것이고, '해탈'이라고 해도 이것이고, (법상을 톡 두드리며) '열반'이라고 해도 이것이고, 그냥 이겁니다. 뭐라 해도 좋단 말이에요. 그냥 이거죠. (법상을 톡톡 두드리며) 이것 하나.

이것이 한 번 탁 감이 오면, 의식이 방해하지 말아야 해요. 자꾸 생각이 들어와서 '그래, 뭐 어떻게 되는 거야?' 이렇게 하면 그것이 가려져 버리거든요. 그것을 물든다고 합니다. 생각에 물든다… 경전에서는 염색할 때 '염(染)' 자를 쓰거든요. 염법이라 허요. 법이 생각에 물들었다 해서 염법이라고 합니다. 염색하면 색깔에 물이 들어 버리잖아요. 방편으로 그렇게 얘기하는 겁니다. 생각에 물들지 않고, 이것이 분명하게 딱 나와야 합니다. 그래야 자유로울 수 있어요.

생각으로 '이런 거지' 이러면 그건 아니에요. '텅 빈 공이지' 이러면 그건 아닙니다. 그것은 생각이죠. (법상을 톡톡 두드리며) 이 일 하나예요. 이것입니다. 이것이 탁 체험될 때는 '생각이 툭 끊어진다' 이렇게 말할 정도로 분명히 뭔가 감은 오는데 생각할 수는 없어요. 뭔지 알 수 없어요. 스스로 생각할 수 없으니까. 감은 와요. 이렇게 생생하게 감이 오거든요. 이런 게 있구나 하고. 그런데 생각하는 게 아닙니다. 생각은 안 되죠. 여기에 통해서 이것이 툭 드러나면 생각은 저절로 쉬어져요. 이것만 툭 드러나 있는 거죠. 물론 이것이 드러나서 감이 왔지만, 생각을 하지 못하는 건 아니에요.

생각은 하는데 세속을 생각하는 거지 법을 생각할 수는 없다는 말이에요. 세속 일은 당연히 생각해야죠. 세속 일은 생각하지만, 법을 생각할 수는 없습니다. 세속 일을 생각하는 것은 전혀 방해가 되지 않습니다. 그것은 아무 문제 없습니다. 어차피 세속 일은 생각해야 하는 것이기 때문에 세속 일을 생각하는 것이 마음공부에 장애가 안 됩니다. 세속 일은 어차피 생각하는 거니까 상관이 없어요. 그런데 법은 생각이 아니란 말이에요. 이것은 한 번 감이 와야 해요.

어떤 분들은 세속 일을 생각하는 게 마음공부를 방해하지 않느냐고 묻는 분이 있는데, 방해 안 합니다. 상관없어요. 세속 일을 생각하는 건 아무 문제 되지 않아요. 문제는 법을 생각하는 건 망상이란 말이에요. 이것은 생각할 수 없는 건데 이것을 생각하면 망상이죠.

이것이 한 번, (법상을 톡톡 두드리며) 바로 지금 이겁니다. (손가락을 들며)

이렇게 분명하게 모든 분에게 (손가락으로 즈변을 가리키며) 딱 그대로 지금 다 드러나 있어서, 제가 보면 다 깨달은 분들이에요. 전부가 다 깨달아 있어요. 그래서 '일체중생(一切衆生) 개유불성(皆有佛性)'이라는 말이 있잖아요. 의식을 가지고 살아 움직이는 모든 것은 전부 다 불성을 가지고 있습니다. 이 말은 다 깨달아 있다는 달이에요. 원래부터 깨달아 있는 것이라는 말이죠. 그런데 자신이 일으킨 생각에 자기가 말려 들어가 있는 거예요. 그래서 '자승자박'이라고 합니다. 자기가 생각을 일으켜서 자기를 가로막고 있는 거예요. 깨달음을, 불성을 가로막고 있는 거예요. 중생이 그런 입장이에요.

생각은 내버려두고, (법상을 톡톡 두드리며) 이 일 하나입니다. 불성이라 하든 부처라 하든 마음이라 하든, 여기에 관심을 가지고 있다가 탁 하고 이 소식이 와야 해요. 체험이 돼야 합니다. 이것이 쑥 드러나면 항상 있으니까요. 이것이 우리한테 다 있습니다.

'물과 물결' 얘기하듯이, 물이 없는 데서는 물결이 일어날 수 없어요. 진여자성이 없으면 생각이 일어날 수가 없습니다. 마음이 없으면 망상이 일어날 수가 없어요. 망상을 하고 있는 데는 바로 진여자성이 있고 마음이 있는 거예요. 여기 다 있는 겁니다. 그러니까 누구든지 깨달을 수 있죠. 물결을 보는 사람은 사실은 물을 보는 겁니다. 물결에 속아서 '물결은 저런 모습인데 물의 모습은 어디 있을까?' 이렇게 해 버리면 그것은 망상이거든요. 강이든 바다든 '물결은 저런 모습인데 물은 어떤 모습일까?' 이런다면 망상이죠. 바로 그게 굴이거든요. 물결이 바로 물이란 말이에요. 그런 것처럼 물결은 이해할 수 있지만, (법상을 톡 두드리며) 이것은 이해가 아니고 실제로 와닿아야 하는 거예요. 물결이니 거울이니 이것은 방편이니까 이해를 하지만, 이것은 이해가 아니라 (법상을 톡톡 두드리며) 실제로 와닿아야 하는 겁니다. 법이 이렇게 생생하게 살아 있어야 헛된 망상이 아닌 거죠.

　마음이 생생하게 살아 있습니다. 이 세계는 한 개 마음의 세계예요. 그래서 법계라고 하는 거예요. 법은 마음법이거든요. 법은 심법이에요. 불교에서 법이라고 하는 건 심법입니다. 그래서 법계라고 하면 심법의 세계, 마음의 세계를 말합니다. 그것이 우리가 사는 세계예요. 다 마음의 세계입니다. 우리는 물질만 가지고 자꾸 그것만 쳐다보고 있으니까 중생이죠. 마음의 세계인 줄 모르고, '이것이 무슨 물질이다' 하고 따지는 그 자체가 마음인데, 마음은 모르고 물질을 쳐다보고 있어요.

　물질을 연구하잖아요. 자연 속에 원소가 백여 가지가 있다고 하고, 육체도 연구하고 생물학, 화학, 물리학을 연구하는 게 뭐냐면, 바로 마음이에요. 마음이 없으면 어디에서 생물학이 나오고, 화학이 나오고, 물리학이 나오고, 무엇이 물질을 연구합니까? (법상을 톡톡 두드리며) 마음은 내버려두고 엉뚱한 걸 쳐다보고 있어요. 현대과학이 발달해도 자기의 본질을 잃고 물질세계만 추구하니까 과학이 발달한다고 행복해집니까? 인간의 근본적인 문제가 해결됩니까? 단지 생활이 좀 편리해질 뿐이지 문제 해결은 안 되거든요. 인간이 가지고 있는 근본적인 문제는 마음을 깨달아서 마음이 밝혀져야 해결됩니다. 이것이 우리의 근본이기 때문에, 아무리 물질문명이 발달해서 좋은 음식을 먹고 좋은 약을 먹고 좋은 집에서 자도, 인간에게 있는 근원적인 불만족을 해결할 수는 없어요.

　이것을 한 번 깨달아서, 이것이 와닿아서 밝혀져야 모든 문제가 사라지고 궁금한 게 없어집니다. 인생이라는 건 100년을 살아도 모른다고 하는데, 이것을 탁 깨달아서 드러나면, 인생 뻔합니다. 다 보입니다. 모르는 게 없어요. 근원이 딱 드러나 버리면 말단은 볼 필요도 없습니다. 근원이 딱 드러나 버리면 말단은 이 근원에서 다 나오는 겁니다. (법상을 톡톡 두드리며) 이것이 한 번.

법이라는 생각도 하지 말아야 하고… 법에 관해서는 어떤 생각도 용납이 안 됩니다. 세속에 관해서는 생각해도 관계없어요. 그러나 법에 관해서는 어떤 생각도 해당이 안 됩니다. 그래서 법에 관한 망상을 법상(法想)이라고 합니다. 망상 중에서도 법상이 가장 나쁜 망상이에요. '이런 게 법이다' 하면 그것은 망상이거든요. 법에 관한 생각은 망상 중에서도 가장 좋지 못한 망상이에요.

그러므로 여래는 늘 그대들 비구들에게 말하노니, 내가 법을 말하는 것은 마치 뗏목의 비유와 같음을 알아야 한다. 법도 오히려 버려야 하는데 하물며 법 아닌 것이야 말할 필요도 없느니라.

내가 법을 말하는 것은 마치 뗏목의 비유와 같다… 뗏목이 뭡니까? 배죠. 뗏목은 물을 건널 때만 필요합니다. 물을 건너고 나면 당연히 뗏목에서 내려야 해요. 그런 것처럼 법이다, 도다, 마음이다, 부처다, 이런 말들이 다 뗏목입니다. 깨달음으로 가기 위해서 이런 방편에 의지하는 거죠. 방편의 말에 의지해서 법문도 하고 법문도 듣고 하는 건데, 자기 살림살이가 툭 나와서 깨닫게 되면 말이 필요 없어요. 이름이 필요 없습니다. '깨달음이 이런 거구나' 이런 생각을 하느냐? 아무 생각이 없어요. 여기는 아무 생각이 없는데, 무슨 말이 있겠습니까? 그래서 깨달은 사람에게는 깨달음이 없다고 하는 겁니다. 깨달음이라는 생각 자체가 없어요. 모든 분별에서 벗어나 걸림이 없는 것이고, 머무는 데가 없는 거고, 아무런 생각을 가지고 있지 않은 겁니다. 그래서 무상, 무념, 무주, 이렇게 얘기하는 거죠. 모든 분별에서 벗어나서 아무 생각이 없지만, 깨어 있는 거죠. 이것이 명백하니까요.

깨달음 없이 생각이 없을 수도 있습니다. 어떤 겁니까? 잠을 자면 돼요. 깊은 잠을 자는 사람은 깨달음 없이도 생각이 없죠. 깨달음은 없지만 졸도해 버리면 아무 생각이 없잖아요. 그것은 생각은 없지만 깨달음은 아니에요. 수행을 할 때 소위 무념삼매로 가부좌 틀고 앉아서 아무 생각 없이 잠자는 사람처럼 고요함 속에 들어 있다는 건 기절한 사람이나 잠자는 사람과 똑같은 겁니다. 그것은 깨달음이 아니고, 그냥 일시적으로 생각이 없는 상태죠. 그런 건 깨달음이 아닙니다. 공부를 그렇게 하면 안 돼요.

세속은 생각을 하지만, 법은 생각할 수 없는 거죠. 법이 이렇게 밝게 드러나 있고, 세속에 관해서 생각을 하지만 이미 더이상 진실하지 않아요. 법이 딱 드러났기 때문에 매이지 않는 겁니다. 법이 드러나 버리면 이것이 진실한 거죠. 세속 일들은 허망하고 헛되이 그때그때 지나가는 일이죠. 생각을 안 해서 생각이 없는 게 아니라, 세속을 생각하지만 법이 분명하기 때문에 생각이 없는 것입니다. 생각 없이 깨어 있는 겁니다. 생각을 하지만 생각이 없는 거예요.

'약견제상비상이면'이라고 했잖아요. 상이라는 게 생각 '상(想)' 자입니다. '온갖 생각이 생각이 아님을 보게 되면'이라는 말은 '생각을 하는데 생각을 하지 않는 거라면'이라는 뜻이거든요. 온갖 생각이 생각이 아님을 본다면… 생각을 하는데 생각이 없다는 말입니다. 그것이 바로 즉견여래, 그것이 깨달음이다, 이 체험이라는 걸이죠. (손을 들며) 바로 이 체험이거든요. 이 체험을 하면 아무 생각이 없어요. 항상 아무것도 없어요. 아무것도 없는데, 여전히 볼 거 다 보고, 들을 거 듣고, 느낄 거 느끼고, 생각할 거 생각하고, 정상적으로 하고 있기 때문에 세속 생활을 하는 데 아무 지장 없습니다.

저도 공부하기 전 이런 걸 몰랐을 때 불교 책을 보면, 깨달은 사람은 깨닫고 나면 산속에 혼자 가서 사람도 안 만나고 아무 생각 없이 살다가 죽는가, 그때는 그렇게 생각했거든요. 그런데 전혀 그런 게 아니고, 깨달으면 아무 생각이 없고 아무것도 없어요. 생각만 없는 게 아니라, 아무것도 없어요. 생각이 없으니까 아무것도 없는 거죠. 없는데 모든 건 그대로 다 있습니다. 모든 것은 이전처럼 그대로 다 있는데, 아무것도 없어요. 생각이 있는데 생각이 없는 거예요. 그래서 '약견제상비상이면 즉견여래라' 이런 말을 할 수 있는 거죠. (법상을 톡톡 두드리며) 이 일 하나.

내가 법을 말하는 것은 마치 뗏목의 비유와 같다… 이런 말을 듣고 공부해서 깨달으면 되고, 깨달아 버리면 이런 말은 다 필요 없어지니까요. 그런데 말에 매여 있으면 안 됩니다. 뗏목을 타고 강을 건넜으면 강기슭으로 올라가야 하는데, 뗏목에 매여 있으면 계속 강 속에 있는 거잖아요. 강을 못 건너요. 그러니까 말에 매여 있으면 안 되죠. 자기가 실제 체험을 해 보면 말이라는 게 아무 의미가 없어요. 진실이 딱 드러나 있는데, 말이 무슨 의미가 있습니까? 진실이 이렇게 드러나 있는데, 말은 아무 의미가 없죠.

어떤 맛있는 음식에 관한 말을 듣고 상상을 하죠. 재료가 뭐가 들어가고 무엇을 만드는데, 맛이 어떻다고 상상을 하죠. 그런데 실제 음식을 먹었다면, 지금까지 자기가 상상하거나 생각하는 건 다 잊어버리게 돼요. 실제 내 입에서 맛이 나타나고 있으니까, 지금까지 자기가 상상했거나 생각했던 것은 싹 잊어버리죠. 왜? 진짜 맛이 지금 앞에 나타나 있으니까요. 그런 것과 똑같아요. 그러니까 실제 체험이 돼야 한다는 말입니다. 그러면 당연히 말은 다 잊어버리게 됩니다. 부처님 말씀이라도 다 잊어버리게 돼요. 다 쓸데없는 말인 겁니다. 체험을 해 보라고 하는 그런 방편의 말일 뿐입니다.

실제는 (법상을 톡톡 두드리며) 바로 이것이거든요. 바로 이것이에요. 누구한테나 이것이 다 있는 일입니다. (손가락을 들며) 바로 지금 이것이거든요. 다 있어요. 모든 사람에게 이것 하나가 진실입니다. (법상을 톡톡 두드리며) 이것 하나가 다 있어요. 그런데 알 수는 없어요. 이것이라 하면 안 돼요. 제가 이것이라 하는 건 방편이거든요. '그래 이것이구나' 이래 버리면 안 된다고요. 그러면 생각이죠. 그런 게 아니고, 생각이 사라져 버리고 진짜가 툭 이렇게 실감이 된단 말이에요. 음식을 먹으면 그걸 입에서 맛보고 배가 부르듯이, 이건 현실이죠. 그런데 들은 말로 생각하는 건 현실이 아니에요. 그것은 상상이지 현실이 아니잖아요. 말이나 생각은 상상이지만, 실제 체험을 해 보면 이것은 현실이란 말이죠. 바로 지금 이것이거든요. 바로 (법상을 톡톡 두드리며) 현실이 이미 다 와 있습니다. 물고기가 이미 물속에 있듯이 우리에게 이 현실이 이렇게 와 있어요. 갖추어져 있죠. (법상을 톡톡 두드리며) 진실이 이렇게 다 갖추어져 있어요. 이 진실이, (법상을 톡톡 두드리며) 이 현실이 이렇게 다 갖추어져 있고, 이미 다 와 있어요. 이 일 하나. (법상을 톡톡 두드리며) 바로 지금 이것이란 말이죠.

법도 오히려 버려야 하는데 하물며 법 아닌 것… 법이라는 생각도 하나의 방편이니까 버려야 하는데, 깨달으면 저절로 버려집니다. 일부러 버릴 필요도 없어요. '법이다, 법 아니다' 이런 생각도 저절로 버려집니다.

7. 무득무설분
얻을 것도 없고 말할 것도 없다

"수보리야, 어떻게 생각하느냐? 여래는 위없이 바르고 평등한 깨달음을 얻었느냐? 여래는 말할 만한 법을 가지고 있느냐?"

수보리가 말했다.

"제가 부처님이 말씀하신 뜻을 이해하기로는 위없이 바르고 평등한 깨달음이라고 일컬을 만한 정해진 법은 없고, 여래께서 말씀하실 만한 정해진 법도 없습니다. 무슨 까닭인가 하면, 여래께서 말씀하시는 법은 모두 취할 수도 없고 말할 수도 없으며, 법도 아니고 법 아닌 것도 아니기 때문입니다. 왜 그럴까요? 모든 현자와 성인께서 전부 무위법으로써 그런 이름을 얻기 때문입니다."

"須菩提, 於意云何? 如來得阿耨多羅三藐三菩提耶? 如來有所說法耶?"

須菩提言: "如我解佛所說義, 無有定法名阿耨多羅三藐三菩提, 亦無有定法如來可說. 何以故? 如來所說法皆不可取不可說, 非法非非法. 所以者何? 一切賢聖皆以無爲法而有差別."

《금강경》 제7 무득무설분(無得無說分)입니다.

'무득무설(無得無說)'은 얻을 것도 없고 말할 것도 없다는 뜻입니다. 이것은 이미 우리에게 다 갖춰져 있기 때문에 그냥 깨닫기만 하면 되는 겁니다. 따로 얻을 것은 없습니다. 없는 것을 가져오는 게 아니에요. 없는 걸 만들어 내는 것도 아니고, (법상을 톡톡 두드리며) 이미 본래부터 있는 일입니다.

마음은 본래 있는 일이에요. 사람이 태어났을 때부터 마음은 있죠. 이것이 본래 있는 일이에요. 따로 얻을 건 없어요. 그래서 무득, 얻을 게 없다고 하는 거죠. 본래부터 있는 일이기에 누구에게나 (법상을 톡톡 두드리며) 이것은 있는 일이에요. 누구에게든지 (손가락을 들며) 이것은 이렇게 있는 일이죠.

바로 이것이거든요. (법상을 톡톡 두드리며) 바로 이것. "똥막대기!" 원래부터 항상 그렇게 말할 수도 있고 들을 수도 있고, "똥막대기!" 이것은 원래 있는 일이죠. "잣나무!" 잣나무를 쳐다볼 수도 있고, 잣나무라고 말할 수도 있고, 잣나무라는 말을 들을 수도 있고, 가서 만져 볼 수도 있고, 이것이 원래 있는 일인 겁니다. 원래부터 항상 이 일이 이렇게 있잖아요. 있는 일이에요. 없는 걸 깨달으라고 하면 어렵겠죠. 없는 걸 어떻게 깨달아요? 있으니까 깨달을 수 있죠. (법상을 톡톡 두드리며) 원래 있는 일입니다.

왜 이것을 마음이라고 하느냐? 원래부터 마음이 우리한테 있어요. 마음이 곧 부처입니다. (법상을 톡톡 두드리며) 원래부터 있는 이 마음이 깨달아지는거죠. 이것이 한 번 툭 드러나는 거죠. (법상을 톡톡 두드리며) 원래부터 있는 일이에요. 이것이 드러나고 이것이 깨달아지는 거죠. 얻을 건 없어요. 《금강경》에서 계속 얘기하죠. '얻을 게 없다.' 《반야심경》에서도 그런 말 하죠. '이무소득고(以無所得故), 얻을 게 없다.' 원래 다 있는 거니까 당연히 따로 얻을 건 없죠.

'말할 것이 없다'고 하는 이유는 이것은 분별할 수 없으니까 말할 수 없는 거죠. 분별이 돼야 이것이 어떤 거라고 말할 수 있는데, 분별이 안 되니까 '분별이 안 됩니다' 이렇게까지밖에 말할 수가 없어요. 분별이 돼야 색깔이 어떻고, 소리가 어떻고, 냄새가 어떻고, 모양이 어떻고, 말이 될 게 아니에요? 그런데 이것은 분별이 안 된단 말이죠. 이것은 말할 수가 없어요. 여기에 관해서는 '분별이 안 된다' 이런 부정적인 말밖에 할 수가 없어요.

분별이 안 되니까 설명할 수 없고, 말로써 이해 못 하지만 딱 보여 드릴 수는 있어요. (법상을 톡톡 두드리며) 바로 이것이다… 이렇게 드러내서 보여 드리는 겁니다. 딱 드러나 있거든요. (손가락을 들며) 이렇게 딱 드러나 있으니까. 손가락을 보이는 게 아닙니다. 손을 보이는 것도 아니고, (손을 흔들며) 이겁니다. 이것! 이것을 보여 드리는 거죠. 손가락이나 손을 보여 드리는 게 아니에요. 이것을 보여 드리는 거예요. 이것은 생각으로는 안 되고, 한 번 통해서 체험이 돼야 해요. 그러면 이것이 툭 드러나거든요. 그러니까 얻을 것이 없고 말할 것이 없는 겁니다.

수보리야, 어떻게 생각하느냐?

어떻게 생각할 건 없어요. 자기가 여기에 한 번 체험을 해서 통하면 저절로 다 알게 됩니다. 머리로 생각해서 아는 게 아니라 체험으로, 경험으로 이것이 딱 드러나기 때문에 안목이 생기죠. 머리로 생각하는 게 아니라 안목이 생긴단 말이죠. 음식을 먹어 보면, 생각을 해야 아는 게 아니잖아요. 그냥 입에서 맛을 보고 배가 부르고 저절로 알지, 이게 무슨 맛이구나 하고 생각해야 하는 건 아니잖아요. 그런 것처럼 체험을 하면 저절로 알게 되지, 생각을 하는 건 아니죠.

여래는 위없이 바르고 평등한 깨달음을 얻었느냐?

이것도 방편의 말입니다. 모든 말은 방편입니다. 말할 수 없는 것을 말했기 때문에 모든 말은 전부 방편일 수밖에 없어요.

여래는 위없는 바르고 평등한 깨달음을 얻었느냐? 얻었다고 말하죠. 그러나 방편으로 하는 말입니다. 실제로는 깨달음이라고 할 게 없고, 여래라고 할 것도 없고, 여기는 이름 붙일 게 아무것도 없습니다. 실제는 이것인데, 여기는 이름 붙일 게 아무것도 없어요. 여래가 바른 깨달음을 얻었다고 하면, 그것은 생각으로 분별해서 하는 말이죠. 생각으로 분별해서 그렇게 말할 수도 있겠지만, 그것은 생각일 뿐인 거지 실제는 아니죠. 진실 자체는 아니란 말이죠. 진실 자체는 아무것도 분별할 게 없는데, 여래가 어디 있고 깨달음이 어디 있어요? 그런 게 없어요. 진실 자체는 이것인데, 사람은 생각을 하거든요. '깨달은 사람이 바로 부처인데, 이런 것이 깨달음이고, 이렇게 깨달았으면 부처 여래다, 여래는 깨달음을 얻었다.' 자기 생각만 쭉 계속되는 거예요. 생각이 생각을 낳고 계속 생각이 연결되는 거죠.

그런데 실제 여기는 아무것도 없어요. 분별할 게 아무것도 없는데, 여래가 어디 있고 깨달음이 어디 있어요? 아무것도 없어요. 여기는 그냥 이것일 뿐이고, 이렇게 살아 있고 명백하고 분명하지만, 여기는 누구다, 무엇이다, 어떻다, 그런 건 없어요.

실재가, 이 진실이 확실하고 분명해야지, 머리로 생각하면 온갖 망상을 다 할 수 있죠. 그러나 생각한다고 해서 배가 부른 건 아니죠. 쓸데없다는 말입니다. 실제로 체험을 해야 해요. 실제로 이것이 딱 드러나야지, 밥 먹는 생각 한다고 배가 부른 것도 아니고 아무 쓸데가 없는 겁니다. 진실이 딱 드러나야 해요. 이것이 진실이죠. 진실이 항상 이렇게 드러나 있는 거니까요. (손가락을 들며) 진실이 드러나야 해요. 이것입니다. 이것 하나. 말은 내버려두세요. 말은 상관없고, 진짜는 이것이란 말이죠. (법상을 톡톡 두드리며) 이것 하나.

여래는 말할 만한 법을 가지고 있느냐?
수보리가 말했다.
제가 부처님이 말씀하시는 뜻을 이해하기로는

'제가 깨달아 보니까 이렇습니다' 이렇게 얘기해야지, '제가 부처님 말씀의 뜻을 이해하기로는' 이래서는 안 되죠. 수보리는 부처님의 10대 제자인데, '제가 깨달아 보니까 부처님 말씀대로 말할 것도 없고 생각할 것도 없네요' 하고 말해야죠. '제가 부처님 말씀을 들어 보니까.' 그것은 생각하는 거죠. 이것은 별로 좋지 않습니다. 제가 부처님이 말씀하시는 뜻을 이해하기로는… 이해해서는 되는 게 아닌데, '제가 부처님 말씀을', 뜻을 이해하는 게 아니라 '제가 직접 경험해 보니까.' 이렇게 나와야죠.

위없이 바르고 평등한 깨달음이라고 일컬을 만한 정해진 법은 없고

말만 이해하면 이것이 문제가 됩니다. 말만 이해해 버리면 '위없이 바르고 평등한 깨달음이라는 것은 없다?' 그럼 공부할 필요 뭐 있어요? 없는 걸 뭐 하러 공부해요? 깨달음이 없다면 깨닫기 위해서 공부할 필요가 없는 거죠. 말만 이해해서는 안 되고, '위없는 바르고 평등한 깨달음'이라는 말은 방편의 말이고, 실제 깨달아 보면 이런 깨달음이라는 경험이 있는데, '위없는 바르고 평등한 깨달음이다' 이렇게 이름을 붙일 만한 어떤 무엇이 분별되는 건 아니라는 말이에요. 실제 깨달아 보면 깨달음이 있고, 망상에서 벗어나죠. 그런데 여기에 바르다, 평등하다, 깨달음이다, 이름 붙일 만한 분별되는 뭐가 있느냐? 그런 건 없어요. 모든 분별이 다 없거든요. 아무 분별도 없단 말이죠. 분별할 게 아무것도 없는데 그렇게 말할 게 뭐 있느냐? 그러니까 이 말은 뗏목이고 방편이라는 말이에요.

위없는 바르고 평등한 깨달음이라고 일컬을 만한 정해진 법은 없고… '이것이다' 하고 분별할 그런 법은 없다는 말이에요.

여래께서 말씀하실 만한 정해진 법도 없습니다.

'바로 이것이 깨달음이다'라고 말할 만한 정해진 법은 없다… 정해져 있다는 말은 분별이 된다는 말이거든요. 이것은 분별되는 건 아닙니다.

이런 말만 들어 보면, 앞에서는 위없이 바르고 평등한 깨달음을 얻으라 해 놓고, 깨달음이라고 할 만한 정해진 법이 없다 하니까, 앞의 말과 뒤의 말이 또 달라요. 있다고 했다가 없다고 했다가, 말만 들으면 이해가 잘 안 되죠. 말만 들어서는 안 되고, 본인이 정확하게 무슨 말인지를 알고자 하면 직접 체험해 보면 돼요. 체험을 해 보니까 아무것도 분별할 게 없어요. 말하자면 마음이라는 게 없어요. 마음이 없는데, 마음속에 뭐가 있겠어요? 마음이라고 할 것도 없는데, 마음속에 뭐가 있느냐, 그런 거 저런 거 없다… 뭐라 분별할 게 아무것도 없는 거죠. 그런데 이렇게 명백하게 드러나 있습니다. 마음이 드러나 있고, 깨달음이 드러나 있습니다. 살아 있거든요. 분명하게 살아 있고 드러나 있는데, 뭐가 어떻다고 말할 건 아무것도 없어요.

살아 있는 사람인 것은 마음이 살아 있기 때문에 살아 있는 겁니다. 마음이 살아 있지 않으면 그건 시체지 살아 있는 사람이 아니죠. 마음이 이렇게 살아 있는 거예요. 그런데 이것은 분별할 수는 없으니까 한 번 체험해서 (법상을 톡톡 두드리며) 실감을 해 봐야 해요. 그래야 부처님 말씀이라는 게 다 방편의 말이구나, 그런 뜻이구나, 하고 이해가 되죠.

무슨 까닭인가 하면, 여래께서 말씀하시는 법은 모두 취할 수도 없고 말할 수도 없으며,

이름은 법이라고 했지만, 이것은 분별이 안 되기 때문에 취하거나 버릴 수 없습니다. 취할 수도 없다는 이 말은 버릴 수도 없다는 말과 같은 말입니다. 여래께서 말씀하시는 이 법은 취할 수도 없고 버릴 수도 없고 말할 수도 없고… 분별이 돼야 이렇다 저렇다 말을 하지, 말할 수가 없죠. 말은 할 수 없지만 이렇게 분명하고 명백한 거죠.

그래서 옛날 누가 비유로 '벙어리가 꿈을 꾸는 것과 같다'는 말을 했어요. 내가 명백하게 꿈을 꿨는데 벙어리가 돼서 말을 못 한다… 그러니까 법은 분명한데 말을 못 하겠어요. 이것이 뭐라고 분별이 안 되니까. 법이 분명하지 않으면 깨달음이 아니죠. 법은 분명한데 이것이 뭐라고 말이 안 돼요. 말은 안 되지만 법은 분명하죠. 분명히 살아 있고 명백하거든요. 그런데 '뭐다'라고 말은 안 돼요. 말을 할 수가 없어요. 그러니까 비유로 온갖 얘기를 다 하죠. 그것은 직접적으로 말을 할 수 없으니까 어떤 비유를 하지만, 비유는 어디까지나 비유일 뿐이라서 정확하게 맞지는 않습니다.

법도 아니고 법 아닌 것도 아니기 때문입니다.

'법이다, 법이 아니다' 이렇게 분별을 하려면, 법이라는 어떤 테두리가 있어야 할 거 아닙니까? '이만큼이 법이다' 이렇게 테두리가 있어야 할 거예요. '이만큼은 법이고, 이 밖의 것은 법이 아니고.' 이것은 분별이거든요. 그런데 '법도 아니고, 법 아닌 것도 아니다.' 이 말은 법에는 그런 테두리가 없다, 한계가 없다는 말입니다. '이만큼이 마음이다' 이렇게 할 수가 없어요. 그렇게 안 됩니다. 그래서 허공과 같다고 하는 거거든요. '이만큼이 마음이다' 그것이 안 돼요. 끝이 없습니다. 크기가 없고 끝이 없어요. 그러니까 '이만큼이다, 이런 거다, 이것이다' 이렇게 할 수가 없어요. 그래서 만법이 평등하고 무한하다, 끝이 없다고 합니다. '무변신(無邊身)'이라는 말을 쓰죠. 무변신 보살이라고 합니다. '변'이라는 게 테두리고, '무변'은 테두리가 없다는 말이에요. 그래서 '무진(無盡)' 다함이 없다. '무량(無量)' 헤아릴 수가 없다, '무변(無邊)' 테두리가 없다, '무한(無限)' 끝이 없다. 이 법을 항상 그렇게 얘기해요.

왜냐? 분별되는 게 아니고 '이만큼이다'라고 할 수가 없어서 그렇습니다. '이만큼이 법이다'가 안 된단 말이에요. 그러니까 법이라고 할 수도 없고, 법 아닌 것이라고 할 수도 없습니다. '이만큼이 법이다'라고 해야, '이것은 법이고 이것은 아니다'라고 해야 말이 되죠. 그런데 그것이 안 되거든요.

그러니까 (법상을 톡톡 두드리며) 한 번 이 소식이 탁 와서 분명해져 버리면, 이런 말은 할 필요도 없어요. 이것은 당연한 일인 것이고, 하여튼 이 소식이 와야 해요. (법상을 톡 두드리며) 이것이 부처다. 이것이 마음이다. 이것이 도다. (법상을 톡톡 두드리며) 이것이 법이란 말이죠. 이 소식이 와야 해요. 이것이 실감이 돼야 합니다. (법상을 톡톡 두드리며) 이 일 하나. 이 소식. 이 소식이 오기 전에는 전혀 모릅니다. 다 생각으로 헤아리기 때문에 꿈도 꿀 수가 없어요. (법상을 톡톡 두드리며) 반드시 이 소식이 와야 해요. 이 소식이 와서 한 번 생각에서 벗어나야 툭 드러나죠. 이것이 항상 이 자리에 있고, 늘 이 일이 있는 겁니다. 늘 이 자리에 있고 늘 이 일 하나가 있는 거예요. 본래부터 그런 겁니다. 사실은 본래부터 항상 이 자리가, 항상 이 일 하나가 있습니다.

처음부터 우리가 아무 이유도 없이 또 망상을 했어요. 희한한 일이죠. 그럴 수밖에 없어요. 거울이 있으면 당연히 거기에 모습이 나타나듯이, 마음이 있으면 당연히 분별이 있는 겁니다. 문제는 처음부터 분별에 속아 버리는 거예요. 우리가 거울을 볼 때 텅 빈 거울을 보려고 봅니까, 거기 나타나 있는 내 모습을 보려고 봅니까? 텅 빈 거울을 보려고 보는 사람은 아무도 없잖아요. 내 모습을 보려고 거울을 보는 거죠. 그런 것과 똑같아요. 우리가 마음을 가지고 사는데, 세간에 온갖 분별되는 것에 눈길이 가 있고, 텅 빈, 아무것도 없는 여기는 애초에 관심도 없었다는 말입니다. 왜? 아무것도 없고 텅 비어 있다니까 아무 쓸모가 있는 것처럼 여겨지니까요.

그런데 이것은 세속적으로 쓸모가 없지만, 이것을 깨달아야 세속에서 번뇌하며 헤매는 일이, 그런 고통이 끝이 나는 겁니다. 누구나 세속을 살지만, 깨달음이 없으면 세속에서 번뇌하면서 헤매고 있거든요. 길을 찾지 못해서 헤매고 있어요. 그것이 고통이죠. 아파서 고통이 아니라, 진실을 깨닫지 못해서 헤매고 있는 그 자체가 고통이에요.

그러니까 그런 일이 딱 끝나 버리고 진실이 드러나니까, 이것이 세속적으로는 쓸모없을지 모르지만, 자기 존재, 자기 삶, 자기 자신에게는 이것이 가장 큰 일인 겁니다. 인생의 문제가 근본적으로 해결되기 때문에 어떻게 사느냐 하는 고민이 사라져 버린단 말입니다. 공자는 몇 살에 뭘 하고, 서른에 뭘 하고, 마흔에 뭘 하고, 쉰 살에 뭘 하고, 이런 게 있잖아요. 인생을 어떻게 살아야 할까, 그것이 고민의 결과물인데, 여기에 탁 통하면 그런 생각이 싹 사라져 버립니다. 시간이 멈춰 버려요. 나이를 먹지 않습니다. 항상 똑같아요. 시간이 멈춰 버리고 나이를 먹지 않는데, 인생에 관해서 무슨 고민할 게 있겠습니까? 항상 똑같습니다. 여여하단 말이죠.

왜 그럴까요? 모든 현자와 성인

현자는 보살, 성인은 부처를 중국식으로 부른 겁니다.

모든 부처와 보살은 전부 무위법으로써 그런 이름을 얻기 때문입니다.

무위법이 뭡니까? 분별을 벗어난 것입니다. 유위와 무위라는 말을 많이 하잖아요. 유위라는 것은 내가 생각하고 분별해서 뭔가를 하는 것입니다. 그것은 전부 헛됩니다. 무위라는 것은 뭐냐면, 생각을 안 하고 하는 겁니다. 아무것도 안 하는 게 아니라, 살아가면서 뭐든지 하긴 하죠. 그런데 생각에 부림을 당하지 않아서 무위라고 하는 거예요. 《노자》에 보면 '무위이무불이(無爲而無不爲)'라는 말이 있거든요. 아무것도 안 하는데 못하는 게 없다… 그 말이 맞아요. 아무것도 안 해서 안 하는 게 아니라, 뭐든지 다 하는데, 생각에 지배받고 생각에 오염돼 있지 않다, 생각에 부림을 당하지 않는다는 말이에요. 그러니까 아무 일이 없어요. 뭘 하더라도 아무것도 안 하는 거죠. 항상 아무 데도 매여 있지 않으니까 이것이 무위법이란 말이죠.

무위법이라는 것은 아무것도 안 하는 게 아니라, 뭘 하더라도 아무것도 안 하는 겁니다. 하는데 안 하는 거예요. 말을 하는데 말하지 않는 것이고, 생각하는데 생각하지 않는 것이고, 행동하는데 행동하는 게 없어요. 신구의(身口意) 삼업(三業)이 여기서 소멸하는 겁니다. 생각해도 생각이 없으니까 '의업(意業)'이 없고, 말을 해도 말이 없으니까 '구업(口業)'이 없고, 행동을 해도 행동이 없으니까 '신업(身業)'이 없는 거예요. 무위법에서 신구의 삼업이 소멸한단 말이죠.

아무것도 없어요. 아무것도 안 해서 없는 게 아니라, 뭘 하더라도 아무것도 없는 겁니다. 이것이 한 번 (법상을 툭 두드리며) 확실해져야 업장이 끝장나 버리는 거예요. 아무것도 없는데, 뭘 하더라도 아무것도 안 하는데, 어떻게 업이 생기겠습니까? 업이라는 것은 뭘 했으면 그게 원인이 돼서 무슨 결과가 나와야 하는데, 뭘 하더라도 아무것도 안 하는 건데 여기는 업이 생길 수가 없어요.

보살과 부처는 무위법으로써 보살과 부처라는 이름을 얻는 것이다… 깨달아서 무위의 삶을 살지 못하면 보살이나 부처라고 할 수가 없다는 말입니다. (법상을 톡톡 두드리며) 이 일 하나. 뭐든지 다 해요. 못 하는 게 없는데 아무것도 안 해요. 아무 일도 없고 한 물건도 없어요. 이것이 바로 무위의 삶입니다. 생각하고 헤아리고 계산해서 하나씩 하는 건 유위법입니다. 그것은 세속이고 다 허망한 겁니다. 계속 생각에 매여서 사는 삶이죠. 그것이 중생입니다. 망상입니다. 전도몽상. 그런데 (법상을 톡 두드리며) 여기 통해서 이 법이 이렇게 분명하면, 뭘 하더라도 항상 텅 비어 있어요. 항상 아무 일이 없습니다. 아무것도 없어요. 아무것도 없고, 아무 일도 없고, 아무것도 안 하는 겁니다. (법상을 톡톡 두드리며) 이것 하나. 여기 통해야 해요. 바로 지금 이것입니다. (법상을 톡톡 두드리며) 이것 하나뿐.

8. 의법출생분
법에 의지해서 나타난다

세존께서 말씀하셨다.

"수보리야, 어떻게 생각하느냐? 만약 사람이 삼천대천세계를 칠보로 가득 채워 보시한다면, 이 사람이 얻는 복덕이 어찌 많지 않겠느냐?"

수보리가 말했다.

"매우 많습니다, 세존이시여. 무슨 까닭일까요? 이 복덕은 복덕이라는 자성이 아닙니다. 이 까닭에 여래께서 복덕이 많다고 말씀하십니다."

세존께서 말씀하셨다.

"만약 또 어떤 사람이 이 경 가운데 사구게를 기억하여 타인에게 말해 준다면, 그 복덕이 저 복덕보다 더 뛰어나다. 무슨 까닭인가? 수보리야, 모든 부처님과 모든 부처님이 위없이 바르고 평등하게 깨달은 법이 전부 이 경에서 나오기 때문이다. 수보리야, 이른바 불법이라는 것은 불법이 아니니라."

"須菩提, 於意云何? 若人滿三千大千世界 七寶以用布施, 是人所得福德寧爲多不?"

須菩提言:"甚多世尊. 何以故? 是福德卽非福德性. 是故如來說福德多."

"若復有人於此經中 受持乃至四句偈等爲他人說, 其福勝彼. 何以故? 須菩提, 一切諸佛及諸佛阿耨多羅三藐三菩提法皆從此經出. 須菩提, 所謂佛法者卽非佛法."

《금강경》 제8 의법출생분(依法出生分)입니다.

의법출생(依法出生)이란 법에 의지해서 나타난다는 말입니다. 온갖 것이 법을 벗어나는 게 없으니, 다 법에 의지해서 나타난다고 말할 수도 있죠. 이것은 그냥 말입니다. '만법이 이것을 벗어나는 게 없다.' 이것도 생각이고 말이고, 실제 이 자리에서는 그런 생각, 그런 말이 없어요. 여기서는 '뭐가 어떻다' 이런 게 없고, 특별하게 뭐라고 생각할 것도 말할 것도 없고, 그런 망상은 저절로 없습니다. 단지 늘 이렇게 여법하게 굴러간다고 할까, 여법하게 살아간다고 할까, 그런 거죠. 어떤 견해나 생각이나 관념 같은 건 없습니다. 실제 여기서는 이것일 뿐입니다. 이것 하나. 여기에 한 번 탁 통하는 것밖에는 달리 뭐라고 할 수가 없어요.

바로 지금 이것 하나입니다. 이 일 하나입니다. 여기 통해 버리면 생각할 것도 없고, 말할 것도 없고, 어디에 머무는 것도 아니고, 무슨 일이 있는 것도 아니고, 끄달리고 시달리는 그런 번뇌가 없고, 저절로 일이 없는 거죠. 일이 없으면서도 늘 이 자리에서 벗어나지 않고, 바로 지금 이것 하나입니다. 여기만 통하면 《금강경》은 아무것도 아니에요. 이런 경험을 여러 가지 말로 이렇게도 말했다가 저렇게도 말했다가 하고 있는 거죠.

실제 이것은 무슨 말을 할 건 없어요. 팔만대장경이 사실상 이것 하나인데, 말로 풀이하니까 이렇게도 말하고 저렇게도 말하고, 그러다 보니 많아진 겁니다. 실제로는 말할 게 없어요. 바로 이것이니까 뭐라고 할 건 없죠. '깨달음이 이런 거구나' 이런 생각이 있을 것 같습니까? 없어요. 그런 건 없고, 자유롭고 걸림이 없어서 문제 될 게 없어요.

마음속에 문제가 될 만한 요소들이 없어요. 걸림이 없다는 건 몸에 걸림이 없는 건 아니고, 마음에 걸림이 없는 겁니다. 모든 건 마음의 문제입니다. 불교에서 삼법인(三法印) 중에 '일체개고(一切皆苦)'라는 게 있죠. 모든 게 다 고통이라는 말인데, 몸이 아픈 걸 가리키는 게 아니에요. 마음이 온갖 망상에 걸려 있으니까 그걸 고통이라고 하는 거죠. 그런데 여기 이 자리에 탁 통해 버리면, 마음이라고 하는 물건부터가 어디 있는지도 모르겠고, 그냥 아무 일이 없습니다. 아무 일 없이 뭐든지 다 하는데, 항상 아무것도 걸리는 게 없어요.

마치 몸으로 치면 건강과 질병으로 비유할 수 있겠죠. 병이 있는 사람은 항상 병이 있는 그 부위가 늘 신경이 쓰이죠. 그래서 거기에 매여 삽니다. 몸에 병이 있으면 항상 그걸 신경 쓰면서 살잖아요. 거기에 매여 사는데, 병이 싹 나으면 신경 쓸 일이 이제 없는 거예요. 그러면 몸에 매일 이유가 없죠. 뭐든지 자유롭게 하는 거죠. 그것과 비슷하다고 할 수 있어요.

그리고 마음의 번뇌라는 것은 마음속에 무슨 생각이나 기분, 감정을 좋아하고 싫어하는 게 있으면 질병과 마찬가지로 거기에 걸려 사는 거죠. 그런데 이것이 들어맞아서 탁 통해 버리면 그런 게 싹 없어져 버립니다. 마치 몸에서 병이 다 낫듯이 아무것도 마음에 걸릴 게 없어요. 아무것도 걸림 없이 그냥 살아요. 몸이 건강한 사람은 자기 몸에 활력이 넘친다는 걸 느끼잖아요. 그런 것처럼 항상 이 법 하나가 살아 있다는 걸 느끼죠. 깨어 있다는 말도 하거든요. 이 일 하나. 이것 하나가 있고, 여기에 한 번 통해 버리면 돼요. 《금강경》이 이 얘기를 하고 있는 겁니다.

세존께서 말씀하셨다.
수보리야 어떻게 생각하느냐? 사람이 삼천대천세계를 칠보로 가득 채워 보시한다면, 이 사람이 얻는 복덕이 어찌 많지 않겠느냐?

우리가 사는 이 우주를 7가지 보석으로 가득 채워서 보시한다… 너무 거창한 가정인데, 조그마한 그릇에 다이아몬드를 가득 채워서 보시한다는 것도 힘든 일이죠. 그러면 그 사람이 얻는 복덕이 어찌 많지 않겠느냐… 보시를 한다는 게 베풀고 복을 지은 거니까 복을 지은 덕이 많다고 말할 수 있죠. 다 분별입니다.

수보리가 말했다.
매우 많습니다, 세존이시여. 무슨 까닭일까요? 이 복덕은 복덕이라는 자성이 아닙니다.

매우 많습니다… 그런데 수보리 말을 보견 단순한 분별이 아니에요. 세존이시여. 무슨 까닭일까요?… 왜 많다고 하느냐, 왜 복덕이 많다

221

적다 이런 말이 나오느냐.

이 복덕은 복덕이라는 자성이 아닙니다… 이 말은, 복덕이 많다고 했지만, 복을 많이 짓고 덕을 많이 쌓았다고 하지만, 그것은 말일 뿐이라는 말입니다. 자성(自性)이라는 것은 변치 않는 어떤 그런 게 있다고 할 때 자성이라고 하는 거예요. 자성은 본성(本性)과 뜻이 같은 건데, '자성이다, 본성이다'라는 건 변치 않는 어떤 무엇이 본래부터 그렇게 있었다는 뜻이거든요. 그런데 복을 많이 지었다, 덕을 많이 쌓았다… 복과 덕이라는 건 정해진 게 아니고, 헤아리고 생각하고 분별하는 거잖아요. 그렇게 생각해서 말하는 거고, 복덕이라는 자성이 있는 건 아니라는 말입니다. 말이고 분별이라는 말이에요.

이 까닭에 여래께서 복덕이 많다고 말씀하십니다.

그러니까 말이라는 거예요. '복덕이 많다'고 말을 할 수 있으니까 그렇게 하는 거죠. 그런데 그 말이 어디서 나와요? 여기서 나온다는 말입니다. 그래서 의법출생분이라고 하는 거예요. 이것을 법이라고 하니까 법에 의지해서 그런 분별이 나오고 말이 나오죠. '많다, 적다' 온갖 분별, 온갖 말이 여기에 의지해서 나오는 것이지, 그 말 자체에 무슨 자성은 없어요. 자성은 이것 하나뿐이라는 말입니다.

만법에는 자성이 없다고 말하죠. 불교를 배우면 그 말을 항상 듣습니다. 만법무자성(萬法無自性)이라고 하거든요. 만법에는 자성이 없어요. 그럼 진여자성은 어디에 있느냐? 여기에 있습니다. (손을 세우며) 이것 하나입니다. 그래서 견성해야 한다는 것은 진여자성을 봐야 그게 깨달음이라는 거거든요. 만법에 자성이 없다는 말은 다른 말로 하면 무슨 말입니까? 일체유심조라는 말입니다. 만법은 전부 마음이 만들어 내는 것이지, 그 자체는 실체가 없다는 말입니다. 자성이 그 자체로서 무슨 실체가 있는 건 아니라는 겁니다. 다 마음에서 나오는 것이라는 말이죠. 그러니까 칠보로 보시한다, 복을 많이 지었다, 덕을 많이 쌓았다, 이런 말들을 전부 다 여기서 그렇게 만들어 내는 거라는 말이죠.

'의법(依法)' 법에 의지해서, '출생(出生)' 나타난다, 생겨난다, 이 말이에요. 자성은 (손을 세우며) 이것 하나가 유일한 자성인데, 이것은 분별할 수 있는 게 아닙니다. 이것은 어떤 물건이 아니에요. 그런데 온갖 삼라만상의 법이 다 나타나는 거죠. 삼라만상에는 자성이 없어요. 그래서 만법에 자성이 없다고 하는 겁니다. 여기에 계합이 돼서 저절로 때가 되면 이런 말도 납득이 되죠. 그전에는 모릅니다. 무슨 말인지 생각으로는 도저히 알 수 없는 말이거든요. 왜 하늘이 하늘이 아니고 땅이 땅이 아니다 하는지…. 자성이 없다는 것은 하늘은 본래부터 하늘이 아니라는 거예요. 땅은 본래부터 땅이 아니라는 말이거든요. 그 자체는 자성이 없다는 말입니다. 본성이 없다는 말이에요. 하늘에는 본성이 없고, 땅에도 본성이 없고, 유일하게 진여자성 (손가락을 흔들며) 이것 하나가 본성입니다. 여기서 하늘이 나오고, 땅이 나오고, 그것을 연기(緣起)라고 해요. 여기서 그런 분별을 통해서 온갖 것이 다 나온다고 하는 겁니다.

불교에서 연기라는 것은 분별을 통해서 나타난다는 말이거든요. 다 방편의 말이에요. (법상을 톡톡 두드리며) 이것에 한 번 통하면, 온갖 이야기로 이것을 얘기하고 있다는 것을 알게 됩니다. 진실은 이것 하나입니다. 이것 하나. 이것 하나의 진실이 있을 뿐이죠. 이런 말들은 다 방편의 말이에요.

매우 많습니다.

매우 많다는 건 생각이고 분별이거든요. 매우 많다는 생각, 분별이 어디서 나오느냐? 이 법에서 나온단 말이에요. 그러니까 의법출생이죠. 다 법에 의지해서 나타나는 거니까요.

매우 많습니다, 세존이시여 무슨 까닭일까요? 이 복덕은 복덕이라는 자성이 아닙니다.

이것 하나가 자성이죠. 그래서 견성이라고 할 때는 진여자성 이것 하나를 깨닫는 거라고 하는 겁니다.

이 까닭에 여래께서 복덕이 많다고 말씀하십니다.

생각하고 말하는 것은 여기서 다 나오니까 그렇게 생각하고 그렇게 말한다는 말이에요. 이 진실 하나입니다. 이것 하나가 있어서 (법상을 톡톡 두드리며) 이것을 법이라 하니까 이 법에 의지해서 모든 분별이 나타납니다. 그래서 이 법을 깨닫기 전에는 분별은 망상이고 망상 아닌 법이 따로 있지만, 실제로 딱 깨달아 보면 이 법과 망상분별이 똑같아요.
왜? 분별이 여기서 나타나기 때문에 똑같습니다. 그러니까 분별을 버리고 법만 오롯이 있을 수 있느냐? 그런 건 없습니다. 사람들은 그런 식으로 추구를 합니다. 자기도 모르게 '나는 분별은 다 버리고, 보고 듣고 느끼고 아는 거는 다 내버리고, 오직 법 하나만 붙잡고 있어야겠다'는 생각을 하거든요. 그것이 바로 분별이고 생각이고 망상인데, 또 그렇게 해요. 그럴 수는 없습니다.

《반야심경》 보세요. 색즉시공이라고 했잖아요. 색을 없애고 공만 있을 수 없습니다. 색이 바로 공이기 때문에 색은 없애고 공만 얻을 수는 없습니다. 공을 깨달으면 거기에 색이 있어요. 그러니까 색즉시공이라고 하는 거예요. 뭘 버리고 취하고 이렇게 공부할 수는 없습니다. (법상을 톡 두드리며) 버리고 취하는 그 자체가 분별이고 망상이에요. (법상을 톡톡 두드리며) 버리고 취하는 게 아니고, 취사선택(取捨選擇)하는 게 아니고, 그런 취사선택을 하고자 하는 분별심이 한 번 뚝 끊어집니다.

이렇게 탁 통하면 버릴 것도 없고 취할 것도 없고, 아무 그런 게 없어요. 다 그냥 하나예요. 버릴 것도 없고 취할 것도 없이 하나입니다. 그래서 색이 다 나타나 있는데 공이에요. 온 세상일이 있는데 아무것도 없어요. 이런 묘한 법이, 법계의 실상이 드러나는 겁니다.

'나는 분별을 다 내버리고, 오직 텅 비고 고요한 깨끗한 법만 얻겠다.' 그것이 바로 분별이고 망상입니다. 그럴 수는 없어요. 그래서 취사선택할 수 없다, 취할 수도 없고 버릴 수도 없다, 맨날 그런 얘기 하잖아요. (법상을 톡톡 두드리며) 뭘 취하고 버리는 게 아니고 이것인 겁니다. 이것. 이 일 하나가 우리 모두에게 항상 있는 일이에요.

사실 우리 마음은 여법(如法)해 있습니다. 본래부터 여법해 있는데, 생각이 자꾸 분리하려고 해요. 이것은 버리고, 이것은 좋고 이것은 싫고… 이게 문제입니다. 그게 문제란 말이죠. 텅 비고 깨끗한 거울에 나타나 있는 모습을 버릴 수 있습니까? 못 버려요. 텅 비고 깨끗한 거울에는 항상 모습이 나타나 있는 겁니다. 버릴 수가 없어요. 그것을 버리겠다는 건 말이 안 되는 거고, 버리고 취하고자 하는 취사간택에서 벗어나면 되는 거예요. 취사간택을 벗어나면 여기에 통하게 된다는 말이에요. 자꾸 취사간택을 하려고 하니까 그게 망상이거든요. 체험이라는 것은 취사간택에서 벗어나는 체험이죠. 여기는 취할 것도 없고 버릴 것도 없고, 항상 똑같아요. 늘 있는 일이 있을 뿐입니다. 취할 것도 없고 버릴 것도 없습니다.

〈신심명〉 첫 구절에 '지도무난(至道無難) 유혐간택(唯嫌揀擇)'이라고 나오잖아요. 도(道)는 어려울 게 없어요. 다만 취사간택만 안 하면 된다는 그 말이 딱 맞는 말이거든요. (법상을 톡톡 두드리며) 이것 하나.

그래서 "도가 뭐냐?" 물으면 "똥막대기다." 여기 취할 게 뭐가 있고, 버릴 게 뭐가 있습니까? 이것을 탁 (손을 세우며) 이렇게 지적해 드리는 겁니다. 이것이 실감이 돼야 해요. 여기서 잠에서 깨야 한다고요. 취사간택하고자 하는 잠에서 깨야 한단 말이죠. 취사간택하는 것은 잠입니다. 꿈꾸는 거란 말이에요. "부처가 뭡니까?" "똥막대기다." 뭘 취하고 뭘 버리겠어요? 이것입니다. 이것 하나. 여기서 한 번 분별심이 멈춰 버리면 바로 확 통해서 걸림이 없는데, 뭘 추구하거나 지향하거나 이러면 못 깨닫습니다.

대혜종고 선사가 하신 말이 있잖아요. '깨달음을 기다리는 사람에게는 깨달음이 오지 않는다.' 깨달음을 목표로 삼고 추구하면 못 깨닫는다는 말입니다. 왜냐? 그건 망상이거든요. 깨달음이라는 것을 추구하면 안 돼요. 우리는 자꾸 깨달음을 기다리고 추구하고, 내가 깨달아야지 하는데, 그러니까 안 되는 거예요. 그것이 망상인 겁니다. 본래 다 깨달아 있어요. 원래 아무 문제가 없어요. 한 번 취사간택의 분별을 탁 벗어나는 경험, 이것이 불가사의한 거죠. (법상을 톡톡 두드리며) '이겁니다' 하는데, 어느 순간 자기도 모르게 그런 경험이 한 번 생겨 버리면 돼요.

사람에 따라서 어떤 사람은 슬그머니 분별심이 사라져 버리는 사람도 있고, 어떤 사람은 충격적으로 이렇게 되는 사람도 있고, 사람마다 다르지만, 슬그머니 사라지든지 불쑥 사라지든지 간에 어쨌든 분별심에서 한 번 벗어나 봐야 하는 거예요. 원래 모든 게 다 깨달아 있습니다. 온 세상이 다 깨어 있고 아무 문제가 없다는 게, 취할 것도 없고 버릴 것도 없다는 게 한순간에 다 밝혀지는 건 아니고 저절로 차차 밝혀지죠.

그래도 처음 쏙 하고 체험이 오면, 뭔지 모르지만 이게 확 달라진단 말이죠. (손을 세우며) 바로 이것입니다. (법상을 톡톡 두드리며) 이것이 마음이고, 이것이 도고, 이것이 법입니다. 이것이 깨달음인데, 이것을 어떻게 할 수가 없어요. 분명히 이것이 깨달음이거든요. (손가락을 세우며) 이것이 마음이고, 이것이 법이고, 이것이 깨달음이거든요. 이것을 어떻게 할 수는 없어요. 그런데 여기서 한 번 이렇게 체험을 해 봐야 하는 거죠.

본인이 뭔가 의도적으로 추구하는 것, '내가 깨달아 봐야지' 그건 잘 안 될 겁니다. 깨달음을 기다리는 사람들에게는 깨달음이 안 온다고 말합니다. 항상 하는 말이 있잖아요. '찾으면 없는데 찾지 않으면 늘 눈앞에 있다.' 그 말이 딱 맞는 말이거든요. 이것을 체험하고 보면 딱 맞는 말이에요. '도(道)가 어디 있지?' 이러면 없어요. 분별은 있겠지만 도는 없어요. 그런데 도를 찾지 않으면 항상 이 자리예요. 다른 게 뭐가 있어요? 온 천지가 도 아닌 게 없는데…. 그러니까 (법상을 톡톡 두드리며) 이것을 한 번 실감해 봐야 합니다.

세존께서 말씀하셨다.
만약 또 어떤 사람이 이 경 가운데 사구게를 기억해서 타인에게 말한다면

이 경을 말만 보면, 수보리와 세존의 대화로 되어 있는 《금강경》이라는 책으로 생각하겠지만, 그런 게 아니고 (손가락을 세우며) 이것을 가리키는 겁니다. 경이라는 건 바로 이 법을 가리키는 겁니다. 사구게 역시 법을 가리키는 겁니다. 사구게가 단지 문자 언어라 하면 무슨 가치가 있고 무슨 의미가 있겠어요? 법을 가리키는 거예요.

그 복덕이 저 복덕보다 뛰어나다.

삼천대천세계를 칠보로 가득 채워서 보시하는 것보다도 이게 뛰어나다… 왜? 삼천대천세계를 칠보로 가득 채워서 보시하는 것은 중생의 분별심에서 하는 것이고, 이 경이나 사구게는 분별심을 벗어난 출세간법을 가리키는 거니까 비교 자체가 안 됩니다. 세간에 좋은 일이 아무리 많아도 그건 망상이에요. 분별망상이거든요. 법은 뭐냐면, 분별망상이 없는 거예요. 분별망상에서 깨어난 거죠. 비유적으로 말하자면, 꿈속에서 아무리 좋은 일이 많이 있어도 꿈에서 깨어 있는 것보다는 못한 거예요. 꿈속의 일이거든요. 좋은 일이 많이 있으니까 깨기 싫겠죠. 그렇지만 그건 꿈속의 일이고 헛된 겁니다. 깨고 나면 결국 아무 일이 없는 겁

니다. 아무것도 없어요. 그런 말과 같습니다.

삼천대천세계를 칠보로 가득 채워서 보시한다고 해도 이 경전과 비교도 할 수 없다… 비교 자체가 안 되죠. 꿈속의 일과 꿈을 깬 것은 비교 자체가 안 돼요. 꿈속의 일은 하나부터 열까지 전부 망상이고, 헛된 것이고, 잠을 깼으면 진실이 있으니까 비교가 안 되는 거죠. 비유하자면 그렇게 얘기할 수 있습니다. 본인이 이것을 체험해 보면 압니다. 이것을 체험해서 이 속에 탁 들어와서 살게 되면, 저 같은 경우 이 세상 어떤 것을 제시하면서 '공부를 포기하고 이것을 가져라' 하더라도 포기할 수가 없습니다. 그게 안 됩니다. 왜냐하면 이것을 한 번 확인하고 이 자리에서 살아 보면, 이 세상에 어떤 것과도 비교될 수 없다는 사실을 너무 잘 알기 때문에 안 돼요.

공부해서 이 법에 통달하여 법 속에 사는 사람은 세속 일은 그냥 고만고만합니다. 생활하는데 당장 육체가 죽는 건 아니니까 먹고 살 정도만 되면 딱히 그렇게 신경 안 쓰고 신경 쓸 것도 없어요. 오히려 그런 생각이 들어요. '아이고, 복잡한 거 다 싫고, 어디 가서 아주 소박하게 단순한 생활을 할 수 있으면 좋겠다.' 이런 생각도 들거든요. 세속 일이라는 게 사람들이 자꾸 뭘 만들어 내니까 얼마나 복잡한 게 많습니까? 사실 별로 탐탁지가 않아요. 어디 가서 단순하게 살다가 살 만큼 살고 육체가 다하면 죽는 거고, 그런 생각이 들거든요.

이것을 한 번 체험해 보면 세상 어떤 것도 절대 비교할 수가 없다는 것은 분명한 사실입니다. 이 속에 있으면 부러운 게 없어요. 세상에 부러운 게 없습니다. 깨달아서 이 속에서 살 만큼 안목이 밝아지면 세상에 부러운 게 아무것도 없습니다. 부러운 게 없고, 원하는 것도 없고, 딱히 뭐 하고 싶은 일도 없고, 가고 싶은 데도 없고, 아무 그런 게 없어요. 항상 순간순간 100% 만족이지, 불만이 없습니다. 저절로 그렇게 돼요. 이런 말들이 납득이 되죠. '세상의 뭘 갖다 줘도 이것과는 비교할 수 없겠구나' 하는 이 말이 납득되는 겁니다.

무슨 까닭인가? 수보리야, 모든 부처님과 모든 부처님이 위없이 바르고 평등하게 깨달은 법이 전부 이 경에서 나오기 때문이다.

부처라고 하는 것도 하나의 분별이고, 깨달음이라는 것도 하나의 분별인데, 이 경에서 나온다는 말에서 이 경은 바로 이것을 가리키는 거죠. 다 여기서 나오는 일입니다. 부처다, 깨달음이다, 그것도 분별입니다. 생각이죠. (손가락을 세우며) 다 여기서 나오는 것입니다. 이것이 근본이고 근원이고, 이것이 변함없는 본질입니다. 여기서 분별망상도 했다가, 분별망상에서 벗어나서 깨닫기도 했다가, 한마음 속에서 이루어지는 거죠. 이런 일도 생기고 저런 일도 생기는데, (손가락을 세우며) 한마음은 항상 변함이 없이 똑같습니다.

거울이 밝은 대낮에 온갖 것을 밝게 비추다가 캄캄한 밤에는 아무것도 안 비추지만, 거울은 항상 달라지는 게 없죠. 허공을 얘기할 때도 그렇잖아요. 낮에는 허공에 구름이 생기고 해가 뜨고 해가 지고 온갖 게 있는 것 같고, 밤이 되면 그런 게 사라지고 별이 빛나는 것 같아도, 허공은 변함이 없다고 비유하기도 하거든요. 그렇듯이 이것은 항상 똑같아요. 그냥 이것뿐입니다. 여기서 망상도 부렸다가 망상에서 깨기도 하고, 말하자면 꿈도 꾸었다가 꿈에서 깨기도 하는 건데, 꿈을 꾸는 것도 여기서 하고 꿈에서 깨는 것도 여기서 하고, 모든 일이 여기서 다 나온다는 말입니다. 여기서 다 이루어지는 일입니다. 이 법에서 다 이루어지는 거니까 의법출생이라 하는 겁니다. 모든 일이 여기서 다 이루어지는 거예요. 일체유심조라는 말과 같은 말이죠. 의법출생이라는 말은 일체가 여기서 나타나고 사라지고 생기는 일이라는 말이죠.

 수보리야, 모든 부처님과 모든 부처님이 위없이 바르고 평등하게 깨달은 법이 전부 이 경에서 나오기 때문이다… 그래도 이해를 못 할까 봐 한마디 더 해 줍니다. 수보리야, 이른바 불법이라고 우리가 말하는 것은 불법이 아니니라. 말로 분별하는 것뿐이다, 이 말입니다. 진짜는 (손을 세우며) 이것 하나가 있을 뿐이고, 여기서 미혹함이다, 깨달음이다, 외도다, 불도다, 그렇게 분별을 한다는 말이에요. 그래서 《문수반야경》에 보면, 법을 깨닫고 나면, 깨달은 부처도 없고 깨달은 법도 없다는 말이 있잖아요. 이 일 하나가 있을 뿐이고, 여기서 망상을 해서 미혹하게 헤매기도 하고, 거기서 깨달아서 벗어나기도 해요. 헤맬 때도 사실은 이것이고, 벗어날 때도 이것뿐이고, 이것은 변함없이 이것 하나뿐인데 그렇게 헤매고 다니는 거죠.
 세상 삼라만상을 만법이라 하고 세상을 법의 세계라고 하는 게 결국 법을 벗어나는 게 없기 때문입니다. 전부가 다 법 속의 일인 거예요. 그래서 만법이니 법의 세계니 이런 소리를 하는 거거든요. 전부 이 법 하나에서 벗어나는 게 없으니까요. 어리석은 사람들은 법이 마음에 있고, 마음 밖에 또 다른 게 있다, 이렇게 생각해요. 어리석은 거죠. 마음을 깨닫지 못해서 그런 망상을 하는 겁니다. 세상 모든 것이 이것을 벗어나는 게 없어요.

예를 들어, 지금 갑자기 하늘에서 관세음보살이 모습을 드러내서 내려온다면, 그건 어디서 나타나는 겁니까? 다 여기서 나타나는 거예요. 갑자기 하늘에서 나찰, 귀신이 험상궂은 모습으로 나타난다면, 어디서 나타나요? 여기서 나타나는 겁니다. 이것이 분명하면 무슨 모습이 나타나더라도 거기에 속아서 따라가지 않고, 어떤 소리가 들리더라도 거기에 속아서 따라가지 않고, 뭘 보고 뭘 듣고 뭘 느끼고 무슨 냄새를 맡고 무슨 생각을 하더라도 거기에 속아서 따라가지 않습니다. 속아서 따라가는 걸 뭐라 합니까? 유루(有漏), 새어 나간다고 합니다. 속아서 따라가지 않고 안 따라가면 뭡니까? 무루(無漏), 새어 나가지 않는 것입니다. 그래서 깨달음을 무루법(無漏法)이라고 하는 거예요. 안 따라간다는 말입니다. 안 새어 나간다는 말이거든요

온갖 일이 단지 이 한 개 법이에요. 이 하나의 일. '모든 부처님과 모든 부처님이 깨달은 법이 전부 이 경에서 나온다.' 이 말을 못 알아들을까 봐 마지막에 한마디 더 해 줘요. '불법이라고 하는 것은 불법이 아니다.' 그건 그냥 말이다. 말이고 분별이고 생각이고, 마음에 나타나는 하나의 연기된 모습이다. 불교식으로 얘기하면, 연기된 모습이 뭐냐? 분별로 말미암아 나타나는 그런 모습들이다, 이 말입니다. 다 헛거라는 말입니다. 한마디로 얘기하면, 진실하지 않다. 진실은 단지 이것 하나다, 이 말이에요.

이것이 분명하면 아무 일이 없어요. 무슨 일이 생기더라도 원래 아무 일이 없는 겁니다. 그런데 이것이 확실하지 못하면 자꾸 '나다' 하는 망상에 사로잡혀 있어요. '나다' 하는 망상이 생기면 나라는 게 있고 나 아

닌 게 있고, 안팎이 딱 생겨 버려요. 그러면 바깥에서 뭐가 일어나요. 그러면 바깥을 따라서 헤매게 되는 겁니다. 그걸 유식학에서는 '변계소집성(遍計所執性)'이라고 하는데, 망상을 일으켜서 망상을 따라가 버렸다는 말이거든요.

이 일 하나가 있는 겁니다. (법상을 톡 두드리며) 여기만 한 번 제대로 탁 와닿아서 이것이 분명하면, 세상에 무슨 일이 생겨도 여기서 일어나는 거지, 이걸 벗어나는 건 없어요. 하늘에 빛나는 별을 봐도 별이 반짝반짝하는데 (손가락을 세우며) 바로 이것이 있는 거예요. 부처님이 왜 샛별이 반짝하는 걸 보고 깨달았겠어요? 샛별이 반짝하는데 바로 이 법이 있는 거예요. 그래서 샛별을 보고 깨달았다고 한 거죠.

캄캄한 어둠이 있어요. 어둠이 바로 이거예요. 어둠이라는 게 바로 이거라고요. 어둠 속에서 반짝이는 별에도 이것이 있고, 캄캄한 어둠에도 이것이 있고, 무슨 일이 생기든지 간에 이것이 있는 겁니다. 이것이 없으면 세상이 없어요. 세상이라는 건 없습니다. 이것이 세상의 근본이고 근원이라고 하는 거죠. 그런데 이것이 확실치 못하니까 뭐가 있으면 '어? 저기' 하고 따라가 버린단 말이죠.

옛날 선사가 한 말이 있습니다. "중생이 자기를 잊어버리고 사물을 쫓아가는구나." 이렇게 하는 게 바로 미혹이라고 하는 겁니다. '중생이 자기를 잊어버리고 사물을 따라가는구나.' 그런데 사물이 따로 있는 게 아니고 여기서 일어나는 분별에 불과한 건데, 그래서 한 말이 바로 '한로축괴(韓獹逐塊), 사자교인(獅子咬人)'이라 합니다.

강아지는 흙덩이를 쫓아가고, 사자는 사람을 물어 버린다는 말입니다. 흙덩이라는 게 망상을 가리키는 거거든요. 비유적으로 그렇게 한 건데, 사람이 흙덩이를 종이로 포장해서 흙덩이 아닌 것처럼 휙 집어던지면 강아지는 종이 안에 고깃덩어리가 있는 줄 알고 쫓아가서 콱 물어요. 물어 보면 흙덩이니까 다시 사람한테로 와요. 그러면 또 던져요. 어리석으니 따라가서 또 물어오고, 계속 그렇게 한다고요. 그런데 사자는 지혜로워서 어떻게 하느냐 하면, 흙덩이 던지는 사람한테로 돌아서서 더이상 못 던지게 그 사람을 콱 물어 버립니다. 사자는 깨달은 사람을 가리키는 말이잖아요. 깨달은 사람을 사자에 비유하기 때문에 부처님 말씀을 사자의 울부짖음, 사자후라고 합니다. 마음에서 망상이 계속 나오는데, 망상을 따라가는 건 강아지처럼 어리석다는 겁니다. 망상이 나오는 이 마음을 한 번 확 깨달아 버리면, 아무리 망상이 나오더라도 망상을 안 따라가고, 더이상 망상에 속지 않고, 망상에 의해 헤매는 문제가 없어지는 거죠. 그래서 사자는 사람을 물어 버린다고 얘기하는 거거든요.

바로 지금 (손을 흔들며) 이것 하나가 있는 겁니다. 이것을 벗어나는 일은 세상에는 없어요. 모든 이름은 전부 망상입니다. 우리가 만들어 낸 거잖아요. 부처라는 이름이 본래 있었어요? 모든 이름은 만들어 낸 거죠. 깨달음이라는 이름이 본래 있습니까? 우리가 만들어 낸 거죠. 그건 전부 허망한 겁니다. 만들어진 것은 전부 허망한 거예요. 만들어지지 않고 만들어지지 않는 것, 이것이 본래 있는 겁니다. 만들어질 수 없는 것, 이게 본래 있는 거예요. 절대로 만들어질 수 없는 것. 어느 누구도 손댈 수 없는 것. 우리 자신이 어떻게 할 수 없는 것.

생각도 우리가 마음대로 만들잖아요. 생각을 만들어서 말도 마음대로 꾸미고 자기 기분도 바꾸잖아요. 기분 전환하러 어디 가잖아요. 노래

밖에 기분 전환하러 가는 거 아닙니까? 다 바꿀 수 있어요. 바꿀 수 없는 것 딱 하나가 바로 이거예요. 바꿀 수 있는 것은 전부 헛것입니다. 다 허망한 겁니다. 그런 걸 따라다니면 안 돼요. 괴로워하고 힘들어하는 사람들 보면 다 그런 걸 따라다녀요. 기분이 우울하다… 얼마든지 바꿀 수 있는데, 자꾸 거기에 걸려서 따라다니고 있죠. 요즘 머리가 복잡하다… 이건 생각을 많이 한다는 거예요. 헛된 것에 사로잡혀서. 번뇌는 전부 거기서 생기는 겁니다.

바꿀 수 없는 이 진실, 이게 한 번 딱 밝혀지면 그런 거 안 따라다녀요. 생각이나 기분이나 감정, 이런 거 안 따라다니는 겁니다. 기분이 우울하다는 말 안 합니다. 그럴 뭐가 없어요. 그냥 늘 있는 일이 항상 있을 뿐이에요. 항상 똑같아요. 시간이 없어요. 시간이라는 게 흐르질 않아요. 세상이 안 바뀌어요. 이것은 항상 똑같다고요. 늘 똑같아요.

공부를 안 해 보면 모르는 거예요. (손가락을 세우며) 어떻게 할 수 없고, 절대 변하지 않는 게 하나가 있습니다. 이게 진여자성이라고 하는 거예요. 이것 하나가 이렇게 와닿아 버리면 우울하니 어쩌니 그런 말 안 하게 됩니다. 항상 아무 일이 없어요. 늘 똑같아요. 그냥 똑같은 일이 항상 있을 뿐입니다. 특별한 게 없어요.

인간의 정체가 다 밝혀진 거예요. 사람 마음이라는 게 명백하게 다 밝혀져 버리는 겁니다. 사람 마음이 대단히 비밀스럽고 특별한 게 있느냐? 그런 거 없어요. 망상 속에서 헤매느냐, 깨달아서 아무 일이 없느냐? 둘 중 하나인 겁니다. 망상 속을 헤매니까 '이런 일도 있다, 저런 일도 있다, 사람 마음을 알 수가 없다'는 말을 하는 겁니다. 이것이 딱 밝혀지면 알 것도 없고 모를 것도 없고 항상 똑같아요.

그래서 이 진실 속에서 늘 밝아 깨어 있어서 속지 않느냐, 아니면 이런 깨달음이 없어서 자기 감정이나 기분이나 생각이나 보고 듣는 것에 속아서 헤매 다니느냐? 둘 중 하나예요. 미혹하냐, 깨달아 있느냐? 둘 중 하나지 다른 건 없습니다.

이것이 딱 밝혀져서 이것이 분명하면, 사람이라는 게 특별할 게 전혀 없습니다. 진실은 이것 하나예요. 망상 속을 헤매면 온갖 것이 다 있죠. 기분만 하더라도 천차만별이고, 느낌이나 생각이나 감정도 수도 없이 많아요. 망상은 끝이 없어요. 그런데 진실은 두 번째, 단 둘도 없어요. 딱 하나뿐인 겁니다. 진실은 딱 하나뿐이에요. 망상은 끝없이 많지만, 이 하나의 진실만 깨달아 버리면 수많은 망상에 시달리지 않을 수 있습니다. 시달림이 없는 게 바로 해탈입니다. 열반인 것입니다. 뭔가 마음에 시달리고 있다면 이것이 중생의 번뇌입니다.

번뇌라는 게 마음이 뭔가 시달리고 불편해요. 뭔가가 명확하지 않아서 항상 의심스럽고 뭘 찾아 헤매는 게 번뇌예요. 괴로움이 없더라도 뭐가 옳은지 뭐가 바른지 그걸 모르니까 늘 뭘 찾아서 헤매는 거죠. 밝은 지혜가 없는 무명이라는 말입니다. 무명이 번뇌고, 늘 시달리니까 마음이 불편하고 괴로워요. 그것도 번뇌죠. 불편하고 괴로움이 없더라도 마음이 어두워요. 뭔지 몰라서 늘 이렇게 찾아서 헤매게 됩니다. 그런 게 다 번뇌예요. 그런데 이것이 딱 분명하면 그런 게 없어요. 찾아서 헤맬 일도 없고, 괴로울 것도 없고…. 몸은 아플 수가 있습니다. 그건 어쩔 수 없어요. 그런데 마음은 그런 게 없습니다.

여기에 통달이 돼서 이게 분명하면, 몸은 아프기도 하고 건강하기도 하고, 살이 빠지기도 하고 살이 찌기도 하고, 배가 부르기도 하고 배가

고프기도 하고 변화가 있지만, 마음에는 아무런 변화가 없습니다. 항상 똑같아요. 몸이 좀 그렇더라도 별로 큰 문제가 되질 않아요. 행복과 불행이라는 것은 결국 마음에 달린 거거든요. 마음이 늘 불만투성이면 불만 자체가 괴로움이죠. 그런데 늘 만족이 돼서 아무 일이 없으면, 그건 행복한 거죠.

변하지 않는 게 있습니다. 이것 하나입니다. 누구에게나 이 하나의 일이 있어요. 이것은 어떻게 할 수가 없습니다. 이것은 아무도 어떻게 할 수가 없어요. 이것은 항상 있는 일이에요. 본래 깨끗하고 아무 문제 없는 타고난 마음이 있는데, 이상하게도 망상이라는 게 생겨서 거기에 휩쓸려 본래 이것을 잊어버리고 자꾸 허망한 망상을 따라다녀요. 문득 꿈에서 깨어나, 본래 아무 일이 없구나 하는 걸 깨달아서 이 자리에서 살면 그런 일이 없죠. 그런데 너무 오랫동안 망상을 따라 헤매면서 살아온 게 습관이 돼 있기 때문에 그것은 시간이 좀 걸려요. 설사 이런 깨달음이 있다 하더라도 여기에 익숙해지고 망상을 따라다니는 버릇이 좀 고쳐져야 하거든요. 그것은 시간이 많이 걸려요. 《법화경》 같은 경우 70년이라고 얘기하거든요.

《법화경》에 보면, 부잣집 아들인데 어릴 때 가출해 버렸어요. 집을 잃어버려서 헤매고 다니면서 거지로 살았는데 오십 년이 지나서 다시 자기 집으로 돌아왔어요. 자기 집인 줄 모르고 대문을 두드리며 구걸하는데, 아버지가 나가서 보니까 자기 아들인 겁니다. 그런데 아들은 아버지를 모르죠. 너무 어렸을 때 나가서 자기 집이 그렇게 부자인 줄도 모르고, 자기는 거지인 줄 알았으니까요. 그런데 아버지는 아들인 줄을 알아요. 그래서 살살 꼬시죠. '거지로 돌아다니면서 얻어먹고 사니까 힘들지?' '예.' 하니깐 '그럼 우리 집에 와서 머슴살이를 하고 심부름을 해라. 그러면 밥도 제때 잘 먹을 수 있고 잠자리도 따뜻하게 잘 수 있고, 옷도 입혀 줄게.' '좋습니다.' 그래서 차차 집안일을 하나씩 가르치죠. 나중에는 모든 집안일을 싹 다 할 수 있게끔 가르치는데, 그게 20년 넘게 걸립니다. 모든 집안일을 자기 일처럼 하게 되니까 그때에야 비로소 '네가 사실은 내 아들이다'라고 하니까 그때는 아들도 '그런 것 같습니다' 하거든요. 그때까지 총 70년 넘게 걸린다고 얘기하거든요.

꼭 70년이라는 건 아니고, 하여튼 이것을 체험해도 시간이 많이 걸립니다. 선에서는 보통 30년을 얘기하는데, 꼭 30년이라고 말할 수는 없고 어쨌든 시간이 좀 걸립니다. 꽤 시간이 걸린다고 봐야 합니다. 정확하게 몇 년이라고 말할 수는 없어요. (법상을 톡 두드리며) 이렇게 체험이 와도 이것은 아직 많이 생소한 거예요. 좋긴 하고 살았다 싶긴 한데, 아직은 잘 모르고 생소하고, 지금까지 익숙해 있는 망상 부리는 건 아주 익숙한 거예요. 그러니까 이 법이 익숙해지고 망상이 생소해지게 해야 합니다. 그래야 법 속에서 항상 편하게 살 수가 있어요. 그 시간이 공부하는 시간입니다. 체험을 했다 해도 공부가 끝나는 게 아니고 시작인 겁니다. 새로운 공부의 시작이죠. 법이 뭔지 감이 왔으니까 법 속에서 살면서 좀더 확실하게 해야죠. 그 시간이 많이 걸려요.

그렇지만 결국 공부라는 건 일생 하는 겁니다. 그렇게 하는 거죠. 그런데 이렇게 말씀드리면 연세 많은 분들은 '아이고, 나는 이제 가망이 없구나' 하실 수 있는데, 그게 아니고 석가모니가 《열반경》에서 '내가 도를 들으면 지금 이 자리에서 죽어도 좋다'는 얘기를 했잖아요. 이런 일이 있다는 것을 알고 이 속에 발을 한 발이라도 걸치고 죽는 것과 이런 걸 전혀 모르고 죽는 것은 하늘과 땅 차이라는 겁니다.

끝까지 공부해서 이 기회를 잡아야 하는 겁니다. 젊을 때 공부해서 다행히 그리하면 좋은 일이지만, 사람 인연 따라 다른 건데 나이 들어서 법을 만난 그때가 적기예요. 적절한 시기라는 말이죠. 적절한 시기라는 것은 항상 현재 법을 만나서 공부하는 지금 이 순간이 적절한 시기예요. '내가 왜 좀더 젊었을 때 하지 못했을까?'라는 생각을 할 필요가 없습니다. 과거 지나간 걸 돌이킬 수가 없는데, 괜히 쓸데없는 망상입니다. 그럴 필요가 없고, 언제든지 항상 지금 이 순간이 적절한 시기인 겁니다. 그래서 지금 법을 만나서 '이런 일이 있구나' 하고 이 속에 한 발이라도 들여놓게 되면 이전의 삶과는 또 다른 거예요. 이것에 익숙해지는 것은 본인이 알아서 하는 것이고….

《티베트 사자의 서》라는 게 있잖아요. 그 내용이 뭐냐면 살아생전에 이 법에 한 발짝도 못 들여놓은 사람이 죽는 순간에라도 좀 들여놓게 하려고, 죽어가는 사람 귀에다 대고 법문하는 거거든요. 죽는 순간에라도 좋으니까 제발 여기 냄새라도 좀 맡으라는 거예요. 그냥 죽는 것과는 딴 판이니까요.

기회라는 건 지금이 기회인 겁니다. (법상을 톡톡 두드리며) 항상 지금이 기회예요. 언제든지 지금이 기회이기 때문에 나이 같은 거 생각하지 마시고 공부를 하세요. 이것을 알고 가는 것과 모르고 가는 것은 하늘과 땅 차이입니다. (법상을 톡톡 두드리며) 언제든지 지금이 기회입니다.

우리 선원에서 제일 연세가 많으신 분으로 나이 90에 이것을 알고 가신 보살이 있었어요. 그거 알고 한 2~3년 있다가 돌아가셨어요. 그것만 해도 다행 아닙니까? 기회라는 게 항상 있는 겁니다. (법상을 톡톡 두드리며) 이런 일이 있습니다. 이것이 한 번 와닿아 봐야 '이런 게 있으니까 부처님이 그렇게 말씀을 하셨구나' 하는 걸 확인할 수가 있는 거죠.

이 일입니다. (손가락을 세우며) 바로 이것입니다. 어떻게 할 수 없는 일이 바로 이것이에요. 이것 하나. 어떻게 할 수 없는, (법상을 톡톡 두드리며) 어떻게 될 수 없는 바로 지금 이 하나입니다. 이 하나. 이 소식. (법상을 톡톡 두드리며) 이 일 하나가 있어요. 생각을 할 게 아니고, 뜻이 있는 곳에 저절로 길이 생깁니다. 뜻이 있으면 저절로 길이 생겨요. 길이 딱 나타난단 말이에요. (법상을 톡톡 두드리며) 이 일 하나.

9. 일상무상분
하나의 모습뿐 다른 모습은 없다

"수보리야, 어떻게 생각하느냐? 수다원이 '내가 수다원이라는 결과를 얻었다'고 생각할 수 있겠느냐?"

수보리가 말했다.

"없습니다, 세존이시여. 왜 그런가 하면 수다원이라는 이름은 '흐름에 들어간다'는 뜻이지만, 실제로는 들어간 일이 없습니다. 색깔, 소리, 냄새, 맛, 촉감, 생각 등 어디에도 들어가지 않으므로 이름이 수다원인 것입니다."

"수보리야, 어떻게 생각하느냐? 사다함이 '내가 사다함이라는 결과를 얻었다'고 생각할 수 있겠느냐?"

수보리가 말했다.

"없습니다, 세존이시여. 왜 그런가 하면 사다함이라는 이름은 '한 번 갔다 온다'는 뜻이지만, 실제로는 갔다 오는 일이 없으므로 이름이 사다함입니다."

"수보리야, 어떻게 생각하느냐? 아나함이 '내가 아나함이라는 결과를 얻었다'고 생각할 수 있겠느냐?"

수보리가 말했다

"없습니다, 세존이시여. 왜 그런가 하면 아나함이라는 이름은 '오지 않는다'는 뜻이지만, 실제로는 오고 가는 일이 없으므로 아나함이라고 부릅니다."

"수보리야, 어떻게 생각하느냐? 아라한이 '내가 아라한이라는 도를 얻었다'고 생각할 수 있겠느냐?"

수보리가 말했다.

"없습니다, 세존이시여. 왜 그런가 하면 실제로는 아라한이라는 이름을 가진 법은 없습니다. 세존이시여, 만약 아라한이 '내가 아라한이라는 도를 얻었다'고 생각한다면, 나라는 생각, 사람이라는 생각, 중생이라는 생각, 목숨이라는 생각에 집착하게 됩니다.

세존이시여, 부처님께서는 말씀하시기를 '내가 무쟁삼매를 얻어 사람들 가운데 가장 뛰어나게 되었고 최고로 욕망을 벗어난 아라한이 되었지만, 나는 내가 욕망을 벗어난 아라한이라고 생각하지는 않는다'고 하셨습니다. 세존이시여, 제가 만약 '나는 아라한이라는 도를 얻었다'고 생각한다면, 세존께서는 '수보리는 아란나행을 즐기는 자다'라고 말씀하시지 않을 것입니다. 수보리에게는 실제로 행할 것이 없으므로 수보리를 아란나행을 즐기는 자라고 하는 것입니다."

"須菩提, 於意云何? 須陀洹能作是念: '我得須陀洹果.'不?"

須菩提言: "不也世尊. 何以故? 須陀洹名爲入流而無所入. 不入色聲香味觸法. 是名須陀洹."

"須菩提, 於意云何? 斯陀含能作是念: '我得斯陀含果.'不?"

須菩提言: "不也世尊. 何以故? 斯陀含名一往來而實無往來. 是名斯陀含."

"須菩提, 於意云何? 阿那含能作是念: '我得阿那含果.'不?"

須菩提言: "不也世尊. 何以故? 阿那含名爲不來而實無不來. 是故名阿那含."

"須菩提, 於意云何? 阿羅漢能作是念: '我得阿羅漢道.'不?"

須菩提言: "不也世尊. 何以故? 實無有法名阿羅漢. 世尊, 若阿羅漢作是念: '我得阿羅漢道.' 卽爲著我人衆生壽者. 世尊, 佛說: '我得無諍三昧, 人中最爲第一, 是第一離欲阿羅漢. 我不作是念: 我是離欲阿羅漢.' 世尊, 我若作是念: '我得阿羅漢道.' 世尊則不說: '須菩提是樂阿蘭那行者.' 以須菩提實無所行, 而名須菩提是樂阿蘭那行."

《금강경》 제9 일상무상분(一相無相分)입니다.

'일상무상(一相無相)'이란 하나의 모습에는 모습이 없다는 말입니다. 법을 표현하는 방편의 말인데, 하나라고 하는 건 '불이(不二)' 둘이 아니라는 말입니다. 법이 하나라는 말은 억지로 표현한 것이고, 원래는 항상 불이, 둘이 아니라고 하죠. 둘이 아니라는 건 분별이 없다, 분별할 수 있는 게 아니다, 이런 말입니다. 법은 둘이 아니다… 분별할 수 없으니까 무상이죠. 어떤 모습, 분별된 모습이 없다…

그래서 일상의 '일'이라는 것은 곧 '불이' 둘이 아니고, 둘이 아니니까 분별이 안 되는 거죠. 둘이라고 할 때는 분별이라는 뜻이고, 둘이 아니라고 하면 분별이 안 된다는 말입니다. 둘이 아니니까 하나라고 말한 건데 사실 맞는 말은 아니에요. 둘이 아니다, 이게 좀더 맞는 말이고, 일상이라는 것은 둘이 아닌 모습 외에는 '무상' 모습이 없다는 말입니다. 이 것이죠. (손을 세우며) 이것 하나. 이것은 그냥 이것인데 뭐다, 어떻다, 어떤 거다, 이런 건 아닙니다. 그래서 어떤 모습도 없다는 것은 아무런 분별이 없다는 말입니다.

〈법성게〉 맨 첫 구절이 '법성원융무이상(法性圓融無二相)'이라고 되어 있죠. 법의 본성은 '원융(圓融)' 다 녹아서 하나다… '원융'에서 '원'은 빠짐없다, 빠짐없이, 전부, 이런 말이고 '융'이라는 것은 녹았다는 말입니다. 용광로에다가 뭘 집어넣으면 다 녹아서 쇳물이 되어 버리잖아요. 온갖 쇠나 여러 가지를 넣으면 녹아서 다 하나가 되어 구별이 안 된다는 말입니다. 그래서 '무이상(無二相)' 두 개의 모습으로 구별이 안 된다… 이 법이 그렇다고 말한 겁니다. 여기에 통해 버리면 끝도 없고, 뭐라고 할 수도 없고, 늘 있는 일이고, 끝이 없어요. 이만큼이다, 이렇게 할 수가 없어요. 끝이 없고 어떤 분별되는 것이 없으니까 이것은 법을 가리키는 말입니다.

'법성원융무이상' 하든지 '일상무상' 하든지, 또는 흔히 '실상무상(實相無相)'이라는 말도 있거든요. 진실한 모습에는 모습이 없다는 말입니다. 다 이걸 가리켜서 하는 소리예요. 이것은 그냥 이것인데, 끝도 없이 항상 있는 일이고, '뭐냐? 어떤 거냐?' 그렇게 얘기할 수 없어요. 어떤 무엇은 아니에요. 그런데 이것이 분명하단 말이에요. 분명하고 항상 있는 일인데, 어떤 무엇은 아니죠. 이것은 늘 분명하고 항상 확실한 건데, 어떤 무엇은 아니거든요.

무심이라는 말도 결국에는 같은 뜻입니다. 이것을 마음이라고 하지만, 마음이라는 어떤 물건은 없습니다. 마음이라는 어떤 모습이 없는 거예요. 이렇게 분명하고, 어떻게 할 수 없이 항상 있는 일이고, 끝이 없죠. 어디까지라고 얘기할 수도 없고 어떻게 생겼다고 얘기할 수가 없어요. 항상 있는 일이거든요. '어떻게 생겼느냐?' '어디까지냐?' 이런 말에 해당이 안 됩니다. 그래서 무상이라 해요.

이것 하나, 여기에 통달이 돼서 쓱 실감이 되고 이것이 탁 드러나는 거죠. 이것이 탁 드러나면 이것은 어떻게 할 수가 없어요. 그냥 드러나 버리면 그대로 받아들일 수밖에 없어요. 받아들인다는 것도 웃기고, 그렇게 억지로 얘기할 수 있지만, 그대로 받아들일 수밖에 없죠. 여기에 대해서 따져 보거나 이렇게 할 수가 없어요. 그냥 그대로 당연한 일로 받아들여지죠. '이것이 뭐지? 어떻게 되고 왜 이렇지?' 이렇게 할 수가 없습니다. 그런 생각이 일어나질 않아요. 이런 일이 툭 실감이 되면 그대로 받아들여집니다. 그렇게 사는 거고, 살다 보면 당연히 늘 있는 일이고, 게다가 이것이 굉장히 좋습니다. 왜? 아무 일이 없거든요. 아무 문제가 없습니다.

인생을 산다고 하는데, 이것이 드러나야 진짜로 사는 맛을 느껴요. 이것은 살아 있는 거거든요. 생명 그 자체라 할 수 있고, 이것이 살아 있는 것이기 때문에, 이것이 드러나야 진짜 사는 맛을 느끼죠. 안 그러면 몸이 살아 있다고 믿는데, 몸은 맨날 고장 나니까 항상 걱정되고, 뭔가 좋을 때도 있고 컨디션이 나쁠 때도 있으니까 진짜 사는 맛이 없어요.

몸을 자기라고 여기면, 이것이 망상인데, 진짜 사는 맛을 볼 수 없어요. 몸이 아닌 이것을 마음이라고 부르는데, 이것이 한 번 확실하게 탁 드러나야 아무 걱정거리가 없어요. 여기는 아무런 걱정거리가 없고, 아무 문제 될 게 없고, 당연히 항상 있는 일이고, 근심 걱정할 게 아무것도 없거든요. 그래서 사는 맛이 납니다. 늘 평화롭다 할 수도 있고, 항상 아무 일이 없다고 할 수 있는 거죠.

하여튼 이것입니다. 이런 일이 있으니까 '왜 사람들이 이것을 모를까? 한 번 경험해 보면 되는데, 이것이 자기 본래면목이라 할 수 있는 건데 이것을 찾아서 이런 삶을 살아야 하는데' 하는 거고, 그래서 이런 말씀을 드리는 겁니다. 이것이 제일 좋은 거예요. 이것이 아니면 골치가 아프거든요. 이런저런 시끄러운 일들이 많죠. 그런데 여기는 아무 일이 없어요.

〈법성게〉의 두 번째 구절이 뭡니까? '제법부동본래적(諸法不動本來寂)'이거든요. '제법(諸法)' 온갖 일이 '부동(不動)' 움직이지 않는다, 왔다 갔다 하지 않고 시끄럽지 않다. '본래적(本來寂)' 본래 고요하다, 아무 일이 없다, 이 말입니다. 온갖 일이 시끄럽게 날뛰어야 하는데 부동이라 안 움직여요. 시끄럽게 날뛰질 않아요. 그래서 '본래적' 본래 고요하고 아무 일이 없습니다.

이것. 이것 하나가 있는 거고, 바로 지금 이것입니다. 누구에게나 이 일 하나가 있는 거고, 바로 지금 이것이죠. 여기만 통하면 돼요. 다른 법은 없어요. 법은 이것 하나뿐이거든요. 여기만 통해 버리면 아무 일도 없고 아무 문제도 없습니다. 누구에게나 이것 하나가 있습니다. 이 일 하나가 있고 이 법 하나가 있지, 다른 건 없어요. 여기 탁 한 번 실감이 와서 이렇게 와닿으면, 진짜 자던 사람이 눈을 뜬 것 같고, 죽어가던 사람이 다시 살아난 것 같은 느낌이 들거든요.

'깨닫다'는 말이 원래 잠에서 깬다는 뜻이거든요. 그래서 옛날 사람들이 잠에서 깨라고 말하기도 했어요. 사람을 죽이기도 하고 살리기도 한다는 말이 있는데, 이 법문이 그렇거든요. 말만 따라가면 죽은 사람이 되고, 이것이 한 번 툭 실감이 되면 죽었던 사람이 다시 살아난 것과 같다고 얘기하죠. 사실 스스로 그런 느낌이 드니까요. 진짜로 살아 있는 것은 이것 하나가 살아 있는 겁니다. 딴 게 살아 있는 게 아니고 이것 하나가 살아 있는 것이고, 이것이 살아 있으니까 나머지 일들이 다 나타난다고 얘기할 수 있죠. 진짜로 살아 있는 것은 이 일 하나고, 이것 하나가 살아 있는 거예요. 이것이 살아 있으니까 나머지 일들도 나타나는 거죠. 이 일 하나가 있습니다. 이것을 가리켜서 일상무상(一相無相)이라 하기도 하고 방편으로 여러 가지 얘기를 하는 거예요. 경전의 얘기들은 이것을 말하기 위해서 여러 가지 망상을 부수는 방편을 쓰는 겁니다.

수보리야, 어떻게 생각하느냐? 수다원이 '내가 수다원이라는 결과를 얻었다'고 생각할 수 있겠느냐?

수보리가 말했다.

없습니다, 세존이시여. 왜 그런가 하면 수다원이라는 이름은 '흐름에 들어간다'는 뜻이지만, 실제로는 들어간 일이 없습니다. 색깔, 소리, 냄새, 맛, 촉감, 생각 등 어디에도 들어가지 않으므로 이름이 수다원인 것입니다.

소승에서는 소승 수행자가 수행해서 까닫는 과정을 네 과정으로 얘기해요. 네 과정 중 마지막 과정이 아라한입니다. 아라한에 이르기까지 수다원이 첫 번째 깨달음, 두 번째 깨달음이 사다함, 세 번째 깨달음이 아나함, 네 번째 깨달음이 아라한이라고 합니다. 네 번째 과정까지 깨달아야 제대로 된 깨달음이라는 식으로 얘기해요.

첫 번째를 수다원이라 하는데, 이것은 인도 말이고 번역하면 예류과 또는 무루도라 해요. '흐름 속으로 들어간다'는 말인데, 어떤 흐름이냐면 무루도(無漏道)에 들어간다는 거죠. '무루', 누설됨이 없는 흐름 속으로 들어간다는 뜻입니다. 소승에서는 수행을 해서 깨닫는다는 과정을 두고 있어요.

수다원이라는 건 '무루도', 경계를 따라가지 않는 일을 처음으로 경험한다는 뜻입니다. 그래서 색깔, 소리, 냄새, 맛, 촉감, 생각, 이런 게 경계인데, 보고 듣고 느끼고 하는 일을 따라가지 않을 힘을 처음으로 얻는다는 것입니다. 그것을 무루라고 하거든요. 무루라는 것은 물이 샌다는 말인데, 물이 새어 나가니까 쭉 물을 따라가는 거죠. 그런데 물이 새지 않는다는 건 보고 듣고 느끼고 생각하는 것을 안 따라가고 자기 자리에 딱 머물러 있다는 것이고, 그것을 처음으로 체험한 것을 수다원이라고 합니다. 처음으로 무루도의 흐름 속으로 들어간다는 뜻이에요. 그렇게 말할 수 있는 부분이 있죠. 소승식으로 수행을 안 하더라도 공부를 하다 보면 그런 생각이 들 때가 있거든요. '내가 법의 자리에 있으면서 다른 데 안 따라갈 수 있게 됐구나' 이런 느낌이 들 때가 있단 말이죠. 그것을 수다원과라고 하는 겁니다. 수다원의 결과를 얻었다고 얘기하죠.

소승에서 얘기하는 것들을 보면 법문 듣고 공부하면서 다 경험할 수 있는 내용들이에요. 특별한 내용은 아니고, 소승식으로 수행을 안 해도 법문을 듣고 공부하다 보면 이런 경험들을 할 수 있습니다. 저절로 그런 체험을 하게 되기 때문에, 수다원이 '내가 수다원이라는 결과를 얻었다'

고 생각할 수 있겠느냐? 생각을 하면 망상이 되겠죠.

생각을 하면 망상이 되는 거고, 그냥 '이 자리' 하는 게 나오면 이 자리인 거죠. 이 자리에서는 생각을 하면 안 되는 겁니다. '이런 자리가 있구나. 알겠다' 하고 생각해 버리면, 어쨌든 생각은 가짜잖아요. 진짜는 이런 체험을 한 것이고 생각은 가짜거든요. 진짜인 체험은 있을지언정 생각을 따라가면 망상이 되는 거죠.

그러니까 그런 생각을 하지 말라는 겁니다. 제가 항상 부탁드리잖아요. 공부를 하면서 자기 공부에 대해서 '내가 지금 어떻게 공부를 하고 있을까? 내 마음이 지금 어떤가?' 하고 돌아보지 마시라고…. 전부 다 망상입니다. 그렇게 하는 건 공부에 방해밖에 안 돼요. 그러지 말고 여법하기만을 추구하라는 말입니다. 여법하기만을 바라고 계속해 가는 겁니다. 그러면 여러 가지 마음의 변화들이 일어나는데, 그건 신경 쓸 필요가 없는 거예요. 오로지 여법함만, 제대로 여법해지기만, 그것만 바라면 돼요.

육체의 병이 들었을 때 치료할 때도 그러잖아요. 약을 먹고 치료하다 보면 여러 가지 경험을 할 수 있는데, 그건 신경 쓸 필요가 없는 거예요. 오로지 건강해지기만 바라면 되거든요. 병이 다 사라지고 제대로 건강해지기를 바라면 되는 거죠. 이 약을 먹으니까 이렇게 되고 저 약을 먹으니까 저렇게 되고, 그건 쓸데없는 거죠. 지금 병이 안 낫고 있는데, 그런 거 따지고 헤아리면 뭐 합니까?

그런 것처럼 제대로 깨닫고 제대로 여법해져서 걸림 없이 대자유를 얻는 것, 이것 하나만 목표로 해서 최종적으로 만족이 될 때까지 그냥 계속해 나가는 거죠. 지금은 '이것이 어떤 단계지? 이것이 수다원 단계인가?' 그러지 말라는 겁니다. 그렇게 하는 것은 망상입니다.

생각으로 자꾸 헤아리고 따질 필요가 없습니다. 마음이 여러 가지 변화를 겪으면서 제대로 자기 자리를 찾아가고 있는데, 따질 필요가 없어요. 제자리에 제대로 찾아가면 되는 거죠. 이게 그 말입니다. 수다원이라는 어떤 체험이 됐는데, '내가 이제 수다원이라는 결과를 얻었구나' 그런 생각은 쓸데없는 생각이라는 거죠. 수다원이라는 것도 하나의 방편의 말입니다. 딱 정해져 있는 뭐가 있는 게 아니에요.

무루도에 들어간다, 마음이 항상 변함없는 어떤 자리가 생긴 것 같다, 이것이 확인된 것 같고 온갖 일에 안 따라가는 것 같다, 뭔가 늘 한결같이 제자리를 지키고 있는 것 같다, 그런 느낌이 들면 이것이 바로 수다원이거든요. 그런데 그것을 따지고 '그래, 이렇구나' 하고 생각하지 말라는 겁니다. 공부하는 사람은 자기를 돌아보지 말고 법만 쳐다보고 가야 해요.

법이라는 게 뭐냐면 제대로 된 깨달음, 제대로 된 여법함, 그것만 쳐다보고 계속 가는 겁니다. '내가 지금 어디까지 왔나?' '내가 어느 수준까지 공부가 됐지?' 쓸데없는 망상입니다. 토끼와 거북이로 따지면 토끼가 쫓아가다가 '이제 많이 왔네. 이만큼 왔으니까 좀 자자' 하고 자는 것과 똑같습니다. 거북이처럼 가야 해요. 뒤를 돌아보지도 않고 결승까지 그것만 향해서 꾸준히 걸어가는 겁니다. 토끼처럼 쫓아가다가 '내가 여기까지 왔네. 많이 왔네. 이제 좀 쉬자' 이렇게 하면 안 돼요. 공부는 토끼와 거북이로 비유하자면, 거북이처럼 앞만 쳐다보고 계속 가는 겁니다. 가다 보면 저절로 다 돼요. '내가 지금 어디를 지나왔고 몇 미터쯤 왔느냐?' 다 필요 없는 겁니다. 결승에 골인해야 하는 거죠. 그거 따지면 뭐

해요? 다 필요 없는 거지. 그러니깐 오직 여법함 하나만 쳐다보고 계속 그렇게 가야 합니다.

수다원이라고 방편으로 이런 이름을 만들어 놓았는데, 이 정도 공부가 된 사람이 '내가 이제 수다원이라는 결과를 얻었구나' 그런 생각을 하는 것은 옳지 않습니다. 그것은 좋은 공부 태도가 아니라는 말이에요.

수보리가 말했다.
없습니다, 세존이시여. 왜 그런가 하면 수다원이라는 이름은 '흐름에 들어간다'는 뜻이지만, 실제로는 들어간 일이 없습니다.

이 말은 뭐냐면 마음공부라고 하는 건 수행의 단계를 수다원, 사다함, 아나함, 아라한, 이렇게 나누어 놓았지만, 마음속에는 사실 그런 단계가 없습니다. 몸은 기본적으로 모양이 있으니까 그렇게 말할 수가 있겠죠. 예를 들어, 몸에 상처가 났을 때, 꿰맨 뒤 실밥을 빼서 상처 난 게 아물었는데, 실밥을 뺀 뒤에도 여전히 가려워서 약도 바르고 아직 약도 먹어야 해요. 모양이 보이니까 그런 단계를 말할 수 있지만, 마음에는 애초에 모양이 없거든요. 마음속에서 일어나는 건 전부 허상입니다. 처음부터 모양이 없는데, 자꾸 망상에 속아서 무슨 모양이 있는 것처럼 단계를 얘기해요. 사실상 마음에는 모양이 없어서 구체적으로 뚜렷하게 구분해서 얘기할 수가 없어요.

방편으로 대충 비유를 들어 얘기하는 거죠. 선에서는 이런 식으로 얘기를 안 하죠. 선에서는 심우도와 같은 식으로 비유하잖아요. 처음에 공부를 시작할 때는 소를 찾아서 집을 나서는 것부터 시작합니다. 소를 찾아 집을 나선다는 건 세속에 관심이 없어졌다는 말이에요. '내가 출세간의 깨달음에 관심을 가지고 깨달아 봐야지' 하고 발심을 한 것입니다. 그것이 소를 찾아서 집을 나선다는 말이고, 그다음 소 발자국을 봤다는 말입니다. 이 말은 뭐냐 하면 뭔가 깨달음의 가능성을 본 거죠. 그것은 스승을 찾은 것일 수도 있고, 깨달은 스승을 찾았으면 '저분은 깨달은 것 같은데 나도 가능성이 있겠네' 이런 느낌이 있을 수 있어요. 말하자면 발자국을 보았다고 할 수 있는 거죠. 뭔가 가능성이 있을 것 같다는 거죠.

또 계속하다가 '소를 찾았다'고 하면 '이런 일이 있구나' 하고 한 소식한 거죠. '이런 일이 있네' 하고 탁 체험이 됐다는 겁니다. 그것이 소를 찾은 거예요. 소를 찾았으면 그 소를 잘 키워야 해요. 그런 식으로 쭉 얘기하잖아요. 다 비유적인 말입니다. 그런 과정이 있는 게 아니라, 딱 정해져 있는 건 아니고 하나의 비유적인 건데, 그렇게 말할 수 있다는 거예요. 소를 찾은 것은 체험한 이것을 잃어버리지 않고 가지고 사는 거죠. 잘 가지고 늘 이것을 확인하면서 사는 거죠.

소를 도망 못 가게 고삐를 붙잡고 키우다 보면, 나중에 사람이 없어진다는 거예요. '나다' 하는 게 없어진다는 말입니다. '나다, 내 거다' 이게 없어지고, 그다음에 소가 없어져요. 소가 없어진다는 건 깨달음이라고 할 것도 없어진다는 거예요. '이게 깨달음이구나' 하고 예전에는 뭔가 있었던 것 같은데, 그런 느낌조차도 없어져요. 그래서 모든 게 일원상(一圓相)으로 돌아가 버려요. 둘이 아니게 하나로 탁 돌아요. 일원상이라는 것은 둘로 나누어지지 않은 하나로 돌아간다는 거죠.

그런 식으로 딱 나뉘어 있는 건 아니지만, 공부해 보면 '굳이 말하자면 그렇게 말할 수도 있겠네' 하고 수긍은 되거든요. 그렇지만 과정으로 딱 나뉘어 있느냐? 그건 아니에요. '한번 깨달아 봐야지' 하다가 체험을 해도 여전히 불안하고 확실치 않고 조금 흔들흔들하고 그렇거든요. 그럼 자꾸 '내가 좀더 열심히 해 봐야지, 제대로 될 때까지 해 봐야지' 한단 말이죠. 공부가 그런 거지 뭐가 정해져 있는 건 아니에요. 그것을 헤아리고 생각할 필요는 없습니다. 계속 여법하기만 바라면서 계속 하는거죠.

뭔가 딱 정해져 있는 건 아니라서 실제로 이런 일이 있다고 할 수는 없단 말이죠. 실제로는 들어가는 일이 없습니다. 들어가고 나가고 무엇이 있는 건 아니고, 그런 느낌이 있는데 그것을 구분해서 정해진 뭐가 있다고 할 수는 없단 말이죠.

색깔, 소리, 냄새, 맛, 촉감, 생각 등 어디에도 들어가지 않으므로 이름이 수다원인 것입니다.

색깔, 소리, 냄새, 맛, 촉감, 생각 등 어디에도 들어가지 않으므로… 이 말은 무슨 말입니까? 그것을 따라가지 않는다, 그렇게 새어 나가지 않으므로 이름이 수다원이다, 무루도에 들어갔다, 이렇게 말하는 겁니다. 색깔, 소리, 냄새, 맛, 촉감, 생각, 이런 것들을 따라가 버리면 흘러가 버리거든요. 물이 새어 나간다는 말입니다. 그런데 안 따라가면 물이 새어 나가지 않습니다.

저의 예전 경험을 돌이켜보면, 이것을 아직 체험하기 전에는 참나라고 하든 본래면목이라고 하든 본성이라고 하든 어떤 진실을 찾지 못해서 헤매고 있는 거거든요. 그러니까 항상 갑갑하죠. 뭐가 확실한 게 나타나질 않으니까 어디로 흘러가는지 모르고, 뭐가 뭔지 확실치 않으니까요. 그런데 이것이 체험되면 '이런 게 있구나. 이것은 항상 있는 건데 이것이 진짜 내 마음인가?' 이런 생각도 들고, 이것이 있으니까 뭔가 안도감이 들어요. 이것을 지키고 있으면 편안하고 안정이 되고, 아무 일이 없어요. 이것을 놓쳐서 예전처럼 따라다니면 뭔가 불안하니까 '내가 이것을 놓치지 말아야 하겠구나' 하고 저절로 그렇게 돼요.

처음 체험했을 때가 바로 여기서 얘기하는 수다원이라고 할 수 있어요. '이것이 진짜 내 마음이고, 내가 그동안 찾아서 헤매던 게 바로 이거구나.' '내가 비로소 와야 할 곳에 왔구나.' 말하자면 객지에서 헤매다가 원래 자기 집으로 돌아왔구나, 이런 느낌이 딱 들거든요. 이것을 말하자면 수다원이라고 할 수 있어요. 그런데 구체적이고 객관적으로 그런 건 아니에요. 그렇게 경험되고 느껴지는 거죠. 딱 정해 놓은 것이 있는 건 아니니까 그렇게 말할 수는 없고, 그런 생각 자체는 순간적으로 일어났다가 사라지는 거예요. 처음에는 이것이 좀 확실치가 않아요. 희미하다고 할까 애매모호한 면이 있거든요.

처음에는 뭔가 있는 것 같기도 하고, 없는 것 같기도 하고, 좀더 확실해져야겠다 하는 욕구가 생겨요. 자꾸 하다 보면 더 일상적인 것이 되고, 익숙해지고, 아주 친근해지고, 가까워집니다. 시간이 흐를수록 자꾸 그렇게 되거든요.

항상 이 속에서 자기 본래면목을 늘 가지고 있는 것 같은 식으로 돼요. 그런데 100퍼센트 만족이 돼야 하는데 그것이 안 돼요. 내가 있고, 내 본래면목이 있고, 내가 내 본래면목을 가지고 있다… 이건 뭔가 안 좋은 거예요. 뭔지 모르지만 좀 불안해요. 이 자리를 얻어서 좋긴 한데,

내가 있고, 내 마음이 있고, 내 마음을 잃어버리지 말아야겠다… 이 상황은 뭔가 안 좋은 거예요.

'이게 아닌 것 같은데' 하고 만족이 안 되죠. 자꾸 하다 보면 어떻게 되느냐면, 제 경험으로는 나라는 게 없어지고, 이것도 없어지고, 동시에 없어져요. 동시에 나라는 느낌도 없어지고, 내가 깨달아서 이렇게 얻은 것, 두 개가 탁 없어지는 거죠. 없어지면 어떻게 되느냐면, 다시 예전으로 돌아간 것처럼 세상이 그대로 탁 드러나죠. 보고 듣고 느끼는 세상이 탁 드러나는데, 희한하게도 보고 듣고 느끼고 아는 세상일이 이전에는 남과 나라는 게 따로 있는 것처럼 여겨졌는데, 이제는 보고 듣고 느끼고 아는 세상일이 바로 나 자신이에요. 다른 물건이 아니고 이렇게 되어 버려요. 이것이 진짜 나다, 진짜 나의 본래면목이다, 본래 깨달음이다… 이런 게 따로 있느냐? 그런 게 없어요.

그래서 진아(眞我)라는 게 따로 있으면 아직 제대로 된 깨달음이 아닙니다. 그것은 소를 찾아서 소를 키우고 있는 사람이에요. 소도 없어지고 사람도 없어져야 합니다. '참나를 찾았다' 이런 건 겨우 소를 찾은 사람이에요. 소도 없어지고, 나도 없고, 사람도 없어져야 제대로 원만해지는 겁니다. 공부가 자꾸 진전이 돼요. 체험 한 번 했다고 공부가 다 됐구나… 천만의 말씀입니다. 그런 게 아닙니다. 진보하게 됩니다. 자꾸 달라집니다.

수보리야, 어떻게 생각하느냐? 사다함이 '내가 사다함이라는 결과를 얻었다'고 생각할 수 있겠느냐?

수보리가 말했다. 없습니다, 세존이시여. 왜 그런가 하면 사다함이라는 이름은 '한 번 갔다 온다'는 뜻이지만, 실제로는 갔다 오는 일이 없으므로 이름이 사다함입니다.

사다함이라고 하는 것은 사크리다가민(sakrdagamin)이라는 인도 말이에요. 수다함은 스로타판나(Srotapanna)라는 말인데 중국어로 적다 보니까 그렇게 된 겁니다. 사다함의 뜻은 일래과(一來果)예요. 일래과는 '한 번 갔다 온다'는 말입니다. 수다원처럼 한 번 체험을 했는데, 법도 있고 여전히 분별망상 세계가 따로 있다는 겁니다. 그러면 왔다 갔다 할 수가 있잖아요.

어떨 때는 법에 있는 것 같기도 하고, 어떨 때는 분별 속에 있는 것 같은데, 주로 분별 속에 있는 경우가 많죠. 처음에 제대로 법에 있는 시간은 아주 짧죠. 그러니까 왔다 갔다 하는 것 같단 말이죠. 이것은 법이 있고, 분별 세계가 있고, 그래서 '내가 분별 세계를 따라가지 말고 법을 잘 지켜야지' 하는 입장입니다. 법을 깨닫고 체험해서 '이게 법이구나. 이게 내 본래면목이구나. 이 자리에 있으면 아무 일도 없고, 아무것도 없고, 아주 좋아.' 그런데 여전히 이 자리에 있는 시간은 짧고, 대부분 분별 속에 시달리죠.

대부분의 시간 동안 습관화되어 있는 분별을 따라갑니다. '법을 잘 지키고, 분별을 따라가지 말아야지' 하는데, 여전히 따라가기도 하고 다시 돌아오기도 하는 그런 시간들이 꽤 길게 있습니다. 왔다 갔다 한다는 말입니다. 한 번만 왔다 갔다 하는 게 아니고, 자꾸 왔다 갔다 하는 거예요. 그것을 사다함이라 합니다. 그런데 공부가 지금 그런 상황이라는 것이지, '내가 사다함이구나' 이럴 필요는 없습니다. 그다음에는 아나함이

라고 하는 게 있는데,

수보리야, 어떻게 생각하느냐? 아나함이 '내가 아나함이라는 결과를 얻었다'고 생각할 수 있겠느냐?

그런 생각을 하지 말라는 겁니다. 그런 걸 겪어 가는 거죠.

수보리가 말했다
없습니다, 세존이시여. 왜 그런가 하면 아나함이라는 이름은 '오지 않는다'는 뜻이지만, 실제로는 오고 가는 일이 없으므로 아나함이라고 부릅니다.

오지 않는다… 이제는 왔다 갔다 하는 게 아니고 제대로 법의 자리를 잘 유지하고 있다는 말이죠. 아나함은 인도 말로 아나가민(anagamin)인데 아나함이라고 번역하고, 불래과(不來果) 또는 불환과(不還果) 즉 '되돌아가지 않는다' '오지 않는다'는 뜻입니다.
이것을 어떻게 얘기할 수 있느냐 하면, 대승에서는 불퇴전(不退轉)이라는 게 있어요. 소승 수행자라서 정확하게 같다고 얘기할 수는 없는데, 소승의 입장에서 보면 아라한의 뜻이 무학도(無學道)라고 합니다. 더 이상 공부할 게 없다는 뜻이에요. 아라한은 제가 볼 때는 심우도로 치면 '일원상', 사람도 없어지고 법도 없어지니까 할 일이 없는 거죠. 그래서 아라한을 멸진정(滅盡定)이라고도 합니다. 멸진정을 얻은 자다, 모든 게 다 사라졌다는 말이에요. 아마 그것을 얘기하는 것 같아요. 그렇게 되면

'법이다' '나다' 하는 게 없어져 버리고 분별 세계만 남아 있어요. 분별 세계 자체가 바로 법이고, 본래면목이고, 따로 '마음이다' '법이다' 할 게 없다는 걸 아라한이라고 하는 것 같아요.

그렇게 되기 전에는 항상 내가 법을 붙잡고 있고, '이제는 전혀 흔들림이 없다. 법에서 망상 쪽으로 끄달려 가는 일이 없고 온전하게 내가 법을 붙잡고 있구나.' 하루 종일 그런 느낌이 드는 시기가 있거든요. 아나함은 그것을 가리키는 것 같아요.

아나함은 '되돌아가지 않는다'는 뜻인데, 분별 쪽으로 돌아가지 않는다는 말이에요. 그래서 아나함이라고 얘기하는 것 같아요. 항상 이것을 붙잡고 분별에 끄달리지 않고 잘 유지하고 있는 거예요. 그런데 아라한이 되려면 법이 없어져야 합니다. 법이 없어져야 더이상 공부할 게 없는 거예요. 법이 없어지고 나면 분별만 남는데, 분별 자체가 바로 전부 법이에요. 이제는 버리고 취할 게 없는 거죠. 공부할 게 없는 겁니다. 그걸 아라한과라고 하는 것 같아요.

제 경험으로 보면, 법이 없어지고, 깨달음이 없어지고, 사람도 없어지고, 그냥 분별하면서 사는데, 분별하면서 사는 이 자체가 전부 법인 거예요. 그럼 100퍼센트 만족하느냐? 아니에요. 선사들이 하는 말이 있잖아요. 외나무다리 위를 걸어가는 것 같다고…. 외나무다리 위를 처음에는 제대로 못 걸어가요. 올라섰다가 툭 떨어지고 올라섰다가 툭 떨어지고, 나중에는 제법 안 떨어지고 걷다가 또 떨어졌다가, 거의 안 떨어지고 걸어도 좀 불안하죠. 그런데 나중에는 아주 잘 걸어요. 눈을 감고도 안 떨어지고 걸어가요. 그렇게 되겠죠. 그러나 어쨌든 외나무다리 위에 있잖아요. 떨어질 수 있는 겁니다. 그러니까 공부에서 이제는 완성, 끝이다, 더이상 없다, 이런 건 없습니다.

외나무다리 위를 아주 능숙하게 걸어가는 것과 같다고 말할 수 있어요. 능숙하게 걸어가게 되었을 때를 대승에서 불퇴전이라고 하지 않나, 저는 그렇게 생각하기도 했는데, 어쨌든 마음이라는 게 딱 정해져 있는 게 없으니까 해석하기 나름이에요. 공부를 하다 보면 그런 식으로 이해되는 경험들을 지나가게 되어 있어요. 내면의 길을 그렇게 경험하면서 가는 게 나름 재미있습니다. 체험한 뒤에 공부는 재미가 있어요.

이제는 내가 길을 가고 있다는 게 느껴지고 확인됩니다. 이 길을 어떻게 가면 어긋나게 되고, 어떻게 가면 어긋남 없이 가는지가 항상 저절로 확인돼요. 지금 얼마나 익숙하게 걸어가고 있는지도…. 시간이 지날수록 익숙해져서 더욱더 흔들림 없이 편안하게 잘 걸어갈 수 있으니까 재미가 있죠. 제가 체험한 뒤부터 진짜 공부라고 말씀드리는 게 바로 그 때문에 그런 겁니다. 체험한 뒤부터 공부하는 재미가 있거든요. 그전에는 공부가 재미없어요. 항상 앞뒤가 꽉 막혀서 뭐가 뭔지 모르게 캄캄한 어둠 속에 있는 것처럼 재미가 없습니다. 그런데 체험한 뒤에는 공부하는 재미가 있어요. 소승에서도 이렇게 야기하고 있어요. 누구든지 공부해 보면 지나가는 과정이랄까 그런 걸 경험할 수 있습니다.

수보리야, 어떻게 생각하느냐? 아나홑이 '내가 아나함이라는 결과를 얻었다'고 생각할 수 있겠느냐?

수보리가 말했다.

없습니다, 세존이시여.

하여튼 생각을 하면 안 된다는 말이에요. 생각을 하면 사로잡히니까 안 돼요. 그냥 지나가야 해요. 외나무다리 위를 걸어가는 사람이 '내가 잘 걸어갈 수 있겠구나' 하고 망상하는 순간에 떨어집니다. 떨어질 수 있어요. 그건 망상이거든요. 정신 바짝 차리고 망상 없이 그냥 걸어갈 때는 아무 생각이 없잖아요. 안 떨어지고 잘 걸어가니까 가면 되는데, 딴 생각을 하면 한순간에 떨어질 수가 있거든요. 이런 생각은 다 망상이에요. 자기 공부에 관해서 생각하지 마십시오. 그냥 공부해 가는 거예요. '내 공부가 지금 어떤 상황이지?' 그러면 망상에 떨어집니다. 망상이죠. 그러지 말라는 겁니다.

왜 그런가 하면 아나함이라는 이름은 '오지 않는다'는 뜻이지만, 실제로는 오고 가는 일이 없으므로 아나함이라고 부릅니다.

그런 게 전부 망상이에요. '내가 다시 분별망상에 끄달리는구나' 그 자체가 망상이에요. 사실은 나중에 보면 '내가 지금 또 끄달리고 있구나' 그것 자체가 다 망상이에요. 그런 것을 헤아리고 따지고 하지 말라는 겁니다. 공부하는 분은 어쨌든 자기 공부를 되돌아보지 마십시오. 어떤 분은 수행 일기라고 '내 공부가 오늘은 이렇구나' 쓰는데, 제발 망상하지 마십시오. 그런 거 좀 제발 하지 마세요. 왜 쓸데없는 망상을 합니까? 공부는 외나무다리 위를 걸어가는 것 같아요. 제가 항상 비유하지 않습니까? 자전거를 타는 것과 같다. 자전거를 탈 때는 자전거를 타는 감각에 맡기고 그냥 타세요. 재미있게 타면 되지 생각을 하지 말라고요. '내가 이렇게 해도 자전거를 타는구나' 하고 생각하면 그만 넘어집니다. 자전거를 탈 줄 알게 되면 타는 게 재미있잖아요. 재미있게 자꾸 타는 거죠. 그런 식으로 공부해 나가는 거죠. 매일매일 사는 게 공부입니다. 매일 매 순간이 공부예요.

왜냐? 이 법을 모르면 매 순간 법이 궁금해서 죽을 지경인 게 공부고, 법을 찾았으면 법이 항상 앞에 나타나서 잃어버리지 않는 게 공부죠. 매일 매 순간이 공부입니다. 그렇게 사는 거죠. 머릿속으로 생각할 건 없다는 말입니다.

수보리야, 어떻게 생각하느냐? 아라한이 '내가 아라한이라는 도를 얻었다'고 생각할 수 있겠느냐?
수보리가 말했다.
없습니다, 세존이시여. 왜 그런가 하면 실제로는 아라한이라는 이름을 가진 법은 없습니다.

그러니까 이름 붙일 만한 뭐가 있는 건 아니고 우리가 그렇게 겪어 가는 거라는 말입니다. 그걸 분별할 필요는 없다는 거예요.

세존이시여, 만약 아라한이 '내가 아라한이라는 도를 얻었다'고 생각한다면, 나라는 생각, 사람이라는 생각, 중생이라는 생각, 목숨이라는 생각에 집착하게 됩니다.

곧 나, 사람, 중생, 목숨, 이런 상을 가지게 된다는 말입니다. 이런 상에 집착하게 된다… 이 분별이라는 놈은 한 번의 분별로 끝나는 게 아니에요. 하나의 분별로 끝나는 게 아니라, 하나를 분별하면 모든 것을 자동으로 다 분별하게 되어 있습니다. 분별이 없으면 분별이 전혀 없는 것이고, 하나를 분별하면 모든 걸 다 분별하게 되어 있어요. 법이 원래 이런 겁니다. 그래서 '나는 이거 하나만 분별하고, 나머지는 안 할 거야.' 그런 것은 없고 그렇게 될 수는 없어요. '호리유차'면 '천지현격'이라는 말이 그래서 나온 말이에요. 털끝만큼이라도 분별 쪽으로 가 버리면 전부 분별이라는 말입니다.

만약 아라한이 '내가 아라한이라는 도를 얻었다'고 생각해 버리면, 그것은 전부 생각이라는 말이에요. 전부 망상이라는 말이죠. 하나라도 망상이 일어나면 다 망상입니다. 그래서 깨달은 사람에게는 깨달음이 없다는 말을 하는 겁니다. 참으로 깨달은 사람에게는 깨달음이 없습니다. 왜? 내가 깨달았다는 생각이 없으니까, 분별이 없으니까 그렇습니다. 참으로 깨달은 사람에게는 이 법만 이렇게 드러나 있고, 법이 항상 있을 뿐이고, 아무 생각이 없어요. 법이라는 생각도 안 하죠. 설법을 하려니까 이름을 그렇게 말하는 거지, 체험했다는 생각도 없습니다. 체험한 사람이 체험했다고 생각하는 순간, 체험이 아니고 망상이에요. 깨달은 사람이 깨달았다고 생각하는 순간, 깨달음이 아니라 망상입니다. 절대 그런 걸 하면 안 됩니다. 실제로 체험해 보면 그렇게 할 수가 없어요. 왜? 체험을 하면 체험했다는 생각이 있는 게 아니고, 그냥 (손을 세우며) 이것뿐이에요. 이것뿐. 아무 생각이 없어요. 이것만 하나가 살아 있고 이것뿐이지, 아무 생각이 없어요. 내가 체험했구나, 이러면 머릿속에서 망상하는 거거든요. 그래서 깨달은 사람은 깨달음을 말하지 않고, 깨달음이라는 생각이 없습니다.

임제 선사가 한 말이 있잖아요. 유명한 말이 있죠. '길 가다가 도를 아는 사람을 만나면 도에 관해서 말하지 마라.' 왜? 그 사람은 도를 모르기 때문이에요. 도인은 도를 몰라요. 왜? 도에 관한 생각이 없으니까요. 도인은 도를 모릅니다. 도에 관한 아무 분별이 없고 생각이 없는데, 어떻게 도를 안다고 하겠습니까? 진실이 이렇게 드러나 있을 뿐이죠.

육조 대사도 그런 말 했잖아요. '어떤 사람이 조사가 됩니까?'라고 물으니까 '도를 얻은 사람이 조사가 된다.' 그래서 또 물어요. '그럼 스님은 도를 얻었습니까?' '나는 도를 얻지 못했다.' 그러니까 육조 대사는 '내가 도를 얻었다. 내가 육조다' 그런 생각이 없다는 거예요. 사람들이 '저분은 도를 얻은 육조다'라고 말하는 거죠. 공부가 그냥 이것일 뿐이죠. 아무 생각이 없어요. 법이 마음에 항상 살아 있을 뿐이지, 내가 마음을 깨달았구나, 진아를 찾았구나, 절대 그런 생각 없습니다. 그래서 깨달은 사람에게는 깨달음이 없다, 도인에게는 도가 없다고 얘기하는 겁니다. 생각에 속지 마십시오. 생각을 하면 다 망상이에요.

만약 아라한이 '내가 아라한이라는 도를 얻었다'고 생각한다면, 나라는 생각, 사람이라는 생각, 중생이라는 생각, 목숨이라는 생각에 집착하게 됩니다.

만약 내가 아라한이라는 도를 얻었다고 생각한다면… 이게 망상을 한 거거든요. 그리되면 아상, 인상, 중생상, 수자상… 나라는 분별, 사람이라는 분별, 중생이라는 분별, 목숨이라는 분별, 온갖 분별이 다 생깁니다. 그건 망상하는 사람이지 아라한이 아니죠. 아라한은 '멸진정' 모든 망상이 다 사라진 게 아라한이고, '무학도' 더이상 배울 게 없는 게 아라한인데, 그렇게 되면 아라한이라 할 수 없죠. 망상이 있으니까요.

이것 하나. (손가락을 세우며) 이것이 딱 체험되면 마치 불이 켜진 것 같아요. 옛날 사람들은 해가 뜬 것 같다고 얘기했거든요. 하늘에 천 개의 해가 떠 있는 것 같다는 말을 했는데, 더 쉬운 예로 불이 탁 켜진 것 같아요. 이 불이 안 꺼지고 늘 켜져 있는 거예요. 마음이라는 불꽃이 밝게 타고 있어요. 마음이라는 불꽃이 훨훨 타고 있을 뿐이죠. '이게 마음이구나' 하면 어떻게 됩니까? 불의 사진을 찰칵 찍어서 걸어놓은 것과 똑같단 말이에요. 그건 가짜예요.

한 번 체험되면 이것이 있을 뿐이지, 항상 아무 생각이 없습니다. 아무 생각도 없고, '내가 깨달았다' 이런 말을 저는 지금까지 단 한 번도 해 본 적이 없습니다. 안 나와요. 그런 생각이 없는데 어떻게 그런 말이 나옵니까? 그런 생각도 없고, 그런 말도 안 하고, 이 법이 하나 있을 뿐이에요.

생각을 하면 안 된다는 거예요. 생각을 해 버리면 바로 도에서 어긋납니다. 생각을 조심하셔야 해요. 생각은 100퍼센트 다 망상입니다.

도는 이렇게 탁 드러나서 분명해져 버리면, 그냥 이것뿐이지 딴 게 없어요. 항상 불꽃이 활활 타고 있는 것 같고, 하늘에 지지 않는 태양이 항상 떠 있는 것과 똑같습니다. 늘 이렇게 밝을 뿐이죠. 밝고 살아 있고 깨어 있고 이럴 뿐이지, 뭐가 어떻다는 생각은 없습니다. 그런 건 없어요. 이것이 한 번, (손을 세우며) 이것이 확 드러나서 항상 밝게 드러나 있고, 이렇게 살아 있고 이런 거지 다른 건 없어요.

세존이시여, 부처님께서는 말씀하시기를 '내가 무쟁삼매를 얻어 사람들 가운데 가장 뛰어나게 되었고 최고로 욕망을 벗어난 아라한이 되었지만, 나는 내가 욕망을 벗어난 아라한이라고 생각하지는 않는다'고 하셨습니다. 세존이시여, 제가 만약 '나는 아라한이라는 도를 얻었다'고 생각한다면, 세존께서는 '수보리는 아란나행을 즐기는 자다'라고 말씀하시지 않을 것입니다. 수보리에게는 실제로 행할 것이 없으므로 수보리를 아란나행을 즐기는 자라고 하는 것입니다.

세존이시여… 이러면 세존을 따라갈 게 아니고, "세·존·이·시·여" 하는 바로 이것. (손을 세우며) 바로 이 자리. 이것이 이렇게 탁 드러나야 하죠. '세존'이라는 말을 따라가면 안 돼요.
"세존이시여" 하면 그냥 이것이죠. (손을 흔들며) 바로 이것이죠. 이것이 있죠. 여기서 '세존이시여'라는 말도 하고, 말을 듣기도 하고, '세존이 뭘까?'라고 생각도 하고, 여기서 다 하는 거니까요. "세존이시여" 하면 그냥 이것이 있는 거죠. "세존이시여", 이것이 있는 거죠. 말을 따라가면 안 돼요. "세존이시여", 바로 지금 이것입니다. 바로 이것. 이것이 있는 거죠.
그래서 이것이 확실하게 한 번 확 와닿아서 딱 드러나 버리면, 항상 어디를 가든지 뭘 하든지 간에 이것 하나가 있는 겁니다. 이것 하나가. 이 일 하나가 있어서 항상 이것이 밝아져 있으면 헤매지 않아요. 어둠이 없단 말이죠.
이것이 밝게 드러나 있으면 헤매지 않아요. 이것이 밝게 드러나 있지 못하면, 생각을 따라가니까 헤매기 시작하죠. 바로 이것. 이것 하나가 있는 겁니다. 이것만 여기서 체험이 되면 《금강경》 다 끝난 거예요. 뭐 볼 것도 없어요. 왜? 《금강경》은 이것을 가리켜 주려고 하는 것이라서 그렇습니다. 이것 하나가 있는 거예요. 이것 하나가.

"세존이시여" 하면 세존이 있는 게 아니고 이것이 있는 거죠. 그런데 세속에서는 "세존이시여" 하면 세존이 있는 거잖아요. 따라가 버린단 말이에요. 그것이 중생의 문제란 말이죠. "세존이시여" 하면 세존이 있는 게 아니라 바로 이것이 있는 겁니다. 하늘을 봐도 하늘이 있기 이전에 이것이 먼저 있는 거고, 땅을 봐도 땅이 있기 이전에 이것이 먼저 있는 거죠. 여기서 하늘을 보고 하늘이라 하고, 땅을 보고 땅이라 하는 겁니다. 이것이 항상 있는 거예요. 이것 하나가, 항상 이것 하나가, (손가락을 세우며) 어디든지 언제든지 이것이 있는 겁니다. 이것이 한 번 이렇게, 실감이 한 번 딱 오면 돼요. 그럼 더이상 뭐 할 게 없어요.

항상 있는 이것이 여여한 거니까 이것 하나가 있는 겁니다. 이것이 한 번 실감이 탁 오면, 죽었던 사람이 살아난 것처럼 그렇게 되거든요. 자던 사람이 깨어난 것처럼 실감이 되니까요. 그럼 뭘 하더라도 항상 이것이 1번으로 있고, 그다음 나머지 일들이 있는 거죠. 이 일 하나. (손을 세우며) 이것 하나입니다. 이것을 놓쳐 버리면 망상을 따라가게 되는데, 망상을 따라가지 말고 이것을 확인하라는 얘기들이에요.

부처님께서는 말씀하시기를… 부처님이 있는 게 아니고, "부처님이" 하는 게, (손을 세우며) 바로 이것이 있는 거고, "말씀하시기를" 말이 있는 게 아니라 이것이 있는 겁니다. 여기서 부처라는 말도 하고, 불상을 깎아서 만들기도 하고, 불상을 보고 절도 하고, 이것이 다 하는 거거든요.

이것이 (손가락을 세우며) 늘 변함없이 드러나 있어서, '불생불멸' 생기지도 않고 없어지지도 않는 일은 딱 이것 하나입니다. 이것만 한 번 확실하고 분명해져 버리면, 나머지 일들은 말하자면 텅 빈 거울과 같고 거울에 비치는 모습들과 같아요. 아무것도 아니에요. 항상 변함없는 것, 바로 이것 하나거든요. 이것 하나가 있는 것입니다. 어쨌든 여기서 이 소식이 한 번 실감이 탁 돼야 하는 거예요. 이것을 마음이라 하기도 하고, 법이라 하기도 하고, 부처라고 하기도 하고, 불성이니 자성이니 진여니 이것을 가리키려고 그런 이름들을 말하는 거예요. 사실상 이것은 분별되는 게 아니니까 이름은 있을 수가 없어요. 실제로 이것 하나가 있는 거예요. 이것 하나가.

이 소식이 오면 온 세상이 이 하나로 살아 있습니다. 온 세상 삼라만상이 이 하나로서 드러나 있고 나타나 있고 살아 있는 거예요. 삼라만상 위에 부처님이 다 몸을 드러내고 있다는 말을 하잖아요. 이 일 하나. 《금강경》은 이것 하나입니다. 이것 하나로써 끝나는 거예요. 다른 거 없습니다.

《금강경》 강의 중에서 제일 잘한 것이 부 대사의 《금강경》 강의라고 하죠. 부 대사는 양나라 무제 때 거사입니다. 그 거사가 법에 밝았는데, 그때 국사가 누구냐면 지공 화상이거든요. 황제가 지공 화상에게 《금강경》을 한 번 강의해 달라니까, 지공 화상이 자기보다 더 잘하는 사람이 있다고 하면서 추천한 사람이 부 대사예요. 대사(大士)라는 말은 보살이라는 뜻의 중국식 표현입니다. 스님이 아니거든요. 보살은 원래 '보디사트바'라는 인도 말이고, 뜻을 옮기면 대사가 돼요. 보디사트바, 마하사트바, 대사라고 하죠.

부 대사를 초청해서 《금강경》을 강의해 달라고 했어요. 황제가 앞에 앉아 있고 대신들이 앉아 있는데, 법상에 부 대사가 올라가서 말없이 가만히 있다가, 옆에 있는 죽비인지 주장자인지 그걸 들고 (죽비를 들고 흔들며) 한 번 확 흔들고 법상을 쾅! (죽비로 법상을 두드리며) 쳤거든요. 그러고 나서 내려왔어요. 그러니까 지공 화상이 옆에 있다가 "폐하, 금강경 강의가 끝났습니다. 아시겠습니까?" "모르겠습니다."

그것이 제일 잘한 강의예요. 왜냐? 모든 경전이라는 것은 그냥 이것을 (손을 흔들며) 가리켜 주려는 거지, 다른 게 없거든요. 이것 하나를 가리키는 거예요. 팔만대장경이 단지 (손가락을 들며) 이것 하나를 가리키는 것이지, 다른 것은 가리킬 게 없어요. 왜냐? 실상은 이것 하나뿐입니다. 진실이라는 것은 이것 하나뿐이거든요. 바로 지금 이거예요. 바로 이것. (손가락을 들며) 이것만 실감이 와 버리면 《금강경》이고 뭐고 볼 것도 없어요. 다 이것을 온갖 소리로 말하고, 방편으로 그런 소리 하는 거죠.

부처님께서 말씀하시기를 내가 무쟁삼매를 얻어… 부처님이 무쟁삼매를 얻었다 했거든요. '무쟁(無諍)'이라는 건 따지는 게 없다는 말입니다. 이 말이 뭡니까? 분별을 벗어났다는 말이죠. 무쟁삼매라는 것은 분별을 벗어났다, 불이중도다… 불이중도를 5가지 삼매라고 해서, 《육조단경》에 보면 오삼매라고 나와요. 무상삼매, 무주삼매, 무념삼매, 무쟁삼매, 무원삼매. 이 경험을 그렇게 말한 겁니다.

무상삼매(無相三昧)는 뭐냐면 '상(相)'이라는 것은 모습이에요. 분별할 모습이 없다. 그다음 무주삼매(無住三昧)는 머물 데가 없다. 분별이 없으니까 어디에 머물 데가 없는 거죠. 무념삼매(無念三昧)는 생각할 게 없다. 무쟁삼매(無諍三昧)는 따져 볼 게 없다는 거예요. 그다음 무원삼매(無願三昧)는 바라는 게 없다. 그런데 그런 말은 이것을 체험해 보면, 불이중도라고도 하는 이것을 체험해 보면 딱 해당이 돼요. 아무 뭐라고 할 게 없고, 확실하게 체험이 되면 더이상 뭘 원하는 게 없거든요. 이것이 확실하지 않으면 항상 뭔가 부족한 것 같고, 이것이 아닌 것 같고, 자꾸 뭘 원하는 마음이 자기도 모르게 생겨요. 그런데 이것이 제대로 딱 들어맞으면, 그런 것이 없어져 버립니다. 아무것도 바라는 게 없어요. 원하는 것도 없고, 하고 싶은 일도 없고, 그렇게 되거든요. 그러니까 그런 말들을 하는 겁니다. 다 이것을 가리키는 거예요. 이것 하나. 여기에 통하는 것을 가리키는 겁니다.

무쟁삼매를 얻어 사람들 가운데 가장 뛰어나게 되었다… 이 말은 보통 사람들이 경험해 보지 못한 걸 경험하고 있다는 말이죠. 보통 사람들은 이런 일이 있는 줄도 모르고 관심도 없으니까요. 관심을 가지고 공부를 해도 제대로 하기가 쉽지는 않아요. 그러니까 이런 말을 하겠죠.

사람들 가운데 가장 뛰어나게 되었고 최고의 욕망을 벗어난 아라한이 되었지만… 욕망이라는 건 무언가를 원하는 게 있는 거잖아요. 욕망을 벗어났다는 것은 무원삼매, 원하는 게 없다는 뜻입니다. 그래서 여기에 통달해서 이 법이 생생하게 드러나면, 정말 원하는 게, 바랄 게 없어요. 하고 싶은 일도 없고, 가고 싶은 데도 없고, 그런 게 없어요. 이것만 분명하면 더이상 바랄 게 없고, 아무 뭐가 없거든요. 그것은 경험해 보면 자기가 아는 겁니다. 욕망을 벗어났다, 원하는 게 없다…

아라한이 되었지만 나는 내가 욕망을 벗어난 아라한이라고 생각하지 않는다… 생각을 하면 바로 망상인데, 난 내가 깨달았다는 생각이 없다, 안 한다는 말입니다. 그런 생각을 하면 그건 망상이에요. 내가 깨달았다, 내가 부처다, 법을 안다, 이런 생각은 있을 수가 없습니다. 실제로 여기에 딱 들어맞아 보면 아무 생각이 없어요. 아무 문제가 없어요. 아무 할 일도 없고, 바라는 것도 없고, 생각 같은 건 필요 없습니다. 안 합니다. 그런 거 있을 수가 없어요.

방 안에 불이 없으면 캄캄하게 어두우니까 불을 켜야 한다고 하는데, 불을 켜서 밝아졌으면 불 켜라는 말은 안 하게 되죠. 경험이라는 게 마치 나무 장작 불꽃이 타고 있는 것 같아요. 계속 밝고 따뜻하단 말이죠. 불꽃이 타고 있으면 그렇잖아요. 그런 것처럼 분명한데 아무 뭐가 없어요. 바라는 게 없고 할 일도 없어요. 불꽃은 비유로 하는 말이지만, 이 법이, 이것 하나가 있어요. 인간으로서 제일 좋다는 게, 행복이라는 게 뭡니까? 만족이죠. 불행은 불만족이에요. 만족하면 행복한 거죠. 만족하지 못하면 불행한 거죠. 행복으로 치면 이것이 최고의 행복이죠. 왜? 만족이니까요. 더이상 바라는 게 없는 게 만족 아닙니까? 그래서 이것이 제일 좋다고 하는 거예요.

이 법을 체험해서 이 자리가 드러나면 '그것을 포기하면 황금 덩어리를 줄게' 이래도 절대 포기가 안 됩니다. 이것은 세상 어떤 걸 가져와도 비교할 수 있는 게 없어요. 포기를 할 수가 없어요. 가족도 중요하고 국가도 중요하고 다 중요하지만, 이것을 포기할 수는 없습니다. 석가모니가 《열반경》에서 그런 말 했잖아요. '도를 들으면 내가 당장 죽어도 좋다.' 그런 말을 했거든요. 이것 이상 없어요.

내가 무쟁삼매를 얻어 사람들 가운데 가장 뛰어나게 되었고 최고로 욕
망을 벗어난 아라한이 되었지만, 나는 내가 욕망을 벗어난 아라한이
라고 생각하지는 않는다

하여튼 항상 생각을 주의하셔야 합니다. 공부한다고 해서 생각이 쉽게 조복되지는 않아요. 생각하는 게 아주 습관이 되어 있어서, 자기 나름으로 '아, 그래, 그렇구나' 하고 판단해 버리고 생각해 버립니다. 세속을 항상 그렇게 살았잖아요. 세속이라는 게 그렇거든요. 뭔가 정확하게 판단이 안 되고 어떻게 되는지 알 수가 없으면 갑갑해합니다. 세속 일은 그렇잖아요. 자꾸 정확하게 판단하고 알아보려고 하죠. 알고 나면 '응, 알겠어' 하고 지나가 버립니다. 잊어버리죠. 그것이 세속이에요.

그런데 출세간법은 완전히 반대입니다. 알면 망상이에요. 아는 게 아니라, 밝게 체험하고, 밝게 드러나 있어서 의심할 바 없이 분명한 것이지, 아는 것은 없습니다. 머리로 아는 건 기억이 되잖아요. 그런데 법은 기억할 게 없어요. '염(念)'이라는 말이 '생각하다'라는 뜻이 있지만 '기억하다'라는 뜻도 있거든요. 염불이란 건 부처를 기억한다, 생각한다, 그런 뜻입니다. 생각하는 건 기억이 되니까요. 생각하는 건 머릿속에 어떤 모습이 생긴 거니까 기억이 되겠죠.

그런데 이것은 그런 모습이 될 수가 없단 말이죠. 이것은 어떤 모습이 될 수가 없어요. 그냥 항상 이것이죠. 그래서 제가 불꽃과 같다고 하는 거예요. 지금 활활 타고 있는 불꽃이 고정된 모습이 있습니까? 없어요. 법은 언제나 이렇게 살아 있는 것이라서 고정된 모습이 될 수 없으니까 기억될 수 없어요.

불은 활활 타거나 꺼져 버리고 없지, 어떤 고정된 모습으로 있는 건 아니거든요. 법이 그런 것과 같습니다. 불꽃을 사진으로 찰칵 찍어서 벽에 붙여 놓을 수 있는데, 그것은 빛도 안 나고 열도 안 나고 가짜죠. 기억하는 건 다 가짜란 말이에요. 살아 있는 법이 아닌 겁니다. 살아 있는 법은 이렇게 생생하고 살아 있는 겁니다. 그래서 깨어 있다고 하는 거죠. 기억되는 게 아닙니다. 생각되는 게 아니고 바로 이거예요. 바로 이것. 생각할 수도 없고 기억할 수도 없는 것, 그렇지만 항상 분명한 거죠. 여기는 생각이 없으니까 '깨달으면 깨달음이 없다' 그런 얘기를 하죠.

《금강경》은 《반야경》에 속해 있습니다. 원래 이름이 《금강반야경》이라 하기도 하고 《능단반야경》이라고도 합니다. 이 뒤에 붙어 있는 것이 《문수반야경》이고, 그 뒤에 붙어 있는 것이 《나가반야경》인데, 이것이 전부 《반야경》입니다. 그 《반야경》 전체가 600권인가 그래요. 굉장히 큰 경전입니다.

이것이 전부 《대반야경》의 일부인데, 《문수반야경》에 보면 그런 말이 있거든요. '깨닫는 부처가 없는데 깨달음이 또 어디 있느냐?' 이런 말이 있어요. 깨닫는 부처라는 것도 분별이고 망상이거든요. 그런 망상이 없다 이거예요. 그런데 무슨 깨달음이 있느냐? 여기는 이름을 붙일 만한 그런 분별이 없습니다. 깨달음을 원하는 사람은 좌우지간 분별을 조심해야 해요. 생각을 조심해야 해요. 분별할 게 없이 이렇게 탁 드러나야 하는데, 분별을 해 버리면 바로 가짜가 됩니다. 활활 타고 있는 불꽃이어야 하는데, 분별한다는 건 사진을 탁 찍어 놓는 겁니다. 사진을 찍어 놓는 건 가짜예요.

바로 이것입니다. 그래서 여기는 아상, 인상, 중생상, 수자상이 없다고 하는 거예요. '나다' 하는 것도 분별이거든요. '나다' 하는 것(아상)이 분별이고, 여기는 그런 게 없어요. 그래서 무아(無我)라는 말을 하는 겁니다. 나라고 하는 분별이 없다… 사람이라고 하는 분별(인상)도 없고, 중생이라는 분별(중생상)도 없고, 목숨이라는 분별(수자상)도 없습니다.

이거란 말이죠. (손을 세우며) 바로 이것. 이것 하나일 뿐입니다. 언제든지 (법상을 톡톡 두드리며) 이 일 하나라는 말이에요. 분별할 게 없어요. 분별을 하면 안 됩니다. 습관적인 생각을 조심하셔야 해요. 습관적으로 우리는 뭐가 있나 없나, 자꾸 그런 식으로 분별하거든요.

불교를 공부한다는 사람들이 '윤회가 진짜 있다더라' 그러거든요. 그런 사람들은 불교 공부하는 사람들이 아닙니다. 분별하는 사람이죠. 그렇게 하면 안 됩니다. 법계의 실상은 분별되는 게 아니에요. 색즉시공 공즉시색… 이 말은 무슨 말입니까? 색과 공이 분별되지 않는다는 말이에요. 색은 있는 것이고 공은 없는 것이거든요. 있음과 없음이라는 게 분별이 안 된다는 말입니다. 색불이공 공불이색, 색은 공과 다르지 않고… 이 말은 있는 것은 없는 것과 다르지 않고, 없는 것은 있는 것과 다르지 않다, 아무 분별이 안 된다는 거예요.

그런데 뭐가 있다 없다, 색이냐 공이냐, 그건 불법이 아니에요. 그것은 망상이죠. 아직 체험이 없어도 불교를 공부한다고 하면 최소한 이 정도의 기본적인 어떤 소양은 가지고 있어야 해요. 불법은 불이중도라서 분별할 수 있는 게 아니다… 이것은 불교를 공부하는 사람이 가지고 있는 기본적인 소양입니다. 이것이 안 되어 있으면 무슨 문제가 생기느냐? 10년, 20년, 30년 불교를 공부해도 계속 분별 속에서 얘기하고 있어요.

그러면 한 발짝도 불교를 모르는 겁니다. 분별을 벗어난 게 불법인데, 그런 사람들은 아무리 불교 경전을 천 번, 만 번 본다 해도 불교를 모르는 겁니다. 이것이 가장 기본적인 소양입니다.

불교 공부를 하려면 다른 건 필요 없지만, 깨달음이라는 세계, 법계의 실상은 불이중도이고 분별할 수 없는 세계라고 하더라… 이 세계의 진실을 알려면 분별하면 안 되겠구나… 분별심을 가지고 이렇다 저렇다, 있다 없다, 맞다 틀렸다 하는 것은 세계의 실상을 보는 게 아니라 그냥 망상이구나… 이것은 기본적으로 되어 있어야 합니다. 아주 중요한 겁니다. 이것이 안 되어 있으면, 체험을 해도 어떻게 되느냐 하면 체험을 또 분별한다니까요. 깨달아 보니까 이런 거더라 하면서 떠들어요. 그렇게 하면 망상이에요. 생각을 못 벗어나고 생각을 조복하지 못하면 깨달음이라는 건 없습니다. 반드시 생각을 조복해야 해요.

앞에 《금강경》에서 봤잖아요. '헤아릴 수 없이 많은 중생을 남김없이 싹 없앤다, 멸도시킨다.' 그것이 무슨 뜻입니까? 없앴는데 없어진 중생이 없다고 했잖아요. 이해가 안 되죠. 없앴다 해 놓고 또 없어진 게 없다니, 그게 말이 되나? 그것이 바로 분별을 벗어났다는 뜻입니다. 중생은 분별 속에서 분별하는데, 분별을 벗어나서 없어진 게 있습니까? 단지 내가 분별하지 않을 뿐이에요. 분별하지 않을 뿐인 거지, 중생을 없앴습니까? 있는 중생을 없앤 게 아니잖아요. 분별망상에서 벗어났을 뿐이죠. 그래서 그런 얘기를 한 겁니다. 모든 중생을 남김없이 싹 없애는데, 없어진 중생은 없다고 되어 있습니다. 어떤 중생이라는 뭐가 있는데 그것을 없앴다면, 분명히 없어진 게 있잖아요. 그런데 그게 아닌 겁니다. 그런 뜻으로 한 말이 아니라, '중생이다 아니다' 하는 그 분별에서 벗어났다는 뜻이에요. 그다음에 무슨 말이 나옵니까?

왜 그러냐? 수보리야, 만약에 보살에게 아상, 인상, 중생상… 이 나오잖아요. 거기에 중생이라는 생각이, 분별이 있으면 그것은 보살이 아니기 때문이다… 결국 아상, 인상, 중생상, 수자상에서 벗어났다는 말이죠. 있는 중생을 없앴다는 말이 아닙니다. 아상, 인상, 중생상, 수자상이라는 분별에서 벗어났다는 뜻이에요.

분별을 벗어나는 경험이 이 체험입니다. 체험이라고 하니까, 신비 체험이라고 있잖아요. 기도하다가 눈에 관세음보살이 보이더라, 내일 일어날 일이 미리 보이더라 하는 사람도 있고, 다른 사람의 몸을 보니까 병이 어디 있는지 보이더라 하는 사람도 있고, 별의별 사람이 다 있습니다. 저에게 찾아와서 말하니까 다 알아요. 그런 사람들이 찾아와요. 다른 사람이 무슨 생각을 하는지 다 들린다고 하더라고요. 타심통(他心通)이라고 하는 거예요. 생각하면 말하듯이 들린다고 해요. 그런 식의 이상한 경험을 하는 건 깨달음이 아니고, 그것은 망상 세계에서 일어나는 이상한 일들입니다. 망상 세계에서 이상한 일들이 얼마든지 있을 수 있어요. 그것은 깨달음이 아닙니다. 깨달음이라는 것은 망상에서 벗어나는 거예요. 그런 망상을 벗어나서 아무 일이 없는 겁니다. 분별할 게 아무것도 없는 거예요. 이것은 경험을 해 봐야 아는 거고, 그래서 이런 얘기를 하는 겁니다.

'내가 욕망을 벗어난 아라한이 되었지만' 하는 것은 이런 체험을 했지만, 나는 내가 욕망을 벗어난 아라한이라고 생각하지 않는다, 이런 체험에 관한 생각은 없다, 이 말입니다. 깨달았다는 생각, 이런 체험을 했다는 생각, 그런 게 없다는 말입니다. 그런 생각은 없다, 그런 분별은 하지 않는다, 이 말이에요.

(법상을 톡톡 두드리며) 이것을 무상, 무주, 무념, 무쟁, 무원이라고 말하는 겁니다. 이것입니다. 이것인데, 이렇게 명백한데, 왜 이거냐? 그러면 분명하거든요. (법상을 톡톡 두드리며) 분명한데, 분별은 없어요. 어떻다 하는 생각은 없습니다. 생각은 없어요. 그런데 이것이 분명해요. '어떻다 저떻다'라는 그런 생각은 없어요. 생각이 없으면 할 말도 없잖아요.

불교를 제대로 공부하는 사람이라면, 불교에 관해서 아는 게 없고, 분별하는 게 없으니까 할 말도 없어야 합니다. 누가 불법을 물으면 '난 불법 같은 거 몰라' 이렇게 해야 하는 거예요. 아는 건 다 망상입니다. 다 상이예요. '범소유상 개시허망'이라고 했잖아요. 아는 것은 전부 헛된 것이라는 말이에요. 이것 하나입니다. (손을 들며) 이것 하나. 이렇게 분명할 뿐이에요. 단지 이렇게 명백하고 분명할 뿐이지, 생각할 건 없고 아는 건 없습니다. 이렇게 분명하고 확실할 뿐인 거지, 생각할 것도 없고 알 것도 없어요. 그래서 자꾸 이것만 가리켜 드리는 거예요. (법상을 톡톡 두드리며) 자꾸 이것만 가리켜 드리는 거예요. 이 일 하나. 아는 게 있으면 그것은 망상입니다.

세존이시여, 제가 만약 '나는 아라한이라는 도를 얻었다'고 생각한다면

그러니까 이런 생각이 있으면 망상이다, 아라한이 아니다, 이 말입니다.

세존께서는 '수보리는 아란나행을 즐기는 자다'라고 말씀하시지 않을 것입니다.

아란나행이라는 것은 '아련야'라고도 하는데, '무쟁성(無諍聲)' 따질 것 없는 소리, 한적함, 한적하다, 원리처(遠離處)라는 뜻도 있습니다. '원리처'는 멀리 떨어져 있는 곳이라는 뜻인데, 원래 이 말은 이중적인 뜻이 있어요. 세속적인 뜻에서는 마을에서 멀리 떨어진 곳이라는 뜻이에요. 인도의 수행자들이 마을에서 멀리 떨어져 숲속에서 혼자 수행하는 것을 '아란나'라고 하는데, 그것은 세속적인 의미입니다.

여기서 '수보리는 아란나행을 즐긴다'라는 뜻은… 마을은 세속이잖아요. 세속을 멀리 벗어났다는 뜻이니, 바로 깨달음을 얘기하는 겁니다. '수보리는 아란나행을 즐기는 자다.' 세속의 모든 분별을 벗어난 사람이라는 뜻이죠. '원리'라는게 멀리 떨어진다는 말이거든요. 《반야심경》에도 '원리'라는 말이 나오죠. 원리전도몽상… 전도몽상이 바로 중생의 생각들이거든요. 망상이에요. 그것을 멀리 벗어났다는 말입니다. 수보리가 아란나행을 즐긴다는 것은 바로 그런 분별망상에서 멀리 벗어났다는 뜻입니다.

몸이 산속으로 들어갔다는 것은 세속적인 뜻이고, 경전에 나오는 얘기는 항상 이 법을 얘기하는 것이지 세속적인 의미에서 얘기하는 건 아닙니다. 그래서 수보리는 아란나행을 즐기는 자라는 말은 분별망상을 멀리 벗어나서 여법해졌다, 망상에 시달리지 않는다, 그런 말이죠. 그런데 나는 깨달아서 아라한이라는 도를 얻었다, 이렇게 하면 그것은 생각이잖아요. 생각에서 멀리 벗어났다는 말을 할 수 없죠. 그런 말입니다.

세존이시여, 제가 만약 '나는 아라한이라는 도를 얻었다'고 생각한다면, 세존께서는 '수보리는 아란나행을 즐기는 자다'라고 말씀하시지 않을 겁니다.

'나는 아라한이라는 도를 얻었다'고 하면, 그것이 생각이거든요. 그것이 분별이란 말이죠. 이 법은 분별을 벗어난 겁니다. 분별하는 사람의 입장에서는 분별을 벗어난다고 하면 '아무 생각 없이 멍하니 바보처럼 있는 거냐?' 하는데, 그런 뜻이 아닙니다. 생각을 벗어났다는 것은 생각이 없다는 말과는 전혀 다른 말입니다. 무념이라는 말 자체는 생각이 없다는 뜻이지만, 생각이 없다, 생각하지 않는다, 이런 말은 아니에요. 오해하면 안 돼요. 불법이라는 게 항상 불이법인데, '뭐가 있냐 없냐' 이법으로 보면 안 된단 말이에요.

《반야심경》을 보세요. '없다'는 말을 하거든요. 눈도 없고 코도 없고 귀도 없고, 그런 얘기 하잖아요. 생로병사도 없고, 생로병사에서 벗어나는 일도 없고, 다 없다 하거든요. 없어서 없다 합니까? 다 있잖아요. 있는데 없다고 하는 겁니다. 그러니까 불이법인 거예요. 없어서 없다고 하면 그것은 불이법이 아니고 이법이에요. 있거나 없거나 둘이 분명하게 나뉘기 때문에 이법입니다. 그런데 있는데 없다고 하니까 있음과 없음 이 둘이 아닌 거죠. 그래서 불이법인 겁니다. 항상 경전은 그렇게 봐야 합니다.

경전에서는 눈이 없다고 하는데, 왜 나는 눈이 있지? 불상에도 눈이 있는데, 왜 없다고 할까? 그것이 바로 불이법이거든요. 있는데 없다고 하는 게 불이법이에요. 그것이 바로 색즉시공 공즉시색인 것이고, 없어서 없다고 하는 게 아닙니다. 분별하는 입장에서는 이해가 안 되죠. 있으면 있고 없으면 없지, 있는데 없고 없는데 있다니 무슨 그런 말이 있는가? 말이 안 되죠. 중생의 분별 입장에서는 말이 안 되죠. 그러니까 한번 체험을 해 봐야 하는 거예요. 체험을 해 보면 그 말이 말이 되는 걸 알 수 있어요.

왜냐? 체험을 하고 나서도 여전히 생각하고 보고 듣고 느끼고 다 하거든요. 그런데 그런 게 없어요. 아무것도 없다고요. 한 물건도 없어요. 여전히 볼 거 보고, 들을 거 듣고, 느낄 거 느끼고, 생각할 거 생각합니다. 그런데 아무것도 없어요. 체험해 보면 이런 사실을 알 수가 있거든요. 그래서 그렇게 얘기한 겁니다. 무슨 이유는 없어요. '경험해 보니까 이렇네' 하고 얘기한 거지, 왜 공이 색이고 색이 공인지 이유는 없어요. 그냥 체험을 해 보면 그렇게 돼요. 저절로 자기도 모르게.

불이법이라고 하니까, 둘이 아니다, 둘이 따로 없다, 없다고 해도 없어서 없다고 하는 게 아니구나… 체험하기 전에도 '불교에서 말하는 불법이라는 진리가 불이중도다.' 그 정도를 본인이 들은 바가 있으면 분별심을 가지고 판단하면 안 되는 겁니다. '있다 없다' 이렇게 판단하면 안 돼요. 있어서 있다는 게 아니고, 없어서 없다는 게 아닙니다. 항상 불이법입니다. 법계의 실상은 언제나 불이법인 거예요. 그래서 맨날 불이중도를 얘기하는 거거든요.

거울의 비유, 물결의 비유도 하죠. 거울을 보면 분명히 거기 모습이 나타나는데, 보면 그 안에 아무것도 없잖아요. 텅 비어 있거든요. 그런데 모습이 분명히 나타난단 말이죠. 모습으로 보면 있는데, 막상 잡아

보면 텅 비어 있고 아무것도 없어요. 사실은 텅 비어서 아무것도 없는데 모습은 나타나 있으니까 있음과 없음이 거기서 둘이 아니죠. 거울은 비유입니다. 법계의 실상이 그런 겁니다. 그래서 뭐라고 합니까? '생사가 곧 열반이다'라고 합니다. '생사'는 생로병사를 한다는 것이고, '열반'은 그런 게 없다는 것입니다. 살고 늙고 병들어 죽어요. 그런데 그런 게 없어요. 이것이 불법인 겁니다. 이것은 불가사의하고 묘한 거죠. 그래서 불법을 항상 묘법(妙法), 불가사의라고 하는 거예요. 이것이 진실인 겁니다. 우리 삶의 진실인 거예요. 깨달아서 딱 들어맞으면 이런 삶이 자기의 진실이 되는 거죠.

 불교를 처음 배울 때 중생들은 생로병사로서 육도윤회를 한다, 죄를 지으면 지옥에 가고 복을 지으면 천당에 가고 다시 태어나서 인간으로 또 산다. 그런데 불법을 공부해서 깨달으면 윤회를 벗어나서 하늘도 안 가고 지옥도 안 가고 인간으로도 안 태어나고 딴 데로 가는가 보다, 생각하거든요. 이것이 망상입니다. 방편의 말을 따라가서 그런 건데, 그런 게 아니고 죽은 뒤의 일은 말할 필요가 없어요. 지금 이렇게 살아 있는데, 살아 있는 게 아니에요. 병이 들었는데, 병든 게 아니라니까요. 겉으로는 다 나타나 있는데 아무것도 없어요. 그래서 공이라는 말을 하는 거거든요. 살아 있고 몸이 늙어 가고 병이 들고 하는데, 아무것도 없어요. 자기가 경험해 봐야 합니다. 겪어 봐야 아는 것이지 머리로 이해할 수는 없습니다. 이것은 겪어 봐야 아는 거예요. 겪어 보면, 그래서 이런 말을 하는구나, 하고 이제 납득이 되는 거죠.

 해탈이라는 것은 바로 지금 이 순간 여기서 해탈이지, 죽은 뒤에 어디 딴 데 가는 게 아닙니다. 그렇게 이해하면 안 돼요. 방편으로 하는 말을 따라가니까 그런 엉뚱한 생각을 하는 건데, 그런 게 아닙니다. 해탈, 열반은 여기서 한 번 체험해서 불이중도에 딱 들어맞게 되면, 여기서 해탈이고 모든 것에서 벗어난 열반이에요. 아무것도 없거든요. 열반이라는 건 적멸, 아무것도 없단 말이에요. 그리고 깨달아 있다는 것은 법이 밝게 온 세상에 드러나 있는 겁니다.

그러니까 과거, 현재, 미래를 생각하는 건 아닙니다. 깨달음이 정확하지 않고 말만 따라다니니까, 과거에 업을 지어 현재 그 업을 받아 다시 태어났고 지금 불법을 공부해서 업을 짓지 않으면 미래에 안 태어난다, 이런 식의 말을 하는데, 그것은 방편으로 하는 얘기고 그냥 광고입니다. 방편은 쉽게 말하면 광고예요. 광고를 보고 상점에 가서 직접 물건을 사잖아요. 그런데 광고에 나와 있는 사진과 실물이 정확하게 똑같은 경우는 거의 없습니다.

부처님 말씀은 다 광고입니다. 광고를 보고 빨리 와서 물건을 사라는 거예요. 깨달음이 어떻고 해탈이 어떻고 윤회가 어떻고 이게 다 광고인데, 직접 한번 체험해 보라는 말입니다. 물건을 사라는 건 직접 한번 체험해 보라는 거예요. 체험해 보면 지금까지 들었던 모든 말이 방편이라는 걸 알 수 있거든요. 방편이라는 말은 바로 광고라는 말입니다. 손가락으로 달을 가리킨다… 손가락은 일종의 광고잖아요. 달을 봐라 이거예요. 봐야 할 건 손가락이 아니라 달이죠. 부처님 말씀이 전부 손가락이라고 하잖아요. 자기가 직접 실감해 보고 체험해 보면, 이런 진실이 차차 드러납니다. 금방 드러나지 않는데, 좀 시간이 흘러야 해요. 이런 체험을 해도 아직 익숙한 게 아니고 아주 낯선 것이니까 익숙해지는 시간이 많이 필요합니다. 익숙해지면 경전의 말들이 다 이것을 말하는 방편의 말이지, 진실한 말이 아니라는 걸 알 수 있어요.

말이 진실할 수는 없습니다. 이것은 말할 수 있는 게 아니거든요. 말이 진실할 수 없어요. 진실은 오직 직접 체험해서 이런 안목이 생겨서 살아갈 줄 알아야 하는 것이죠. 이것이 진실인 거죠. 공부라는 것은 삶인 겁니다. 매 순간순간 삶이에요. 삶 속에서 여법해서 법계 실상이 항상 드러나 있느냐, 아니면 망상에 속아서 헤매고 다니느냐, 그 문제일 뿐이에요. 불법이라는 금덩어리가 어디 따로 있는 건 아닙니다. 언제든지 다만 이것 하나입니다.

'수보리는 아란나행을 즐기는 자다'라고 말씀하시지 않을 것입니다. 수보리에게는 실제로 행할 것이 없으므로 수보리를 아란나행을 즐기는 자라고 하는 것입니다.

말은 아란나행을 즐긴다, 행을 한다… 행을 즐긴다는 것은 그런 행을 한다는 거잖아요. 말은 그렇게 하는데, 실제로는 행할 것이 없어요. 행하는 게 없습니다. 말은 그렇게 하지만 실제는 다르다는 말이에요. 광고와 실물이 같을 수 없다는 말이에요. 손가락과 달이 같을 수는 없어요. 손가락은 달을 가리킬 뿐이지, 손가락이 달은 아니죠.

경전에 나오는 부처님 말씀이 움직일 수 없는 진리다, 이런 식으로 하면 안 돼요. 이것은 방편의 말일 뿐입니다. 진실이 아닙니다. 그럼 진실은 어디 있어요? 우리 각자 자신에게, 누구에게나 본래 이렇게 다 갖추어져 있는 겁니다. 날 때부터, 태어날 때부터 누구에게나 분명하게 갖추어져 있는 거예요. 그런데 이놈이 조금 미묘해요. 외나무다리 위를 걸어가는 것 같다고 비유했잖아요. 미묘한 일이거든요. 그래서 직접 한번 겪어 보고 그렇게 할 수 있는 능력… 반야라고 하는 지혜는 능력이거든요. 진실을 볼 수 있는 능력이죠. 외나무다리로 치면 외나무다리 위에서 안 떨어지고 걸어갈 수 있는 능력, 깨달음이라고 하는 것은 그 능력을 갖추는 겁니다.

그 능력이 갖추어지면 양쪽으로 안 떨어져요. 제가 그래서 자전거 타는 비유, 외나무다리 위를 걸어가는 비유를 했죠. 자전거 타는 것도 능력이죠. 안 넘어지고 탈 수 있는 능력. 처음에는 좀 넘어지잖아요. 처음 배울 때 몇 번 넘어져도, 하다 보면 한순간에 안 넘어지고 탈 수 있게 되거든요. 그 감각이 딱 생기잖아요. 그것은 능력이거든요. 그런 것과 마찬가지예요. 그래서 이런 얘기를 하는 겁니다.

수보리에게는 실제로 행할 것이 없으므로 수보리를 아란나행을 즐기는 자라고… 행할 게 따로 있다고 하면 안 된다는 거예요. 깨달음이라는 게 있다고 한다면 그것은 분별망상이니까, 깨달았다고 말하면 안 된다는 거예요.

중국의 남악회양 선사는 육조 혜능의 제자인데, 인가받을 때 '한 물건이라고 말하면 맞지 않습니다'라는 말을 했거든요. 뭐라고 분별을 하면 맞지 않다는 말이거든요. 육조도 게송에서 그런 말을 했잖아요. 본래 한 물건도 없는데 어디에 때가 묻는단 말이냐, 그런 말 했거든요. 원래 아무 분별이 없는데, 분별이 없으면 때가 묻을 데가 없다… 이 말은 걸릴 게 없다는 말입니다. 문제 될 게 없다는 말이에요. 이것인데 계합이라고 말하죠. 계합한다, 딱 들어맞는다는 말은 이쪽도 아니고 저쪽도 아닌 불이중도에 딱 들어맞는다는 말이거든요. 그래서 이것을 묘법(妙法)이라고 하는데, 잘 이해되지 않는다는 겁니다. 분별이 안 된다는 말입니다. 묘하다는 말은 평소에도 쓰죠. 세속에서도 '아아, 그거 참 묘하다'라고 할 때는 '참 이해가 안 되네' 이런 말이거든요. 이해가 되면 분별입니다. 그럼 망상이에요. 이것은 이해가 안 되는 거예요. 불가사의인 겁니다. 묘법이라고 하죠. 이해는 안 되지만 분명합니다. 이렇게 분명하고 확실한 겁니다. 이해는 안 되지만, 이해 안 된다는 건 생각할 수 없다는 거죠. (법상을 톡톡 두드리며) 생각할 수 없고 이해는 안 되지만, 이것이 분명하고 확실한 거죠.

바로 이것입니다. 바로 이것. 이 일 하나. 이것 하나. 이것만 분명하면 아무 문제가 없습니다. 머물지 말고 그 마음을 내라는 말이 있었죠. 《금강경》에 나오잖아요. 머무는 데가 없어요. 머무는 데가 없다는 말은 걸리는 게 아무것도 없다는 말입니다. 《반야심경》에 '심무가애'라는 말이 있거든요. 마음에 장애 될 게 없다는 말인데, 마음이 어디에 머무는 데가 없다는 말과 똑같은 말입니다. 세속은 어떻습니까? 항상 좋아하는 게 있으면 좋아하는 것에 머무르고, 싫어하는 게 있으면 싫어하는 것에 머무릅니다. 항상 마음이 어딘가에 머물러서 집착하고, 그것이 세속이고 번뇌죠. 항상 뭔가에 집착하고, 어딘가에 마음이 가서 머물러 있고, 의지를 하고 기대잖아요. 그것이 중생이고 번뇌입니다.

그런데 깨달은 자는 머무는 데가 없어요. 걸리는 게 없다는 말이죠. 머물 데도 없고, 머물 사람도 없고, 안팎이 없어요. 걸리는 게 아무것도 없어요. 항상 뭘 하더라도 아무 일이 없어요. 걸리는 게 있으면 무슨 일이 생기겠죠. 아무 일이 없어요. 그래서 깨달음을 대자유라고 하는 겁니다. 이렇게 분명한데, 바로 지금 여기 한 번 딱 들어맞아야 해요. 저절로 아무 일이 없고, 걸림도 없고, 할 일도 없고, 나라고 할 게 없어요. 내가 없는데, 뭐가 있겠어요? 아무 일이 없는 겁니다. 뭐라고 할 게 아무것도 없어요. 하여튼 이 일 하나입니다. 바로 이것입니다. 이 일 하나 있을 뿐, (법상을 톡톡 두드리며) 이것 하나가 있을 뿐이에요.

여기서 한 번 소식이, 한 번 탁 와 버리면 돼요. (법상을 톡 두드리며) 그냥 바로 이것 하나입니다. 이 일 하나가 항상, 이것은 늘 여여하거든요. 늘 변함없이 여여한 거죠. 법계의 실상이 언제나 이렇게 여여한 겁니다. (법상을 톡톡 두드리며) 변함이 없죠.

10. 장엄정토분
깨끗한 땅을 꾸민다

부처님께서 말씀하셨다.
"수보리야, 어떻게 생각하느냐? 여래가 옛날 연등불이 계신 곳에서 얻은 법이 있었느냐?"
수보리가 말했다.
"세존이시여, 여래께서 연등불이 계신 곳에서 진실로 얻은 법은 없었습니다."
"수보리야, 어떻게 생각하느냐? 보살이 불국토를 장엄하느냐?"
수보리가 말했다.
"아닙니다, 세존이시여. 왜 그런가 하면, 불국토를 장엄한다는 것은 곧 장엄하는 것이 아니라 이름이 장엄이기 때문입니다."
"그러므로 수보리야, 모든 보살마하살은 마땅히 이렇게 깨끗한 마음을 내야 한다. 색깔에 머물지 않고 마음을 내야 하며, 소리, 냄새, 맛, 촉감, 생각에 머물지 않고 마음을 내야 한다. 마땅히 머묾 없이 그 마음을 내야 하는 것이다. 수보리야, 비유하면 어떤 사람의 몸이 수미산만 하다면 어떻게 생각하느냐, 그 몸이 크냐?"

수보리가 말했다.

"매우 큽니다, 세존이시여. 왜 그런가 하면 부처님께서 말씀하시길 몸이 아니라 이름이 큰 몸이라고 하셨기 때문입니다."

佛告: "須菩提, 於意云何? 如來昔在然燈佛所, 於法有所得不?"
"世尊, 如來在然燈佛所, 於法實無所得."
"須菩提, 於意云何? 菩薩莊嚴佛土不?"
"不也, 世尊. 何以故? 莊嚴佛土者則非莊嚴, 是名莊嚴."
"是故, 須菩提, 諸菩薩摩訶薩, 應如是生淸淨心. 不應住色生心, 不應住聲香味觸法生心. 應無所住而生其心. 須菩提, 譬如有人身如須彌山王, 於意云何, 是身爲大不?"

須菩提言: "甚大, 世尊. 何以故? 佛說, 非身, 是名大身."

《금강경》제10 장엄정토분(莊嚴淨土分)입니다.

'장엄'한다는 것은 꾸민다는 말입니다. '정토'라는 것은 깨끗한 땅이라는 말이니까 '공'을 가리킵니다. '꾸민다'는 건 모습 없는 본래면목을 꾸며서 나타내는 방편을 가리키는 말입니다. 정토라는 것은 깨끗하다, 분별할 게 없다, 무엇이라고 할 게 없다는 말입니다. '깨끗하다'는 쉽게 생각해 보면 돼요. 도화지가 깨끗하다 하면 뭡니까? 안에 아무것도 그려놓은 게 없다, 아무 모습이 없다는 말이죠. 정토라는 것은 공을 가리키는 거예요. 깨끗하다, 우리 본래면목, 본래 마음, 이것을 가리키는 거죠.

우리는 의식을 가지고 온갖 것을 분별하며 살지만, 실제 여기에 이런 일이 있다는 사실을 한 번 체험해서 통하고 보면, 여기는 아무것도 없거든요. 여기는 뭐가 어떻다 하는 분별심 자체가 없으니까 이것을 공이라 하기도 하고 정토라 하기도 합니다. 정토라는 것은 청정 불국토를 줄인 말이죠. 청정은 깨끗하다는 말이고, 불국토는 부처의 국토라는 말이니까 깨달음을 통해서 확인하는 우리 본래면목이라는 말입니다. 부처의 땅이라는 말이니까 이것을 가리키는 거예요. 이것 하나.

누구한테나 이것이 있습니다. 다 있지만, 자꾸 생각하여 알려고 하니까 알 수 없는 겁니다. 알 수 없는 건데, 이렇게 있어요. 누구한테나 항상 이렇게 있습니다. 알 수는 없어요. 이것을 체험하고 통하게 되면, 아는 게 아니고 오히려 알음알이가 쉬어져 버리죠. 여기서는 아무것도 알 게 없으니까요. 그런데 이것이 우리 마음입니다. 마음의 양면이 있다고 말씀드렸잖아요.

알 수 있는 부분이 있고, 알 수 없는 부분이 있어요. 서양의 심리학에서도 의식 세계, 무의식 세계를 얘기하던데, 의식 세계라면 알 수 있는 것, 무의식 세계는 알 수 있는 게 없다는 말이니까 모르는 거죠. 마음의 양면이 있다는 말입니다. 무의식이라는 건 알 수 없다는 거거든요. 심리학에서는 알 수는 없지만 어떤 뭐가 있다고 하는데, 그것은 우리와 좀 달라요. 이것은 알 수도 없고 뭐라고 할 것도 없어요. 단지 이렇게 체험이 되고, 아무 뭐가 없어요. 아무것도 없다는 것은 나도 없고 내 마음도 없다는 말입니다. 내가 있는데 나한테 아무것도 없다, 이게 아니에요. 내가 있으면 뭐가 있는 거잖아요. 나라고 할 것도 없고, 내 마음이라고 할 것도 없다… 경전에서 '나다' 할 게 없고 내 것이 없다고 말해요. 그런 게 없습니다.

뭐라고 할 게 아무것도 없어요. 그냥 이것입니다. 이것 하나. 여기에 나라고 할 게 없는데 무슨 분별이 있겠어요. 그런데 우리 자신이 바로 이것이거든요. 이것 하나란 말이에요. 이것 하나. 우리 자신이 이것이란 말이에요. '나다' '내 거다' 그런 게 아무것도 없어요. 그렇게 분별할 건 아무것도 없어요. 내가 있고, 내가 보니까 저렇구나, 내가 생각하니까 자꾸 내가 있다. 그러면 다 망상세계예요.

《금강경》에서 아상, 인상, 이런 얘기를 하는 게 '아상', 나라는 게 있다는 생각이거든요. 그것이 있으면 보살이 아니고, 그것은 망상이라는 겁니다. 여기 이것입니다. 여기는 그런 게 없어요. 나라고 할 게 없어요. 그러니까 이것은 그냥 이거예요. 그냥 이것 하나죠. 바로 지금 이겁니다. 이것이고, 뭐라고 할 건 없어요. 그런데 이렇게 살아 있고 분명하죠. 이것이 살아 있습니다. 이렇게 살아 있고, 이것이 분명하게 항상 드러나 있죠. 항상 드러나 있고 살아 있는데, 뭐라고 할 것은 아무것도 없어요. 본래 이것이 있는데, 모든 사람이 깨닫지를 못해서 이것을 한 번 확인하지 못하고 이런 게 있는 줄 모르죠. 그러니까 한 번 깨달으면 되는 겁니다.

부처님께서 말씀하셨다.
수보리야, 어떻게 생각하느냐? 여래가 옛날 연등불이 계신 곳에서 얻은 법이 있었느냐?
수보리가 말했다.
세존이시여, 여래께서 연등불이 계신 곳에서 진실로 얻은 법은 없었습니다.

연등불은 과거불입니다. 석가모니의 전생 이야기를 담은 경전이 있어요. 다 방편으로 만든 이야기들입니다. 거기 보면 석가모니가 전생에 설산 수행자였는데, 히말라야 산에서 수행자로 있었고 그때 계셨던 부처님이 연등불입니다. 연등불이 부처님이고, 당시에 석가모니는 브라만 수행자였거든요. 그때 석가모니의 이름을 선혜라고 해요. 선혜가 연등불을 만나 연꽃 공양을 올렸어요. 마침 연등불이 지나가는 길에 비가 와서 진흙탕물이 있었는데 못 가고 있으니, 자기 머리카락을 풀어서 진흙 길에 펼쳐 그걸 밟고 지나가게 했어요. 연등불이 이 바라문 청년에게, 너는 다음 생애에 태어나면 깨달아서 석가모니불이 될 것이라고 했습니다. 전생 얘기 중에 그런 이야기가 있어요. 그 이야기를 두고 하는 말입니다.

수보리야, 어떻게 생각하느냐? 여래가… 여기에서 '여래가'라는 건 '내가'라는 말입니다. 부처님이 바로 여래니까요. 여래가 옛날 연등불이 계신 곳에서 얻은 법이 있었느냐? '네가 부처가 될 것이다'라고 하는 그런 예언을 받았느냐? 불교 용어로 수기라고 해요. 수기라는 것은 쉬운 말로 예언입니다. '너는 앞으로 그렇게 될 거다' 하는 수기를 받을 때 내가 얻은 법이 있어서 그런 예언을 받았느냐? 이 말이에요. 뭔가 얻은 게 있어서 부처가 될 것이라는 예언을 받았느냐?

여래께서 연등불이 계신 곳에서 얻은 법은 진실로 없었습니다… '얻은 법이 없었기 때문에 그런 예언을 받았습니다'라는 말이에요. 얻은 게 있었다면 부처가 될 거라는 예언을 못 받았을 거라는 말이죠. 《금강경》에서 얻을 것이 없다는 이야기를 이렇게 다양하게 반복하고 있어요.

얻을 게 없다는 말은 뭡니까? 무언가를 고친다든지 내가 더러운 걸 깨끗하게 해서 얻은 게 있는 거잖아요. 어두운 걸 밝게 했으면 이것도 얻은 게 있는 거죠. 뭔가 갈고닦아서 얻은 게 있느냐는 말입니다. 수행을 해서 얻은 게 있느냐는 말이에요. 그게 없다는 말입니다. 수행을 해서 얻은 건 없다는 얘기를 계속 반복하고 있어요. 수행을 해서 얻은 것이 없다… 얻은 게 없는 것이 바로 진짜 깨달음이라는 말이에요. 왜? 본래 깨달아 있기 때문에 그런 거예요. 본래 깨달아 있기 때문에 얻은 것은 없죠.

망상이라는 것은 착각입니다. '전도'라는 말을 하죠. 전도망상(顚倒妄想). 전도라는 말 자체가 착각이라는 뜻입니다. 잘못 알고 있다는 뜻이거든요. 전도라는 것은 헛된 것을 진실하다고 잘못 알고 있다는 말이에요.

쉬운 예로 우리 집에 먹고살 양식이 있고 재산이 있고 은행에 돈이 있는데, 갑자기 은행이 파산해서 한 푼도 못 준다더라, 또는 너희 집에 불이 나서 다 탔다더라, 하는 말을 들으면 몹시 당황하겠죠. '아이고, 이제 어떻게 살지?' 고민하면서 은행을 다시 찾아가 본다든지 자기 집으로 돌아가 본다든지 하겠죠. 그런데 집에 가 보니까 멀쩡하게 있어요. 지금까지 고민되고 두렵고 걱정되고 이랬던 게, 멀쩡하게 있는 걸 보는 순간 싹 사라지겠죠. 뭐 얻은 게 있습니까? 원래 아무 일이 없었어요. 그냥 자기가 착각을 한 거죠. 깨달음이라는 게 그런 것과 똑같다는 말입니다.

전도망상이라는 것은 착각이에요. 진실을 모르고 헛된 걸 보면서 착각하고 있는 거죠. 그래서 꿈을 깨는 것과 같다는 얘기예요. 착각이라는 건 전도망상이라고 해서 꿈과 같다는 이야기예요. 헛된 걸 보고 있다는 말이거든요.

헛된 걸 보고 있다가 착각에서 벗어나 진실을 보게 되었다… 그런데 원래부터 이랬어요. 그래서 본래 깨달아 있다고 얘기하는 거예요. '본각'이라는 말이 그렇죠. 본각(本覺), 시각(始覺)이라는 말이 《대승기신론》에 나옵니다. 본래 깨달아 있어서 번뇌도 없고 아무 문제가 없어요. 그런데 착각에 빠져서 본래 깨달아 있는 사실을 모르고 헤매고, 번뇌 망상 속에 빠져서 괴로워하다가, 부처님 말씀을 듣고 공부해서 깨달았는데, 깨닫고 보니까 본래 깨달아 있어서 아무 문제가 없다… 그것이 본각, 시각이라는 겁니다. 본각은 본래 깨달아 있다는 말이고, 시각은 지금 비로소 깨달았다는 말이거든요. 지금 비로소 깨달아 보니까 원래부터 깨달아 있더라는 말이죠. 은행이 파산해서 돈 한 푼 못 건지는 줄 알고 괴로워하면서 찾아갔는데, 보니까 멀쩡하게 있어요. 괴로움은 사라졌지만, 원래 그렇게 있었던 거예요. 원래부터 그랬던 거죠. 새로 얻은 건 없는 겁니다. 깨달음이라는 게 바로 이런 거라는 말입니다.

열심히 노력하고 수행해서 뭔가를 이루어 내는 게 아니에요. 열심히 노력하고 수행하고 갈고닦아서 없던 걸 만들어 내는 게 아닌 겁니다. 착각에서 깨어나면 되는 거예요. 《반야심경》의 '원리전도몽상'이라는 게 바로 이 말이거든요. 전도(顚倒)라는 건 착각, 잘못 알고 있다는 겁니다. 헛된 걸 진실하다고 잘못 알고 있으니까 '전도' 뒤집혀 있다는 말을 하거든요. 전도몽상, 꿈같은 착각에서 멀리멀리 벗어난다. 그 착각에서 깨어났다 이거죠. 깨달음은 착각에서 탁 깨는 순간이잖아요. 그래서 깨달음은 언제나 돈오입니다. 순간적으로 갑자기 그냥 깨달아서 문제가 없어지는 거죠.

《화엄경》에도 그런 말이 있죠. 《화엄경》〈여래출현품〉에 보면 석가모니가 정각산에서 깨닫고 산을 내려와 중생 세계를 보면서 한 첫마디가 나와 있거든요. '중생들을 보니까 여래의 덕성을, 자질을, 자격을 다 갖추고 있다. 내가 중생을 보니까 중생들이 본래부터 여래의 덕성을 다 갖추고 있네. 그런데 잘 보니까 전부 다 착각해서 딴생각을 하고 있네.' 거기 내용이 그렇게 되어 있거든요. 본각, 시각이란 말과 똑같은 겁니다.

원래 아무 문제가 없고, 본성으로 자성으로 타고났습니다. 그것을 진여자성이라고 하는 거예요. 그런 체험을 하고 한 번 깨닫는 거죠. 진여자성이 그런 줄 모르고 착각 속에 빠져서 망상만 하고 살아왔으니 걱정, 두려움, 온갖 번뇌 속에 사는 거죠.

그래서 얻을 것이 없다는 얘기를 계속 하는 겁니다. 왜 얻을 것이 없다는 얘기를 하느냐면, 자꾸 뭘 갈고닦고 수행해서 뭔가를 얻는 줄로 착각한단 말이에요. 사람들이 깨달음이라는 것은 뭔가 열심히 수행하고 갈고닦아서, 나한테 없는 새로운 걸 얻는 것이라고 자꾸 착각한단 말이죠. 그게 아니라는 말이에요. 그게 아니고 본래 누구나 다 깨달아 있어요.

《법화경》에도 그런 비유적인 얘기가 나오죠. 부잣집 아들이 어릴 때 집을 나가서 길을 잃어버리잖아요. 너무 어릴 때 나가서 집을 못 찾고 거지가 돼서 평생을 돌아다녀요. 원래 부잣집 아들인데 고생하면서 돌아다니죠. 거지니까 집마다 동냥하러 다닙니다. 자기 집인 줄도 모르고 동냥하러 갔는데, 아들을 잃어버리고 늘 아들 생각을 하고 있던 아버지가 나가서 보니까 첫눈에 딱 알아봤어요. '내 아들이네.' 그런데 아버지는 내 아들이라는 말을 못 해요. 왜냐하면 아들이 너무 어릴 때 나가서 아버지는 부자고 아들은 거지인데, 부잣집 주인이 거지한테 '네가 내 아들이다' 하면 믿겠습니까? 안 믿고 도망갈 거라는 생각에, 그 얘기는 안 하고 꼬드기죠. '얘야, 거지로 동냥하니까 고생스럽지? 우리 집에 들어와서 심부름을 해라. 그러면 잠잘 방도 주고, 매일 맛있고 따뜻한 음식도 주고, 옷도 줄 테니 심부름을 해라' 했어요. 아들이 '예' 하고 집에 하인으로 들어오니까 차차 집안일을 시켜요. 수십 년이 지나니까 집안일을 못하는 게 없어요. 집안일을 몽땅 맡기면서 그때야 비로소 '네가 원래 내 아들이다' 하고 얘기하는데, 그때는 믿어요. '저도 그럴 것 같았습니다' 하죠. 《법화경》에 그런 이야기가 나오거든요.

원래 우리는 이렇게 깨달아 있다는 말입니다. 그런데 착각을 하고 헤매고 다니면서 자기가 중생인 줄 알고 있다는 말이에요. 경전에서 얘기를 다 하고 있습니다. 원래 부처니까 그냥 깨닫기만 하면 됩니다. 깨닫기만 하면 되는데, 뭘 해야 하고, 얻어야 할 게 있고, 노력해서 수행하고 만들어 내야 하는 것처럼 착각한단 말이죠. 그런 게 아니에요. 본래 아무 문제가 없습니다. 그 망상, 착각에서 한 번 탁 깨어나는 게 체험이에요. 그것이 깨달음입니다.

깨달음이라는 말 자체가 깬다는 말이거든요. 꿈을 깬다, 잠을 깬다, 이런 뜻이에요. 착각에서 깬다는 말이죠. 세속에서도 '깬다 깬다' '내가 지금까지 너를 잘못 알고 있었네' 그런 말을 하잖아요. 깨달음이라는 게 그런 뜻입니다. 착각했던 것에서 몰랐던 진실을 확인하는 거죠. 이것이 깨달음인데, 사람들은 뭘 모르고, 노력하고 열심히 수행해서 이루어 내고 얻어야 하는 것처럼 착각하니까 자꾸 이런 이야기를 하는 거예요. 얻을 게 없다고 자꾸 얘기하는 거예요.

노력하고 열심히 수행해서 뭘 얻고 만들어 내는 게 아닙니다. (법상을 톡톡 두드리며) 원래 아무 문제가 없습니다. 원래 부처고 부잣집 아들이에요. 원래 깨달아 있는 거란 말이죠. (법상을 톡톡 두드리며) 이 일 하나. 한 번 망상에서 깨어나는 체험, 그것이 생각에서 벗어나는 것이고, 분별을 벗어나는 것입니다. 이것은 어떻게 할 수가 없어요. 불가사의한 경험이죠. 망상은 생각을 하고 의식으로 알고 있는 거지만, 깨달음, 진실, 진여자성은 알 수가 없어요. 분별이 되는 게 아니고 알 수가 없으니까 이것은 불가사의예요. 불가사의라는 말이 알 수 없다는 말이잖아요. 불가사의는 한자고, 우리말로 하면 알 수 없다는 말이에요. (법상을 톡톡 두드리며) 알 수는 없지만 체험은 되는 겁니다.

바로 이것이니까 알 수는 없지만 경험은 되는 겁니다. 경험해서, 체험을 통해서 확인되는 거예요. 아는 것이 아니고 체험을 통해서 확인되는 겁니다. 바로 지금 이것이거든요. 이것 하나라고요. 이것이니까 얻을 게 없다는 말을 자꾸 하는 겁니다.

여래께서 연등불이 계신 곳에서 진실로 얻은 법은 없었습니다.

얻은 법은 진실로 없었습니다… 정말 없었다는 말이에요. 얻은 법이라는 것은 정말 없었습니다. 바로 이것입니다. 바로 누구에게나. (법상을 톡톡 두드리며) 마음이 바로 부처다… 우리가 다 마음이 있잖아요. 마음이 뭔지를 몰라서 그렇지, 마음이 다 있거든요. 마음이 바로 부처입니다. 마음의 실상을, 진실을 한 번 깨달아서 이렇게 체험을 하는 거거든요. 이거란 말이에요. 이것 하나. 이것이 바로 마음이고, 마음의 실상이고, 진여자성이라고 하는 겁니다. (손을 흔들며) 바로 이거예요. 이것 하나. 이 일 하나라고요. (법상을 톡톡 두드리며) 이것이 하나 있는 거예요. 바로 이겁니다.

생각으로는 절대 알 수가 없어요. 의식으로는 알 수가 없습니다. 불가사의한 체험이 있어요. 바로 지금 이것. (법상을 톡톡 두드리며) 이런 체험이 있어요. 바로 이거예요. 본래 아무 일이 없습니다. 이 법을 체험하고 어느 정도 시간이 지나서 안목이 좀 밝아지면, 원래부터 다 아무 문제 없이 깨달아 있었는데 딴생각하면서 살았구나, 하는 것을 확실히 느낄 수 있습니다. 그런 생각이 들거든요. 원래부터 항상 있었던 건데 생각을 가지고 자꾸 다른 걸 쳐다보고 살았구나, 하는 것을 아주 확실히 느낄 수가 있죠.

이 일 하나입니다. 이것 하나. 원래 있는 일이에요. 바로 이것. 그런데 알 수는 없어요. 알 수는 없지만, 이것이 확 하고 확인이 된단 말이죠. 돈오. 문득 갑자기 탁 확인되는 그것을 돈오라고 하는 거예요. (법상을 톡톡 두드리며) 이 일 하나. 새로운 건 없습니다. 체험하고 나서 이런 느낌까지도 들어요. '이것은 내가 어릴 때부터 알고 있었던 것 같은데?' 이런 생각도 들어요.

왜냐? 원래부터 있는 거니까 어릴 때부터 알고 있었던 것 같은 느낌이 들 수 있겠죠. 뭘 깨닫지는 못해도 막연하게 그런 생각이 문득 들더라고요. '내가 예전부터 이것을 알고 있었던 것 같은데?' 이런 생각이 들어요. 사실은, 모르고 살았지만, 원래부터 있었던 일이라는 말입니다. 원래 있던 일이에요. 본래 있는 일이고. 단지 분별이 쉬어져서 이러쿵저러쿵할 게 없습니다. 분별이 쉬어져 버리면 모든 게 다 쉬어져 버려요. 근심, 걱정, 두려움, 의심, 다 쉬어져 버리고 아무 뭐가 없습니다.

바로 지금, 바로 이것이거든요. (손을 흔들며) 누구에게나 하나의 진실이 항상 이렇게 있습니다. 바로 지금 이것이거든요. 이것이 다 있어요. 바로 이것이니까. 부처라 해도 좋고, 마음이라 해도 좋고, 법이라 해도 좋고, 바로 이것이니까 누구에게나 이것이 다 있어요. (법상을 톡톡 두드리며) 바로 이것입니다. 대단하다, 굉장하다, 신비하다, 이런 부담을 가질 필요 없습니다. 그런 게 아니에요. 모든 사람한테 원래부터 있는 겁니다. 있는 건데, 한 번 확인이 안 되면 착각 속에 사는 것이고, 확인이 돼야 헛된 착각을 벗어나서 지혜가 밝아지는 거죠. 속지 않는다는 말입니다. 이것입니다. 바로 이거예요. 이것이 체험되어 봐야 합니다.

수보리야, 어떻게 생각하느냐? 보살이 불국토를 장엄하느냐?

보살이 불국토를 꾸밀 수 있느냐는 말입니다.

수보리가 말했다.
아닙니다, 세존이시여. 왜 그런가 하면, 불국토를 장엄한다는 것은 곧 장엄하는 것이 아니라 이름이 장엄이기 때문입니다.

불국토를 꾸민다… 불국토라는 게 바로 '이것'을 가리키는 거거든요. 깨끗하고 텅 비고 청정한 불국토. 아무 분별이 없는 이것을 가리키는 거죠. 아무 분별이 없으니까 말로는 깨끗하다, 청정하다 하지만, 사실 여기는 깨끗한 뭐가 있고 청정한 뭐가 있는 게 아니죠. 그런 게 있으면 또 분별이니까요. 깨끗하다, 청정하다, 불국토다, 하는 것조차도 방편으로 만든 이름이지, 실제로 그런 뭐가 있는 건 아닙니다. 불국토라는 게 따로 분별되는 게 아니라는 말입니다. 만약 불국토라는 이름이 있으니까 '불국토구나'라고 하면, 이것은 뭡니까? 분별이 되는 거잖아요. 그러면 이것은 깨끗한 것도 아니고 공이 아니에요.

불국토니 깨끗하니 진여자성이니 마음이니 깨달음이니 도니 이렇게 하는 건 그냥 이름만 있는 거예요. 방편으로 이름만 있는 거지, 분별되는 그런 물건은 없습니다. 분별이 될 수 없다는 말입니다. 세속에서는 어떤 이름이 있으면 반드시 그 이름에 해당하는 뭔가가 있잖아요. 컵이라면 컵이 있고, 시계라면 시계가 있고, 볼펜이 있고, 그다음 추우면 추운 게 있고, 더우면 더운 게 있고, 슬프다 하면 슬픈 게 있고, 기쁘다 하면 기쁜 게 있잖아요. 뭐가 있거든요. 세속에서 무슨 말을 하고 이름을 붙일 때는 반드시 뭐가 있어요. 그렇게 분별되는 게 있습니다. 깨끗하다 하면 깨끗한 것, 더럽다 하면 더러운 것이 있거든요. 그런데 여기는 부처니 도니 불국토니 깨끗하니 불가사의니 이름은 그렇게 하지만, 실제로 그런 이름으로 분별되는 것은 아닙니다. 이것은 바로 그 말이에요.

보살이 불국토를 장식하느냐 물으니까

아닙니다, 세존이시여. 왜 그런가 하면, 불국토를 장엄한다는 것은 곧 장엄하는 것이 아니라 이름이 장엄이기 때문입니다.

이름만 있다는 거예요. 이름만 있는 걸 뭐라고 합니까? 방편이라고 합니다. 이름만 있는 걸 방편이라고 하죠. 이름을 통해서 이것을 가리키고 있죠. 이름이 법을 가리킬 뿐이고, 그 이름에 해당하는 법이라는 어떤 물건이 분별되는 건 아니에요.

　이런 깨달음이 있어서 이런 거구나, 아무 분별할 게 없구나, 하는 사실이 경험되면, 지금까지 자기가 알았던 온갖 이름들, 부처, 불성, 깨달음, 도, 반야, 보리, 이런 것들이 전부 그냥 이름일 뿐이고, 실제로는 그렇게 이름 붙일 게 전혀 없다는 걸 스스로 알죠. 왜? 체험을 해서 실제 사실이 이러니까요. 방편이라는 말도 깨달아 봐야 알 수 있는 겁니다. 왜 이런 말을 방편이라고 하는지, 깨달아 보지 못하면 알 수가 없어요. 왜냐? 보통 세속에서는 깨끗하다 하면 깨끗함이 있고, 더럽다 하면 더러움이 있잖아요. 공이라고 하면 텅 빈 지 있고, 자꾸 뭐가 있어야 하죠. 그것은 여기에는 해당이 안 됩니다. 그런 온갖 말들은 단지 이것을 가리키는 손가락이지, 달이 아닙니다. 달을 가리키는 손가락이죠. 달이 아니에요. 이것을 체험해 봐야 '여기에 관한 모든 말이 다 방편이지 하나도 맞는 말이 없구나' 하고 알게 돼요.

　방편이란 다른 말로 하면 가짜라는 뜻입니다. 왜냐하면 방편의 반대가 진실이거든요. 실상인 겁니다. 실상이라는 말조차도 물론 방편의 말입니다. 이것은 실상이라서 이름을 붙이고 분별할 수 있는 건 아닌데, 여러 가지 얘기를 하니까 그것은 방편의 말인 거죠.

　방편이라는 것을 모르면 종교가 굉장히 이상해져 버립니다. 방편이라는 것을 모르면 경전에 쓰여 있는 말이 전부 진실이다, 진리다, 이렇게 되어 버려요. 다른 종교에서 그렇게 얘기하죠. 불교에서는 그렇게 얘기하지 않습니다. 그렇게 얘기하는 사람이 있다면 불교를 모르는 사람이에요. 불교에서는 경전에 쓰여 있는 말은 전부 부처님 방편의 말씀이라고 하잖아요. 그것이 진리라고 얘기하지 않습니다. 만약 경전에 있는 부처님 말씀이 진리라고 한다면, 불교를 모르는 사람이에요.

부처님이 분명히 《열반경》에서도 말했고 《능가경》에서도 말했고, 여러 군데 나옵니다. 돌아가시기 직전에 뭐라고 했습니까? '내가 49년 동안 법문했지?', '예' 하니까 '나는 한마디도 안 했다.' 분명히 그렇게 얘기했거든요. 한마디도 안 했다고 했어요. 말을 했지만 말한 게 아니라는 말입니다. 방편의 말이지 진실한 말은 아니라는 말이에요. 경전에 있는 부처님 말씀은 전부 방편의 말이지 진실한 말이 아니에요. 경전에 있는 말이 전부 진실이라고 여긴다면, 경전에 나오는 내용들이 실제 우리 눈앞에 다 있어야 하잖아요. 있습니까? 이런 게 있을 수 있어요? 있을 수 없습니다. 그것은 말도 안 되는 거죠.

《금강경》은 있을 수 있다 쳐도, 《유마경》이나 《화엄경》 보세요. 불가능한 얘기를 하고 있어요. 《유마경》은 뭡니까? 유마힐이 사방 한 장, 세 평쯤 되는 방에 침대 하나 놓아두고 누워 있어요. 보살들이 문병을 오는데, 20만 명인가 와서 방 안에 다 들어옵니다. 세 평쯤 되는 방 안에 다 들어와요. 들어왔는데 멍하게 서 있으니까 유마힐이 앉으라고 권했는데, 앉을 자리가 없다고 대답하니까 의자를 20만 개 가져와서 방 안에 놓고 다 앉힙니다. 그런 장면이 나오잖아요. 그게 사실입니까? 그런 게 현실적으로 됩니까? 다 방편으로 이야기하는 겁니다. 경전의 말을 진실이라고 여기면 안 돼요.

왜 선에서 교외별전이라고 합니까? 왜 불립문자, 교외별전이라고 하느냐? 방편의 말인 줄 모르고 말에 집착해서 사실처럼 여기니까 부처님 말씀이 완전히 엉터리가 되는 거예요. 그래서 불립문자(不立文字), '그러면 아예 말을 하지 말자'라고 했습니다. 교외별전(敎外別傳), 경전의 말씀밖에서 따로 전하자. 어떻게 전합니까? 이심전심(以心傳心), 말하지 말고 바로 마음에서 마음으로 바로 가리키자. 이심전심은 어떻게 합니까? 직지인심(直指人心), 마음을 바로 가리키자. '마음을 바로 가리켜 주면 여기서 마음을 딱 깨닫는다.' 견성성불(見性成佛). 그래서 선(禪)이 나온 거예요.

경전을 방편인 줄 모르고 사실처럼 떠받들고 믿고 그걸 그대로 하려고 하니까 그런 겁니다. 방편입니다. 불교만 그런 게 아니고 모든 종교 경전은 전부 방편이에요. 방편인 줄 모르고 사실처럼 여기면, 말이 안 되는 엉터리를 믿고 사람이 어리석어지는 겁니다. 어떤 종교에서는 6천 년 전에 인간을 창조했다고 하는데, 우리가 알고 있는 사실과 다르잖아요. 우리나라에서도 약 1만 년 전의 구석기 석기가 나오고 있어요. 그런데 6천 년 전에 사람을 만들었다면 말이 됩니까? 그것을 그대로 믿는다면 바보죠. 다 방편의 말입니다. 진실을 말하는 게 아니에요. 종교의 말씀이 방편인 줄 모르면 종교가 완전히 엉터리가 됩니다. 엉망진창이 되어 버려요. 다 방편의 말이고, 그 말을 듣고 진실을 깨달으라는 겁니다. 깨닫고 나서 지혜가 생기면 안목이 생기니까 방편을 저절로 알 수 있어요.

《반야심경》만 하더라도 '눈도 없고 코도 없고' 그런 말 나오잖아요. 불상 보세요. 눈 없고 코가 없습니까? 다 방편의 말이라고요. 어찌 그걸 진실이라고 그대로 믿을 수가 있습니까? 방편의 말이죠. 그 말이 가리키고자 하는 지혜가 있습니다. 손가락이 가리키는 달이 있듯이 경전의 말씀이 가리키고 있는 지혜가 있단 말이에요. 그 지혜를, 진실을 봐야지, 말을 따라가면 안 됩니다. 그런 얘기입니다.

이름이 장엄이다… 이름이 보살이고, 이름이 불국토고, 이름이 세존이고, 이름이 여래고, 전부 그렇다는 말입니다. 전부 헛된 이름일 뿐이고 헛되지만, 방편으로 이것을 가리키고자 하는 것이지, 어떤 이름이 있는 게 아닙니다. 이것은 이름을 붙일 수 있는 게 아니고, 실제 체험을 하고 깨달아야 하는 겁니다.

예전에 기독교 목사님과 한 번 대화한 적이 있는데, 일반적인 대화는 어느 정도 통하는데 이 점에서 딱 말이 막혔어요. 안 통해요. 성경에 나오는 하나님 말씀이 다 방편이라고 말하니까, 그렇지 않고 진리다, 한마디 말도 의심할 수 없는 진리다, 라고 해요. 거기서 딱 막혀 버려요. 더 이상 대화가 안 돼요. 그러면 문제가 있는 겁니다. 종교를 잘못 알고 있는 거예요. 방편입니다. 왜냐? 모든 사람이 진리를 깨달았다면 깨달음은 동일한 겁니다. 사람이 다 똑같으니까 동일한 것이고, 단지 이것을 표현하는 방식들이 조금 다르겠죠. 그런데 이것을 모르면 제대로 된 종교라고 할 수도 없습니다. 모든 종교의 말씀이라는 것은 다 방편입니다. 한마디도 진실한 건 없습니다. 자기가 진실을 깨달아 봐야 해요. 그래야 헛된 말에 안 속습니다.

아닙니다, 세존이시여. 왜 그런가 하면, 불국토를 장엄한다는 것은 곧 장엄하는 것이 아니라 이름이 장엄이기 때문입니다.

말로는 무슨 말을 못 해요 다 할 수 있죠. 진실은 그렇게 말할 수 있는 게 아무것도 없습니다. 《달마혈맥론》에도 그런 말이 있죠. 달마가 처음에 그런 말 하잖아요. 도에는 말이 없지만, 말을 안 하면 도를 드러낼 수 없고 공부를 할 수 없으니 어쩔 수 없이 말을 한다… 말이란 게 다 방편이란 말이에요. 도에 무슨 말이 있습니까? 깨달음에는 말이라는 게 있을 수가 없어요.

　종교가 다른 것 같지만 다르지 않습니다. 참된 깨달음이 없고 말만 따라가니까 '너희 종교, 나의 종교는 다르다'라고 하는 것이고, 방편을 모르고 참된 깨달음이 없으니 '너희 종교는 그렇고 우리 종교는 이렇고' 헛소리를 하는 겁니다. 모든 종교가 똑같습니다. 왜? 똑같은 사람이 하는 거예요. 사람이 다른 사람이 있을 수가 없어요. 사람이 하는 것이고 사람이 깨달은 진실입니다. 이 세계의 진실이고 우리 삶의 진실이죠. 다를 수가 없습니다.

　그래서 깨달음을 얻고 지혜가 생겨서 보면, 철학이든 종교든 심오한 초월적인 얘기를 하는 것 전부, 인도, 서양, 동양, 티베트, 고금을 막론하고 다를 게 없습니다. 똑같습니다. 말이 방편이 다른 거죠. 내용을 보면 결국 이 얘기를 하고 있는 것이지 다른 얘기는 없습니다. 이 진실을 깨닫고 방편을 보는 안목이 있어야 합니다. 그러지 않으면 말에 속습니다. 경전에 속아요. 부처님 말씀에 속습니다.

　아닙니다, 세존이시여. 왜 그런가 하면 불국토를 장엄한다는 것은⋯ 꾸민다는 것은 실제 꾸미는 것이 아니라 이름이, 말이 꾸민다는 것이기 때문입니다⋯ 말이 그렇지 실제로 꾸미는 건 아니고, 실제는 어떻게 할 수 있는 게 아닙니다. 항상 늘 그대로입니다. 모든 말은 다 방편이고, 방편으로는 온갖 얘기를 다 하지만, 진실은 이것이죠. 어떻게 할 수가 없어요. 손댈 수 있는 게 아닙니다. 이것은 자기 방 꾸미듯이 새로 손대고 그렇게 되는 게 아닙니다. 방을 보더라도 그렇잖아요. 방을 꾸미고 새로

벽지도 바르고 인테리어도 하고, 몇 년 살다가 보면 보기 싫어서 새로 꾸미잖아요. 그런 모습들은 계속 꾸며서 바꿀 수 있습니다. 그런데 방의 본질은 뭐예요? 방의 본질은 허공이잖아요. 허공이 있어야 내가 거기 들어가서 잠도 자고 춤도 추고 밥도 먹고 할 거 아닙니까? 허공이 바뀝니까? 아무리 인테리어를 하고 꾸며도 그건 그대로예요. 똑같다는 말입니다. 생각으로는 무슨 생각이든 할 수 있고 무슨 말이든지 할 수 있어요. 그러나 본래 마음 자체는 텅 빈 방처럼 맨날 그대로예요. 이것은 달라질 수 없다는 말이에요. 이것은 항상 이대로니까 여여하다, 일여하다, 진짜다, 이런 소리를 하는 거거든요. (법상을 톡톡 두드리며) 이것은 항상 손댈 수 없습니다. 방을 꾸밀 때 벽지 뜯어내고 가구 바꾸는 것은 사물에 손대는 거지, 허공에 손대는 건 아니에요. 허공은 손댈 수 있는 게 아닌데 어떻게 손을 댑니까?

그런 것처럼 의식은 손을 대고, 색수상행식은 손을 대고 바꿀 수 있어요. '색(色)'은 몸이니까 바꿀 수 있습니다. '수(受)' 느낌, 바꿀 수 있습니다. 기분 전환을 하잖아요. '상(想)' 생각, 바꿀 수 있습니다. '다시 생각해 봐. 네 생각 좀 바꿔'라고 하잖아요. 바꿀 수 있거든요. 그다음 '행(行)'은 내 의지인데, 이렇게 해 볼까 저렇게 해 볼까, 바꿀 수 있어요. '식(識)' 의식, 바꿀 수 있습니다. 다 바꿀 수 있어요. 그런데 '공(空)' 그건 손댈 수 없어요. 못 바꿔요. 불생불멸(不生不滅), 불구부정(不垢不淨), 부증불감(不增不減). 늘릴 수도 없고 줄일 수도 없고, 더럽힐 수도 없고 깨끗하게 만들 수도 없습니다. 못 바꾼다는 겁니다. 손댈 수 없다는 말이에요. 그러니까 우리가 생각하고 말하는 건 얼마든지 바꿀 수 있지만, 본래면목은 손을 못 대고 꾸밀 수 없다는 말이에요. 이것은 꾸밀 수가 없고, 손댈 수가 없습니다.

　불국토를 장식한다는 것은 곧 장식하는 게 아니라 말이 그렇다… 이름이 장식한다는 거다, 말이 그렇다… 말은 바로 생각이죠. 생각 없이 나오는 말은 없습니다. 생각하니까 말이 나오지, 생각 없이 하는 말이 어디 있습니까?
　'너 왜 생각 없이 말해?' 하는데, 사실은 다 생각해 놓고 말한 거죠. 생각 없이 나오는 말은 없습니다. 생각 없이 나오는 말이 있다면 뭡니까? 갑자기 뒤에서 주먹으로 등을 쾅 때려서 자기도 모르게 '아야!' 했다면, 그것은 말이 아니고 비명이죠. 생각 없이 나온 거고, 나머지는 전부 생각해서 하는 말입니다. 말은 바로 생각이에요. 생각은 할 수 있지만, 아무리 온갖 생각을 바꾸고 이리저리 생각하더라도 생각 아닌 이것은 어떻게 할 수 없어요.
　이것은 항상 그대로입니다. 이것은 변하지 않는다는 말입니다. 몸이 바뀌고, 느낌이 바뀌고, 생각이 바뀌고, 보고 듣는 게 바뀌고 다 바뀌더라도 이것은 바뀌지 않습니다. 이름이 그렇다는 건 생각이 그렇다는 말이죠. 그런 건 다 바꿀 수 있어요. 그런데 이것은 어떻게 손댈 수 있는 게 아니고, 이것은 변하지 않는 것입니다. 아무리 생각이 바뀌어도 이것은 바뀌지 않습니다. 거울도 그렇잖아요. 거울 앞에서 한 바퀴 돌아보세요. 그러면 비치는 모양이 다 바뀌죠. 그런데 텅 빈 거울이 바뀝니까? 그것은 어떻게 할 수가 없어요. 안 바뀝니다. 생각, 의식, 보고 듣고 느끼는 건 다 바뀌어요. 어차피 바뀌는 거예요. 신경 쓸 필요가 없어요. 텅 빈 거울처럼 원래 안 바뀌는 본래 마음, 이것을 깨달아야 한단 말이에요. 그래서 공(空)을 깨달아야 한다고 하는 겁니다. 이것을 깨달아야 하는 거예요. 바뀌는 걸 신경 쓰지 말고, (법상을 톡톡 두드리며) 바꿀 수 없는 이놈을 깨달아야 해요.

진여자성의 진여라는 말이 그렇잖아요. '진(眞)'은 진짜배기란 말이고, '여(如)'는 여여하다, 안 바뀐다는 말이거든요. 진짜배기는 안 바뀌는 것이라는 말입니다. 그게 진여라는 말이거든요. 진여자성이 바로 이것입니다. 여기에 안 바뀌는 게 있습니다. 바뀔 수 없는 게 하나 있어요. 이것이 본래면목이란 말이죠. 이것을 깨달으라는 겁니다. 이거예요. 이것 하나. 어디 있느냐? 바로 이렇게 있습니다. 항상 모든 곳에 이렇게 있어요. 다 갖춰져 있어요. 허공과 같다고 하는데, 허공이 온 우주에 다 있잖아요. 이것도 온 우주에 다 있습니다. 다 이렇게 있어요. 다 갖춰져 있어요. 모든 곳에 이렇게 항상 갖춰져 있고, 드러나 있어요. (법상을 톡톡 두드리며) 이 일 하나. (손을 세우며) 바로 이겁니다. 이렇게 드러나 있고 갖춰져 있는 겁니다. 이것을 깨달으라는 말이에요.

수보리야, 어떻게 생각하느냐? 보살이 불국토를… 불국토. 청정 불국토, 정토, 그래서 장엄 정토라고 한 거거든요. '정토를 장엄할 수 있느냐?' '불국토, 청정 불국토, 우리 본래면목, 공을 장식할 수 있느냐?'라고 물으니까, 말은 장식한다고 해요. 말로는 공을 장식한다, 불국토를 장식한다고 하지만, 실제 그렇게 되는 게 아니고 말만 그렇다는 말이에요. 말은 헛된 거라는 말입니다. 말을 따라다니면 안 돼요. 말은 헛된 거예요. 우리가 거짓말 얼마나 잘합니까? 말은 헛된 거예요. 얼마든지 말을 바꿀 수 있잖아요. 말을 따라다니면 안 됩니다.

알 수 없는 것, 말할 수 없는 진실, 이것을 깨달아야 합니다. 이것이 한 번 와닿아야 해요. 이것을 깨달아야 해요. 이것을 공이다, 진여자성이다, 방편으로 이름 붙이는 거거든요. 이것을 깨달아야 합니다. 이것은 어떻게 할 수가 없어요. 깨닫고 나서 보면 어떻게 손댈 수가 없습니다. 원래 이런 거예요. 원래 깨끗한 거예요. 원래 청정 불국토고 서방극락정토이고 원래 이런 거란 말이죠. 그래서 본래부터 깨달아 있다고 하는 것이고, 원래 이런 건데, 착각하고 망상을 하니깐 그런 것만 안 하면 돼요. 헛된 망상, 헛된 착각, 그게 항상 문제란 달이죠. 의식을 가지고 생각으로 '이런 건가? 저런 건가?' 하는 것이 헛된 착각, 헛된 망상입니다. 그것으로부터 자유로워지고 말려 들어가지 않으면, 원래 아무 일이 없습니다. 아무 문제가 없어요. (법상을 톡톡 두드리며) 이 일 하나. 원래 이런 거예요. 원래 아무 문제가 없고 아무 일이 없어요. 본래 생로병사가 없고 해탈 열반도 없어요.

《반야심경》에 분명히 나오죠. '무(無)생로병사' 그다음에 뭐라고 돼 있습니까? '무생로병사진(盡)'이라고 되어 있잖아요. 원래 생로병사도 없고, '생로병사진'이라는 것은 생로병사가 끝나고 해탈했다는 말이거든요. 생로병사로부터 해탈도 없다, 원래 그런 게 없다는 말이에요.

생로병사 윤회를 하니까 네가 생로병사에서 해탈해야 한다… 무슨 말입니까? 방편의 말이에요. 원래 그런 게 있는 게 아니고, 깨닫지 못한 사람을 깨달음으로 이끌기 위한 방편의 말인 겁니다. 원래 그런 게 없어요. 여기 통달이 돼서 진실이 딱 드러나면, 원래 아무것도 없습니다. 아무 일도 없고, 번뇌도 없고, 해탈도 없어요. 부처도 없고, 중생도 없고, 깨달음도 없고, 미혹함도 없습니다. 본래 아무 일이 없고, 아무 문제가 없습니다. 이것을 걸림 없는 대자유라고 얘기하는 데, (법상을 톡톡 두드리며) 한 번 체험을 하고 실감해 보셔야 해요. 그러지 않으면 알 수가 없습니다.

　체험을 하고 실감해 보셔야 합니다. 체험하고 바로 되는 건 아니고, 상당한 기간 공부해서 안목이 밝아져야 합니다. 지혜가 밝아져야 하죠. 그러면 원래 아무 뭐가 없구나, 하는 게 확실하게 와닿죠. (법상을 톡톡 두드리며) 이 일 하나. 원래 아무 일이 없습니다. 이것이 한 번, 바로 지금 이것이거든요. 여기서 한 번 체험이 돼야 하고, 그러면 어떻게 할 수가 없어요. 어떻게 하려고 하면 바로 안 맞는구나, 하는 걸 알 수가 있어요.

　어떻게 할 수가 없어요. 원래 아무 일이 없고 아무 문제가 없어요. 마치 밑에 진흙이 가라앉아 있는 깨끗한 물인데, 어떻게 하려고 물에 손을 넣어서 휙 휘저으면 깨끗한 물이 오히려 더러워지는 것과 같습니다. 더러워졌다고 해서 깨끗하게 하려고 손을 휘저으면 더 더러워져요. 가만히 놓아두면 저절로 싹 가라앉아 깨끗해집니다. 공부는 노력하고 애쓰고 수행하고 이렇게 하는 게 아닙니다.

　(법상을 톡 두드리며) 망상이 쉬어지고, 뭘 하고자 하는 마음이 쉬어지고, 법문을 듣다 보면 저절로 쉬어져요. 생각도 쉬어지고, 뭘 하고자 하는 욕심, 알고 싶어 하는 마음도 쉬어지고, 그러다 보면 모든 게 다 쉬어져요. 원래 아무것도 없다는 사실이 탁 실감이 되거든요.

　법문을 6개월이고 1년이고 들어 보면 뭔가 쉬어졌다는 느낌이 있을 겁니다. 이전과 다르게 자꾸 쉬어지다 보면 나중에 탁 이렇게 실감이 된단 말이죠. 쉬는 겁니다. 망상이 쉬는 거예요. 딴 것 없어요. 공부는 망상이 저절로 쉬어지는 거예요. 억지로 쉴 수는 없습니다. 진흙탕물 얘기했잖아요. 억지로 깨끗하게 하려고 손을 넣으면 오히려 더 더러워져요. 가만히 놓아두면 저절로 쉬어집니다. 가만히 놓아두면 저절로 깨끗해져요.

〈마하무드라의 노래〉를 지은 틸로빠의 6가지 조언이 있는데, 이것이 공부의 전부라고 얘기했어요. '과거를 기억하지 마라. 미래를 상상하지 마라. 현재를 생각하지 마라. 머리로 헤아리려 하지 마라. 통제하려고 하지 마라.' 마지막 여섯째는 '그냥 쉬어라.' 그것이 다라고 했습니다. 자꾸 뭘 하려고 하지 마세요. 법문을 듣고 마음이 쉬어지면 저절로 깨달을 날이 있습니다.

이 일 하나. (법상을 톡톡 두드리며) 여기서 한 번 (법상을 톡 두드리며) 저절로 이 소식이 탁 오는 날이 있어요. (법상을 톡톡 두드리며) 이것이 여기서.

그러므로 수보리야, 모든 보살마하살은 마땅히 이렇게 깨끗한 마음을 내야 한다. 색깔에 머물지 않고 마음을 내야 하며, 소리, 냄새, 맛, 촉감, 생각에 머물지 않고 마음을 내야 한다. 마땅히 머묾 없이 그 마음을 내야 하는 것이다. 수보리야, 비유하면 어떤 사람의 몸이 수미산만 하다면 어떻게 생각하느냐, 그 몸이 크냐?
수보리가 말했다.
매우 큽니다, 세존이시여. 왜 그런가 하면 부처님께서 말씀하시길 몸이 아니라 이름이 큰 몸이라고 하셨기 때문입니다.

그러므로 수보리야, 모든 보살마하살은 마땅히 이렇게 깨끗한 마음을 내야 한다… 깨끗한 마음을 낸다… 밑을 보면, 뭔가 깨끗한 마음을 내야 하는구나, 라고 이해할지 모르겠는데, 그런 뜻은 아닙니다. 일부러 할 수 있는 일이 아니에요. 일부러 할 수 있는 게 아니고 한 번 여기에 통하는 체험을 하고 이 법에 어느 정도 충분히 익숙해지면 이 말의 뜻을 알 수 있어요. 공부가 제대로 되면 이렇게 돼야 하는 것이다, 이런 뜻이에요. 그렇게 해라, 이런 뜻은 아닙니다. 일부러 이렇게 하자, 마음을 내자, 한다면 이미 그것은 망상입니다. 일부러 뭘 해서는 안 돼요. 일부러 한다는 것은 불교에서는 유위법이라고 하는데, 그것은 이미 망상이에요. 일부러 하는 게 아니고, (법상을 톡톡 두드리며) 여기에 한 번 통달이 되면, 처음에는 잘 모르고 망상이 습관이 되어 있기 때문에 상당한 시간 동안 익숙해져야 합니다. 익숙해지고 여법해져야 이런 말들을 알 수 있어요.

깨끗한 마음이라는 건 지금까지 살면서 볼 거 다 보고, 들을 거 다 듣고, 느낄 거 다 느끼고, 생각할 거 다 생각하고, 말할 거 다 말하고, 행할 거 다 행하는데도 원래 그런 게 없는 겁니다. 원래 그런 게 전혀 없는 거예요. 처음부터 아무것도 없는 거예요. 할 것을 다 하는데, 애초부터 아무것도 없는 것이 본래 모습인 거예요. 이것은 당연히 겪어 봐야 아는 거고, 겪어 보기 전에는 '그런가?' 하고 말만 이해가 될 텐데, 항상 거울에 비유하죠.

거울이 하루 종일 온갖 걸 다 비추는데, 애초부터 거울에는 아무것도 없는 겁니다. 그래서 거울 비유를 하는 거거든요. 그런 비유를 하듯이 (법상을 톡 두드리며) 여기에 툭 통해서 이 자리에 통해 있으면 희한하게도 그래요. 늘 있는 일이 항상 그대로 있고, 해야 할 일을 해야 합니다. 아침에 일어나면 세수도 해야 하고, 밥도 먹어야 하고, 옷도 입어야 하고,

일하러도 가야 하고, 할 거 다 해야 해요. 사람들과 대화도 해야 하고, 생각할 것도 있고 다 하는데, 항상 아무것도 없어요. 원래부터 처음부터 아무것도 없는 거예요. 없어서 없는 게 아닙니다. 있는데 없는 거예요. 이것이 법계의 실상입니다. 이것이 밝혀지는 것을 깨달음이라고 하는 겁니다. 있는 걸 없애라는 게 아니에요. 뭘 어떻게 하라는 게 아니라는 말입니다. 법계의 실상이, 말하자면 우리가 살고 있는 이 세계의 실상이 원래 이런 거라는 말이에요.

이런 체험을 한 번 하고, 여기에 충분히 익숙해져서 공부가 제대로 여법해지면, 법계의 실상이 밝혀지는 겁니다. 그러면 세상이라는 게 항상 있는 일이, 온갖 일이 다 있죠. 그런데 원래 애초부터 아무것도 없는 겁니다. 불교를 처음에 배우면, 생로병사 윤회하는 게 중생이고, 생로병사 윤회에서 해탈해서 벗어나는 게 부처라는 얘기를 들으면, 처음에는 어떻게 생각하느냐? 내가 불교 공부를 잘해서 깨달으면 죽어서 다시는 안 태어나고, 깨달음의 세계라는 게 따로 있어서 그리 가는구나… 누구든지 처음엔 그렇게 생각해요. 그렇게 생각할 수밖에 없죠. 윤회를 하는 게 중생이고 윤회에서 벗어나는 게 부처라는 식으로 말을 해 놓았으니까요. 그런데 실제로 체험하고 깨달아서 해탈해 보면 실상은 어떤 거냐? 그냥 그대로 살고 있는데, 아무것도 없어요. 원래부터 사는 게 사는 게 아니고 죽는 게 죽는 게 아닌 겁니다. 그래서 그런 말을 하는 거예요. 생사 즉 열반이다, 생로병사가 곧 생로병사가 없는 것이다… 이것이 실상인 겁니다.

물론 실상이라는 건 말로는 알 수가 없고, 자기가 공부가 충분히 돼서 실상을 보는 안목이 생길 때가 있습니다. 그래야 법계의 실상이 원래 이렇구나, 하는 게 확실해져서 엉뚱한 짓을 안 해요. 안 그러면, 내가 생로병사 속에 있는데 이 생로병사를 벗어나려면 뭘 어떻게 해야 하는가, 하고 자꾸 뭘 하려고 하거든요. 할 게 없습니다. 그냥 깨닫기만 하면 됩니다. 진실을 깨닫기만 하면 원래 생로병사가 없는 거예요. 이것이 실상인 겁니다.

그런데 내가 생로병사를 벗어나려면 복을 지어야 하나, 계율을 잘 지켜야 하나? 엉뚱한 짓을 하려고 하는 거예요. 안목이 없으니까 그런 짓을 하는 겁니다. 아무것도 할 게 없습니다. 진실을 깨닫기만 하면 원래 생로병사도 없고 생로병사에서 벗어나는 일도 없다고 《반야심경》에 분명히 나와 있죠. '무생로병사 무생로병사진'이라고 했잖아요. 생로병사도 없고, 생로병사가 없어지는 것도 없다… 이것이 법계의 실상이거든요.

한 번 분별에서 벗어나서 이런 체험을 해 봐야 해요. 지혜가 없으면 어리석어서 헛된 짓을 할 수밖에 없어요. 그래서 복을 많이 지어야 한다느니, 선업을 쌓아야 한다느니, 어쩌고저쩌고 자꾸 엉뚱한 짓을 하는 겁니다. 그런 문제가 아니에요. 그게 아니고 법계의 실상을 제대로 깨달으면 원래 부처도 없고, 중생도 없고, 어리석음도 없고, 지혜도 없고, 말하자면 삶과 죽음 속에 있으면서도 삶과 죽음이 없는 겁니다. 《금강경》에서 다 그 얘기를 하고 있는 거예요.

수보리야, 모든 보살마하살은 마땅히 이렇게 깨끗한 마음을 내야 한다.

깨끗한 마음이라는 게 뭐냐면, 어리석은 망상에 물들지 않은 깨끗한 마음, 거울과 같이 깨끗한, 거울은 세상 있는 그대로 다 비춰 주지만 항상 텅텅 비어 있거든요. 아무것도 없지만 세상을 있는 그대로 다 비춰요. 그것이 깨끗한 거울이죠. 더러운 거울은 어떻습니까? 있는 그대로 비출 수가 없습니다. 깨끗해야 있는 그대로 다 비추어져요. 마음속에 온갖 망상이 있으면 진실을 그대로 볼 수가 없어요. 깨끗한 마음이어야 있는 그대로의 실상을 본다고 하는 거죠. 이것을 지혜라고 하는 겁니다.

모든 보살마하살은 마땅히 이렇게 깨끗한 마음을 내야 한다… 어떤 것이 깨끗한 마음이냐? 그런데 마음을 내야 한다는데, 마음을 내는 게 아니라 마음은 항상 나오고 있습니다. 마음은 이렇게 살아 있기 때문에 끝없이 솟아나는 샘처럼 끊임없이 이렇게 나오고 있어요. 일부러 낼 필요가 없습니다. 내가 마음을 내야지, 그럴 필요가 없어요. 항상 살아 있는 사람에게는 저절로 본래부터 다 나와요. 일부러 낼 필요는 없어요. 일부러 낸다는 것은 조작하는 거고 유위법이 돼서 세속법이지 불법은 아닙니다. 세속에서도 그런 얘기를 하지만, '마음을 내야 한다'는 말은 뭡니까? 애써 일부러 노력해야 한다는 말이잖아요. 일부러 그렇게 하는 건 세속법이고, 불법은 일부러 할 게 없어요. 불법은 무위법이라고 하죠. 일부러 할 게 없다, 저절로 된다는 말입니다. 본래 저절로 마음은 항상 나오고 있고 살아 있습니다. 그러니 일부러 낼 필요도 없고, 일부러 살릴 필요도 없어요. 그러니까 말 표현에 속아서는 안 된다는 겁니다. 안목이 없으면 말에 속습니다.

색깔에 머물지 않고 마음을 내야 하고, 소리, 냄새, 맛, 촉감, 생각에 머물지 않고 마음을 내야 한다.

육경이라 하기도 하고 육식이라고도 하는데, 세상을 경험하는 방식을 6가지로 분류한 겁니다. 눈으로 보는 것을 색깔, 귀로 듣는 것을 소리, 코로 냄새 맡는 것을 냄새, 혀로 보는 것을 맛, 몸으로 느끼는 것을 촉감, 의식으로 생각하는 것을 생각이라고 하거든요. 이 세상을 경험하는 것을 분류하면 통로가 6가지니까 육근(六根), 6가지 뿌리라고 합니다. 이 세상을 경험하는 6개 뿌리라는 말이에요.

눈으로 보거나 귀로 듣거나 코로 맡거나 혀로 맛보거나 몸으로 느끼거나 의식으로 느끼거나 생각하거나… 느낌도 몸으로 느끼는 게 있고, 의식으로 느끼는 것도 있습니다. 몸으로 느끼는 건 춥다, 덥다, 가렵다, 이런 걸 몸으로 느끼는 거지만, 기분이 좋다는 건 의식이죠. 생각과 결부되어 있습니다. 의식으로 느끼는 것은 음악을 듣고 어떤 느낌이 일어날 수도 있고, 소리 자체는 느낌이 아니고 귀에서 있지만 의식에서 느낌이 생길 수 있으니까 그런 것들이 있다고 여기는 것들이거든요. 거기에 매여 산다는 거예요. 그것이 중생이란 말이에요. 거기에 머물지 말라는 말은 뭡니까? 거기에 매이지 말라는 말입니다. 거기에 물들지 말고… 머문다는 말은 매인다, 물든다, 이렇게도 말할 수 있겠죠.

이 말만 보면 색깔에 머물지 않고 마음을 내라고 하니까, 뭘 보더라도 그것만 쳐다보고 있으면 안 되고 자꾸 옮겨가야 하겠구나, 라고 생각할 수 있어요. 말만 보면 그렇게 되잖아요. 그런 뜻은 아닙니다. 한 번 이 체험을 하면, 눈으로 뭘 보는데 보지 않는 겁니다. 말을 하자면 이렇게밖에 얘기할 수가 없어요. 색깔을 보는데 색깔이 없어요. 소리를 듣는데 소리가 없어요. 이렇게밖에는 말할 수가 없어요. 왜? 체험하면 저절로 그렇게 되거든요. 이것은 불가사의인 겁니다. 경험해 본 사람만이 아는 말이에요. 그렇게 하라는 게 아니라 그렇게 돼야 한다는 겁니다. 체험한 뒤에 경전을 읽어야 바로 읽히지, 체험하기 전에 읽으면 완전히 엉터리로 보는 거예요.

색깔을 보는데 그것만 쳐다보고 있으면 안 되고 자꾸 딴 걸 봐야 하는구나, 이런 식으로 이해하게 되는 겁니다. 말만 따라가면 그런 뜻으로 이해되니까, 불교 공부는 항상 깨달음이 먼저입니다. 체험을 한 뒤에 경전이든 부처님 말씀이든 조사의 말씀이든 봐야 이해가 되고 납득이 되지, 그전에는 봐도 아무 소용이 없어요. 지멋대로 이해해 버리는데 무슨 소용이 있겠습니까? 전부 엉터리가 되는 거죠. 이것은 그냥 체험을 다양하게 얘기하고 있는 겁니다.

체험을 해 보면 아무것도 없거든요. 뭘 해도 거울에 지나가는 것처럼 남는 게 아무것도 없어요. 아무것도 없어요. 매이는 게 아무것도 없어요. 항상 밝게 깨어 있긴 하지만, 아무것도 없어요. 그러니까 머물지 않고 마음은 항상 나오고 있다, 살아 있다, 라고 말할 수 있는 거죠. 어디에도 머물지 않고, 어디에도 물들지 않고, 어디에도 사로잡히지 않고 마음이 항상 나오고 있다… 이 말은 살아 있다는 말이죠.

《금강경》에서 가장 유명한 구절 중 하나가 이거잖아요. 응무소주 이생기심. '머물지 말고 그 마음을 내야 한다' 하는데, 그렇게 하라는 게 아닙니다. 체험을 해 보면 저절로 그렇게 된다는 겁니다. 그렇게 되는 것이 올바른 체험이라는 말이에요. 그것은 체험해 보면 알 수 있습니다. 저절로 뭐라고 할 게 아무것도 없으니까 나라고 할 게 없어요. 주관이라고 할 게, 객관이라고 할 게 없고, 아무 뭐라고 할 게 없습니다. 세상일이 늘 있는데도 아무것도 없는 것 같거든요. 세상 온갖 일이, 늘 일어나는 일이 일어나고, 내일 아침에도 해가 뜰 것이라고 알아요. 그런데 아무것도 없는 것 같아요. 이것은 겪어 봐야 아는 일이지 불가사의한 겁니다. 설명할 수도 없고, 무슨 이치가 있는 것도 아니고, 세상일이, 항상 온갖 일이 있고 거기에 맞추어 해야 할 일을 다 합니다. 밥도 먹고, 물도 마시고, 숨도 쉬고, 다 해요. 그런데 아무것도 없어요. 텅텅 빈 게 아무것도 없는 것 같거든요. 직접 경험해 보지 않으면 절대 알 수 없는 거라는 얘기입니다.

깨끗한 마음이라는 게 그런 뜻이고, 색깔에 머물지 않고 마음을 내야 한다는 것은 저절로 이렇게 되는 겁니다. 색깔에도 물들지 않고 사로잡혀 있지 않고, 소리 냄새, 맛, 촉감, 생각에 사로잡혀 있지 않아요. 그런 게 나타나는데 없는 것과 같다는 말입니다.

마땅히 머묾 없이 그 마음을 내야 하는 것이다.

유명한 구절이죠. 응무소주 이생기심. 저절로 이렇게 됩니다. 마땅히 그렇게 하라는 게 아니라 저절로 이렇게 돼요. 여기에 통하기만 하면 그렇게 되니까 여기에 통하는 게 본질입니다. 이렇게 하라는 게 본질이 아니에요. 여기에 통하는 것이 본질입니다. 그러면 저절로 돼요.

소승의 수행 지침서를 보면 단계를 얘기하거든요. 선정의 단계를 얘기하고, 단계마다 어떤 현상이 어떻게 된다는 게 나와 있어요. 삼계라고 하는 건데 선정이 욕계, 색계, 무색계 등 세 가지 종류로 자꾸 수준이 높아진다고 합니다. 욕계, 색계, 무색계까지는 깨달음이 아니고, 무색계 뒤에 멸진정으로 가면 깨달음이라고 하거든요. 그것만 보고 그대로 닦아 나가려면 단계가 스물네 가지인가 스물여덟 가지인가 아주 많습니다. 평생 그걸 언제 합니까? 그것을 보면 불교 공부할 마음이 싹 없어집니다. 그런데 이 체험을 딱 하고 어느 정도 시간이 지나서 한번 보세요. 거기에 써 놓은 게 저절로 다 됩니다. 한 번의 체험을 하고 시간이 쭉 지나 보면, 거기에 쓰여 있는 게 다 성취되어 있다는 걸 알 수 있어요. 공부는 이렇게 하는 겁니다. 그렇게 하나씩 밟아 올라가는 게 아니에요.

《화엄경》의 '보살 수행 단계 52위'라는 것도 똑같습니다. 하나하나 밟아 가는 게 아니에요. 체험을 하고 어느 정도 시간이 지나서 그걸 보면, 이미 자기가 다 경험한 일들이고 이미 겪고 있는 일들입니다. 그래서 공부는 단박에 한 번 망상에서 벗어나는 이 체험 하나, 이것이 본질입니다. 이것 하나뿐이에요. 복잡하게 단계를 밟아서 가는 게 아닙니다. 그러니까 누구든지 깨달을 수 있고, 불교 공부는 쉬운 거예요. 바른 길로만 갈 수 있으면 누구든지 할 수 있어요.

만약 52단계를 밟아서 하나하나 닦아 가야 한다면, 평생 아무것도 못 하고 그것만 해도 성취될지 안 될지도 모릅니다. 그러면 못합니다. 어떻게 그런 걸 합니까? 절대 그런 게 아니라는 말입니다. 그건 다 방편의 말이에요. 실제 체험을 하고 나서 금방은 잘 몰라도 수년이 지나면서 자기가 여기에 익숙해지면, 적어도 한 10년 정도 해 보고 읽어 보면 이미 자기가 겪고 있는 일입니다. 다 납득이 되는 그런 내용들이에요. 다 저절로 되는 겁니다. 공부는 이 체험을 (법상을 톡톡 두드리며) 한 번 제대로 하고, 그다음에 익숙해지는 겁니다. 불교 공부의 시작은 이 체험, (법상을 톡 두드리며) 분별망상에서 벗어나는 깨어남의 체험, 깨달음의 체험이고, 이 체험이 시작입니다. 이게 끝이 아니고 그다음 계속 공부를 잘해야 합니다.

왜 잘해야 하느냐면, 분별망상을 벗어나서 '아무것도 없네' 이런 체험을 하고, 쑥 내려와서 이상하게 세상일이 남의 일처럼 보이고, 자기 마음이라는 게 없는 것 같고, 그런 느낌을 받아도 아직은 너무 힘이 없어요. 말하자면 주도적이지 못해요. 여전히 뭐가 주도하느냐? 분별, 의식, 생각이 힘이 있어서 그놈이 자꾸 주도하게 됩니다. 그 주도권이 바뀌어야 하고, 망상의 주도권이 본래면목으로 넘어가야 해요. 그 시간이 많이 걸려요. 그것이 실제 불교 공부죠.

딴 거 없어요. (법상을 톡톡 두드리며) 이겁니다. 한 번 이 체험이 시작입니다. 입학을 해야 학년이 올라갈 거 아닙니까? 입학을 해야 하는 겁니다. 이 체험을 해야 해요. 이것 하나입니다. 생각을 해서는 안 됩니다. 이 일 하나가 있어요. (법상을 톡톡 두드리며) 자기가 오로지 여기에 관심을 가지고 귀를 기울이면 저절로 됩니다. 불법은 언제나 무위법이에요. 관심을 가지고 진지하게 귀를 기울이면 저절로 됩니다. 저절로 이렇게 공부가 되는 겁니다. 일부러 할 일은 없습니다. 일부러 하려고 하면 벌써 '내가 조작하는 건데' 하고 알아차리는 감각은 있어야 합니다.

저도 예전에 불교 공부 시작할 때 처음에는 교리를 했지만, 나중에는 교리를 때려치우고 선(禪) 공부를 시작할 때 뭔가를 수행해 보려고 시도했어요. 그런데 그때마다 금방 어떤 생각이 올라오느냐면, '이건 내가 일부러 조작하는 건데, 그럼 내가 본래 타고난 내 본래면목이라고 할 수 없잖아.' 그 생각이 항상 일어나기 때문에 아무것도 할 수 없었습니다. 아무것도 할 수 없으니까 결국에는 법문에 귀를 기울이는 것 외에는 아무것도 할 수 있는 게 없어요. 법문에 귀를 기울인다 해도 할 수 있는 게 그냥 앉아서 듣고 있는 거지, 아무것도 할 수 있는 게 없습니다. 뭘 하려고 하면 '내가 일부러 조작하는 건데, 그럼 타고난 본래면목이 아니잖아' 이 생각이 탁탁 일어나니까 아무것도 할 수 없었어요. 그런데 그게 정상인 거예요. 그것이 맞는 거거든요. 그러지 않고 자기가 계속 이렇게 해 보자 저렇게 해 보자 해서 일부러 뭘 한다면, 그건 100% 조작입니다. 깨달음의 길과는 관계없어요. (법상을 톡톡 두드리며) 자기 본래면목이 이렇게 나와야 합니다. 이것이 한 번 체험이 되고 나오는 겁니다. 힘들 건 전혀 없어요. 힘들 건 없는데, 할 수 있는 게 없으니까 멍청하게 앉아 있는 건데, 정말 나중에는 시체 같은 느낌이 들어요.

아무것도 못하니까, 아무것도 할 수 있는 게 없으니까 정말 살아 있는 사람이 아니라 시체 같은 느낌이 들 정도로 그렇습니다. 내가 뭘 할 수 있는 게 없다는 건 사람한테 좌절감을 줘요. 세속에서는 뭐든지 열심히 하면 된다는 게 있는데, 이것은 아무것도 할 수 있는 게 없으니까 '금강권, 율극봉'이라는 건데 꼼짝을 못 하는 거죠. 꼼짝을 못 하는 겁니다. 그런데 그 길밖에는 길이 없어요. 그러다가 저절로 이것이 한 번 와닿고 체험이 되면 저절로 된다는 것에 감이 생겨요. 감각이 생깁니다. 어떻게 하는 게 조작이고, 어떻게 하는 것이 저절로 되는 거라는 감각이 생기거든요. 그 감각으로 공부를 하는 거죠. 안목이라는 거죠. 그래서 무위법입니다. 무위법이지 일부러 할 건 아닙니다.

'머묾 없이 그 마음을 마땅히 내야 한다' 하니까 '그렇게 해야 하는가 보다' 이렇게 오해하면 안 됩니다. 그런 게 아니라 마땅히 그렇게 돼야 하는 것이지, 내가 그렇게 하라는 건 아닙니다. 자기가 스스로 일부러 하라는 건 아니에요. 마땅히 그렇게 돼야 한다는 뜻입니다. 마땅히 어디에도 머물거나 사로잡히거나 물들지 않고 그 마음이 살아 있어야 한다는 말입니다. 마음이 살아 있는데, 어디에도 머물거나 물들지 않고 사로잡히지 않고 살아 있다… 이것이 대자유입니다.

　유식에서 깨달음의 지혜를 '대원경지(大圓鏡智)'라고 하거든요. 대원경지가 뭐냐면, '대원경'이라는 것은 큰 거울이라는 뜻이에요. 크고 원만한 거울이라는 뜻이거든요. 원만하다는 건 온 세상을 비추지 않는 게 없다는 말입니다. '크고 원만한 거울의 지혜'라는 뜻이거든요. 거울과 같은 지혜다… 그게 무슨 뜻이에요? 거울은 뭘 비추더라도 자기가 비추는 것에 물들지 않습니다. 이것이 바로 대원경지의 뜻입니다. 이것이 '응무소주 이생기심'인 겁니다. 뭘 비추더라도 물들지 않는다는 게 뭐예요? 무슨 일을 하더라도, 어떻게 살아도, 뭘 보고 뭘 듣고 뭘 느끼고, 무슨 생각을 하고, 어떤 행동을 하면서 살아가더라도 항상 아무것도 없다는 말입니다. 물들지 않는다는 건 깨끗하다는 거거든요. 이것이 대원경지입니다. 이것이 바로 그 말이에요. 이것은 공부를 해서 저절로 성취되어야 하는 것이지, 그렇게 하라는 뜻으로 이해하면 됩니다. 말만 보면 안 되고, 경험을 해 보면 무슨 말인지 알 수 있어요.

　수보리야, 비유하면 어떤 사람의 몸이 수미산만 하다면 어떻게 생각하느냐, 그 몸이 크냐?
　수보리가 말했다.
　매우 큽니다, 세존이시여. 왜 그런가 하면 부처님께서 말씀하시길 몸이 아니라 이름이 큰 몸이라고 하셨기 때문입니다.

머물지 말고 그 마음을 내라는 말과 똑같은 말입니다. 하늘을 보는데 하늘을 '하늘이다' '푸른 하늘이다' 그렇게 분별할 뿐이라는 겁니다. 아무 것도 없어요. 푸른 하늘이 푸른 하늘이 아니라 이름이 푸른 하늘이다… 이 표현은 뭐냐면, 그냥 큰 몸이다, 몸이 크다는 건 그냥 말일 뿐이다… 이러면 지혜가 없으면 어떻게 이해되느냐면, '아니, 실제로 큰 몸이 있는데, 실제 있는 큰 몸을 무시하고 이름만 가지고 얘기하나?' 이렇게 되거든요. 그런 뜻이 아니고, 대원경지 보세요. 거울 속에 산이 하나 비추어져서 '아, 산이구나'라고 하면, 거울 속에 산이 있습니까? 그 말인 겁니다. 이름일 뿐이다, 모습으로 그렇게 나타나 있을 뿐이다, 라는 말입니다. 실제로는 없다는 것을 이름일 뿐이라고 표현한 거죠.

제가 항상 말씀드리잖아요. 무슨 일이든지 온갖 일이 다 있는데, 아무 일이 없어요. 그것을 이렇게 표현한 겁니다. 무슨 일이든지 다 했는데, 항상 아무것도 없어요. 그러면 결국 뭡니까? 우리는 보고 이름을 붙이니까 '이름일 뿐이다' 그렇게 얘기할 수 있죠. 이름일 뿐이라는 말은 뭡니까? '눈에 보일 뿐이다, 귀에 들릴 뿐이다.' 그렇게 얘기할 수도 있는 것이고, 법계의 실상이 이런 겁니다. 다 법계의 실상을 얘기하고 있는 거예요.

완벽하게 표현할 수 있는 표현 방식은 없으니까 오해의 여지가 있죠. 원래 경전의 말이나 조사의 말씀은 모르는 사람이 보면 오해하기 딱 좋게 해 놓았습니다. 그래서 지혜가 필요하다는 사실을 알려 주고 있는 거예요. 모르는 사람이 보면 딱 오해하기 좋게 해 놓았거든요. 모르는 사람이란 깨달음이 없는 사람이라는 말인데, 깨달음이 없는 사람이 보면 말만 따라가니까 딱 오해하게끔 말을 해 놓고 있습니다. 지혜가 있어야 저 말은 이런 뜻으로 한 말이라는 걸 알아보는 안목이 생기는 것입니다.

큰 몸이라는 것은 큰 몸이 아니라 이름이 큰 몸일 뿐이다… 이러면 지혜가 없는 사람 입장에서는 '왜 이름만 있어? 실제로 그게 있는데'라고 생각하겠죠. 큰 몸이라는 게, 수미산 얘기했듯이 큰 산이라는 건 큰 산이 아니라 그냥 이름이 큰 산일 뿐이에요. '부처님 이상하네. 큰 산이 저기 분명히 있고 우리가 등산도 하는데, 왜 없다고 하지?' 모르면 분별심을 가지고 이렇게 얘기할 겁니다.

그런데 큰 산이 있고, 큰 산을 보고, 큰 산에 올라가서 등산하고 해도, 없습니다. 아무것도 없어요. 한 번 이 체험을 해 봐야 하는 겁니다. 그래서 대원경지, 큰 거울과 같은 지혜라는 거예요. 거울에 무슨 모습이 나타나더라도 항상 아무것도 없습니다. 이것도 그런 비유를 하는 겁니다. 이 체험을 하면 툭 '아무것도 없네' 하는 게, 자기도 모르게 그렇게 되거든요. 없어서 없는 게 아니고, 여전히 모든 게 그냥 그대로 다 있습니다. 할 일도 해야 하고. 그런데 항상 아무것도 없어요. 처음에는 그것을 살짝 실감하겠지만, 시간이 지날수록 확실하게 더 분명하게 실감이 되는 겁니다.

그래야 경전도 이게 그런 말이구나 하고, 자기 공부가 얼마나 깊어졌냐에 따라서 이해의 정도가 다 다릅니다. 제대로 이해하려면 법계의 실상을 볼 수 있는 안목이 제대로 갖춰져야 하니까, 이 말을 한 사람의 진정한 의도를 보려면 말을 한 사람만큼은 공부가 돼야 하는 거죠. 달리 다른 길이 없습니다. 체험을 하고 시간이 쭉 지나면서 공부하는 재미라는 게 있어요. 예전에는 그 말을 내가 저렇게 이해했는데, 이제 보니까 그런 뜻이 아니네… 이게 재미거든요. 그런 것도 하나의 공부하는 재미입니다. 그런데 또 시간이 쭉 지나 보면 또 다르게 보여요. '어? 그 말이 아니었구나.' 자기 안목이 달라지면 다르게 보이는 겁니다.

공부라는 건 얼마나 실상을 보는 안목이 밝아지느냐, 거기에 있는 겁니다. 별 얘기가 아니에요. 전부 다 법계의 실상을 나타내는 말들입니다. 경전의 말도 그렇고 조사들의 공안이라고 하는 게 있죠. 다 법계의 실상을 나타내는 말들입니다.

여기에 (법상을 톡톡 두드리며) 한 번 통해서 이 법이 탁 체험되면, 뭐라고 할 게 아무것도 없어요. 물론 처음부터 그렇게는 안 됩니다. 체험한 이후에 공부가 중요하다고 항상 말씀드리는데, 처음에는 여전히 어떻게 되느냐면 체험을 해도 분별도 있고 공도 있어요. 분별하는 것도 있고, 분별 없는 것도 있어요. 그래서 '아, 내가 이제 분별 없는 것에 자꾸 익숙해져야지. 분별하지 말고.' 처음에는 이렇게 됩니다. 분별하는 습관에 너무 익숙해져 있고, 습관이라는 건 그쪽으로 잡아 이끄는 힘입니다. 분별하는 습관이 아직 힘이 세니까 분별 쪽으로 자꾸 끌려가죠.

'내가 공부를 더 열심히 해야지. 아무것도 없는 이 공에 더 익숙해져야겠다' 하면서 공부를 하는데, 공부라는 건 딴 거 없어요. 법문 듣고 시간이 지나는 거죠. '공부를 내가 끝까지 잘해야겠다'라는 발심을 계속 유지하다 보면 자꾸 분별 없는 이 힘이 더 강해지고, 분별하는 게 힘이 빠지는데, 나중에는 완전히 분별을 안 하게 되고 분별 없는 이것만 남게 되느냐? 그게 아니고 분별하는 것과 분별 없는 것이 하나가 돼요. 그래서 분별을 하는데 분별이 없어요. 분별이 없는데 분별을 하고 있어요. 자동으로 저절로 이렇게 됩니다.

이렇게 될 때쯤 되면 거울의 비유에 공감하게 돼요. 거울에 온갖 모습이 항상 나타나서 보이는데 텅 비어 있거든요. 거울이 텅 비어 있다는 사실을 알려고 거울 위에 나타나 있는 모습을 없애야 하느냐? 그럴 수가 없잖아요. 거울의 비유도 쉬운 게 아닙니다. 금방 공감할 수 있는 게 아닙니다. 색은 분별, 공은 분별 없음입니다. 시간이 충분히 지나서 공과 색이 완전히 하나가 되어 '분별하는 것이 곧 분별 없는 것이고, 분별 없는 것이 곧 분별하는 것이다'라는 사실이 아주 분명해져야 '아, 이래서 자꾸 거울에 비유했구나'라고 비로소 확실하게 알 수 있어요. 그전에는 분별하는 게 있고 분별 없는 게 있어서, '나는 분별하는 게 싫고, 분별 없는 게 좋아.' 자꾸 이렇게 되지 그게 안 됩니다.

　그래서 불이법이라는 말을 하게 되는 겁니다. 불이법이라는 게 뭡니까? 공과 색이 둘이 아니다, 분별과 분별 없음이 둘이 아니다, 세간과 출세간이 둘이 아니다 이겁니다. 거울 위에 나타나는 모습과 거울의 텅 빈 것이 둘이 아니라는 말이에요. 그것이 불이법입니다. 결국 불이중도라는 것은 법계의 진실, 실상을 말하는 거구나 하는 게 납득되고, 공부가 그렇게 깊어져야 하는 겁니다. 그쯤 되면 경전을 보면 다 알 수 있어요. 전부 다 이 얘기를 하고 있지 다른 건 없습니다. 전부 이 얘기를 하고 있어요. 자기가 그렇게 실제 겪어 가면서 지혜가 나와서 보는 안목이 생겨야지, 머리로 듣고서는 알 수가 없어요. 그렇게 하는 것은 가짜라는 겁니다.

　공부하는 사람은 듣고 어느 정도 이해할 수 있겠지만, 이해하는 게 아니라 실제 자기가 겪어 봐야 합니다. 그것이 가장 중요한 거예요. 그래서 항상 '체험, 체험' 하는 게 내가 겪어 보지 않은 일은 남한테 들은 말밖에 안 되는 겁니다. 그런 걸 뭐라고 합니까? 남의 주머닛돈만 헤아리고 있고 자기 주머니 속에는 돈 한 푼 없는 꼴이 된단 말이죠. 쓸데없다는 말입니다.

반드시 자기가 겪어 봐야 합니다. 겪어 보셔야 해요. '이 일 하나거든요. (법상을 톡톡 두드리며) 이것입니다. 이것은 공도 아니고 색도 아닙니다. 공과 색이 나뉘어 있지 않은 것이기 때문에 '분별해라' 할 수도 없고 '분별하지 마라' 할 수도 없어요. (법상을 톡 두드리며) 그냥 이것입니다. 이렇게밖에 할 수가 없어요. 분별하지 말라고 해서는 안 돼요. 그러면 그것은 공을 가리키는 말이니까 치우친 말입니다. 분별해라 하면 그것은 색을 가리키는 말이니까 치우친 말이에요. 공과 색이 둘이 아닌 것은 뭘 해라 할 수도, 하지 말라 할 수도 없어요. 그냥 이것입니다. 이렇게밖에 할 수가 없습니다.

부처가 뭐냐? "똥막대기." "잣나무." 그렇게 했지, 뭘 하라, 하지 말라는 말은 없어요. 있는 그대로를 딱 보여 주고 있는 겁니다. 있는 그대로를 비우는 것도 아니고, 말하자면 놓는 것도 아니고 잡는 것도 아닙니다. '놓아라' 하는 말은 방편의 말이에요. 놓는 것도 아니고 잡는 것도 아니에요. 그냥 원래 이런 겁니다. 원래 있는 그대로입니다.

'놓아라' 해도 안 맞습니다. '놓아라' 하는 것은 거울 위에 나타나는 모습을 버리라는 건데, 어떻게 버립니까? 그것은 안 맞습니다. 놓을 수도 없고 잡을 수도 없어요. (법상을 톡톡 두드리며) 원래가 이거예요. 원래가 이런 겁니다. 놓을 수도 없고 잡을 수도 없습니다. 그래서 우리가 할 수 있는 게 없어요. 무위법이라는 것은 원래 할 수 있는 게 없기 때문에 무위법이라고 하는 거죠. 원래 우리 마음은 이렇게 여법해 있습니다. 이것이 한 번 실감이 돼야 해요. 분별을 하라는 것도 아니고 하지 말라는 것도 아닙니다. (법상을 톡톡 두드리며) 이것입니다.

'내가 분별하지 말아야지' 하면 이미 그것은 조작이고 엉터리입니다. 그렇게 하면 안 돼요. 수행 단체에서 생각을 다 죽여라, 없애라, 부숴라, 버려라, 내려놓아라, 그런 소리 하거든요 가능합니까? 가능하지 않습니다. 불가능한 일을 하라고 하는 겁니다. 어떻게 생각 없이 살 수 있습니까? 말도 안 되는 겁니다. 억지로 그렇게 하려고 노력할 수 있겠지만, 헛된 짓을 하는 거죠. 생각을 없애야 하겠다고 하는 것부터가 생각인데 어떻게 없앱니까? 그렇게 하는 게 아닙니다. 수행을 해서 되는 게 아닙니다.

법계의 실상은 그냥 그대로 본래부터 여법해 있습니다. 여법한 실상을 있는 그대로 가리킬 뿐입니다. (법상을 톡 두드리며) 이겁니다. 부처가 뭐냐? "호떡이다." 그냥 있는 그대로 보여 주고 있을 뿐이에요. 도가 뭐냐? "나무토막이다." 있는 그대로 그냥 보여 주고 있을 뿐인 겁니다. (법상을 톡톡 두드리며) 이 일 하나. 뭘 어떻게 하려고 하지 마십시오. 어떻게 할 수 있는 게 아무것도 없습니다. 그냥 이것. (법상을 톡톡 두드리며) 있는 그대로예요. 이거라고. 와닿는 게 없어도 이것이 진실이란 말이죠. 뭔가 딱 손에 잡혀야 한다? 이게 망상하는 겁니다.

그래서 도가 뭡니까? "잣나무" 이러니까, 잣나무라는 말을 들었으면 내가 뭔가 도라는 게 잡혀야 할 거 아니냐 하는데, 그런 게 아닙니다. 잡을 것도 없고 놓을 것도 없어요. "잣나무." 그럼 그냥 이거예요. "잣나무." 그냥 이거라고요. 여기서 손쓸 게 아무것도 없습니다. 할 게 아무것도 없어요. 공부의 요령이라면 이것이 요령입니다. 자꾸 뭘 이렇게 해 볼까 저렇게 해 볼까 하면 어긋나는 길입니다. 할 수 있는 게 아무것도 없습니다. 할 일이 없어요. 그래서 무위법이라고 하는 거예요. "이겁니다" 하면 그냥 이것뿐인 거고, "잣나무" 하면 그냥 잣나무뿐인 거라고요. 여기서 여법해져야 해요. 여기서 한 번 확실하게 지혜가 생겨야 하는 거예요. 뭐 할 게 아무것도 없어요. 도를 몰라도, "도가 뭡니까?" "잣나무." 그냥 흉내라도 내는 게 낫지, "잣나무" 하는 여기서 도를 찾아야 하나? "잣나무" 하는 소리에서 뭐가 도지? 이런 식으로 가면 완전 엉터리예요. 그렇게 하면 안 된다는 거예요. 몰라도 그냥 "잣나무"가 도인가 보다, 하고 그렇게 믿고 그냥 그걸 붙들고 있어야 하는 거죠. 이것이 바로 화두입니다.

몰라도 "부처가 뭐냐?" "똥막대기." '똥막대기'가 부처인가 보다 하고 그렇게 받아들이는 겁니다. 그대로 붙들고 있으면, 그냥 그렇게 받아들이면 그게 화두가 되는 거죠. 전혀 모르지만 그게 뭔지 전혀 와닿는 게 없어도 법계의 실상이 이런 겁니다. 그냥 그대로 받아들이기만 하면 돼요. 받아들이고 있다 보면 체험이 된단 말이에요. 그런데 자기가 그걸 받아들이지 않고 뭘 요리하려고 하면 안 돼요. 칼을 대서 이렇게 해 볼까 저렇게 해 볼까 그러면 안 돼요. 그러면 완전히 망쳐 버리는 거예요.

부처가 뭡니까? (손가락을 들며) 이겁니다. 이러면 그냥 그대로 받아들이는 수밖에 없어요. 어떻게 하겠습니까? 이것을 받아들였는데, 처음에는 아무것도 와닿는 게 없이 그렇겠죠. 그러나 결국 여기서 통하는 때가 있습니다. 공부는 이 법을 가리키는 말씀을 그대로 그런가 보다 하고 받아들일 뿐, 자기가 할 수 있는 건 없어요. 자기가 뭘 어떻게 취사선택하고 그러면 안 됩니다. 취사선택이 공부를 망치는 지름길이에요. 절대 그렇게 하면 안 됩니다. 그냥 그대로 그렇죠. "도가 뭡니까?" "하늘은 푸르고 흰 구름은 흘러간다." 그냥 그대로 받아들이면 돼요. 그냥 그대로 받아들이고 있다가 보면 거기서 깨닫는다고요. 그걸 자기가 어떻게 해 보려고 하면 안 돼요. 진짜 화두는 이런 게 화두인 겁니다.

뭐가 뭔지 어떻게 해야 할지를 모르고 그냥 그대로 믿고 받아들이되, 내가 지금 와닿는 게 없어도 계속 믿고 받아들이다 보면 언젠가는 한 번 이렇게 와닿는 게 있습니다. 통할 때가 있단 말이죠. 세속 공부와 출세간 공부는 영 다릅니다. 세속 공부는 열심히 뭘 해야 하지만, 출세간 공부는 아무것도 할 수 있는 게 없어요. 그게 다릅니다. 그래서 유위법, 무위법이라는 말을 하는 거예요. 세속 공부는 유위법을 열심히 해야 하고, 출세간 공부는 아무것도 할 수 있는 게 없어요.

자기가 할 수 있는 게 없으니까 법문이라도 들어 봐야죠. 이 법을 가리키는 말씀을 들어 봐야 하는 겁니다. 그것뿐이죠. 그런데 나중에 자기가 탁 하고 와닿으면, 그전까지는 아무것도 못하니까 죽은 사람 같아요. 죽은 사람같이 손발이 꽉 묶여 있는 사람처럼 그러다가, 한 번 턱 소식이 오면 그때부터는 피가 흐르는 사람 같아요. 죽었다가 살아난 것 같은 느낌이 든단 말이에요. 그래서 옛날부터 사람을 죽이고 살린다는 말을 하는 겁니다. 죽었다가 다시 살아난 것처럼 그렇게 되는 겁니다. 이 소식이 오면 조금이라도 이렇게 살아나니까요.

이것이지 다른 건 없어요. "이것"이 바로 부처고, "똥막대기"가 부처고, "잣나무"가 부처고, "차 한잔 해라"가 부처고, "삼 서 근"이 부처란 말이에요. 다른 게 없어요. (법상을 톡톡 두드리며) 이게 부처란 말이죠. 이것이 도고, 이것이 마음이고, 이것이 부처입니다. 도가 뭡니까? "시계다." 마음이 뭐냐? "컵이다." 이겁니다. 여기서 뭘 어떻게 하라는 게 아니고 찾아내라는 것도 아닙니다. 찾으면 없어요. 그냥 여기서 한 번 깨달으면 돼요. 깨달아져요.

　죽었던 사람이 살아나는 것처럼 이것이 탁 나타나거든요. 그러면 안목이 조금씩 밝아집니다. 《금강경》에 보면 이런 말들이 많이 나오거든요. '복덕은 복덕이 아니라 이름이 복덕일 뿐이다. 부처는 부처가 아니라 이름이 부처일 뿐이다. 수미산은 수미산이 아니라 이름이 수미산일 뿐이다.' 이런 얘기 많이 나오죠. 이게 뭐냐? 법계의 실상을 말하는 겁니다. 이름이 그럴 뿐입니다. 이건 뭐냐면, 그렇게 분별하고 의식할 뿐이고, 분별 의식은 분명히 그렇게 나타나지만, 실제로는 아무것도 없다는 겁니다.

　그래서 유식학이라는 게 있죠. 불교에서는 육식, 칠식, 팔식을 얘기합니다. 구식까지 얘기하기도 해요. 육식은 여기 나와 있다시피 색깔, 소리, 냄새, 맛, 촉감, 생각이 6가지 육식이고, 칠식은 '나다' 하는, 나를 분별하는 걸 칠식이라고 해요. 이름을 그렇게 붙였습니다. 팔식은 뭐냐면 이런 것들이 전부 나오는 어떤 바탕이 있다 해서 팔식이라 합니다. 이런 것들, 이 식이 전부 공이다, 텅 비어서 본래 그런 게 있는 게 아니다… 이것이 유식학이 말하고자 하는 바입니다. 팔식이 바로 공이다 하는 게 대원경지거든요. 팔식은 8가지 종류의 식이 거울에 모습으로 나타나 있지만 공이다, 텅 비어 있다 이 말이에요. 그것이 유식입니다. 방편으로 그런 얘기를 하는 건데, 실제 체험을 해서 경험해 보면… 세상 살아갈 때 별의별 일이 다 있죠. 온갖 일이 다 있는데, 아무것도 없어요. 항상 아무것도 없어요. 살아 있는 게 살아 있는 게 아니에요. 말하자면 삶과 죽음이 따로 있지 않아요. 이 체험을 해서 경험해 봐야만 아는 말들입니다.

이 일 하나. (법상을 톡톡 두드리며) 이것을 체험해 보면, 이런 안목이 생기면, 온갖 일이 있는데 아무것도 없다는 것을 알게 됩니다. 이것도 억지로 말하는 겁니다. 있음과 없음이 따로 없기 때문에 묘법이라는 거예요. 묘하지 않은 일은 뭡니까? 있으면 있고 없으면 없고, 이것은 분별이고 묘하지 않은 겁니다. 묘법이 뭐냐면 있음이 없음이고, 없음이 있음이다… 이것이 묘법이고 이것이 불이법이에요. 말을 방편으로 그렇게 하는 건데, (법상을 톡톡 두드리며) 이 일 하나입니다. 이 일 하나. 생각으로 하면 절대 안 됩니다. 반드시 겪어 봐야 합니다. 겪어서 자기의 일상생활 자체가 그렇게 돼야 해요. (법상을 톡톡 두드리며) 이 일 하나. 이것을 한번 겪어 봐야 해요.

11. 무위복승분

무위의 복덕은 뛰어나다

"수보리야, 갠지스강에 있는 모래알과 같은 개수의 갠지스강이 있다면, 어떻게 생각하느냐? 이 모든 갠지스강에 있는 모래가 어찌 많지 않겠느냐?"

수보리가 말했다.

"매우 많습니다, 세존이시여. 그 모든 갠지스강의 숫자도 헤아릴 수 없이 많은데, 하물며 그 강에 있는 모래알이 어찌 많지 않겠습니까?"

부처님께서 말씀하셨다.

"수보리야, 내가 지금 진실로 너에게 말한다. 만약 어떤 착한 남자나 착한 여인이 칠보를 가지고 그 갠지스강의 모래알만큼 많은 삼천대천세계를 가득 채워서 보시한다면, 얻는 복이 많지 않겠느냐?"

수보리가 말했다.

"매우 많습니다, 세존이시여."

부처님께서 수보리에게 다시 말씀하셨다.

"만약 착한 남자, 착한 여인이 이 경 가운데 사구게 등을 기억했다가 남에게 말한다면, 이 복덕이 앞의 복덕보다도 더 뛰어나다."

"須菩提, 如恒河中所有沙數, 如是沙等恒河, 於意云何? 是諸恒河沙寧爲多不?"

須菩提言: "甚多, 世尊. 但諸恒河尙多無數, 何況其沙?"

"須菩提, 我今實言告汝. 若有善男子善女人, 以七寶滿爾所恒河沙數三千大千世界, 以用布施得福多不?"

須菩提言: "甚多, 世尊."

佛告須菩提: "若善男子善女人, 於此經中乃至受持四句偈等, 爲他人說, 而此福德勝前福德."

《금강경》 제11 무위복승분(無爲福勝分)입니다.

무위복승분은 무위의 복이 아주 뛰어나다는 말입니다. 이 법을 무위법이라고 합니다. 불법은 무위법이다… 할 게 없다는 겁니다. 무위(無爲)라는 것은 할 게 없다는 뜻입니다. 배울 것도 없고, 공부할 것도 없고, 수행할 것도 없고, 아무것도 할 게 없다는 겁니다. 왜 그러냐면 이것은 본래부터 완전하게 완비되어 있기 때문입니다. 마음이 없는 게 아니잖아요. '마음이 부처다'라고 했고, 이 공부는 마음의 참모습을, 실상을 깨닫는 것인데, 마음의 실상은 본래 이렇게 갖추어져 있습니다.

그런데 왜 이것을 깨닫지 못하고 망상을 하면서 사느냐면, 마치 하늘이 원래 텅 비어 있고 깨끗한데 구름이 떠서 그걸 가리는 것처럼, 망상에 가려서 깨닫지 못하는 거죠. 망상은 말 그대로 망상(妄想)이에요. '망(妄)'이라는 것은 헛되다, 허망하다, 없다는 뜻이에요. 없는 건데 있다고 착각을 하는 거죠. 망상과 비슷한 말이 환상이에요. 없는 걸 있다고 착각하는 거죠.

그래서 망상을 다른 말로 '공화(空花)'라고도 합니다. 허공꽃이라는 말이에요. 《능가경》에서는 '모륜(毛輪)'이라고도 합니다. 연세 들면 눈에 비문증이라는 게 생길 수 있는데, 비문증이라는 게 뭐냐면 눈에서 모기 같은 게 쓱 날아가는 것처럼 보여요. 실제 모기가 날아가는 게 아니고 눈 안에서 뭔가 이상이 생긴 겁니다. 뭔가 번쩍번쩍하는 게 보이기도 해요. 저도 비문증이 생겨서 병원에 가서, 눈에서 뭐가 자꾸 왔다 갔다 하고 눈앞에서 뭣이 번쩍번쩍한다니까, 의사가 '그것은 치료할 수도 없고 그냥 비문증인데, 적응하세요'라고 해요. 약도 안 주더라고요. 그런 걸 가리키는 거예요. 없는 데 있는 것처럼 보이거든요. 허공꽃이라는 게 그런 말이에요. 각막이라든지 수정체에 이상이 생기면 앞에 모기나 파리가 휙 날아가는 것 같은데, 실제로는 없거든요. 망상이라는 게 그런 거라는 말입니다.

헛된 망상, 없는 데 있는 것처럼 착각해서 전도망상이라고 하죠. 전도(顚倒)라는 게 착각했다는 말이거든요. 없는 걸 있다고 착각하는 겁니다. 착각해서 오염되니까 진실이 드러나지 못하고 있는 거죠. 없는 것이기 때문에 그걸 없앨 수도 없어요. 어떻게 할 수가 없어요.

있으면 없애면 됩니다. 진짜로 앞에서 모기가 날아가고 파리가 날아가면 잡으면 되지만, 없는데 어떻게 잡습니까? 그런 것처럼 망상은 우리가 없앨 수 없어요. 없애는 게 아니라 몽상이라고, 꿈과 같다고 하잖아요. 거기서 한 번 깨어나는, 벗어나는 체험을 하는 겁니다.

깨달음이라는 건 잠에서 깬다는 거거든요. 꿈에서 깬다는 거예요. 망상이라는 꿈에서 깬다는 말입니다. 그러니까 할 수 있는 건 없고, 그냥 꿈에서 탁 한 번 깨는 이런 체험을 하는 거예요. 깨달음이라고 하는 건 뭘 갈고닦아서 더러운 걸 깨끗하게 만드는 게 아닙니다. 마음이 더러우니까 깨끗하게 만드는 게 아니에요. 마음은 원래 깨끗한 겁니다. 깨끗한데 헛된 망상이 생겨 있는 거죠. 제3 대승정종분에서 헤아릴 수 없이 많은 중생을 남김없이 다 멸도시킨다, 없앤다고 했거든요. 중생이라는 게 바로 망상입니다. 망상은 끝도 없으니까 헤아릴 수 없이 많은 중생을 없앤다… 이 말은 망상을 싹 없앤다는 뜻입니다.

그런데 그다음에 뭐라고 했습니까? 없어진 중생이 없다고 했잖아요. 왜? 망상은 원래 없는 거거든요. 《반야심경》에서는 '원리전도몽상'이라고 하잖아요. 전도망상이라는 말 대신에 몽상이라고 해서 꿈 '몽(夢)' 자를 쓰고 있거든요.

헛될 '망(妄)' 자나 꿈 '몽(夢)' 자나 똑같아요. 꿈에서 누구를 만나 얘기도 하고 물건도 받고 밥도 같이 먹으러 가고 하는데, 사실은 그게 없는 거잖아요. 꿈을 깼다고 해서 내가 꿈속에서 받은 물건이 없어진 것도 아니고, 누구하고 만난 사실이 없어지는 것도 아닙니다. 원래 안 만났고, 원래 안 받았거든요. 원래 그게 없는 거란 말이에요. 그래서 헤아릴 수 없이 많은 중생을 다 멸도, 없애는데, 없어진 중생이 없다고 한 거예요. 원래 그게 꿈이고 망상이니까 깨달음이라는 것은 뭘 할 게 없어요. 그냥 깨면 돼요.

그 망상에서, 꿈에서 한 번 깨는 체험을 하면 되는 겁니다. 뭘 열심히 수행하거나, 뭘 붙잡고 있거나, 뭘 알아차리고 있거나, 뭘 해야 하는 거냐? 아닙니다. 전혀 할 게 없어요. 망상에서 깨면 되는데, 깨는 것은 알 수가 없습니다. 왜냐하면 우리가 아는 건 다 망상이기 때문에 망상에서 깨어나는 것은 알 수가 없어요. 그러니까 이것은 불가사의란 말이에요. 해탈은 항상 불가사의 해탈이라 하죠. 이것은 불가사의입니다. 어떻게 할 수 있는 건 없고, 법문을 듣는 겁니다. 첫 번째는 발심을 해야 하니까 내가 깨달아 봐야 하겠다는 발심, 관심이죠. 관심을 가지고 발심을 해서 법문을 들어 보면, 법문 속에서는 계속 꿈을 깨고, 망상을 깨고, 망상 아닌 이것을 계속 가리켜 드리거든요.

이것은 생각할 수 없습니다. 바로 이겁니다. 망상 아니고 꿈 아닌 게 분명히 있거든요. 그런데 이것은 우리가 알 수는 없어요. 머리로, 의식으로는 알 수 없고 헤아릴 수가 없어요. 눈에 보이는 것이 아니니까요. 법문을 듣고 있다가 저절로 탁 체험이 되거든요. 무위라는 게 '저절로'라는 말입니다. 무위는 원래 《노자》에 나오는 말인데 무위자연이 나오잖아요. '자연(自然)'이라는 게 '저절로'라는 말이거든요. '스스로 그렇다'라는 말인데, 저절로 그렇다는 말이에요. 저절로 된다는 말이거든요. 이것은 저절로 되는 겁니다. (법상을 톡톡 두드리며) 공부는 뜻이 있는 곳에 길이 있다는 말도 하는데, 발심을 해서 깨닫고자 하는 사람이 법문에 귀를 기울이고 계속 깨닫고자 하는 뜻을 가지고 있으면 저절로 되는 것입니다. 할 수 있는 일은 없습니다.

그런데 일반적으로 수행 단체나 이런 데서는 뭘 어떻게 하라고 시키죠. 이렇게 해라 저렇게 해라 자꾸 시키는데, 그것은 무위가 아니라 유위죠. 일부러 하는 일이고, 일부러 하면 뭔가가 만들어져요. 열심히 수행을 해서 체험하는 것은 자기가 만들어 낸 결과물입니다. 타고난 자연 그대로의 본성은 아니에요. 그러니까 수행을 해서는 깨달을 수 없습니다. 선사들이 늘 하는 말이 있어요. 소승의 수행자들은 열심히 수행해서 깨달았는데, 깨닫고 나서 다시 미혹해진다고 하는 거예요. 참된 깨달음이 아니라는 말입니다. 깨닫고 나서 다시 미혹해진다는 것은 조작해서 만들어 낸 것이니까 진짜 깨달음이 될 수 없다는 거죠.

(법상을 톡톡 두드리며) 자기한테 한 번 저절로 와닿아야 해요. 그래서 무위의 복이 유위의 복보다 뛰어나다는 말입니다.

수보리야, 갠지스강에 있는 모래알과 같은 개수의 갠지스강이 있다면, 어떻게 생각하느냐? 이 모든 갠지스강에 있는 모래가 어찌 많지 않겠느냐?

수보리가 말했다.

매우 많습니다, 세존이시여. 그 모든 갠지스강의 숫자도 헤아릴 수 없이 많은데, 하물며 그 강에 있는 모래알이 어찌 많지 않겠습니까?

부처님께서 말씀하셨다.

수보리야, 내가 지금 진실로 너에게 말한다. 만약 어떤 착한 남자나 착한 여인이 칠보를 가지고 그 갠지스강의 모래알만큼 많은 삼천대천세계를 가득 채워서 보시한다면, 얻는 복이 많지 않겠느냐?

수보리가 말했다.

매우 많습니다, 세존이시여.

부처님께서 수보리에게 다시 말씀하셨다.

만약 착한 남자, 착한 여인이 이 경 가운데 사구게 등을 기억했다가 남에게 말한다면, 이 복덕이 앞의 복덕보다도 더 뛰어나다.

갠지스강 아시죠? 갠지스강은 이야기할 것도 없고 낙동강의 모래알 숫자가 얼마나 많겠습니까? 상상도 못 하죠. 그런데 모래알 숫자만큼 많은 낙동강이 있고 그 안에 또 모래알들이 있다면, 그 숫자는 헤아릴 수가 없습니다. 우주에 있는 삼라만상이 그렇게 많다는 거예요. 삼천대천세계 우주의 삼라만상이 그렇게 많은데, 그 모래알 하나하나에 7가지 보석으로 장식해서 보시한다… 보석은 값이 비싼 거니까 거기서 얻는 복이 많지 않겠느냐? 다른 말로 하면 세속에서 짓는 복이 이 이상 더 클 수가 없죠. 세속에서 정말로 착한 일을 많이 하고, 평생 남을 위해서 살고 좋은 일을 많이 하는 건 그런 뜻이겠죠. 헤아릴 수 없이 많은 복을 쌓는다는 거예요.

그런데 이렇게 많은 복을 쌓는 것을 이 경전의 한 구절과 비교할 때 어느 게 더 뛰어나냐 하면, 이 경전의 한 구절 말이 더 뛰어나다는 말입니다. 이 경전의 한 구절 말은 누구든지 그냥 할 수 있고 아무것도 아닌데, 이게 왜 뛰어나냐? 말을 가리키는 게 아니죠. 이 경이라는 것은 바로 (손가락을 흔들며) 실상, 불법, 도를 가리키는 말이거든요. 법을 가리키는 거예요. 경전의 말은 말이 아니라 도를 가리키는 손가락입니다. 경전의 말은 곧 도를 가리키는 거란 말이에요.

세속에서 아무리 많은 복을 쌓고 착한 일을 아무리 많이 해도 그것보다 이것이 훨씬 뛰어난 것이라는 말입니다. 그런데 세속적인 가치관을 가진 입장에서 보면, 경전 그거 아무것도 아닌데 그게 뭐 그리 대단하다고 그렇게 말하나 하겠죠. 《금강경》은 사실 분량도 많지 않잖아요. 인쇄해 봐야 얼마나 하겠어요? 얼마든지 많이 인쇄해서 나눠 줄 수 있죠. 그건 아무것도 아니죠. 그것이 세속적 가치관입니다. 세속적 가치관으로 보면 불법이라는 것은 아무것도 아니에요. 쓸데없는 거죠. 왜냐? 깨달았다고 해서 누가 돈을 줍니까, 어디 한 자리 줍니까? 아니면 건강을 주나, 수명을 늘려 주나? 세속적으로 말하자면 깨달음이라는 것은 쓸모없는 거예요. 세속적 입장에서 보면 그렇다는 거죠. 공부하는 사람 입장에서는 깨달음이 최고지만, 세속적 가치관을 가진 사람 입장에서 보면 저 사람들은 쓸데없는 짓을 하고 있는 것으로 보인단 말이죠. 그래서 옛날부터 이런 공부 하는 사람이 세속에서는 박해를 받았어요. 왜? 쓸데없는 짓을 하는 것처럼 보이거든요. 세속의 삶에 아무 도움도 안 되고, 혼자서 자기 마음을 깨닫는다고 애를 쓰는데, 세속 생활에, 가정에 도움 되는 것도 아니고, 나라에 도움 되는 것도 아니고, 아무 쓸데가 없어요.

세속 사람의 입장에서 보면 그런 거고, 공부하는 사람 입장에서는 완전히 정반대가 되는 겁니다. 공부하는 사람 입장에서는 내가 이것을 깨닫지 않으면 인생 사는 것이 헛된 게 되어 버리거든요. 세상의 모든 게 아무 의미도 없고 가치가 없어요. 진리를 깨달아서 의문이 다 풀어지고 어두운 구석이 없어지는 게 최고의 가치죠. 이것이 최고의 가치니까 공부하는 사람 입장에서는 세속에 있는 보석 다 가져와서 '네 공부와 이 보석을 바꾸자'고 해도 바꿀 수가 없단 말이죠. 바꿀 수가 없어요. 법의 맛을 보기 전에는 사실 잘 모르지만, 한 번 법의 맛을 보고 이 속에서 살게 되면 '이것을 포기할래, 죽을래?' 이러면 '차라리 죽지, 이것은 포기 못한다' 이렇게 되거든요. 이것이 포기가 안 됩니다. 이 법을 포기한다는 게 죽는 것보다도 더 고통스러운 일이죠. 이 법을 맛보고 법 속에서 공부하는 사람 입장에서는 세속에서 아무리 가치 있는 것, 아무리 좋은 일을 가져온다 해도 이 공부를 포기하는 게 안 되는 겁니다. 사실은 그런 얘기죠.

　세속의 삶에 매여 살고 그게 다인 줄 아는 사람은 세속에서 가치 있는 게 좋겠죠. 발심을 해서 공부하고 체험까지 한 입장, 세속의 온갖 번뇌망상에서 벗어나 일 없이 살고 자유를 누리는 입장이 되면, 정말 목숨보다도 이것이 더 중요한 겁니다. 세속에서는 목숨이 제일 중요하지만, 목숨보다도 이것이 더 중요한 거죠. 포기할 수 없는 일이 되는 겁니다. 이것은 공부하는 사람 입장에서 하는 얘기죠. 세속 사람들은 이런 얘기를 들으면 이해하지 못합니다. 하여튼 공부하는 사람은 출세간의 사람이 돼야 해요. 출세간의 사람이 되어서 출세간의 안목과 관점을 가져야 하는 겁니다. 그러지 않으면 출세간 공부가 자기 혼자 좋아서 하는, 사회적으로, 가정적으로, 국가적으로 아무 쓸데도 없는 꼴이 되어 버리거든요.

　그렇게 생각하면 그것은 세속 사람입니다. 공부하는 사람 입장에서는 우리가 태어난 이유가 이 공부를 하고 삶의 진실을 깨달아서, 몰라서 어두운 구석이 없는, 어두워서 헤매는 일이 없는, 지혜를 갖추어 진리가 다 드러나 버리는 것, 이 이상 더 가치 있는 일이 없습니다.

　그래서 이 공부를 안 하는 사람한테 이 공부가 이렇게 가치 있고 좋은 일이라고 해 봐야 그 사람들은 인정하지도 않고 받아들이지도 않아요. 발심한 사람들에게는 이 불법이 가장 중요한 것이라는 이런 말이 공감이 되죠. 더구나 이것을 체험하고 이 속에서 살게 되고 이 법이 항상 이렇게 살아 있는 입장이 되면, 그것은 당연한 일입니다. 왜냐하면 여기서는 이 세상 모든 것이 다 의미가 없어요. 아무것도 중요한 일이 없어요. 세속적으로는 중요하더라도 이 법보다 더 중요한 일은 없습니다.

《열반경》에 보면 석가모니의 옛날 수행자 시절 얘기가 나옵니다. 처음에는 반쪽짜리 법문을 들었어요. '제행무상 시생멸법(諸行無常 是生滅法)'이라는 말인데, 모든 행동은 전부 덧없고, 이것이 바로 죽고 사는 데 매인 법이다… 설산 수행자라 해서 눈 속에서 수행하는 얘기가 나오죠. 석가모니의 전생 얘기라는데 물론 만들어 낸 얘기입니다. 방편으로 만들어 낸 얘기인데, 제석천이 귀신의 모습으로 내려와서 이 말을 들려주죠. 석가모니가 그 말을 들으니까 뭔가 귀가 번쩍 뜨이는 거예요. 진리를 말하는 것 같거든요. '모든 행동은 전부 덧없다, 덧없이 그냥 지나가 버리는 것이다. 이것이 바로 생로병사에 매인, 윤회에 매인 법이다.' 석가모니가 귀신 나찰을 보고 '그게 다가 아닌 것 같은데 나머지 법문을 들려주시면 제가 당신의 먹을거리가 되겠습니다'라고 해요. 나찰이라는 귀신은 사람을 잡아먹고 살거든요. 내가 당신의 식사가 되겠다, 내 몸을 당신한테 바치겠다, 죽겠다 이 말입니다. 생명보다도 이 법이 소중하다는 게 나오는 건데, 거기서 나찰이 나머지 두 구절 '생멸멸이 열반위락(生滅滅已 寂滅爲樂)'이라고 말해 줍니다.

'생멸멸이'라는 것은 '생멸법이 사라지고 나면'이라는 말인데, 생멸법이 사라지고 나면 그것이 열반입니다. 열반이라는 게 생멸법이 사라졌다는 뜻이에요. 생로병사의 망상이 사라졌다는 말입니다. 망상이 사라지고 나면 열반인데 열반은 바로 즐거움이다, 이런 말이거든요. 열반의 즐거움이 있다… 열반의 즐거움이 최상의 즐거움이에요. 아무 번뇌망상이 없으니까요.

불교에서도 복을 많이 지으라는 말을 많이 하죠. 교단에서 보면 복을 많이 지어라, 좋은 일 많이 하라는 말입니다. 좋은 일 하는 건 좋아요. 그러나 더 중요한 것은 깨달아야 하는 겁니다. 깨달아서 해탈 열반을 얻어야 하는 거죠. 그게 훨씬 더 중요한 일입니다. 좋은 일 많이 하는 것은 아주 좋은 일이죠. 그러나 좋은 일 많이 한다고 해서 깨닫는 것도 아니고 열반을 얻는 것도 아니에요. 그냥 좋은 일을 많이 했으니까 불교식으로 얘기하면 천당에 갑니다. 천당은 즐거움만 있는 곳이거든요. 즐겁게 살죠. 그러나 다시 윤회를 해서 인간으로 태어나죠. 불교식으로 그렇게 얘기하잖아요. 다 방편의 말인데, 깨달아서 해탈하고 열반을 얻으면 생로병사에서 벗어난다고 하잖아요. 윤회가 없다는 말이에요.

모든 고통이 다 끝난다는 말인데, 그것은 다 방편입니다. 그런 일들을 방편으로 표현해 놓은 겁니다. 이것이 체험되고 일이 없어져 버리면 무위라고 해요. 일이 없어져 버린단 말이죠. 아무 할 게 없고, 늘 실상이 드러나 있고, 무슨 일을 해도 항상 아무 일이 없습니다. 번뇌가 없어요. 무슨 일이 있으면 그게 번뇌입니다. 거기에 매이니까요. 아무 일이 없으면 번뇌가 없죠. 일이라는 게 바깥에 있는 일을 얘기하는 게 아닙니다. 밖에 일이 있어도 마음속에 일이 없으면 번뇌가 없습니다. 밖에 일이 없는데도 마음속에 무슨 일이 생기면 번뇌가 생겨요. 번뇌라는 것은 마음의 일이 생기는 거죠.

신경 쓸 일이든지 좋아하는 일이든지 싫어하는 일이든지 걱정거리든지, 마음에서 뭔가 가로막히는 장애가 생기면 그것이 번뇌죠. 열반이라는 것은 마음이 텅 비어서 일이 없는 겁니다. 바깥에 일이 없는 게 아니에요. 바깥에 일이 없으면 안 되죠. 할 일은 다 해야 하는데 마음의 일이 없어져 버린다, 말을 하자면 그렇게 얘기할 수 있습니다.

그래서 체험이라는 것은 마음이 비워지는 것이지 바깥에 일이 없어지는 건 아닙니다. 바깥의 일은 항상 있는 그대로 있습니다. 바깥의 일이라는 게 꼭 물질적인 것만 가리키는 건 아니에요. 눈에 보이는 것, 귀에 들리는 것만 바깥의 일이 아니고, 느끼는 것, 생각하는 것도 바깥의 일입니다. 그런 건 없어지는 게 아니에요. 생각도 여전히 하고 있고, 여러 가지 기분이나 감정도 느끼고 있고, 다 있어요.

그런데 희한하게도 마음이 텅 비어 버리는 겁니다. 마음이 비어 있기 때문에, 그런 게 있어도 있는 게 아니에요. 이것은 참 묘한 일인데, 불가사의한 체험을 하는 겁니다. 체험이 아니면 깨달음도 아니고 아무것도 아니에요. 목석처럼 생각을 없애는 게 아니에요. 감정도 없고, 기분도 없고, 느낌도 없고, 생각도 없고, 돌멩이나 나무처럼 되는 게 아닙니다.

거울을 대원경지라고 얘기했잖아요. 거울과 같아요. 거울에는 뭐든지 다 비추어집니다. 앞에 있는 건 다 비추어져요. 그런데 아무것도 없잖아요. 거울 안에는 아무것도 없거든요. 그렇게 되는 것이지, 아무것도 안 비치는 건 아니에요. 거울이 아무것도 안 비친다면 거울도 아니죠. 그렇게 되는 건 아니라는 거예요. (법상을 톡톡 두드리며) 참 불가사의한 체험입니다. 논리적 설명이 안 됩니다. 그냥 법에 관심을 가지고 (법상을 톡톡 두드리며) 계속 법문을 듣고 하다 보면 희한하게도 그렇게 된다니까요. 이것은 말할 게 없어요. 이렇게 마음이 텅 비어 버려서 아무것도 없어요. 마음속에 어떤 진리가 나타나는 게 아니에요. 그냥 텅 비어 버리는 겁니다. 텅 비어서 아무것도 없는 것이지, 마음속에 이것이 불성이다, 본성이다, 불법이다 하는 게 나타나는 건 아닙니다.

중국의 방 거사 유명하죠. 중국의 유마 거사라고 하는 사람인데, 마조 선사의 제자입니다. 마조 선사한테서 깨달았는데 그 양반이 그런 얘기를 했어요. '선원은 과거 시험 보는 곳과 같고, 마음이 텅 비는 것이 급제다.' 그런 게송이, 시가 있어요. 다들 과거 시험을 보는데, 급제를 해야 할 거 아닙니까? 누가 급제하느냐? 마음이 텅 빈 자가 급제한다. 그런 방 거사의 시가 있어요. 이 체험을 가리키는 겁니다.

방 거사가 한 유명한 말이 또 있어요. '있는 것을 모두 비워 버릴 뿐, 없는 것을 있다고 착각하지만 않으면 공부는 끝난다.' 유명한 말입니다. 있는 것을 모두 비워 버린다… 마음속에 뭐가 가득 차 있다가 텅 비어서 마음속에 아무것도 없다는 말이에요. 그런데 없는 걸 있다고 마음속에서 망상을 만들어 내는 거니까, 마음속에 있던 망상이 다 비어서 없어지고 다시 망상을 만들어 내지 않으면 공부는 끝난 거라는 얘기예요. 방거사가 그런 얘기를 했거든요. 쉽게 되는 건 아니지만 꾸준히 하다 보면 저절로 그렇게 됩니다.

마음속에 있는 망상을 일부러 비울 방법은 없습니다. 망상이라는 꿈에서 한 번 깨는 묘한 체험을 하는 것이고, 망상이라는 꿈에서 깨 버리면 원래 망상은 없는 거니까 비울 게 없어요. 원래 망상이기 때문에 원래 없는 거거든요. 꿈과 같은 것이니까. 망상이라는 꿈에서 한 번 탁 깨는 체험을 하면, 원래 망상은 없으니까 할 게 없습니다. 깨기만 하면 돼요. 꿈에서 깨는 게 바로 깨달음이에요. 그다음 다시는 꿈을 안 꾸면 돼요. 없는 것을 있다고 착각하지 않는 거죠.

《금강경》대승정종분에 나오는 얘기 있잖아요. 헤아릴 수 없이 많은 중생을 싹 다 없애는데, 멸도시키는데, 없어진 중생이 없다. 왜? 원래 망상이었기 때문에…. 그래 놓고 또 뭐라 합니까? 왜 그러냐? 만약 아상, 인상, 중생상, 수자상, 내가 있고 사람이 있고 중생이 있고 목숨이 있고 이런 게 있으면, 그건 보살이 아니기 때문이다. 없는 걸 있다고 하면 안 된다 이 말입니다. 그게 바로 무상정등각이다. 최고의 깨달음이다. 앞에 대승정종분에서 그렇게 얘기했죠.

마음을 비우라니까 어떤 수행 단체는 '생각이 일어날 때마다 생각을 두들겨 부수어 없애고 아무 생각도 없어야 한다' 이런 식으로 수행하더라고요. 그렇게 말도 안 되는 짓을 하고 있습니다. 생각이 없다는 것은 거울에 아무것도 비치지 않는다는 말과 똑같은데, 아무것도 안 비치는 거울은 거울이 아니고 나무토막이나 돌멩이지 살아 있는 사람이 아니에요. 절대로 그럴 수가 없습니다. 그런 식으로 하는 게 아니에요. 수행을 하는 게 아닙니다. 집중을 해서 하나만 계속 쳐다보고 있으면 다른 건 없는 것처럼 여겨질 수도 있는데, 그건 일시적으로 조작해서 나타나는 결과지, 그것은 깨달음이 아니에요. (법상을 톡톡 두드리며) 여기서 체험이 오면 마음은 원래 비어 있는 것이고, 빈 마음이 저절로 드러나는 겁니다. 말로 이렇게 표현하지만, 실질적으로는 자기 입장에서는 뭐라고 표현할 수가 없어요.

그런데 뭔가 이전과는 다른 거예요. 뭐가 아무것도 없는 것 같고, 편안하고, 걸림이 없는 것 같이 가볍고, 살 것 같아요. 마치 캄캄한 굴속에 있다가 바깥으로 나와 보니 밝은 하늘이 끝이 없는 것처럼 느껴지거든요. 갇혀 있던 데서 빠져나온 것 같고, 끝이 없는 것 같고, 그러면서도 살아가는 건 예전과 똑같아요. 희한하게 그렇게 되거든요.

이런 불가사의한 체험인 것이고, 《금강경》은 이것을 얘기하고 있는 겁니다. 이 법이 이렇게 와닿아서 드러나면, 죽어가던 사람이 다시 살아난 것 같은 느낌이 들어요. '뭔가 살 것 같다. 전에 이걸 모르고 살았던 삶은 참된 삶이 아니야. 꿈속에서 헛되이 산 허깨비 같은 삶이고, 이제는 진짜 살아 있는 사람이고, 제대로 진실한 삶을 산다.' 이렇게 말할 수 있죠. 진실이, 실상이 항상 이렇게 드러나 있기 때문에 집착할 건 없습니다. 아무것도 집착할 게 없어요. 있는 그대로가 다 실상이지, '이것이 실상이다' 하고 딱 붙잡아야 실상은 아닌 겁니다.

깨달음이라는 것은 있는 그대로가 본래 다 깨달음인 것이지, '이게 깨달음이구나' 하고 딱 집어 내서 그걸 붙잡고 있는 건 깨달음이 아니에요. 그렇게 되는 건 아닙니다. 원래 있는 이대로가 다 깨달음이어서 온 우주가 도(道) 아닌 게 없고 법 아닌 게 없는 것이지, '다른 것은 다 망상이고 이것만 진실, 실상이구나' 그렇게 되는 게 아니에요.

망상 그대로가 전부 실상인 겁니다. 이것은 취하고 버릴 게 없고, 취하고 버리는 분별망상에서 한 번 딱 벗어나는 겁니다. 생각에서 벗어나는 거예요. 생각을 벗어난다는 건 생각을 안 한다는 게 아닙니다. 생각을 항복시키고 생각을 벗어나는 체험, 이것은 안 해 본 사람은 모릅니다. 이것이 어떤 것인지 체험해 보면 알 수가 있어요.

〈신심명〉에서도 그렇죠. 〈신심명〉 제일 첫 구절에 '지도무난 유혐간택(至道無難 唯嫌揀擇)'이라고 나오잖아요. '도는 어려울 게 없다.' 왜 어려울 게 없는 거냐? 원래 있는 그대로 도이기 때문에 힘들고 어려울 게 없어요. 더러운 걸 깨끗하게 만드는 게 아닙니다. 잘못된 걸 바로잡는 것도 아니에요. 원래 있는 그대로가 깨달음이니까 도는 어려울 게 없다고 그러는 거예요. '지도무난' 지극한 도는 어려울 게 없다. 뭐만 필요하냐? '유혐간택'이라고 했거든요. '혐'은 싫어한다, 미워한다, 혐오한다는 말이거든요. '간택'이라는 것은 분별해서 취하고 버리고 하는 겁니다. 오직 가려내고 선택하는 그 분별만 싫어할 뿐이다… 왜? 그것 때문에 다 망상이 되니까 그렇습니다. 분별만 벗어나 버리면 깨달음이고 도다, 다른 깨달음은 없다, 이 말입니다.

그런데 분별이라는 것은 뭘 아는 건데, 분별을 벗어나는 것은 뭐냐? 모르죠. 아는 게 아니니까, 알 수 있는 게 아니니까 모르는 겁니다. 모르지만 체험은 됩니다. (법상을 톡톡 두드리며) 모르는데 체험이 돼요. 그래서 불가사의라고 하는 겁니다. 불가사의 해탈 법문이라고 하는 거예요. 해탈로 가는 법문은 불가사의다… (법상을 톡톡 두드리며) 모르지만 이렇게 체험이 돼요. 깨달음은 아주 간단한 겁니다. 분별만 벗어나면 깨달음이에요. 다른 깨달음은 없어요. 얻을 수 있는 진리는 없습니다. 얻을 게 없다고 《금강경》에서 계속 얘기하잖아요. 무상정등각, 최고의 깨달음에서 얻을 게 있느냐? '없다'고 자꾸 얘기합니다. 얻을 건 없어요. 분별에서 한 번 벗어나는 체험이 있을 뿐입니다.

이것이 불교입니다. 이것이 깨달음인 거예요. 다른 건 없습니다. (법상을 톡톡 두드리며) 이것을 깨달음이라고 하는 거예요. 뭐가 분별에서 벗어나는 거냐? (법상을 톡 두드리며) 이거다. 분별에서 벗어난 걸 법이라 하고, 도라 하고, 마음이라고 하는 겁니다. 그래서 뭐가 도냐? (법상을 톡 두드리며) 이것이다. 분별에서 벗어난 겁니다. 뭐가 도냐? (법상을 톡 두드리며) 이것이다. 뭐가 선이냐? (법상을 톡 두드리며) 이것이다. 뭐가 마음이냐? (법상을 톡 두드리며) 이것이다. (법상을 톡톡 두드리며) 분별에서 벗어난 거예요.

(법상을 톡톡 두드리며) 이것이 마음이고, 이것이 도고, 이것이 법이거든요. 분별에서 벗어났지만 살아 있는 마음입니다. 분별 안 하면 죽고 아무것도 없느냐? 아니에요. 살아 있는 겁니다. 그래서 항상 분별을 못하게끔 분별을 못하는 쪽으로 몰아가는 가르침이 바른 가르침이 됩니다.

마조 선사는 사람이 오면 동그라미를 그려 놓고, '안에 들어가도 안 되고 밖에 나가도 안 된다'고 했다 합니다. 그러면 그 자리에서 어떻게 할 방법을 모르죠. 동그라미를 땅바닥에 그려 놓고 '안에 있어도 안 되고 밖에 있어도 안 돼, 어디에 있어야 돼?' 그러니까 어떻게 할 도리가 없죠. 어떤 사람은 '한 발은 안에 있고 한 발은 밖에 있으면 되죠'라고 하는데, 안팎에 다 있는 거니까 그것은 더 안 되죠.

이런 것도 하죠. (죽비를 들어 올리며) '이것을 죽비라고 해도 안 되고, 죽비가 아니라고 해도 안 된다.' 이것이 결국 뭡니까? '죽비라고 해도 안 되고, 죽비가 아니라고 해도 안 돼. 이게 뭐냐?' 그러면 어떻게 할 방법이 없어요. 사고가 딱 멈춰 버리는 거예요. 생각이 딱 멈춰 버려요. '어?' 하면서 그냥 있는 거지, 어떻게 해야 할지 모르는 거죠. 이것은 분별을 항복시키기 위한 시도인 겁니다.

그러면 아무 생각 없이 멍하니 있는 게 깨달음이냐? 깨달음은 아니죠. 멍하니 있는 거지, 깨달음은 아니죠. 은산철벽이라고 한단 말이에요. 은산철벽에 딱 막혀 있는 것이죠. 깨달음은 통해야 하는데 막혀 있는 거잖아요. 은산철벽이라고 하고, 금강권, 율극봉이라고도 합니다. 금강권은 금강석으로 만든 울타리라는 뜻입니다. 금강석으로 만들어 놓은 감옥이라는 말이니까 그걸 깨고 나올 수 없다는 뜻이에요. 율극봉이라는 것은 밤송이란 말인데, 조그마한 밤송이를 삼켰는데 목에 딱 걸렸어요. 가만히 있어도 아프고, 삼키려 하면 더 아프고, 뱉으려 해도 더 아프고, 어떻게 할 방법이 없다는 말이거든요.

이 법을 가리킬 때는 분별할 수 없는 법을 가리키는 게 바른 가르침이고, 이것이 참 선지식인 겁니다. 들어 보니까 무슨 말인지 알겠다면 그것은 망상하는 사람이고, 쓸데없이 재미있는 이야기로 사람을 웃기는 사람은 그냥 코미디언입니다. 법문 한다면서 재밌는 이야기를 하면, 그건 법문 하는 사람이 아니고 코미디언에 불과한 거죠. (법상을 톡 두드리며) 법문은 들어 보면 무슨 말 하는지 모르겠고, 뭔가 얘기를 하고 뭘 가리키고 있긴 한데 무엇이 어찌 되는지 모르겠다는 거예요. 그것이 진짜 좋은 법문이에요. 뭔가를 가리키긴 하는데 뭔지 모르겠다 하면서 계속 듣고 있다 보면, 언젠가는 분별망상이 한 번 항복하게 되어 버립니다. 그런 체험이 온단 말이에요. 그것이 바로 깨달음이에요. 깨달음은 그렇게 되는 겁니다. 다른 길이 없어요.

단계를 밟아서 닦아 가면 될 것 같지만, 천만의 말씀입니다. 그건 안 됩니다. 중생 세계를 뭐라고 합니까? 삼계라고 하죠. 욕계, 색계, 무색계라고 하는데, 무슨 뜻이냐면 욕계는 욕망에 지배당하는 세계라는 뜻이고, 욕계에는 6개의 하늘나라가 있습니다. 그다음 색계는 물질에 지배당하고 육체에 지배당하는 세계라는 말인데, 거기에는 18단계가 있어요. 무색계는 의식을 못 벗어나는 세계로 4개의 단계가 있어요. 그 단계가 뭐냐면 선정의 단계라고 되어 있습니다. 그래서 6개, 18개, 거기다 4개를 더하면 28개, 선정의 단계를 28개로 해 놓은 게 삼계입니다. 그냥 우리가 사는 세계라는 뜻이 아닙니다.

선정을 닦지만 욕망을 여전히 못 벗어난 단계가 6개가 있고, 욕망을 벗어나서 선정을 계속 닦지만 육체에 대한 집착에서 못 벗어난 18가지 단계가 있어요. 그다음 육체에 대한 집착도 벗어나고 욕망도 다 벗어났지만, 분별하는 의식을 못 벗어난 단계가 4개 있는데, 전부 중생세계입니다. 그래서 삼계가 바로 중생 세계라고 하는 겁니다. 일반적인 세계라는 뜻이 아닙니다. 수행하는 사람들을 가리키는 말이에요. 삼계를 벗어난 게 뭐냐면 그것도 선정입니다. 멸진정(滅盡定)이라고 하는데, 아라한의 선정을 멸진정이라고 하거든요. 멸진이란 건 욕망도 모조리 다 사라졌다는 뜻입니다. 욕망도 사라지고, 육체에 대한 집착도 사라지고, 의식도 사라졌다는 거예요. 그래서 뭐라고 할 건 아무것도 없다, 말하자면 분별을 벗어났다는 말이에요. 그것이 멸진정이고 깨달음이라고 하거든요.

28단계를 평생 아무리 열심히 닦아서 높은 단계까지 갔다 하더라도 그냥 중생이라는 말입니다. 결국 깨달음은 멸진정 하나밖에 없어요. 분별에서 딱 벗어나면 바로 깨달음이에요. 옛날 선사들이 10년, 20년 수행해서 분별을 벗어나는 깨달음을 얻는 것이나, 지금 이 자리에서 말 한마디 듣고 분별을 탁 벗어나는 깨달음을 얻으나, 깨달음을 얻고 나면 똑같다고 얘기하는 거예요. 왜? 깨달음은 분별을 벗어나는 이것 하나밖에 없기 때문에 멸진정이라 해요. 보통 사람은 단계를 밟아 올라가서 28개의 선정 단계를 다 거쳐야 멸진정이 되는 게 아닌가 오해할 수 있는데, 그렇지 않습니다. 단계를 밟아가는 것은 앞 단계를 밟고 그다음 단계로 올라가는 거지만, 멸진정이라는 것은 마치 꿈꾸는 사람이 눈을 번쩍 뜨는 것과 같아서 단계가 없는 겁니다. 거기에는 단계가 없는 거예요. 누구든지 그런 체험을 할 수가 있습니다. 꿈꾸는 사람이 잠을 깨는 것과 똑같습니다.

실제로 아주 유사한 면이 있는데, 꿈꿀 때 악몽을 꾸다가 깬 경험들이 다 있을 겁니다. 악몽을 꾸면서 진땀이 나고 깨고 싶어서 막 발버둥을 칩니다. 악몽이지만 나중에 꿈인 줄 알거든요. 그런데 깨어나지 못해서 눈이 안 떠져요. 무슨 방법이 있습니까? 예를 들어, 어떤 사나운 짐승이 쫓아온다면, 멀리서 올 때는 안 깨거든요. 그런데 가까이 와서 공격당하는 순간에 눈이 탁 떠진다고요. 극한 상황까지 가면 저절로 눈이 탁 떠져요. 무슨 방법이 있는 게 아닌 거예요. 그런 것과 유사한 겁니다. 깨달음이라는 게 (법상을 톡톡 두드리며) 꽉 막혀 있다가, 어찌할 바를 모르고 있다가, 어느 때가 되면 자기도 모르게 망상에서 벗어나는 체험이 온단 말이에요.

원래 이 깨달음을 '각(覺)'이라고 하는데, 이 말은 원래 잠에서 깬다는 뜻입니다. 잠에서 깨듯이 툭 하고 깨는 겁니다. 잠 깨는 데 무슨 단계가 없습니다. 누구든지 법문만 들으면 다 깨닫느냐? 그건 아니고, 오래오래 들으면서 여기에 관심이 있고 깨달음을 원해야 해요. 깨달음을 원하는 것을 서원이라고 합니다. 불교에서 서원이 굉장히 중요합니다. 깨닫기를 원해야 해요. 잠에서 깨기를 원해야 합니다. 그 원이 오래되면 원의 힘으로 어느 순간에 자기도 모르게 탁 눈을 뜨는 체험을 하는 겁니다. 어떤 방법이 있는 건 아닙니다. 원의 힘입니다. 불교에서 서원이라는 말을 많이 하잖아요.

내가 깨닫고자 간절하게 원하면 스승이 없이 깨달을 수도 있어요. 석가모니 같은 경우가 스승 없이 깨달은 사람이거든요. 깨달음을 원해서 왕국도 버리고 가정도 버리고 다 출가했는데, 스승을 찾아가서 수행을 했지만 깨닫지 못했잖아요. 나중에 스승 없이 혼자 보리수 밑에 앉아서, 깨닫고는 싶은데 스승도 없고 어떻게 방벌도 없고 앞뒤가 꽉 막혀 앉아 있었던 거죠. 그러다가 갑자기 새벽에 샛별이 반짝하는 걸 보고 툭 깨쳤다고 하잖아요. 원이 있으면 깨닫는 겁니다. 원이라는 게 결국은 발심이기도 하고, 자기가 깨닫고자 하는 그 뜻이죠. 다른 건 필요 없어요.

석가모니의 깨달음만 봐도 알 수 있잖아요. 무슨 특별한 수행을 한 게 아닙니다. 처음에는 수행을 했지만, 깨닫지 못했단 말이죠. 고행도 해 보고 수행도 해 보고, 석가모니가 처음에 출가해서 좌선 수행을 열심히 했잖아요. 못 깨달았거든요. 고행도 몇 년을 했지만 못 깨달았어요. 다 때려치우고 보리수 밑에 앉아서, 그때 졸도 안 오고 깨닫고 싶은데 안 되다가, 우연히 샛별이 반짝하는 걸 본 순간 깨달았다고 하는데, 때가 되면 그렇게 되는 겁니다.

법문 듣는 것도 마찬가지예요. 무슨 방법이 있는 건 아니고, (법상을 톡톡 두드리며) 깨닫고자 하는 원을 가지고, 법문을 해 주니까, (법상을 톡 두드리며) '이게 법이다' 하는 걸 가리켜 주잖아요. 가리켜 주는 사람이 있으면 자극을 받기 때문에 좀더 쉬워요.

이게 법이라는 것을 자꾸 이렇게 가리켜 드리거든요. 법을 가리켜 드리니까 (법상을 톡 두드리며) 여기서 소식이 오는 건 좀더 쉽습니다. 석가모니는 어렵게 했지만, 우리는 그렇게 어렵게 할 필요가 없단 말이죠. 쉬워요. 이것이 법이거든요. (법상을 톡 두드리며) 가리켜 드리잖아요. 법이 뭐냐? (법상을 톡 두드리며) 이것이다. 마음이 뭐냐? (법상을 톡 두드리며) 이것이다. 도가 뭐냐? (법상을 톡 두드리며) 이것이다. 가리켜 드리잖아요. (손가락을 올리며) 가리켜 드리는 것을 자꾸 접하다 보면… (손가락을 올리며) 제가 헛되이 이렇게 얘기하는 게 아닙니다. (법상을 톡 두드리며) 이것을 방편이라 여기고 '저것은 방편인데 깨달음은 어디 있을까?' 이렇게 생각하면 안 돼요. (법상을 톡톡 두드리며) 분명히 여기서 가리키고 있습니다. 그냥 방편이라고 여기면 안 돼요.

(법상을 톡톡 두드리며) 이것을 가리키고 있습니다. 분명히 가리키고 있는 겁니다. (손가락을 들며) '바로 이것이다' 하고 계속 가리켜 드리고 있잖아요. 바로 이것이다. (손가락을 들며) 부처가 뭐냐? (손가락을 들며) 이것이다. 마음이 뭐냐? (손가락을 들며) 이것이다. 도가 뭐냐? (손가락을 들며) 이것이다. 가리켜 드리고 있어요. 여기서 한 소식이 딱 오는 겁니다. 나중에 소식 오고 나서 보면 이것이 다 드러나 있어요. 원래부터 드러나 있는 걸 가리키고 있는 겁니다. 그냥 헛되이 가리키고 있는 건 아니에요. 누구에게나 나타나 있는 걸, 드러나 있는 걸 가리키고 있는 겁니다. (법상을 톡톡 두드리며) 살아 있는 사람에게는 이것이 다 있어요. 이것이 누구한테나 다 드러나 있습니다. 그런데 분별이 되는 게 아니니까 못 보고 있는 거예요.

허공과 같다고 했는데, 여기도 허공이 있죠. 앞에 있는데 허공이 보입니까? 안 보이잖아요. 사물만 보이지 허공은 안 보입니다. 허공이 있잖아요. 허공이 없는 데가 없잖아요. 그런데 허공이 안 보여요. 안 보이지만 온 천지에 허공이 분명히 있습니다. 안 보이니까 이걸 모르고 사는 거지만, (법상을 톡톡 두드리며) 있습니다. 다 있습니다. 마음이 허공과 같단 말이죠. 마음이 이렇게 온천지에 다 있어요. 있는데 눈에 보이는 것도 아니고, 귀에 들리는 것도, 손에 잡히는 것도 아니고, 생각으로 헤아릴 수 있는 것도 아니고, 모르는 건데 체험이 되는 겁니다. 이미 다 있기 때문에, 모든 사람한테 이것이 다 드러나 있기 때문에 '마음이 부처다'라고 하는 거예요. 마음을 깨달으면 그게 바로 깨달음이라는 말입니다. 마음이 부처라는 말은, (법상을 톡 두드리며) 이것이 마음이거든요. 마음을 깨달으면 바로 그것이 깨달음이기 때문에 '마음이 곧 부처다'라고 한 거예요. 이것이 마음이에요. (법상을 톡톡 두드리며) 이것이 (손가락을 들며) 마음입니다.

그래서 "마음이 뭡니까?" 물어보면 "날씨가 차가우니 따뜻하게 옷을 입어라" 이렇게 한다든지 그렇게 얘기하는 거예요. 마음이 뭡니까? "뜰 앞에 있는 잣나무다." 도가 뭡니까? 마음이 뭡니까? 부처가 뭡니까? 똑같은 질문이에요. 이것을 묻는 것이고, 답을 여러 가지로 하는 거예요. "남쪽에서 바람이 불어오니까 시원하구나", "동산이 물 위로 간다" 하기도 하고, "개한테는 불성이 없다"라는 말도 다 이것을 가리키고 있는 겁니다. 이겁니다. 누구한테나 이것이 마음이고, 이것이 부처고, 이것이 도입니다. 단지 알 수가 없으니까 한 번 탁 (법상을 톡톡 두드리며) 체험이 와야 해요. 이것이 부처고, 이것이 도고, 이것이 마음이고, 이것이 선이고, 이것이 불법이지, 다른 불법은 없습니다. (법상을 톡톡 두드리며) 이것 하나.

12. 존중정교분
바른 가르침을 존중해야 한다

"또 수보리야, 이 경이나 사구게 등을 따라서 말한다면 마땅히 알아라. 이곳은 모든 세간과 하늘 사람과 아수라가 전부 부처님의 탑묘처럼 공양해야만 한다. 그러니 하물며 어떤 사람이 이 경을 모조리 기억하고 소리 내어서 읽는다면 어떻겠느냐? 수보리야, 이 사람은 가장 뛰어나고 드문 법을 성취한 사람임을 알아야 한다. 만약 이 경전이 있는 곳이라면, 부처님이나 존중할 만한 제자가 있는 것과 같다."

"復次, 須菩提. 隨說是經乃至四句偈等, 當知此處一切世間天人阿修羅, 皆應供養如佛塔廟, 何況有人盡能受持讀誦? 須菩提, 當知是人成就最上第一希有之法. 若是經典所在之處, 則爲有佛若尊重弟子."

《금강경》 제12 존중정교분(尊重正敎分)입니다.

존중한다… 많이 쓰는 말이죠. 귀하고 중하게 여긴다는 말인데, '정교(正敎)' 바른 가르침을 귀하게 여기고 중요하게 여긴다는 말입니다. 바른 가르침이라는 것은 딴 게 아니고 바로 이것을 가리키는 거죠. 이것을 마음이라 하기도 하고, 도라 하기도 하고, 법이라 하기도 하는데, 이것을 가리키는 겁니다. 말은 가리킨다고 하지만, 이것은 사실은 가리킬 수 있는 것이 아니에요. 이쪽/저쪽이 없고, 주관/객관이 없고, 안팎이 없으니, 가리킨다는 말도 정확하게 맞지는 않습니다. 사실상 여기에 관해서 맞는 말은 없는데, 안 맞아도 방편으로 대충 얘기하는 겁니다.

이것입니다. (손을 들며) 이 일 하나만 있을 뿐이에요. 바로 이것. 여기에 관해서는 어떤 판단도 하지 말고 생각도 하지 마십시오. 이것을 어떤 것이라고 판단하고, 공부를 어떻게 해야 한다고 생각하면, 모든 판단과 생각은 전부 망상입니다. 이것은 그렇게 하는 것도 아니고, 그런 것도 아니에요. 어떤 것도 아니고, 어떻게 해야 하는 게 아니에요. 이것, 그냥 이것입니다. 항상 늘 있는 그대로입니다. 어떻게 할 것이 없고, 어떤 거라고 말할 수도 없어요. 바로 지금 이것이니까 늘 있는 그대로일 뿐입니다. 이것을 불생불멸이라 하잖아요. 이것은 어떻게 되는 게 아닙니다. 늘 있는 이대로인데, (손가락을 들며) 늘 있는 그대로 여여할 뿐인데, 자꾸 생각을 하니까… 여여함과 생각은 안 맞거든요. 그래서 깨닫지 못하는 거죠. 이것은 늘 이대로 여여할 뿐이에요.

늘 그냥 이 일이지, 다른 일은 없습니다. 생각을 하면 여기에 안 맞아요. 이것을 불교, 부처님의 가르침이다, 또는 깨달음에 관한 가르침이다, 그렇게 이름 붙인 거예요. 이름은 상관하지 마십시오. 이름은 의미가 있으니까 다 망상이에요. 이름은 상관할 필요가 없어요. 뜻을 따라가지 말고…《금강경》에서는 상이라고 합니다. 상이라는 게 뜻이라는 말이거든요. 눈에 보이는 모습이라는 의미로서 상이 아니라, 모든 게 분별되는 뜻이 있으면 그게 상이예요. 분별이 바로 상입니다. 분별상이라고 하거든요. 이것은 그런 게 아니에요. 이것은 지금 바로 이것이죠. (법상을 톡톡 두드리며) 바로 이것이고, 언제나 이것이고, 항상 이렇게 여여할 뿐입니다.

어떻게 되는 게 아니고, 항상 이렇게 여여하게 있을 뿐입니다. 생각을 한 번 벗어나서 여기에 한 번 탁 통해서 체험되어야 하는데, 그게 문제죠. 법은 언제나 변함없이 여여한데 사람이 스스로 헤매고 다닌다는 말을 하죠. 법은 언제나 변함없이 이렇게 여여하게 온 천지에 항상 그대로인데, 사람이 스스로 온갖 망상을 하면서 헤맨다… 그것이 우리 문제죠. 법은 늘 이렇게 여여한 겁니다. 다른 법이 없어요. 언제나 이 법 하나가 있을 뿐이죠. 존중한다고 하는데 존중할 것도 없고 당연한 일입니다. 공부하는 사람은 법이 최고니까 방편으로 존중한다는 말을 하는 거죠.

그런 말도 있잖아요. 석가모니가 처음에 어머니의 옆구리에서 태어났고, 옆구리에서 나와 사방으로 일곱 걸음을 걸은 뒤 '천상천하 유아독존'이라고 한마디 했다고 해요. 하늘 위에, 하늘 밑에, 이 말은 온 천지, 온 우주에서 유아독존이다, 나만 홀로 존귀하다… 이런 말을 했거든요. 그때 '나'라는 것은 아상, 망상의 '나'가 아니라 이 법을 가리키는 거예요. 오직 이 법 하나만이 존귀하다, 그런 말을 했단 말이죠.

존귀하다는 말은 귀중하고 좋은 것이라는 말인데, 오직 이 진실 하나만이 좋은 것이다… 물론 방편의 말인데, 그렇게 말할 만한 이유는 있죠. 왜냐하면 여기에 통해서 이 속에 사는 사람이 되면 늘 번뇌가 없어요. 아무 걸리는 게 없고, 어둠 속을 헤매는 게 없어요. 마음이 항상 밝고 늘 이렇게 명백하고 지혜가 있어서 번뇌라는 게 없죠. 그런데 이것 외에 나머지는 전부 분별되는 세간의 일이기 때문에 그것은 전부 번뇌입니다. 그러니까 이것만이 존귀하다고 믈할 만하죠. 그것도 방편의 말이에요. 왜냐하면 실제로 통달이 된 입장에서 그런 생각을 하느냐 하면, 그렇지 않고 아무 생각이 없어요. 아무 생각이 없고, 법이 이렇게 늘 드러나 밝게 있을 뿐이고, 너무 당연한 거죠. 특별한 게 아니에요. 당연해지지 못하면 이것을 특별하게 여기죠. 중생들을 위해서 존중해야 한다, 존귀하다, 그런 말을 하긴 하죠.

　세존이라고 말하잖아요. 부처님이라 하기도 하고 세존이라고 하죠. 세존이라는 말이 세상에서 가장 존귀한 사람이라는 뜻이거든요. 세간에서는 존귀함이 있다는 말이에요. 그러나 출세간법에서는 그런 게 없어요. 존귀하다, 존귀하지 못하다, 그런 게 없다고요. 세존이라는 것은 세상에서 볼 때는 가장 존귀하다는 말로 세존이라 하기도 해요.

　이 법입니다. 이것 하나예요. 다른 것은 없습니다. 깨달음이라고 하니 이상하고 희한한 상상을 할 수도 있죠. 신통방통한 무슨 일이 있는가 하고. 우주의 진리를 다 알아서 모르는 게 없다는 얘기를 하니까 물리학도 알고 수학도 알고 화학도 알고 생물학도 알 거라는 헛된 생각을 하는데, 말을 오해해서 그런 겁니다. 이것을 깨달아서 모르는 게 없다는 말을 하긴 하죠. 기독교에서도 그런 말 하잖아요. 하느님은 전지전능하다… '전지'는 다 안다는 말이고, '전능'은 못하는 게 없다는 말입니다. 이것을 가지고 하는 말입니다. 안다는 것은 분별하는 세상의 일을 안다는 게 아니라, 세상 온갖 일이 있더라도 이 법을 안다는 말입니다. 법을 알아서 세상에 속지 않는다는 말이에요.

그다음 전능하다, 못하는 게 없다는 말은 세상에 무슨 일이 일어나도 이 법을 벗어나는 게 없다는 말입니다. 일체유심조와 같은 말이죠. 전부 마음이 다 만든다… 그 마음이 전능한 거죠. 못하는 게 없는 거고, 일체 모든 것은 마음에서 벗어나지 않는다, 마음이 모르는 게 없다. 무슨 일이 일어나더라도 여기서 알고 있고 여기서 하고 있는 일이다…

하늘을 하늘이구나, 땅을 땅이구나 하고 아는 것부터 시작해서 온갖 일을 여기서 아는 겁니다. 이것을 벗어나서 아는 건 없어요. 그런 면에서도 전지하다는 말을 할 수 있겠죠. 전지전능하다… 기독교도 사실 알고 보면 이것을 얘기하고 있어요. 잘못 믿으면 하느님이 따로 있고 헛소리를 하는 것이고, 기독교도 바르게 보면 하느님이 어디 있나, 하늘나라가 어디 있나, 천당이 어디 있나, 바로 네 속에 있다, 이런 얘기를 하거든요. 바로 이것을 가리키는 거예요. 전부 다 이것 하나를 가리키는 것이지 다른 걸 가리키는 게 없어요.

(법상을 톡톡 두드리며) 이것 하나뿐입니다. 다른 거 없어요. 세상에 종교가 아무리 많아도 말을 조금씩 다르게 해서 그렇지, 이것을 깨닫고 지혜를 갖춘 뒤 보면 다 이것을 얘기하고 있습니다. 다른 거 얘기하는 게 없어요. 왜냐? 진실을 깨닫는다는 것은 누가 깨닫더라도 다 똑같은 사람이고 똑같은 걸 깨닫는 거죠. 말을 조금씩 다르게 할 뿐이죠. 그런데 아무리 말을 다르게 해도 이것을 확인하고 안목이 딱 갖추어진 입장에서 보면, 다 저런 식으로 이것을 말하는구나… 불교 안에서도 얼마든지 다양하게 얘기하죠. 소승 불교니 대승 불교니 밀교니 선이니 해서 다른 것처럼 얘기하지만, 알고 보면 다 똑같은 얘기를 하고 있는 겁니다. 이것을 가리키고 있는 것이지 다른 건 없어요.

이것뿐입니다. (법상을 톡톡 두드리며) 여기 한 번. 이것이 와닿아야 해요. 이것 하나. 우리가 깨닫지 못하고 있는 진실이에요. 이것이 한 번 드러나 버리면 그냥 이것뿐이에요. 더이상 숨겨져 있는 건 없습니다. 이것을 깨닫지 못하면 항상 뭐가 있는가 하고 자꾸 찾아 헤매요. 세상 사람들이 여행을 왜 갑니까? 거기 가면 뭔가 색다른 경험을 할 수 있을까 하고 가잖아요. 겉으로 모습만 쫓아다니고, 자기 기분이나 느낌이나 이런 것만 쫓아다니니까 그러고 있는 겁니다. 이것을 깨닫고 법이 딱 분명하면 이 세상 어디를 가든지 다 똑같습니다. 다른 거 아무것도 없습니다. 지구뿐만 아니라 화성이나 달에 가도 똑같아요. 다른 거 아무것도 없어요. 겉모습은 다르지만 진실은 똑같다는 말이에요. 어디로 가든지 간에 이것 하나가 있을 뿐이에요.

이것을 깨닫지 못하면 뭘 찾아서 헤매는 것이고, 이것을 깨달아서 법이 이렇게 분명하면 할 일이 없어요. 갈 데도 없고, 아무것도 바라는 것이 없어요. 왜? 지금 눈앞에 드러나 있는 게 전부거든요. 여기 다 나와 있는 겁니다. 《화엄경》에서는 뭐라고 했어요? 털끝 위에 우주가 다 있다, 털구멍 속에 우주가 다 있다, 이런 말을 하는 거예요. 털구멍이나 털끝이라는 것은 제일 작은 거거든요. 제일 작은 것 속에 우주가 다 들어 있다고 얘기하는 겁니다. 그러니까 먼지 하나만 봐도 여기에서 모든 게 다 드러나 버리기 때문에 더이상 남아 있는 비밀이 없습니다. 이것을 깨달은 거예요. 이것이 한 번 와닿아야 해요. 이것뿐. 이것도 알아야 하고 저것도 알아야 하고, 이런 게 아니에요. 이것 하나뿐입니다. 여러 가지가 있지 않습니다. 그래서 대승 불교에서는 항상 일불승(一佛乘)이라고 얘기해요. '세계일화(世界一花)' '세계일미(世界一味)' 이런 말 많이 하잖아요. 세상은 한 송이 꽃이다… 여러 송이가 있는 게 아니라는 말이에요. 세계일미, 세상의 맛은 하나밖에 없다, 그런 식으로 얘기하죠. 이것뿐인 겁니다. 다른 건 없어요.

이것만 한 번 체험이 되고 확인되어 버리면, 인생의 비밀 같은 건 없습니다. 인생에 무슨 깊은 비밀이 숨겨져 있는가, 어떻게 살아야 하는가, 이렇게 고민할 일이 없어져 버려요. 삶과 죽음이 없다고 하는 거죠. 그런 게 없어요. 항상 똑같아요. 늘 한결같이 이 일 하나가 있을 뿐입니다. 무슨 일이 있더라도, 건강할 때도 이것뿐이고, 아플 때도 이것뿐이고, 맑은 날에도 이것뿐이고, 비 오는 날에도 이것뿐이고, 배가 부를 때도 이것이고, 배가 고플 때도 이것이고, 더울 때도 이것이고, 추울 때도 이것이고, 다른 날이 없어요. 다른 게 없습니다. 언제든지 이 일 하나밖에 없습니다. 항상 밝아서 헤매는 일이 없고, 무슨 일이 일어나더라도 중생도 없고, 부처도 없고, 공도 없고, 색도 없고, 깨달음도 없고, 미혹함도 없어요. 아무 차별이 없습니다. 모든 것이 한결같이 똑같아요.

그런데 이것이 확실하지 않으면, 뭔가 깨달음이 있고, 미혹함이 있고, 좋은 게 있고, 나쁜 게 있고, 계속 그런 차별을 하게 되고, 그리되면 '취하고 버리고'가 되죠. 좋은 건 좋아하고 나쁜 건 싫어하고 취사간택을 하게 되니까 그것이 번뇌입니다. 이것이 한 번 와닿아서 분명하면 취사간택하는 일이 없습니다. 좋은 것도 없고 싫은 것도 없고, 아무 그런 게 없어요. 만법이 똑같아요. 언제든지 이 법 하나가 있을 뿐이거든요.

겉으로 드러난 것을 구분하지 않는다는 뜻은 아닙니다. 예를 들어, 어떤 물건을 사러 가면 품질이 좋은지 나쁜지, 가격이 비싼지 싼지는 구분할 줄 알아야죠. 그런 구분을 안 한다는 게 아니라, 마음속에서 좋고 나쁨이 없으니까 번뇌가 없는 거예요. 사물은 좋은 게 있고 나쁜 게 있죠. 그걸 얘기하는 건 아닙니다. 지혜가 없는 사람은 그런 혼동을 할 것이고, 지혜가 있으면 그런 혼동은 안 하죠.

또 수보리야, 이 경이나 사구게 등을 따라서 말한다면 마땅히 알아라. 이곳은 모든 세간과 하늘 사람과 아수라가 전부 부처님의 탑묘처럼 공양해야만 한다. 그러니 하물며 어떤 사람이 이 경을 모조리 기억하고 소리 내서 읽는다면 어떻겠느냐? 수보리야, 이 사람은 가장 뛰어나고 드문 법을 성취한 사람임을 알아야 한다. 만약 이 경전이 있는 곳이라면, 부처님이나 존중할 만한 제자가 있는 것과 같다.

잘 보세요. 잘 보지 못하면 완전히 엉터리로 읽습니다.

또 수보리야, 이 경이나 사구게 등을 따라서 말한다면 마땅히 알아라. 이곳은 모든 세간과 하늘나라와 아수라가 전부 부처님의 탑묘처럼 공양해야만 한다.

이때 '이 경이나 사구게'가 이 경전에 있는 문자를 얘기하겠어요? 이것이 여기 글자를 얘기하겠습니까? 대표적으로 그런 말이 있잖아요. '삼천대천세계를 칠보로 장식하는 것보다 이 경전의 한마디 말이 훨씬 더 좋다.' 비교도 안 된다는 말을 많이 하죠. 그때 이 경전에 나오는 말 한마디라는 뜻이겠어요? 여기서 경이나 사구게라고 하는 말은 이 법을 가리키는 거예요. 법을 가리키기 때문에 세상의 어떤 것보다도 이것이 더 뛰어난 것이라고 얘기하는 것이지, 《금강경》이라는 문자로 된 경전을 가리키는 건 아닙니다. 그것을 오해하면 완전히 엉터리가 되는 겁니다.

경이라는 것은 그렇잖아요. 삼천대천세계를 칠보로 장식한다… 너무 거창하니까 내버려두고, 예를 들어 천만 원짜리 다이아몬드가 하나 있을 때, 이 경전과 비교하면 어느 게 더 나아요? 경전은 천만 원 있으면 백 권도, 천 권도 더 삽니다. 다이아몬드 하나가 훨씬 낫죠. 경전이라는 게 문자라고, 책이라고 얘기한다면 말이죠. 그런데 왜 다이아몬드로 세상을 장식하는 것보다 이 경이 낫다고 얘기하느냐? 이때 경이니 사구게니 하는 말은 문자를 얘기하는 게 아니고 (손가락을 흔들며) 이 법을 가리키는 거라서 그러는 겁니다. 경이라는 건 뭡니까? 법을 가리키는 손가락이잖아요. 부처님의 말씀이라는 건 뭐예요? 이 법을, 달을 가리키는 손가락이라고 했잖아요. 경전은 중요한 게 아닙니다. 손가락은 중요한 게 아니에요. 달이 중요한 것이죠. 그래서 경이니 사구게니 하는 것은 전부 불법을 가리키는 거예요. 문자를 가리키고 책을 가리키는 게 아닙니다. 그것을 모르면 완전히 엉터리가 되어 버리는 거고, 말이 안 되는 겁니다.

또 수보리야, 이 경이나… 말만 따라가면 그런 것 같아요. 이 경이나 사구게 등을 따라서 말한다면 이곳은 모든 세간과 하늘과 아수라가 전부… 세간, 하늘, 아수라는 중생들이거든요. 육도중생이란 말이에요. 육도가 인간, 천당, 축생, 아수라, 아귀, 지옥, 6가지잖아요. 다 중생들이에요. 천당도 하늘나라도 다 중생입니다.

이곳은 모든 세간과 하늘나라와 아수라가 전부 부처님의 탑묘… 탑이라고 하는 건, 절에 가면 탑이 다 있죠. 탑을 모시고, 탑돌이도 하고, 탑을 왜 받들어 모시겠어요? 탑은 여기 나와 있듯이 묘입니다. 부처님의 무덤이거든요. 탑을 최초로 만든 건 석가모니가 죽고 나서… 인도에서는 화장을 하잖아요. '다비'라고 하죠. 화장을 해서 남은 뼛조각을 모셔 놓은 게 탑이거든요. 탑은 무덤이에요. 그런데 단순히 육체적으로 뼛조각을 모시는 건 사실 아무 의미가 없어요.

우리나라에도 '적멸보궁'이라는 데가 있어요. 부처님의 진신사리를 모시는 탑이 있다는 말이거든요. '진신사리'라 해요. 말을 잘 보세요. 사리는 사리인데 무슨 사리예요? '진신사리'란 말이에요. 육신사리가 아닌 거예요. '진신(眞身)'은 뭐예요? 마음을 가리키는 거예요. 법을 가리키는 겁니다. 육신을 가리키는 게 아니에요. 형식적으로는 육신을 태워서 남은 뼛조각을 갖다 놓고 방편 삼아서 법을 가리키고 있는 거예요. 그래서 탑묘를 모시고 적멸보궁이라고 하는 겁니다. 타고 남은 뼛조각을 갖다 놓고 무슨 적멸보궁입니까? 그런 의미가 아니고 그것이 '진신'이라는 말이에요.

'진신'은 뭐예요? 육신이 아니고 마음을 가리키는 거거든요. 실제로는 뼛조각을 넣어 놓은 탑이지만, 의미는 바로 이 법을 가리키는 것입니다. 진신사리를 모셨기 때문에 적멸보궁이라… 적멸이라는 게 뭡니까? 열반이란 말이에요. 열반이 있는 보물 같은 궁전이라는 말이거든요. 몸이 죽어서 불타는 게 열반입니까? 마음이 번뇌망상을 벗어나는 게 열반이거든요. 그것이 적멸보궁인 거예요. 법을 가리키는 거예요. 다 법을 가리키는 겁니다. 뼛조각은 법을 가리키는 하나의 상징물로 갖다 놓고 방편으로 쓰는 거예요.

부처님의 탑묘처럼 공양해야 한다… 탑묘라는 것은 진신사리가 있는, 이 법이 있는, 법을 공양하는 것처럼 이 경도 같이 공양해야 한다. 왜? 경도 법이고, 다 법을 가리키고 있기 때문에 그렇습니다. 문자를 가리키는 게 아닙니다. 적멸보궁이라는 게 불타고 남은 뼛조각을 가리키는 게 아니에요. 법을 가리키는 것이고, 《금강경》이라는 것도 경전이라는 것도 문자를 가리키는 게 아니에요. 부처님이 돌아가시기 전에 한 말이 있잖아요. 뭐라고 했습니까? 내가 49년 동안 단 한마디도 말하지 않았다고 했어요. 내 말을 따라가지 말라는 말이에요. 나는 말이 아니라 법을 보여 줬다는 말이에요. 경은 법이지, 말을 가리키는 게 아니라는 말입니다.

(손가락을 들며) 이것을 가리키는 겁니다. 경전은 바로 이것을 가리키는 것이고, 탑도 이것을 가리키고 있는 거예요. 법을 깨달아야 하니까, 법이 가장 존귀한 거니까 탑이 항상 공양의 대상이 되는 겁니다.

그러니 하물며 어떤 사람이 이 경을 모조리 기억하고 소리 내어 읽는다면 어떻겠느냐?

이것 때문에 《금강경》을 독송하는 데, 읽는 데에 대단한 뭐가 있는 것처럼 줄기차게 읽는 사람들이 있는데, 말을 따라가서 엉뚱한 짓을 하고 있는 거예요.

하물며 어떤 사람이 이 경을 모조리 기억하고 소리 내어 읽는다… 이 말만 보면, 《금강경》을 열심히 읽어서 다 기억하고 항상 읽어야 하는구나 하겠죠. 말을 따라가면 그렇게 되는 거예요. 그런데 경이 뭐라고 했습니까? 경은 바로 법이고, 우리 마음입니다. 어떤 사람이 이 경을 모조리 기억하고 소리 내어 읽는다… 지금 경이라는 책을 방편으로 삼았기 때문에 그렇게 말은 하지만, 내용 자체는 뭐예요? 언제나 이 법을 잃어버리지 않고 법을 깨달아서 항상 이 법이 밝아 있다는 말이죠. '경을 소리 내어 기억하고', 방편으로는 책을 말하는 것 같지만 내용상으로는 법을 말하는 것이라는 말이에요.

항상 하는 말이 있잖아요. 방편을 잘못 읽지 마라, 방편을 잘못 이해하지 마라, 방편을 잘못 이해하면 손가락을 달로 오해하는 것이다… 이것을 잘못 이해하면, 경전이 그렇게 중요한가 보다, 경전을 소리 내어 읽고 외우고 기억해야 하겠구나 하게 되는데, 그러면 그건 뭡니까? 손가락을 달로 오해한 겁니다. 그런 게 아니고 이 경이라는 것은 이 법을 가리키는 거니까, 경을 모조리 기억하고 소리 내어 읽는다는 것은 이 경전에 관해 모르는 게 없이 항상 알고 있다는 뜻이고, 경이 바로 법이라면 언제나 이 법이 밝아 있어서 어두울 때가 없고 항상 여여하다는 뜻인 겁니다.

그런 방편도 쓰거든요. 부처도 죽이고 조사도 죽여라… 그런 말을 하거든요. 그것은 죽이는 게 아니라, 자기가 법을 깨달아서 법이 분명하면 저절로 그런 모든 상이 다 사라져 버립니다. 이것을 깨닫기 전에는 부처, 깨달음, 보리, 해탈, 열반, 이런 말을 가지고 공부하지만, 실제로 체험을 툭 해서 자기가 여법해져 버리면, 그 말은 전부 방편의 말일 뿐입니다. 더는 쓸모가 없고, 아무 의미도 없고, 다 자동으로 기억에서 사라져 버려요. 그런 것에 신경도 안 씁니다. 그래서 뭐라고 합니까? 달을 보고 나면 손가락은 잊어버리라고 하죠. 잊어버리라고 할 필요도 없어요.

어차피 안 봐요. 달을 본 사람이 다시 손가락을 볼 이유가 어디 있습니까? 달을 보면 저절로 그렇게 되는 겁니다. 경전도 다 마찬가지예요. 경전은 전부 손가락일 뿐이에요.

마음을 깨달으면 됩니다. 마음이 달이에요. 마음 달이라고 하잖아요. 우리 각자의 마음이 달이고, 이것만 깨달았다면 다른 건 없어요. 나머지 온갖 부처니 조사니 하는 것들은 다 방편일 뿐입니다. 《금강경》에서도 얘기했잖아요. 뭐라고 했습니까? 강을 건너고 나면 뗏목은 버리라고 했잖아요. 이게 방편인 겁니다. 뗏목에 불과하단 말이죠. 강 건너는 데 잠시 의지하는 뗏목에 불과한 것이니까 그걸 붙잡고 있을 이유는 없죠.

이것입니다. 이것을 한 번 체험하고 깨달으면 돼요. 문자는 신경 쓸 필요 없어요. 그런 거 외우고 있을 필요도 없습니다. 그런 걸 뭐 하러 외웁니까? 그런 걸 기억해 놓는 것 자체도 다 망상이에요. 문자 의미를 가지고 개념을 알고 있는 게 망상이죠. 그럴 필요 없습니다. 자기의 살아 있는 마음을 깨달으면 됩니다. 다른 것은 다 필요 없어요. 전부 다 방편입니다.

이것을 깨달아야 해요. (법상을 톡톡 두드리며) 이 일 하나. 이 일 하나가 있는 겁니다. 이것만 한 번 딱 체험이 와서 깨달아서 분명해지면 되고, 다른 건 다 필요 없습니다. 여기에서 경전을 모조리 기억하고 소리 내어 읽으라 하니까, 이걸 보고 《금강경》을 외우고 읽으려 하는데, 그것은 말하자면 방편을 잘못 알고 있는 겁니다

수보리야, 이 사람은 가장 뛰어나고 드문 법을 성취한 사람임을 알아야 한다.

그렇죠. 가장 뛰어나고 드문 법이라는 게 뭡니까? 우리 불법, 이 마음, 우리 실상, 이것을 성취한 사람이고, 그러면 깨달은 사람이라는 말입니다. '어떤 사람이 이 경을 모조리 기억하고 소리 내어 읽는다면 이 사람은 깨달은 사람이다.' 이런 말이에요. 경전 읽는다고 깨달은 사람입니까? 그거 다 기억해서 외운다고 깨달은 사람입니까? 그런 말이 아니잖아요. 여기서 경전이라는 뜻은 문자라는 뜻이 아니고 법을 가리키는 겁니다. 법을 깨달아서 언제나 이 법을 잃어버리지 않고 법이 밝아져 있으면 이 사람이 바로 깨달은 사람이라는 말이에요.

가장 뛰어나고 드문 법이 뭡니까? 불법이거든요. 이것을 성취한 사람이란 깨달은 사람이라는 말이죠. 그러니까 그대로 딱 나와 있잖아요. 오해할 게 아무것도 없어요.

수보리야, 이 사람은 가장 뛰어나고 드문 법을 성취한 사람임을 알아야 한다… 바로 이 법을 깨달은 사람이다. 가장 뛰어나고 드문 법이라는 게 바로 이겁니다. 희유한 법이라는 게 이거죠. '희유'라는 말은 한자인데, 우리말로 하면 '아주 드물다, 흔하지 않다'는 말이에요. 깨달음은 누구한테나 본래 갖춰져 있지만, 실제로 이것을 깨달아서 확인하는 사람은 드물죠. 그래서 드물다고 하는 거죠.

이런 지혜도 자기가 한 번 이것을 체험해서 이렇게 나와야 바른 지혜고, 그전에는 어리석을 수밖에 없죠. 경전을 달달 외운다고 대단한 일이 있는 건 아닙니다. 전혀 그럴 필요가 없습니다. 그것은 마치 뗏목을 짊어지고 있는 사람과 같아요. 뗏목은 잠시 강을 건널 때 필요한 도구일 뿐인데, 달달 외워서 맨날 붙잡고 있는 것은 그걸 짊어지고 있는 사람과 같은 겁니다. 그런 거 쳐다보지도 마세요. (법상을 톡톡 두드리며) 이 법을 깨달아야 해요. 누구한테나 이 법이, 이것이 다 있습니다. 마음이 곧 법입니다. 불법은 심법(心法)이에요. 마음법이지 다른 법은 없어요. 법신(法身)이라고 할 때는 마음을 가리키는 겁니다. 법신의 반대가 육신이거든요. 이 몸을 가리킬 때는 육신, 마음을 가리킬 때는 법신이라고 합니다. 이 세상이 마음에서 벗어나지 않았기 때문에 '법신불은 세상과 같다'는 말도 하고, 마음을 벗어난 세계가 아니기 때문에 이 세상을 '법의 세계다'라고 한단 말이죠.

이 법입니다. 이 법 하나. 이것이 온 천지에 있는 법이고, 모든 것에 드러나 있습니다. 물질도 이 법에 의해서 나타나는 겁니다. 물질이 있고 또 법이 있고, 이런 게 아니에요. 물질이라는 것도 이 법에 의해서 나타나는 거예요. 《반야심경》 보세요. 오온이 전부 공이라고 했잖아요. 그래서 색이 공이고 공이 색이다, 수상행식도 똑같다, 그랬잖아요. 그때 공이라는 것이 바로 이 마음을 가리키는 겁니다.

그런데 색이 바로 공이라는 말은 뭡니까? 마음속에 색이 있다… 비유하자면, 마음이라는 거울 속에 색수상행식이 다 나타난다는 말이에요. 색이라는 게 물질입니다. 색깔이라는 뜻이 아니에요. 색수상행식이라고 얘기할 때 색은 색깔이 아니고 물질을 가리킵니다. 색은 물질, 수는 느낌, 상은 생각, 행은 의지 같은 거고 식은 의식인데, 이게 공 속에 다 나타나 있다는 겁니다. 그래서 오온이 전부 공이라고 한 거예요. 거울을 보세요. 거울의 비유가 딱 맞거든요. 거울은 빨주노초파남보 모든 색깔을 비춥니다. 다 비추고 있잖아요. 모든 색깔이 거울에 다 나타나요. 거울을 벗어날 수가 없어요. 거울로 비추어 볼 때는 거울 속에 모든 색깔이 나타나요. 그러나 거울은 항상 공이에요.

거울 속에 색깔이 있지 않잖아요. 비추고 있을 뿐이죠. 거울 속에서 빨간색을 본다고 해서 거울 속에 빨간색이 있습니까? 없어요. 그냥 그렇게 비출 뿐이지 거울은 항상 텅 비어 있죠. 그것이 바로 《반야심경》에서 얘기하는 '오온이 전부 공이다'라는 말이고, 조견오온개공이라 '오온이 전부 공임을 비추어 본다면'이라는 말이거든요. 비춰 보면 모든 번뇌에서 벗어난다…

거울에 비유했기 때문에 '비추어 본다'고 말했는데, 거울처럼 무슨 일이 있더라도 텅텅 비어서 아무것도 없어요. 깨달으면 그렇게 되는 겁니다. 육체가 따로 있는 게 아니에요. 색수상행식이 따로 있는 게 아니고, 여기서 그렇게 비춰 내는 거예요. 온 세상 무슨 일이든지 이것을 벗어나는 일은 없다고 하는 거예요. 그러니까 만법이 하나로 돌아간다고 하는 거죠. 모든 게 전부 여기서 벗어나는 게 없고 전부 이 속에 있다는 말이거든요. 그런 말이 많은데 다 방편의 말입니다. (법상을 톡톡 두드리며) 방편의 말을 왜 하는지 알아보는 안목이 생기려면 한 번 체험이 돼야 합니다. 이것이 체험되어 이것을 깨달아야 해요. 깨달아서 확 드러나서 어느 정도 안목이 생기고 경전을 보면, 다 이것을 얘기하고 있습니다. 다른 얘기가 없습니다. 다 이 얘기를 하고 있는 거예요. (법상을 톡톡 두드리며) 이 일 하나.

생각으로는 알 수가 없습니다. 여기를 탁 깨닫는 순간에 생각이 뚝 끊어져 버려요. 분별을 하지 않게 됩니다. 여기는 분별되는 게 아니기 때문에 안팎이 없다고 하는 거예요. 분별할 때는 내가 뭘 안다 하는데, 이 법은 그렇게 되는 게 아니에요. 이 법에서는 나도 없고 법도 없어요. 그렇게 구분이 안 돼요. 그래서 안팎이 없다고 하는 거거든요. 한 번 이 소식이 탁 와서 실감이 되면, 머리로는 무슨 일이 어떻게 일어났는지 이해되지 않는데, 마음이 달라져 버리거든요. 마음속에 지혜가 생기기 시작합니다. 머리로 이해할 것은 전혀 아닙니다. 반드시 마음에서 체험해서 이런 지혜가 생겨야 해요. (법상을 톡톡 두드리며) 이 일 하나. 법은 이 법 하나입니다. 다른 법이 없어요. 이 법 하나가 있을 뿐이에요. 이것만 탁 와 닿아서 확실하면, 모든 곳에 이것 아닌 게 없습니다.

그래서 '어떤 사람이 이 경을 모조리 기억하고 소리 내어 읽는다면' 하는 것은 '이 법을 모조리 다 깨달아서 어둠이 없다면'이라는 말이에요. 책으로 따지면 모조리 다 기억해서 읽고 외우고 모르는 게 없다는 뜻이 되지만, 그것은 책을 방편으로 한 것이고, 실제로는 경이라는 것은 이 법을 가리키는 것이고 마음을 가리키는 것입니다. 그래서 '이 경을 모조리 기억하고 소리 내어 읽는다면'이라는 말은 '마음을 남김없이 모조리 다 깨달아서 항상 마음이 이렇게 밝게 드러나 있다면'이라는 말입니다.

그렇다면 수보리야, 이 사람은 가장 뛰어나고 드문 법을 성취한 사람이다… 이 마음을 깨달은 사람이다. 경전을 방편으로 삼으니까 그런 얘기를 하는 것이고, 실제로 경전이라는 것은 법을 가리키는 겁니다. 법을 가리키기 때문에 칠보로 삼천대천세계를 장식하는 것보다 이 경전의 한 마디 말이 훨씬 더 위대하다고 하는 거예요. 이 법을 깨달아서 툭 드러나면 세간의 일들은 이것과 비교가 안 되거든요. 세간에서 아무리 좋은 게 있어도 이 법보다 더 좋을 수는 없어요. 그러니까 그런 말을 하는 겁니다. 삼천대천세계를 일곱 가지 보석으로 장식하는 것도 이 경전의 한 구절과는 비교 자체가 안 된다고 얘기하거든요. 그만큼 다르다, 가치가 다르다는 말이에요. 이 법을 깨달아서 법이 이렇게 분명해지면, 세상의 가치 있는 것은 이것과 비교가 안 돼요. 이 세상에 가치 있는 것들이 돈, 명예, 지식, 권력, 여러 가지가 있겠죠. 부귀영화, 건강, 어떤 것도 이 법과는 비교할 수가 없다는 것을 자기가 실감할 수 있어요.

이 법입니다. 이것 하나가 있을 뿐이에요. 다른 거 없어요. 이 법 하나가 있을 뿐입니다. 누구한테나 다 있습니다. 이것은 모든 사람에게 본래부터 이렇게 있는 일이고 갖추어져 있어요. 그런데 망상하는 습관 때문에 자꾸 망상을 하니까 그 습관을 한 번 탁 이겨 내고 여기 통하는 체험을 해야 해요. 그다음에 이 법을 보는 안목이 자꾸자꾸 밝아지면 망상하는 습관을 극복할 수 있습니다. 금방 그렇게 되는 건 아니에요.

담배 같은 경우도 그러잖아요. 예를 들어, 담배를 10년 피운 사람이 한순간에 딱 끊어도, 담배 피우기 전의 건강한 몸 상태로 돌아오려면 10년 피운 세월만큼 지나야 한다고들 말합니다. 그런 것처럼 이것을 탁 깨닫는 건 순간이고, 이 자리를 확인하면 이제 잃어버리지 않고 살 수는 있지만, 망상하는 습의 힘이 아직은 훨씬 강하고 이 법의 힘은 약합니다. 법의 힘이 강해지고 망상의 힘이 자꾸 약해져야 해요. 그것은 많은 시간이 필요합니다. 그래서 공부라는 것은 끝이라는 게 없어요. 나 이제 다 했다, 더이상 할 게 없다… 이런 건 없습니다. 그런 말 하는 사람들이 있는데, 헛소리입니다. 공부가 뭔지 아직 제대로 모르고 하는 소리입니다. 끝이라는 건 없어요. 언제나 이렇게 여법하게 살아가는 게 있지, 이제 다 끝났다는 건 없습니다. 담배를 끊었어도 또 피울 수 있잖아요. 끝났다는 건 없다는 말이죠. 이겁니다. 이 일 하나. 이것을 체험하고 이 속의 사람으로서 꾸준히 살아가야 하는 겁니다.

> 만약 이 경전이 있는 곳이라면, 부처님이나 존중할 만한 제자가 있는 것과 같다.

이 경전이 있는 곳은 바로 부처님이 있는 것과 같고… 존중할 만한 제자란 뭡니까? 부처님의 깨달은 제자들이 있는 것과 같다는 게 뭡니까? 경전이 있는 곳은 바로 법이 있는 것이라는 말이에요. 경전이 있는 곳이라면 부처님이나 존중할 만한 제자가 있는 것과 같다… 책 하나가 있는 게 부처님 있는 것과 같다는 뜻입니까? 그런 건 아니잖아요. 경전이 있는 곳은 부처님이 있는 것과 같고, 부처님의 존중할 만한 제자, 말하자면 깨달은 제자가 있는 것과 같다… 이 말은 뭡니까? 법이 있는 것이라는 말이에요. 이 경전이 있는 곳은 바로 법이 있는 곳이다… 그러니까 이 경전은 법을 가리키는 것이지 책을 가리키는 게 아닙니다.

법을 책이라는 방편으로 쓰는 것이고, 경전이라는 것은 곧 이 법을 가리키는 것입니다. 이 경전이 있는 곳이 바로 부처님이 있는 것이라는 거죠. 부처님이 뭡니까? 법이거든요. 마음이 곧 부처입니다. 우리의 깨달은 마음이 곧 부처지, 다른 부처는 없어요. 이 법이란 말이에요. 법 하나를 가리키는 겁니다. 《금강경》을 맨날 읽고 받아 쓰는 것은 문자만 따라가는 어리석은 짓입니다. 그럴 필요가 전혀 없어요. 이 마음만 깨달으면 돼요. 그러면 《금강경》은 볼 필요도 없어요. 왜? 이것을 가리키는 말들일 뿐이고, 마음을 가리키는 손가락일 뿐이기 때문에 그렇습니다.

어떤 사람들은 《금강경》을 선종의 소의경전이라고 말합니다. 선종에는 소의경전이 없습니다. 선은 분명히 불립문자, 교외별전이라고 얘기했는데, 무슨 소의경전이 있습니까? 불립문자, 교외별전이 무슨 말입니까? 문자를 세우지 않아요. 교외별전(敎外別傳)이라는 게 무슨 말이에요? 교(敎)라는 게 바로 경전이라는 말입니다. 부처님의 말씀이라는 뜻이거든요. 부처님의 말씀 밖에서 따로 전한다, 직지인심이다, 마음을 바로 가리키는 것이다… 그래서 선종에는 본래 소의경전이라는 게 있을 수가 없어요. 달마가 중국에 올 때 빈손으로 왔거든요. 경전 가지고 온 게 아닙니다. 어떤 사람은 《능가경》을 들고 왔다고 하는데, 분명히 빈손으로 왔고 마음 하나를 혜가에게 깨닫게 해서 마음 하나를 전했다고, 분명히 이심전심했을 뿐이라고 했잖아요. 이것이 선(禪)이란 말이에요. 교학으로 따지자면 경전이 있지만, 경전 역시 마음법을 가리키는 방편이지, 문자 자체는 의미가 없다는 말입니다. 그러니까 부처님이 49년 동안 한마디도 안 했다고 얘기한 거예요. 문자는 의미가 없다, 49년 동안 말을 한 것은 다만 이 법 하나를 가리킨 것이다…

이것만 깨달으면 돼요. 경전 몰라도 됩니다. (법상을 톡톡 두드리며) 이 법 하나. 이것만 깨달으면 돼요. 이 마음만 깨달으면 되는 거예요. 이 마음 하나만 있을 뿐이에요. 다른 건 아무것도 없어요. 경전 안 봐도 됩니다. 마음만 깨달으면 돼요. 마음을 가리키는 게 경전인데, 볼 필요가 어디 있어요? 마음만 깨달으면 됩니다. 맨날 하는 얘기잖아요. 달을 가리키면 손가락 보지 말고 달을 봐라… 경전이 바로 손가락이에요. 경전 보지 말고 달을 봐라, 마음을 깨달아라, 이 말이에요. 맨날 그런 소리 하잖아요. 달을 가리키면 손가락은 보지 말고 달을 봐라… 손가락이 바로 경전이에요. 달은 마음이고.

(법상을 톡톡 두드리며) 이것만 깨달으면 돼요. 이것뿐입니다. 이것이 마음이에요. (손가락을 흔들며) 이 법 하나. 이 마음법, 이것만 깨달으면 되고,

이것은 모두한테 다 있습니다. 항상 나타나 있고 드러나 있어요. 이것만 깨달으면 됩니다. 아무것도 할 거 없어요. (법상을 톡톡 두드리며) 이 일 하나가 있는 겁니다. 항상 이렇게 명백하게 드러나 있어요. 이것 하나라고요. 이것 하나 (법상을 톡톡 두드리며) 명백하고 분명하게 드러나 있거든요. 이 일 하나.

금강경 직지설법 1

초판 1쇄 발행 2025년 10월 24일

지은이 김태완

펴낸이 김윤
펴낸곳 침묵의향기
출판등록 2000년 8월 30일, 제1-2836호
주소 10401 경기도 고양시 일산동구 무궁화로 8-28,
　　　삼성메르헨하우스 913호
전화 031) 905-9425
팩스 031) 629-5429
전자우편 chimmukbooks@naver.com
블로그 http://blog.naver.com/chimmukbooks

ISBN 979-11-990765-8-7　03220

*책값은 뒤표지에 있습니다